铁道行业高技能人才培养系列教材

铁道线路养护与维修

主　编　林宝龙　王新娜
副主编　高　莹　李麦罗

西南交通大学出版社
·成　都·

图书在版编目（CIP）数据

铁道线路养护与维修 / 林宝龙，王新娜主编. —成都：西南交通大学出版社，2022.1（2025.1 重印）

铁道行业高技能人才培养系列教材　高等职业院校"十四五"铁道运输类规划教材

ISBN 978-7-5643-8584-2

Ⅰ.①铁… Ⅱ.①林… ②王… Ⅲ.①铁路养护－高等职业教育－教材②铁路线路－维修－高等职业教育－教材　Ⅳ.①U216.42

中国版本图书馆 CIP 数据核字（2022）第 004507 号

铁道行业高技能人才培养系列教材
Tiedao Xianlu Yanghu yu Weixiu
铁道线路养护与维修
主编　林宝龙　王新娜

责任编辑	韩洪黎
封面设计	何东琳设计工作室
出版发行	西南交通大学出版社 （四川省成都市金牛区二环路北一段 111 号 西南交通大学创新大厦 21 楼）
邮政编码	610031
发行部电话	028-87600564　028-87600533
网址	http://www.xnjdcbs.com
印刷	成都蜀通印务有限责任公司
成品尺寸	185 mm×260 mm
印张	20
字数	499 千
版次	2022 年 1 月第 1 版
印次	2025 年 1 月第 3 次
定价	59.80 元
书号	ISBN 978-7-5643-8584-2

课件咨询电话：028-81435775
图书如有印装质量问题　本社负责退换
版权所有　盗版必究　举报电话：028-87600562

前言
PREFACES

近年来，随着我国铁路事业的快速发展和路网规模的不断扩大，工务设备结构、技术标准、维修体制和维护技术等方面均发生了巨大变化，原有的教材已不能满足教学工作和工务工作的需要。为此，石家庄铁路职业技术学院铁道工程系组织有关人员编写了本教材。

本书以最新的技术规范、标准为依据，按照轨道线路设备"检、养、修"分开的基础框架，结合中国国家铁路集团有限公司修程修制的需要，坚持"综合维修一体化管理"改革方向，充分利用当前工务"四新"技术，从九个方面进行论述。本书主要介绍了铁道线路养护与维修认知、线路检查检测、线路设备维护作业、线路设备维修作业，详细论述了铁路曲线整正技术和方法、道岔的养护维修以及无缝线路的维修作业特点，并结合我国高速铁路和城市轨道交通线路的发展现状，系统介绍了高速铁路钢轨、扣件、道岔等设备的养护维修方法，以及城市轨道交通线路养护维修的相关内容。

本书由石家庄铁路职业技术学院林宝龙、王新娜担任主编，中国铁路北京局集团有限公司李麦罗、石家庄铁路职业技术学院高莹参加了本书的编写工作。具体分工为：王新娜编写了项目1、项目5、项目6；李麦罗编写了项目2；高莹编写了项目3、项目4，林宝龙编写了项目7、项目8、项目9。

本书在编写过程中参考了诸多文献资料，在此谨向文献资料的作者表示诚挚的谢意。

由于编者水平有限，不足之处在所难免，恳请广大读者和有关专家批评指正。

编 者

2021年7月

目 录
CONTENTS

项目 1　铁道线路养护与维修认知 ·· 001
　　任务 1.1　工务修程修制认知 ·· 001
　　任务 1.2　线路设备修理工作内容及管理组织 ····················· 004
　　任务 1.3　工电供房维修一体化认知 ································· 009

项目 2　线路检查检测 ·· 012
　　任务 2.1　线路静态检查 ·· 012
　　任务 2.2　线路动态检查 ·· 021
　　任务 2.3　钢轨状态检查与探伤分析 ································· 036
　　任务 2.4　线路质量与状态评定 ······································· 061

项目 3　线路设备维护作业 ·· 062
　　任务 3.1　工务安全学习 ·· 062
　　任务 3.2　一日作业标准化流程认知 ································· 076
　　任务 3.3　线路设备维护作业 ·· 077

项目 4　线路设备维修作业 ·· 085
　　任务 4.1　线路设备检查与常用修理机具设备 ····················· 085
　　任务 4.2　线路单项基本作业 ·· 088
　　任务 4.3　钢轨修理作业 ·· 104

项目 5　曲线养护 ··· 109
　　任务 5.1　曲线养护认知 ·· 109
　　任务 5.2　曲线整正计算与拨道作业 ································· 114
　　任务 5.3　曲线病害整治 ·· 141

项目 6　道岔养护维修 ·· 148
　　任务 6.1　道岔养护维修认知 ·· 149
　　任务 6.2　道岔常见病害分析与整治 ·· 162
　　任务 6.3　道岔静态检查作业 ·· 175
　　任务 6.4　道岔设备养护维修 ·· 183
　　任务 6.5　可动心轨辙叉道岔及钢轨伸缩调节器作业 ··· 217

项目 7　无缝线路养护与维修 ·· 226
　　任务 7.1　无缝线路与维修认知 ··· 226
　　任务 7.2　铺设无缝线路施工作业 ·· 230
　　任务 7.3　无缝线路维修作业 ·· 232

项目 8　高速铁路线路养护与维修 ··· 244
　　任务 8.1　高速铁路线路养护维修认知 ·· 244
　　任务 8.2　无砟轨道扣件维修及轨道几何尺寸调整作业 ··· 246
　　任务 8.3　无砟道床维修作业 ·· 260
　　任务 8.4　无缝线路作业 ·· 273
　　任务 8.5　钢轨修理 ·· 284

项目 9　城市轨道交通线路养护与维修 ·· 293
　　任务 9.1　城市轨道交通线路养护与维修认知 ··· 293
　　任务 9.2　城市轨道交通线路养护维修的内容 ··· 304

参考文献 ·· 313

项目 1　铁道线路养护与维修认知

任务 1.1　工务修程修制认知

1.1.1　铁道线路养护与维修修程修制的必要性

随着川藏铁路和高速铁路的建设和运营，我国铁路已经进入了快速发展的新阶段，工务基础设施也发生了巨大的变化。铁路工务基础设施养护技术升级改造已经成为常态，铁路路网规模、运营速度、轨道结构、检测技术、维修策略、作业手段等方面的发展也都在不断创新和进步。

近年来，工务维修体制改革和相关科研课题研究成果不断投入实际应用。为提高线路设备修理的科学性、经济性，就必须总结吸纳各铁路局集团公司线路维护管理经验，在确保安全生产的前提下，按照设备分级管理以及周期修与状态修相结合的原则，对设备修程修制、维护标准、检查评价等进行优化调整。

1.1.2　工务修程修制的发展历程

我国工务修程修制的发展大致经历了六个阶段：

第一阶段：解放初期的"事后修"。这是一种设备坏了再修理的维修方式，是当时设备结构、运营条件、装备技术手段的历史局限性的产物，其结果是设备大量失修，病害逐年增加，难以保障列车平稳和安全运行，设备的使用寿命也较低。

第二阶段：20世纪50年代中期开始"一年一遍的定期性综合维修"。初期这种维修体制不考虑线路的实际状态，无论该不该修，一律一年修一次，浪费人力和物力。后来演变为根据不同轨道结构，以累计通过总重为依据来确定轨道大、中、综合维修周期。运量不同，轨道结构不同，维修周期也不同，大约一至三年维修一遍。

第三阶段：20世纪80年代中期开始推行"按不同轨道结构、通过总重划分一年一遍或几年一遍的综合维修"，即根据轨道实际状态实施预防性计划维修。由于铁路线路的速度等级相对简单，线路设备数量也较少，线路设备主要采用的养修合一的维修管理模式。设备大维修大多建立在现场养修经验的基础上，通常根据某些养修实验单位的养修实践，适当考虑列车通过总重和线路设备的轨道结构类型，规定一个统一的大维修周期。另外，铁道部对主要的设备也规定了统一的综合维修周期和保养周期。维修保养的内容相对固定，维修、保养均由设备管理单位来完成，属于"养修合一"的固定周期维修策略。

前三个阶段可以概括为经验修、固定周期修、人工作业。

第四阶段：预防修、机械修。1994年开始，随着铁路的多次大提速和重载发展，生产力布局的调整，车间、工区整合变大，生产定编精简，线路设备数量激增，原来的维修管理模式已不能适应铁路发展的需要，于是"养修分开""检养修分开"等维修管理思维开始萌芽、发展，各种模式在全路得到了有益的实践和探索。同时，大型养路机械装备开始大量装备到现场使用，一些主要干线的大修和部分的维修由专门的机械化维修单位承担，站段层次的养修分开在局部干线开始萌芽和探索。随着列车速度和密度的提高，利用列车间隔的修理方式已经不适应日常维修，天窗修也开始出现并逐渐推广。轨检车为主的各类先进检查检测设备逐步配备并发挥作用，成为指导维修工作的重要工具，预防性计划维修开始发挥作用。

但是大提速也打破了传统的工务维修体制，由制度性、规律性的维修转向阶段性、运动型的活动，围绕"晃车"转的维修作业方式长期存在，源头修理、结构修理等科学修理方式一度退居次席。结构性的问题相继出现，比较突出的就是立螺栓锈蚀，给行车带来很大的安全隐患，单纯围绕晃车修理已经不可持续。同时，由于安全的压力、精养细修的压力，单纯只用晃车来指导生产的方式也走到了尽头。

第五阶段：集中修、状态修、检养修分开。2006年后，随着大提速完成、大规模铁路建设开始、大量高铁开通，大量新建线路设备投入使用，大型养路机械运用检修段渐趋成型，线路的维修在主要干线基本由大型养路机械运用检修段和工务机械段来完成，设备管理单位在维修上只做一些机械不能完成的配合和辅助工作。由此而生的多工种联合作业的"集中修""天窗修"逐步成为主要干线设备维修的主要模式。同时，轨检车大量运用和其他检查检测设备的发展，使设备的全面覆盖检查成为可能。注重设备的检查和监控，强化线路检测监控力量配备，"检修分开""以检为主""精检细修""严检慎修"等设备维修观念逐渐确立。特别是高速铁路高可靠性、高平顺性的要求，使得这种思想在高速铁路上得以较好贯彻。铁路线路预防性维修、状态修成为现代铁路维修管理的方向，计划性维修和状态修相结合的模式得以成型。

第六阶段：检养修分开、信息化。随着六次铁路大提速的进展，高铁的发展，给工务带来了更加困难的生产条件和环境，更加繁重的任务，更多的行车及人身安全事故，意味着传统的维修管理体制和模式难以适应迅速发展变化的形势，工务维修改革势在必行。2013年，为进一步适应铁路工务技术和装备的发展，加强和改进工务普速线路维修工作，在总结全路维修管理创新经验的基础上，中国铁路总公司发布了《关于加强和改进工务普速线路维修管理工作的通知》（铁总运〔2013〕60号），要求深入推进工务维修检、养、修分开，大力推进专业化、机械化修理。进一步优化设备修程修制，推进设备等级管理，实行周期修与状态修相结合的修程，延长设备修理周期。围绕天窗修，积极开展集中修理，提高作业效率和作业质量。以世界先进维修理念为引领的维修体制改革拉开序幕。在近几年的维修实践中，现代信息技术、互联网、物联网、大数据、人工智能、北斗全球定位系统等先进手段逐渐用于工务维修管理。线路设备质量评估体系已开始逐步建立，钢轨打磨评估分析、钢轨伤损评估分析以及捣固质量评估等技术开始运用。工务维修管理从经验管理向科学管理转变。

1.1.3 修程修制改革和发展过程

2006年铁道部发布的《铁路线路修理规则》(铁运〔2006〕146号)(简称"旧修规")在指导第六次提速后线路修理，保证线路质量，确保铁路运输安全生产起到了重要作用。随着铁路体制的变化，工务修程修制改革的发展、线路设备强度及其修理技术发生了重大的变化，原有的《铁路线路修理规则》已经不能适应改革的发展和设备维修的需求。重新修订"新修规"主要有以下几方面的原因：

一是铁路政企分开，开始了企业化改革，总公司及所属集团公司制改革逐步推进和深化。

二是2007年"4·18"大提速以来随着快速和重载列车的运行，为了适应铁路的发展，铁路管理体制发生了较大的变化，工务"线桥结构现代化、施工作业机械化、企业管理科学化"取得了长足进步，工务维修体制改革收到了显著成效，生产力布局进行了较大调整，车间组织生产、检养修分开、设备等级管理以及天窗修、集中修全面推行。

三是线路设备管理能力和修理水平大幅提升，信息化管理水平明显提高，逐步建立了完善的检测监测体系，基本实现了全覆盖机械化作业，通过科学修理提升了设备质量，延长了设备使用寿命。

四是为贯彻落实"强基达标、提质增效"工作主题，不断提高普速铁路线路维护管理水平，提升线路设备质量和设备修理的技术经济效益。

2015年，当时的中国铁路总公司运输局工务部启动了《铁路线路修理规则》的修订前调研工作，组织编写组编写了规则的征求意见稿，征求了各局意见，并根据征求意见进行了修改，形成了送审稿。

2016年5月，运输局工务部组织专家对送审稿进行了审查。编写组根据专家审查意见又进行了修改，修改后再次征求各铁路局意见，编写组对征求的意见进行了梳理，进一步修改完善了送审稿。

2016年11月，运输局工务部再次组织专家对规则进行了审查，根据审查意见编写组又做了进一步的修改和完善，形成了比较完善的报批稿。在此基础上，为进一步贯彻落实铁路总公司"强基达标、提质增效"的工作主题，体现线路等级修理的理念，提高线路设备修理的科学性、经济性，减少过渡修，针对修订过程中专家和各铁路局提出的普速铁路轨道动静态几何尺寸管理值、道岔查照间隔限值不合理两个问题，工电部会同科信部组织开展了有针对性的专项科研课题研究，形成的成果通过了技术评审，为规则的修改提供了技术支撑。编写组据此对普速铁路轨道动静态几何尺寸管理值、道岔查照间隔限值进行了修改，形成了最终的报批稿。

中国铁路总公司工电部组织对报批稿进行多次研讨、审核，并于2018年11月通过了工电部部务会议的审议，并更名为《普速铁路线路修理规则》(2019年4月1日执行)。

总之，"旧修规"在当前工务发展中，已不能更好地指导普速铁路养护与维修工作，为了进一步深化工务维修体制改革的要求，在实行检养修分开、车间组织生产、设备分级管理以及开展"集中修、专业修、机械修"的精神指导下，充分利用信息化的发展，使铁路工务工作在两级管理体制下，真正做到铁路线路养护与维修的科学性和经济性。

任务 1.2　线路设备修理工作内容及管理组织

1.2.1　铁道线路设备修理原则和基本要求

铁道线路设备是铁路营运最基础的设备。大量的数据统计和分析表明,铁路网基础设施生命周期费用 65%~70%发生在运营以及维护上(图1.1)。在运营以及维护费用中,轨道占 29.1%、道岔 25.9%。因此,做好铁路线路养护和维修工作,对降低运营成本具有重要意义。

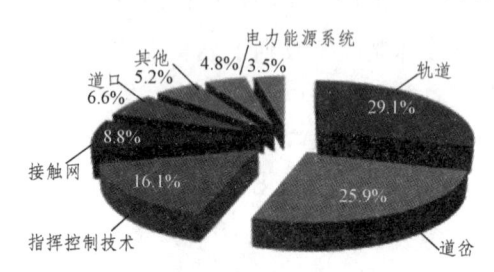

图 1.1　铁路轨道系统养护维修占比

根据"强基达标,提质增效"工作主题,一要坚持抓基础、强基本、重基层。"三基工作"是坚持各项工作的标准和规范,完善管理制度和工作流程,明晰管理权责,强化职工教育培训,构建科学严密的考核评价体系,切实筑牢铁路事业发展的坚实基础。二要坚持以提高发展质量和效益为中心,确立提质增效鲜明的目标导向,加快转变铁路发展方式,深化改革创新,推动铁路发展从规模型向质量型转变,从运输生产型向运输物流型企业转型,全面提升铁路建设质量、运输质量、服务质量、工作质量,实行全面预算管理,增收节支,努力提高企业经营效益。

铁道线路设备修理的基本任务是通过科学合理和经济的维修策略,保持和恢复线路设备安全性、可靠性。

为实现线路设备安全性、可靠性、平顺性和不断提高线路设备修理经济性的基本任务,根据线路设备技术状态的变化规律,将线路设备修理分为线路设备大修和维修。

线路设备大修是为全面恢复和提高线路设备固有可靠度而对线路进行的大规模修理。应按照"运营条件匹配、轨道结构等强、修理周期合理、线路质量均衡"和"全面规划、适度超前、区段配套"原则,根据运输需要及线路设备变化规律,及时对线路设备进行更新和修理,恢复和提高线路设备强度。线路设备大修项目原则上应按周期安排,并可根据设备状态评价结果合理调整。线路设备大修应由专业大修设计、施工队伍承担。

线路设备维修是根据线路设备变化规律,维持列车以规定速度安全和不间断地运行而对线路进行的日常维护和小规模修理。线路设备维修应坚持"预防为主、防治结合、修养并重、严检慎修"原则,根据线路设备变化规律,合理安排计划维修与临时补修,有效预防和整治线路病害,有计划地补偿线路设备损耗,保持线路设备完整和质量均衡,延长设备使用寿命,以取得较好的技术经济效益。线路设备维修项目原则上按状态评价结果安排修理。

总之，线路设备修理采用"周期修"与"状态修"相结合。线路设备大修以周期修为主，日常维修以状态修为主。大修7亿吨每周期，维修按照年度来划分，一般1年一个周期，或者2年一个周期。

为体现线路分级管理的理念，提高线路设备修理的科学性、经济性，减少过度修。线路设备修理应贯彻"修理标准与线路等级匹配、投入产出经济合理"的理念，实行线路分级管理。为优化劳动组织，实行检、养、修分开，大力推进检测、修理专业化建设；积极推行工务、电务、供电等专业日常维修一体化管理，促进专业管理和综合管理融合。

线路修理工作必须进入天窗作业，严禁天窗外作业。无论是大修还是维修，所有的作业项目都要纳入天窗内，从而真正保证行车安全和职工人身安全。线路设备修理实行天窗修制度，铁路局集团公司应安排足够数量的天窗，以满足线路设备修理的需要。大力推广"集中修"施工作业组织模式，"天窗修"和"集中修"相结合是提高作业效率的必要条件，也体现了施工有计划、有组织的现代企业的管理模式，从而彻底改变以往的无计划、无组织的粗放管理模式。

在线路修理工作中积极推行机械化，采用新技术、新设备、新材料、新工艺，改善劳动条件，提高作业效率，保证作业质量。积极推进信息技术与线路设备修理管理的融合，提高数据的积累分析、提高设备状态的实时监控功能，实现台账的管理、数据的分析、安全的监控等功能。利用信息技术实现设备的维修管理、精准修理（"精准修"）和发展规划，采用大数据指导维修、提供决策、应急抢险。

积极推进机械化、标准化、信息化，提高修理质量和作业效率，确保作业安全。同时，在铁路工务工作中推进道岔统型化、钢轨和道岔无缝化，加快薄弱和老化设备改造，提高轨道结构强度和可靠性。积极推广应用钢轨保护技术，改善轮轨关系，从源头上减少轮轨动力作用对轨道的影响，延长钢轨使用寿命和线路维修周期。

1.2.2 线路设备修理工作内容

1. 线路设备大修

线路设备大修是恢复或提高轨道结构强度的修理作业。根据线路设备各部件状态变化规律的不同，线路设备实行按部件进行大修，分为：① 钢轨大修；② 道岔大修；③ 轨枕大修；④ 道床大修；⑤ 线路中修；⑥ 扣件大修；⑦ 道口大修；⑧ 其他大修（以上未涵盖的线路设备大修项目列其他大修）。

2. 线路设备维修

线路设备维修分为计划维修与临时补修。

计划维修是指根据线路及其各部件的变化规律，依据维修周期、结合设备状态评价，以大型养路机械为主要作业手段，全面调整和改善轨道空间线形线位，消除轨道结构病害，恢复道床弹性，更换失效轨枕和联结零件，调整轨道几何尺寸，消除钢轨轨头病害，达到钢轨目标廓形，以及其他各结构部件的修理等为主要内容的单项或多项修理，以恢复线路完好技术状态。

临时补修是指以小型养路机械为主要作业手段，对轨道几何不平顺超过临时补修容许偏差管理值及其他不良处所进行的临时性整修，以保证行车安全和平稳。

计划维修主要内容：

（1）大型养路机械捣固维修。

① 对线路、道岔（调节器）平面和纵断面进行测设及优化，通过全面起道、拨道、改道、捣固、稳定，调整几何形位，改善道床弹性。混凝土枕地段，捣固前撤除所有调高垫板。

② 调整道岔（调节器）各部尺寸，拨正曲线，调整超高。

③ 整治道床翻浆冒泥，清筛枕盒和边坡不洁道床，补充道砟，整理道床。

④ 更换、方正和修理轨枕。

⑤ 调整轨缝，整修、更换和补充轨道加强设备，整治爬行，锁定线路、道岔。

⑥ 矫直、焊补、打磨钢轨，综合整治接头病害。

⑦ 全面整修、更换和补充联结零件并除锈涂油。

⑧ 全面整修护轨。

⑨ 整平路肩，清理弃土，清除道床杂草和路肩大草。

⑩ 整修道口及其排水设备。

⑪ 补充、修理并刷新标志、标记，回收旧料。

⑫ 其他病害的预防和整治。

（2）钢轨打磨及列车打磨。

钢轨（包括道岔和调节器）打磨分为预打磨、预防性打磨和修理性打磨。

预打磨是对铺设上道后新钢轨的打磨，去除脱碳层，消除焊缝不平顺和运输、施工中产生的初始缺陷。

预防性打磨是对钢轨进行的周期性打磨，按目标廓形打磨钢轨，消除已产生的表面裂纹，减缓曲线钢轨侧面磨耗，预防波磨产生，剥离掉块、肥边等病害，延缓滚动接触疲劳裂纹的产生和发展。

修理性打磨（或铣磨）是对已产生病害钢轨进行修理，减缓波磨，消除钢轨表面的擦伤、肥边和表面裂纹等病害。

打（铣）磨列车对成段钢轨或整组道岔（调节器）进行修理；小型钢轨打磨机对焊缝、道岔（调节器）打磨列车打磨受限区等进行打磨修理，并做好廓形平顺连接。

（3）扣件维修。

对扣件进行全面检查、整正、紧松补缺、除锈涂油、螺旋道钉改锚等。

（4）有砟轨道精调整理。

根据轨道动、静态几何尺寸检测数据，成段对有砟轨道几何尺寸进行调整。

（5）无砟轨道精调整理。

根据轨道动、静态几何尺寸检测数据，对无砟轨道进行全面、系统的调整，使轨道静态几何状态符合标准要求。

（6）无砟道床维修。

无砟道床维修主要是对无砟道床伤损进行修补和道床结构损坏进行修复。

（7）整治道床翻浆冒泥，均匀道砟，整理道床。

（8）整治绝缘接头病害。

（9）调整轨缝，修理、补充轨道加强设备，锁定线路。

（10）焊补钢轨、高锰钢辙叉，采用小型养路机械打磨钢轨、焊缝、尖轨、辙叉，整治钢轨接头病害。

（11）无缝线路应力放散、调整、锁定。

（12）更换伤损钢轨、道岔（调节器）轨件，钢轨焊复。

（13）曲线上股钢轨侧面润滑及钢轨顶面摩擦控制。

（14）更换、修理轨枕。

（15）成段整修护轨。

（16）修补达到Ⅱ级及以上伤损的无砟道床。

（17）整修防沙设备，整治冻害。

（18）整修道口，清除道床杂草和路肩大草。

（19）补充、修理并刷新标志、标记。

（20）季节性工作及其他工作。

临时补修主要内容：

（1）整修轨道几何不平顺超过临时补修容许偏差管理值的处所。

（2）更换或处理折断、重伤钢轨及焊缝。

（3）更换达到更换标准的伤损夹板，更换折断的接头螺栓、道岔护轨螺栓、可动心轨凸缘与接头铁联结螺栓、可动心轨咽喉和叉后间隔铁螺栓、长心轨与短心轨联结螺栓、钢枕立柱螺栓等。

（4）处理不良绝缘接头。

（5）调整严重不良轨缝。

（6）更换或整治失效无砟道床。

（7）整修严重不良的道口设备。

（8）处理线路其他故障。

（9）其他需要临时补修的工作。

1.2.3 线路设备修理管理组织和工作计划

线路设备修理要逐步建立健全信息管理系统，运用大数据分析，掌握设备变化规律，预测设备发展趋势，科学指导设备修理，合理控制设备修理成本。

1. 线路设备大修管理组织与工作计划

线路设备大修施工必须认真贯彻执行"安全第一、预防为主"的方针，严格执行各项施工作业标准，科学组织施工，确保施工安全、质量和进度。大修施工必须编制年度和月度施工计划。

（1）施工单位应按照设计文件、有关技术标准和施工工艺流程组织施工，合理控制施工和慢行长度。

（2）施工负责人应加强施工管理，落实安全责任制。

（3）线路设备大修施工实行安全监督制度。负责设备管理的工务段，必须派人常驻施工工地，加强与施工单位的联系，相互配合，密切协作，协助检查施工安全和施工质量。工务段应对施工全过程进行监督，发现施工安全隐患及质量问题时应责令施工单位立即纠正，危及行车安全时有权责令其停止施工。

（4）施工单位必须建立以下制度：

① 施工三检制：在每次开工前、施工中和线路开通前，施工负责人应组织有关人员分别按分工地段对施工准备、施工作业方法、线路设备状态和线路开通条件进行检查。

② 巡查养护制：施工现场应设置巡养人员，对施工地段进行巡查和养护，发现并及时消除危及行车安全的处所。

③ 工序交接制：前一工序应给后一工序打好基础，在前一工序完成后，应由施工负责人组织工序负责人进行交接。

④ 隐蔽工程分阶段施工制度：每阶段完成后，施工单位应会同接管单位共同检查，并填写记录，确认符合设计要求，方准开始下一阶段施工。

⑤ 岗前培训制度：职工上岗前必须经过安全教育和技能培训，经考试考核合格，并取得岗位培训合格证书后，方可上岗；采用新工艺、使用新设备时，必须首先制定安全保证措施和操作规程，并对职工培训后方准进行操作和调试。

⑥ 安全检查分析制度：施工安全工作应抓早、抓小、抓苗头、抓薄弱环节，应定期加强检查，重点加强季节性、节假日和工地转移前后的检查，及时消除隐患；应组织开展事故预想活动，预防事故的发生；对事故苗头和事故应及时分析、处理，吸取教训。

2. 线路设备维修管理组织与工作计划

（1）线路设备维修管理组织。

线路设备维修管理组织，从上到下有工务段、线路车间和工区。具体如下：

工务段的管辖范围：正线线路延展长度不宜超过 1 500 km，特殊情况下由铁路局集团公司规定；山区铁路、管辖范围内有编组站或一等及以上车站时，管辖正线长度可适当减少。

线路车间的管辖范围：正线延展长度单线以 60～80 km 为宜，双线以 100～120 km 为宜。

工务段下设安全生产调度指挥中心和线路车间、重点维修车间、综合机修车间、探伤车间等。线路车间下设检查工区、维修工区、线路工区。

支线铁路可只设车间，不设或少设工区。

线路设备维修实行检养修分开制度。检养修分开的基本原则是实行独立检查以及专业化、机械化集中修理。

安全生产调度指挥中心负责指挥和监控全段日常生产，掌握作业和设备安全信息；汇总分析设备检查、监控数据，跟踪设备病害和缺陷的调查、复核及处理情况；掌握全段日作业计划，对日作业计划进行审核、协调和过程监控；跟踪掌握工电自轮运转特种设备、专用车辆运行状态和路料运输情况；指挥、处理突发情况等。

线路车间作为组织维修生产的主体，组织制订车间年、月生产计划，周天窗维修计划以及日作业计划；组织设备检查、维护、验收；定期分析评价设备质量，跟踪考核维修、日常保持状态等。工区作为最基层的生产单位退出了历史舞台，改为车间为生产组织单位。工务不再管辖设备，车间直接管辖设备。

（2）工作计划。

工务段应根据铁路局集团公司线路设备维修工作安排，编制年度分月维修计划（年度计划含各项技术指标），下达各车间。

线路设备状态和线路日常保持状态的主要技术指标：

① 线路设备状态评定合格率。
② 线路日常保持状态评定合格率。
③ 道岔日常保持状态评定合格率。
④ 调节器日常保持状态评定合格率。
⑤ 轨道检查车检测质量合格率。

线路车间、重点维修车间应根据工务段下达的年、月维修计划和各项技术指标，编制月、周、日维修计划。其主要内容包括：

① 维修主要项目、数量、地点、材料和人工数。
② 工作量调查、设备检查、验收的人工数。
③ 日常巡检的主要内容、材料和人工数。
④ 临时补修人工数。
⑤ 天窗计划。

探伤车间应根据有关规定和要求编制月度检查计划。其主要内容包括：

① 检查的项目、范围、数量及时间。
② 使用的仪器、量具、材料和人工数。

任务1.3　工电供房维修一体化认知

铁路线路修理作业在"天窗修"和"集中修"相结合的原则下，综合维修一体化管理是今后铁路工务改革的长远方向。

"集中修"是指以"集约化生产"为主题，采取"大兵团、大天窗、集中会战"的施工组织模式，按照"工电供房结合、施工与维修结合、设备管理单位与建设施工单位结合"的原则，围绕中国国家铁路集团有限公司（以下简称"国铁集团"）管理的集中修线路轮廓，编制以工务和建设系统施工为框架的各种施工方案，排摆全年各线施工。通过大力优化施工组织、集中人力机械的组织方式，达到提高天窗利用效率、提升设备质量、延长检修周期的目的。

铁路线路修理作业推行集约化生产从宏观意义上主要体现在以下几个方面：

（1）符合中央关于深化国企改革的要求。
（2）适应生产力发展的必然选择。
（3）符合国铁集团"强基达标、提质增效"工作主题要求。
（4）推动铁路线路修理加快转型发展的内在需要。

具体来讲，推行工电供房维修一体化管理，可以实现资源综合、专业强化、集中管理的科学生产组织模式。在实际线路设备修理中，工电供房三个系统都是管理固定设备，属于成本单位，没有利润和产出，具体生产是为保证设备平稳、安全、不间断运行而做出的努力。

推行工电供房维修一体化可以从以下几个方面进行改革和完善：

（1）完善工电供房维修生产一体化管理运作机制。

综合维修生产一体化管理作为生产关系，是适应生产力发展要求的一项改革，围绕"共用天窗、联合作业、高效协作"，从运作机制入手，把各专业的力量有机整合在一起。

① 细化一体化制度体系。重点针对结合部管理、专业管理等方面存在的不足，制定各项制度。

② 规范一体化生产流程。一是规范天窗计划管理流程。安排专人负责一体化天窗计划管理，组织召开月、周天窗计划编制会，合理安排天窗计划，满足各专业生产需求。日天窗计划由主体专业提报，相关单位、业务处室会签，调度所审批。二是规范作业方案管理流程。每日由主体专业组织编制联合作业方案，遇开行作业车时，主体专业根据专业共用需求编制作业车开行方案，将人工作业区域与作业车作业、运行区域进行时间、空间隔离，安全、高效利用天窗资源。三是规范作业布置安排流程。车间（工区）每日召开联合作业预备会，研究布置"两图三表"，即作业车运行图、作业分布图、联合作业方案表、防护联络表、登销记内容确认表。

③ 建立一体化考核机制。明确考核标准，制定考核实施细则，将计划管理、例会质量、联合作业等重点，细化为具体考核项点。加强考核组织，每月对各车间（工区）开展平推检查，公布检查结果。

（2）强化专业联合解决问题。一是针对结合部设备管理界面不清晰的问题，组织各专业专题研究，明确桥面防护墙、隧道内通信信号电缆槽、道岔辊轮等设备管理主体，消灭了设备管理死角。二是针对结合部设备管理标准不明确的问题，组织各专业技术人员联合攻关，对照专业管理标准，共同制定轨面标准线、电源相位相序等7类结合部设备的日常检修流程和标准。三是针对结合部设备病害多的问题，组织开展专项整治，工务电务共同制定道岔工电联整管理办法，各车间成立道岔联整小组，工务段、电务段每月召开例会，联合评价结合部设备质量，实施专项考核。四是针对固定设备结合部病害没有集中管理、病害整治计划性不强、信息化程度不高等问题，在工务安全生产管理信息系统基础上，积极运用工电供综合维修生产管理信息系统，建立结合部病害数据库，把结合部设备检修与周、日计划关联，用电子作业工单代替纸质配合通知单，实现联合检查、联合诊断、联合作业、联合验收的闭环管理。五是针对降雪后各专业限（提）速范围、时间、速度不一致问题，协商统一三方限（提）速申请，从而既可缩短限速命令批复时间，又可减少对运输秩序的干扰。

（3）着眼资源共享主动解决问题。一是建立一体化联合调度室。将各专业调度和数据分析人员集中在一起，将各个管理信息系统集成在一起，对系统资源充分挖掘，实现EOAS（动车组司机操控信息分析系统）、信号集中监测等9个系统数据多专业共享。各专业应用系统共同分析数据，更为精准地指导生产和应急处置。发生设备故障时，工务、电务、供电专业共同使用信号集中监测系统，能够在道岔失表时准确确定故障牵引点，在轨道电路红光带时能够预判是a轨还是b轨，缩小检查范围，提高处置效率。二是推进一体化办公。着眼坐在一起才能更好地干在一起，改变原有各专业单独办公的模式，各专业主任（副主任）、党总支书记、工长分别集中在同一房间内办公，拉近距离，方便沟通，减少隔阂。三是推进生产用车一体化管理。按照"统一安排、统一使用、统一管理"的原则，共同研究日用车方案，实现一次派车满足多个专业需求。工务、供电联合开行轨道车，其他专业人员同乘一台作业车前往作业地点。制定工务、供电专业作业车组作业管理办法，连挂开行，同步检测轨道、接触网设备，提高天窗利用率。四是实施线路所工电联合值守。每个线路所工务、电务专业值守人员各由2人减至1人，上线作业、应急处置时互为防护。五是共建共享培训设施。建立多媒体网络教室，满足各专业职工培训教育需求。建立综合实训基地和点评室，将工务道岔、各类型轨道结构、信号转辙机、轨道电路和供电接触网、分段绝缘器等设备集成在一起，各专业职工同学同练、模拟应急、回放点评，实现实训及演练一体化。

总之，维修一体化改革不可能一步到位，需要各铁路局集团公司和相关科研管理单位积极研究创新，做好经验总结。重点针对道岔工区等专业修机构成立与运作，以及专业化检修、综合维修、委托维修等情况，结合现场开展相关课题攻关，才能最终做到"安全更可控、设备更优质、管理更高效"的工作目标。

项目 2　线路检查检测

线路检查检测是进行铁路线路质量状态评估并科学合理地制订维护计划的重要手段和基础，同时也能为线路病害原因分析及线路维护等提供重要的实测数据。铁路线路检测应积极采用先进的线路检查设备，提高线路检查质量，加强线路设备状态分析，指导线路养修工作。

任务 2.1　线路静态检查

2.1.1　静态检测项目

1. 轨道几何尺寸静态检查

轨道几何尺寸是指轨道的几何形状、相对位置和基本尺寸。静态检测利用检测工具沿线路逐点进行，包括线路和道岔几何形位检测。线路几何形位检测的主要项目有：轨距（含曲线轨距加宽）、水平（含曲线外轨超高、线路扭曲或三角坑）、轨向（含曲线圆顺程度）、高低及轨底坡。道岔几何形位的检测项目主要有：道岔各部分轨距、水平、高低、导曲线支距、查照间隔、尖轨与基本轨的密贴程度等。

轨道几何尺寸正确与否，对行车安全、平稳及设备使用寿命有直接关系。同时，也直接影响养护维修的工作量。

2. 轨道静态检测标准

我国铁路对各类不同的轨道几何尺寸都规定了标准。但是，由于施工和作业精度的限制，以及受列车荷载和自然条件的变化作用，轨道几何尺寸不能时时处处都为标准值。所以，在保证行车安全、平稳和线路质量均衡的前提下，规定了轨道静态几何尺寸容许偏差管理值。

（1）线路轨道静态几何尺寸容许偏差管理值见表 2.1、表 2.2。

表 2.1　线路轨道静态几何尺寸容许偏差管理值（混凝土枕线路）　　单位：mm

项目		160 km/h< v_{max} 正线				120 km/h< v_{max} ≤160 km/h 正线				80 km/h< v_{max} ≤120 km/h 正线及到发线				v_{max} ≤80 km/h 正线及到发线				其他站线			
		作业验收	计划维修	临时补修	限速(160 km/h)	作业验收	计划维修	临时补修	限速(120 km/h)	作业验收	计划维修	临时补修	限速(80 km/h)	作业验收	计划维修	临时补修	限速(80 km/h)	作业验收	计划维修	临时补修	封锁
轨距		+2 −2	+4 −3	+6 −4	+8 −6	+4 −2	+6 −4	+8 −6	+14 −6	+6 −2	+7 −4	+14 −7	+16 −8	+6 −2	+7 −4	+16 −8	+19 −9	+6 −2	+9 −4	+19 −9	+21 −10
水平		3	5	8	10	4	6	10	14	4	6	14	17	4	6	17	20	5	8	20	22
高低		3	5	8	11	4	6	11	15	4	6	15	19	4	6	19	22	5	8	22	24
轨向(直线)		3	4	7	9	4	6	9	12	4	6	12	15	4	6	15	18	5	8	18	20
三角坑	缓和曲线	3	4	5	6	4	5	6	7	4	5	7	8	4	6	8	9	5	7	9	10
	直线和圆曲线	3	4	6	8	4	6	8	11	4	6	8	11	4	6	11	13	4	6	13	15	5	8	15	16

注：① 轨距偏差不含曲线上按规定设置的轨距加宽值，但最大轨距（含加宽值和偏差值）不得超过 1 456 mm；
② 轨向偏差和高低偏差为 10 m 弦测量的最大矢度值；
③ 三角坑偏差不含曲线超高顺坡造成的扭曲量；检查三角坑时基长，采取轨道检查仪应为 3 m，采用轨距尺时为 6.25 m，但在延长 18 m 的距离内无超过表列的三角坑；
④ 段管线、岔线按其他站线办理。

表 2.2　轨道静态几何不平顺容许偏差值（木枕线路）　　单位：mm

项目		120 km/h< v_{max} ≤160 km/h 正线			80 km/h< v_{max} ≤120 km/h 正线及到发线			v_{max} ≤80 km/h 正线及到发线			其他站线		
		作业验收	计划维修	临时补修	作业验收	计划维修	临时补修	作业验收	计划维修	临时补修	作业验收	计划维修	临时补修
轨距		+4 −2	+6 −4	+8 −4	+6 −2	+7 −4	+8 −4	+6 −2	+8 −4	+9 −4	+6 −2	+9 −4	+10 −4
水平		4	6	8	4	6	9	4	6	10	5	8	11
高低		4	6	8	4	6	9	4	6	10	5	8	11
轨向(直线)		4	6	8	4	6	9	4	6	10	5	8	11
三角坑	缓和曲线	4	5	6	4	5	6	4	6	7	5	7	8
	直线和圆曲线	4	6	8	4	6	8	4	6	9	5	8	10

注：① 轨距偏差不含曲线上按规定设置的轨距加宽值，但最大轨距（含加宽值和偏差）不超过 1 456 mm；
② 轨向偏差和高低偏差为 10 m 弦测量的最大矢度值；
③ 三角坑偏差不含曲线超高顺坡造成的扭曲量；检查三角坑时基长，采取轨道检查仪应为 3 m，采用轨距尺时为 6.25 m，但在延长 18 m 的距离内无超过表列的三角坑；
④ 段管线、岔线按其他站线办理。

（2）道岔轨道静态几何尺寸容许偏差管理值见表2.3。

表 2.3 道岔轨道静态几何尺寸容许偏差管理值　　　　单位：mm

项目		120 km/h< v_{max} ≤160 km/h 正线			80 km/h< v_{max} ≤120 km/h 正线及到发线			v_{max} ≤ 80 km/h 正线及到发线			其他站线		
		作业验收	计划维修	临时补修	作业验收	计划维修	临时补修	作业验收	计划维修	临时补修	作业验收	计划维修	临时补修
轨距		+3 −2	+4 −2	+6 −2	+3 −2	+5 −3	+6 −3	+3 −2	+5 −3	+6 −3	+3 −2	+5 −3	+6 −3
水平		4	5	8	4	6	8	4	6	9	6	8	10
高低		4	5	8	4	6	8	4	6	9	6	8	10
轨向（直线）		4	5	8	4	6	8	4	6	9	6	8	10
三角坑	缓和曲线	2	3	4	2	3	4	2	3	4	2	3	4
	直线和圆曲线	4	6	8	4	6	8	4	6	5	3	8	10

注：① 支距偏差为现场支距与计算支距之差；
② 导曲线下股高于上股的限值：作业验收为 0，计划维修为 2 mm，临时补修为 3 mm；
③ 三角坑偏差不含曲线超高顺坡造成的扭曲量；检查三角坑时基长，采取轨道检查仪应为 3 m，采用轨距尺时为 6.25 m，但在延长 18 m 的距离内无超过表列的三角坑；
④ 轨距偏差不含构造轨距加宽值，尖轨尖处轨距作业验收的容许偏差管理值为±1 mm；
⑤ 段管线、岔线道岔按其他站线道岔办理。

2.1.2　线路检测要求

1. 静态检查要求

线路设备周期性检查内容及周期：

（1）正线线路检查。

轨道检查车每月检查的正线：无砟轨道、混凝土枕线路轨道结构及几何状态每季检查不少于 1 次（轨道结构未检查的月份，当月设备巡检不少于 1 次）；轨道检查车未检查的月份，线路轨道结构及几何状态当月检查不少于 1 次。木枕线路轨道结构及几何状态每月检查不少于 1 次，轨道结构薄弱地段、重点地段应增加检查次数。

轨道检查车每季检查的正线：线路轨道结构及几何状态每月检查不少于 1 次。

（2）正线道岔、调节器检查。

正线混凝土枕道岔、混凝土枕或明桥面调节器轨道结构及几何状态每月检查不少于 1 次，正线木枕道岔、有砟木枕调节器轨道结构及几何状态每月检查不少于 2 次。

（3）站线线路和道岔检查。

一般每 6 个月不少于 1 次，其中到发线、客车径路道岔检查比照正线道岔检查周期，具体由铁路局集团公司规定。

（4）曲线正矢检查。

正线、到发线、客车径路曲线及岔后连接曲线正矢检查每季不少于 1 次，其他线路曲线正矢检查每 6 个月不少于 1 次。

（5）无缝线路位移观测。

每6个月不少于1次，原则上春、秋季各1次，进行影响无缝线路稳定的作业后，应及时进行观测。

对严重线路病害地段和薄弱处所，应加强检查。根据线路速度等级、闭塞类型、设备条件、列车对数等情况，合理确定线路设备巡检要求。具体办法由铁路局集团公司规定。

2. 静态检测方法

除添乘列车检查线路质量和用轨道检查车检查线路质量外，线路检查制度规定的其他检查项目均为静态检查，表2.4~表2.10为轨道静态检查结果记录簿。

（1）标准股的确定。

① 检查水平时标准股的确定：直线线路顺里程方向以左股为标准股，左股水平比右股水平高时，记录为"+"，反之记录为"-"。

② 曲线线路：曲线以下股（曲线内股）为基准股，曲线上股（曲线外股）水平比规定的外股超高值大时，记录为"+"，反之记录为"-"。

③ 道岔标准股：以导曲线上股及外侧直股为标准股，标准股比内股高时，记录为"+"，反之记录为"-"（含辙叉部分）。

（2）检查前的准备工作。

① 记录簿上的表头应事先填好，如里程、股道、钢轨编号、曲线半径、超高、加宽、顺坡率、车站名、道岔类型、道岔编号、线别等，以方便记录人员使用，防止漏查漏记。

② 检查前，一切量具须由检查人员确认无误方准使用。道尺和支距尺等须在校验期内使用，严禁使用非标量具上道检查。检查量具和用品包括：道尺、支距尺、方尺、弦线、木折尺（或小钢尺）、石笔、安全防护用品等。

③ 参加检查人员应掌握设备检查操作要领，熟知线路基本知识、技术要求、作业标准和轨道静态几何尺寸容许偏差管理值。

（3）上道检查。

① 轨距、水平检查。

a. 全面检查时，25 m轨应均匀检查8处，12.5 m轨应均匀检查4处。

b. 重点检查时，25 m轨应均匀检查4处，12.5 m轨应均匀检查2处。

c. 接头必须检查。

d. 发现超过计划维修和临时补修允许速度的轨距、水平，应查出超限处所的起终点，并在轨底划上拆垫、捣固、改道的标志。

e. 检查及划撬时，应该注意轨枕空吊板对水平的影响、轨距递减率对水平加速度的影响及超高顺坡率对垂直速度的影响。

f. 为使全面检查的轨距、水平记录与重点检查的轨距、水平能进行相应的核对，全面检查轨距、水平的记录应一上一下，从左至右，依次填记。

g. 轨距、水平记录应该按线路计算里程的方向依次填写，每个轨号的第一格记录值，都应是该轨号钢轨接头处的轨距、水平。

表 2.4　线路检查记录簿

正线____km 至____km　站线____股道　曲线半径____m　超高____mm　顺坡终点____%

检查日期	检查项目	钢轨编号													
		接头	中间	接头	中间	接头	中间	接头	中间	接头	中间	接头	中间	接头
	轨距													
	水平、三角坑													
	轨向、高低及其他													
	临时补修日期及内容													
	轨距													
	水平、三角坑													
	轨向、高低及其他													
	临时补修日期及内容													

表 2.5　道岔检查记录簿

站名_____　道岔编号_____　型号_____

检查日期	检查项目	转辙部分			导曲线中			辙叉部分					支距	记事
		前顺坡终点	尖轨尖端处	尖轨根端	直线	曲线	叉心前	叉心中	叉心后	查找间隔	护背距离		
			尖轨中	直 曲	前 中 后	前 中 后	直 曲	直 曲	直 曲	直 曲	直 曲		
	轨距												
	水平		×				× ×			× ×	× ×		
	轨向、高低及其他												
	临时补修日期及内容												

表 2.6　交分道岔检查记录簿

站名 _____　　道岔编号 _____　　型号 _____

检查日期	部位\项目		前锐角辙叉 叉后端	前锐角辙叉 叉心中	前锐角辙叉 查照间隔	前锐角辙叉 护背距离	前双转辙器 顺坡终点	前双转辙器 尖轨尖	前双转辙器 尖轨中	钝角辙叉 尖轨跟 直股	钝角辙叉 尖轨跟 曲股	钝角辙叉 可动心 跟端	钝角辙叉 短中轴 中间	钝角辙叉 导曲线中	钝角辙叉 曲线外矢	后双转辙器 可动心 中间	后双转辙器 尖轨跟 直股	后双转辙器 尖轨跟 曲段	后双转辙器 尖轨中	后双转辙器 尖轨尖	后双转辙器 顺坡终点	后锐角辙叉 查照间隔	后锐角辙叉 护背距离	后锐角辙叉 叉心中	后锐角辙叉 叉后端
	甲股	轨距																							
		水平	×	×	×		×			×			×			×			×			×	×	×
	乙股	轨距										×													
		水平	×	×	×		×			×			×			×			×			×	×	×
其他临时补修日期																									
	甲股	轨距																							
		水平	×	×	×		×			×			×			×			×			×	×	×
	乙股	轨距																							
		水平	×	×	×		×			×			×			×			×			×	×	×
其他临时补修日期																									

表 2.7　菱形道岔检查记录簿

站名 _____　　道岔编号 _____　　型号 _____

检查日期	部位\日期		前锐角辙叉 叉后端	前锐角辙叉 叉心中	前锐角辙叉 叉端前	前锐角辙叉 查照间隔	前锐角辙叉 护背距离	钝角辙叉 前半部 叉前端	钝角辙叉 前半部 叉心中	钝角辙叉 前半部 查照间隔	钝角辙叉 前半部 护背距离	钝角辙叉 后半部 查照间隔	钝角辙叉 后半部 护背距离	钝角辙叉 后半部 叉心中	钝角辙叉 后半部 叉后端	后锐角辙叉 查照间隔	后锐角辙叉 护背距离	后锐角辙叉 叉前端	后锐角辙叉 叉心中	后锐角辙叉 叉后端	记事
	甲股	轨距																			
		水平		×		×		×	×	×	×	×	×		×		×		×		
	乙股	轨距																			
		水平		×		×		×	×	×	×	×	×		×		×		×		
其他临时补修日期																					
	甲股	轨距																			
		水平		×		×		×	×	×	×	×	×		×		×		×		
	乙股	轨距																			
		水平		×		×		×	×	×	×	×	×		×		×		×		
其他临时补修日期																					

表 2.8　无缝线路长钢轨位移观测记录簿

____线____行____km+____ ~ ____km+____　　　　　　　　锁定轨温____°C

检查日期	检查时间	气温/°C	轨温/°C	左股/mm 始端轨缝	左股/mm 各观测点位移量 1	2	3	4	5	6	7	左股/mm 终端轨缝	右股/mm 始端轨缝	右股/mm 各观测点位移量 1	2	3	4	5	6	7	右股/mm 终端轨缝	原因分析

注：① 在单线上各测点顺计算公里方向编号，在双线上各测点顺列车运行方向编号。
　　② 顺编号方向分左右股。
　　③ 顺编号方向位移为"+"号，逆编号方向位移为"−"号。

表 2.9　曲线正矢检查记录簿

曲线位置___km+___ ~ ___km+___　　曲线半径___m　　直缓点位置：___号测点+___m
缓和曲线长___m　　　　　　　　　　曲线全长___m　　缓直点位置：___号测点+___m

测点号	计算正矢	年 月 日 现场正矢	拨道量	拨后正矢	年 月 日 现场正矢	拨道量	拨后正矢	年 月 日 现场正矢	拨道量	拨后正矢	年 月 日 现场正矢	拨道量	拨后正矢	年 月 日 现场正矢	拨道量	拨后正矢

表 2.10　可动心轨单开道岔检查记录簿（18 号及以上）

站名＿＿＿＿＿＿＿＿　　道岔编号＿＿＿＿＿＿＿　　型号＿＿＿＿＿＿＿

检查日期	检查项目		转辙部分							导曲线中				辙叉部分						支距	记事
			尖轨前顺坡终点	尖轨尖端处	尖轨中前部	尖轨中前部*	尖轨中部	尖轨中后部	尖轨中后部*	尖轨跟端	前部	中前部	中部	中后部	后部	辙叉前部	辙叉中部	查照间隔	辙叉中后部	辙叉中后部*	弹性可弯中心后部	辙叉后部		
轨距	直															×								
	曲		×	×												×								
水平	直															×								
	曲		×	×												×								
轨向、高低及其他																							
临时补修日期及内容																							
轨距	直															×								
	曲		×	×																				

注：① "*" 指该项在道岔号数为 30 号及以上时应该查。
② 18 号及以上号码的可动心轨道岔在尖轨中与尖轨尖端、尖轨跟端之间增加了对尖轨中前部、尖轨中后部的检查，具体位置应根据道岔类型均匀布置。
③ 18 号及以上号码的可动心轨道岔在导曲线部分增加了对导曲线部分中前部、中后部的检查，具体位置应根据道岔类型均匀布置。
④ 辙叉中部指可动心轨辙叉长心轨轨顶宽 20 mm 左右处。
⑤ 弹性可弯中心后部指在长心轨弹性可弯中心后第一间隔铁处及侧股对应位置。
⑥ 18 号及以上号码的可动心轨道岔在辙叉中部与弹性可弯中心后部之间增加了对辙叉中后部的检查，具体位置应在辙叉中部与弹性可弯中心后部之间道岔类型均匀布置。

② 三角坑检查。

线路三角坑是指检查 18 m 范围内的轨道水平扭曲状况，即水平误差变化量。在检查时按前后水平的相对差来掌握线路的扭曲状况，对三角坑不再另行检查。发现 18 m 范围内有超限的三角坑时，应查出超限的起终点，并注明超限值，划好橛，将超限值记在三角坑栏内。对轨道检查车动态检查时发现的三角坑超限处所，在进行线路整修之前，应进行复检。复检时的三角坑基长应按轨道检查车检测的基长 2.4 m 量取。

③ 轨向检查。

直线方向，以 10 m 弦不定点检查；曲线方向，以 20 m 弦检查中央点矢值，除缓和曲线应定点检查外，圆曲线部分可定点或不定点检查；道岔导曲线方向采用支距法检查；岔后连接曲线方向以 10 m 弦定点或不定点检查正矢值。

曲线检查时要注意观看是否存在接头支嘴、反弯或鹅头（反弯是指曲线头或尾部的直线线路存在与曲线方向相反的弯曲；鹅头是指曲线头或尾偏离应有的平面位置，向曲线外侧凸出，越出直线方向，状似鹅头），并设法量出反弯或鹅头的数值，在曲线头或尾部的轨底上注明。检测正矢应选择晴天或无风的天气，弦线与测尺均应放在钢轨顶面下 16 mm 处，读数时，测尺、弦线、视线应互相垂直。轨向的超限值应记在记录簿上轨向一栏的相应轨号处。

④ 高低检查。

a. 高低以 10 m 弦不定点检查。

b. 划高低撬时，应该注意前后水平及三角坑情况，该合并的要合并，以避免混乱。

c. 高低的超限值记录在检查记录簿的高低一栏内，并与轨距、水平超限处所相对应，以便和水平、三角坑进行对照分析。

d. 捣固的工作量记录在检查记录簿的捣固栏内，拆垫的工作量记录在拆垫栏内，不能混记，以便准确统计工作量，编制月、日计划。

⑤ 道岔检查。

a. 在尖轨接头轨距顺坡终点开始，至辙叉曲股前止。

b. 各项轨道几何尺寸均应按规定定点检查。

c. 道岔连接曲线按线路检查要求，记录在线路（曲线）检查记录簿上。

⑥ 现场划撬。

各铁路局对现场划撬各有规定，以下划撬方法可做参考。

a. 高低、水平划撬：＞＜。

b. 改道划撬：|-↑↓-|。

c. 接头错牙划撬：—，水平方向划在接头夹板上部。

d. 拨道划撬：→，顺轨枕纵向划。

e. 失效轨枕标记：|，划在轨枕中部。

f. 方正轨枕标记：方↑或↓，划在要方轨枕的一端。

g. 检查出的轨距、水平数值记录：如 ＋3，－2。

h. 其他现场划撬符号可由工区自行设定。

（4）注意事项。

① 现场防护员负责瞭望列车，在接收到驻站联络员的来车信号后，及时督促职工下道避车，并注意工具是否随人下道。

② 区间或站内邻线有列车通过时，应停止在本线检查线路，预防本线同时来车。

③ 下道避车应站在距钢轨 2 m 以外的路肩上，面对列车，防止车上坠物伤人。

④ 每月对无缝线路长轨条位移情况的检查和每季对管内曲线正矢的检查，以及每季对普通线路爬行情况的检查，均可在增加 1 人和携带弦线、钢板尺的情况下，与线路检查同时进行。

⑤ 为了实行科学管理，合理地安排线路维修工作，每季要有一次比较细致的线路检查，利用积累数据和统计分析，掌握设备技术状态的变化规律。

3. 制定轨道静态几何尺寸容许偏差管理值的依据

线路容许速度越高，轨道静态几何尺寸容许偏差就越小，这样的规定才能满足高速列车运行平稳和安全的需要。轨道类型应与线路容许速度相适应，在相同运量和线路容许速度的情况下，轨道静态几何尺寸变化的幅度和速度与轨道类型有密切关系，轨道类型越重，其变化越小。

轨道静态几何不平顺容许偏差管理值中，作业验收管理值为线路设备大修、计划维修和临时补修作业的质量检查标准；计划维修管理值为安排轨道维修计划的质量管理标准；临时补修管理值为应及时进行轨道整修的质量控制标准；限速管理值为保证列车运行平稳性和舒适性，需立即限速并进行整修的质量控制标准；封锁管理值为保证列车运行平稳性，需立即封锁并进行整修的质量控制标准。

任务 2.2　线路动态检查

线路动态不平顺是线路不平顺的动态质量反映，主要通过轨道检查车进行检测。轨道检查车除检测轨道几何形位外，还可以从轮轨相互作用和行车平稳性等方面对轨道状态做出综合评价。

我国轨道检查车经过长期不断的探索和发展，在轨道检查车领域取得了一定的成就。经过我国研究人员几十年的积极探索、不断创新和改进，国内使用的车型有 GJ-4、GJ-4（G）、GJ-5 和 GJ-6，4 种不同的检测设备分别对应一代人的心血和汗水，截至目前我国轨检测动态检测技术被广泛应用到 18 个铁路局集团公司，技术已经相当成熟，目前最为常见的有 GJ-4、GJ-5 型检测车，GJ-6 型轨道检查车也在不断普及，现在的轨道检查车采用激光光电伺服跟踪系统和激光摄像技术，国内的轨道动态设备的精度已经赶上世界先进的轨道检查车，测速已达到 200 km/h。

2.2.1　轨道检查车的基本原理

轨道检查车发展的两大基础原理有弦测法和惯性基准法。

1. 弦测法（日本 East-i 综合检测列车）

East-i 综合检测车采用了弦测法进行检测。弦测法利用车体及三个轮对，建立测量的基准线，可以进行轨道高低、方向测量，前后两轮与轨道接触点的连线作为测量的基准线，中间轮与轨道接触点，偏离基准线的大小作为高低不平顺的测量结果，如图 2.1 所示。这种测量方法与人工测量较为接近，现场更容易复核这种方法测量的结果，因此也易于为现场接受。20 世纪 70 年代以前，国内外都采用这种方法进行高低和轨向的测量。

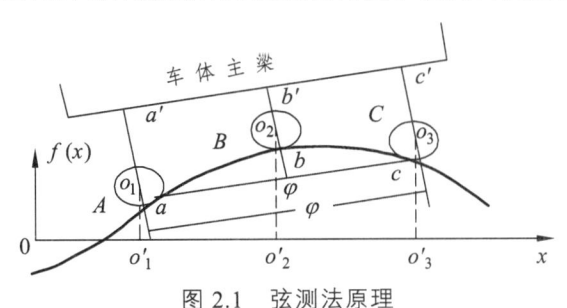

图 2.1　弦测法原理

2. 惯性基准法（世界主流技术）

惯性基准就是当轴箱的上下运动很快时（即底座振动频率远高于系统的自振频率），质量块 B 不能追随而保持静止的位置，这个静止位置即为质量弹簧系统的"惯性基准"或称"惯性零位"，其原理图如图 2.2 所示。

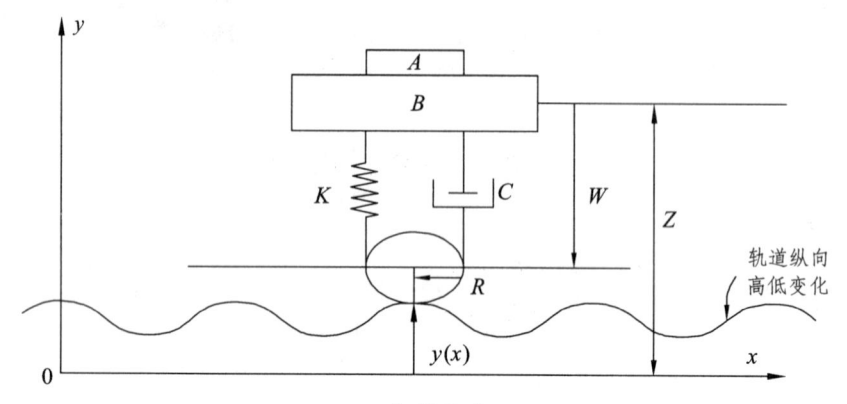

图 2.2 惯性基准原理

惯性基准法建立测量基准线，是由质量弹簧系统中质量块的运动轨迹给出的。以轨道高低为例，图 2.2 中 B 为车体质量，K、C 分别表示其弹簧和阻尼。轨道高低不平顺 y 的计算公式如式（2.1）所示。

$$y = Z - W - R \tag{2.1}$$

采用惯性基准法的高低、方向测量，对车速下限有限制，这是采用惯性基准法一个显著的特点，停车时不能进行测量。轨道检查车高低检测要求车速下限为 5 km/h，轨向要求速度下限应大于 24 km/h。

2.2.2 轨道检查车的检测项目

国内 GJ-4 型和 GJ-5 型车较为常见，这两种车型的检测项目基本相同，GJ-5 型轨道检查车还可以检测轨底坡和钢轨断面等。

当前广泛使用的 GJ-4 型和 GJ-5 型轨道检查车的检测项目有：轨距、轨向、水平、高低、三角坑、曲率、车体垂向振动加速度、车体横向振动加速度、轨距变化率、复合不平顺、动力学指标等。

1. 轨　距

轨距：钢轨头部踏面下 16 mm 范围内两股钢轨工作边之间的最小距离，如图 2.3 所示。

直线轨距标准为 1 435 mm，曲线防止卡住车轮需要设置加宽，新修规曲线轨距按表 2.4 规定加宽。

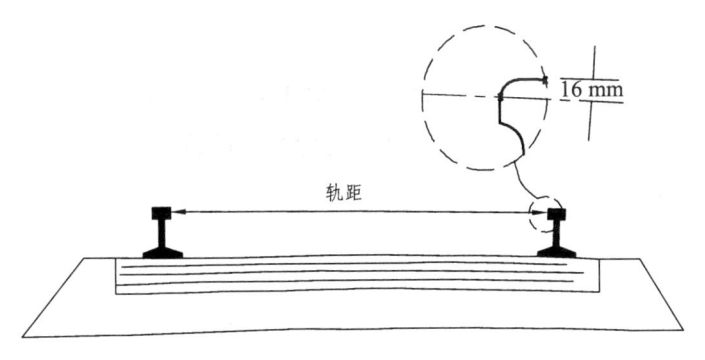

图 2.3 轨距示意图

2. 轨 向

轨向：指钢轨内侧，钢轨头部踏面下 16 mm 处沿轨道延长方向的横向凸凹不平顺，如图 2.4 所示。

3. 水平（超高）

水平：同一横截面上左右轨顶面相对于水平面的高度差，但不含曲线上按规定设置的超高值及超高顺坡量。

超高：同一横截面上左右轨顶面相对于水平面的高度差。

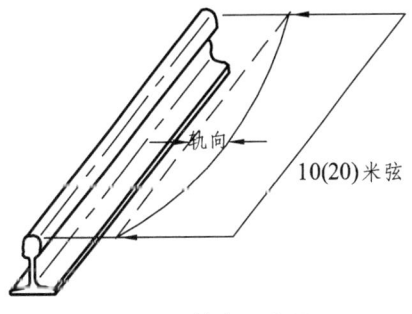

图 2.4 轨向示意图

4. 高 低

高低：钢轨顶面沿延长方向的垂向凸凹不平顺，如图 2.5 所示。

5. 扭曲（三角坑）

扭曲：左右两轨顶面相对于轨道平面的扭曲。用相距一定基长水平的代数差表示（注：三角坑包含缓和曲线超高顺坡量）。一定基长 2.5 m 是指车辆的轴距或心盘距，如图 2.6 所示。

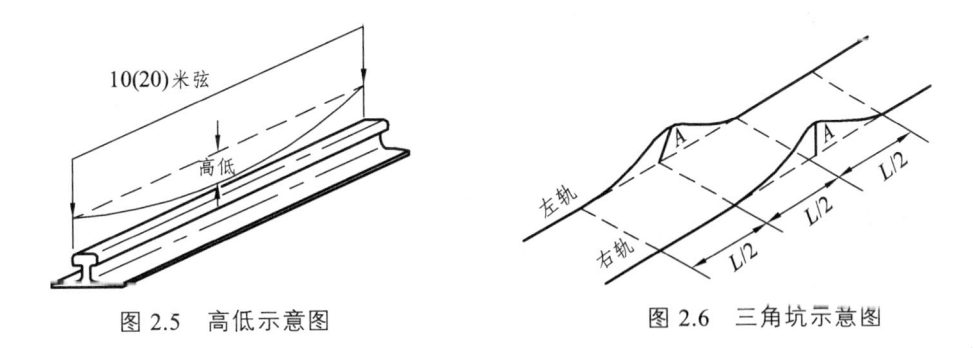

图 2.5 高低示意图　　图 2.6 三角坑示意图

6. 曲 率

曲率：为一定弦长的曲线轨道（如 30 m）对应的圆心角 θ（°/30 m）。度数大，曲率大，半径小。反之，度数小，曲率小，半径大。轨道检查车通过曲线时（直线亦如此），测量车辆每通过 30 m 后车体方向角的变化值，同时测量车体相对两转向架中心连线转角的变化值，即可计算出轨道检查车通过 30 m 曲线后的相应圆心角 θ 变化值。也可以说是曲线半径的另一种算法。两者关系：曲线半径 = 1 000/曲率值。

7. 垂向振动加速度和水平振动加速度

水平加速度分为直线段水平加速度和曲线上的水平加速度。直线段上的水平加速度就是水平方向上速度的变化和时间的比值。而在曲线上存在过超高或欠超高，还要考虑离心加速度。

垂向加速度为垂直方向上速度的变化和所用时间的比值。

8. 轨距变化率

轨距变化率是以 2.5 m 基长轨距测量值的差值与基长的比值，用"‰"表示。

9. 复合不平顺

复合不平顺指水平和轨向逆向复合不平顺，按水平和 1.5 ~ 42 m 轨向代数差计算，避免出现连续多波不平顺。

10. 动力学指标

在综合检测列车上安装有测力轮对，用于测量轮轨力，主要有两个评价指标。

轮重减载率：轮重减载率是指列车在动态时，车轮作用在钢轨上的垂向力与车辆在静态时车轮对钢轨的垂向力的差与车辆在静态时车轮对钢轨的垂向力的比。当这个比值达到 0.8 及以上时定义为超限。

脱轨系数：是根据运动的列车横向力与垂向力的比值计算出来的，当这个比值达到 0.8 及以上时定义为超限。

11. 地面标志 ALD

地面标志 ALD 自动测量：轨道检查车的检测梁上安装着电磁涡流传感器，当运行的车辆感应到轨道上的磁场环境改变（如线路中部有金属物时），检测梁上的地面标志传感器检测到轨道中心位置的金属物时，会产生磁场变化进而产生电压变化，会形成有特征的波形，该波形会和其他检测项目同时出现在波形图上，根据 ALD 波形特征可以判断道岔、道口、桥梁的位置，可以根据病害距离这些特殊位置的相对位置准确找出病害，该检测项目是轨道检查车进行里程校正病害复核的重要依据。地面标志对应关系如图 2.7 所示。

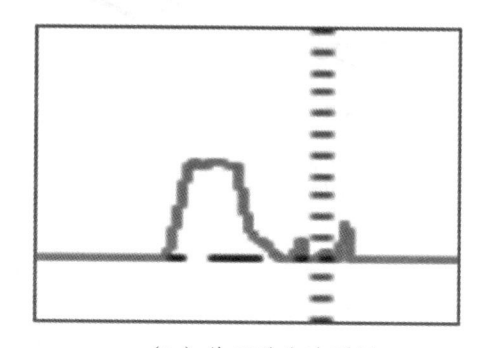

（a）单开道岔　　　　　　　　　（b）单开道岔波形图

(c) 复交道岔 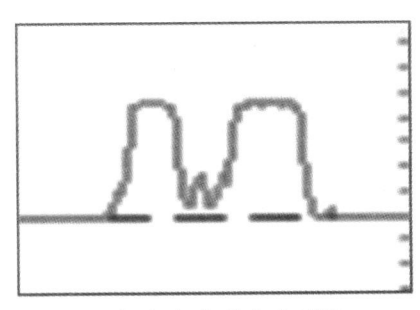　　　　　　　　　(d) 复交道岔波形图

(e) 道口 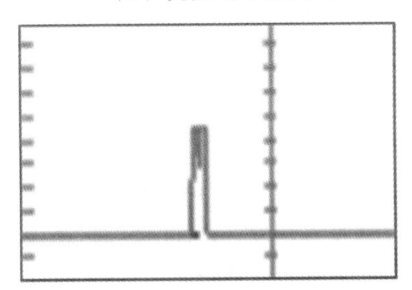　　　　　　　　　　　(f) 道口波形图

(g) 有护轨的桥梁 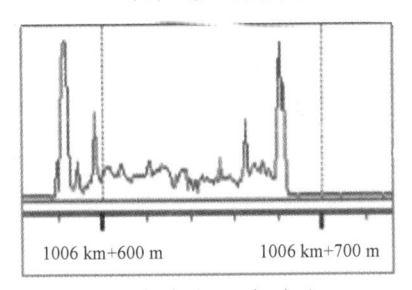　　　　　　　(h) 桥梁波形图

图 2.7　地面标志 ALD

2.2.3　各检测项目的检测原理

各检测项目的检测原理总结如表 2.11 所示。

表 2.11　各检测项目的检测原理

检测项目	检测原理
高低	惯性基准原理
轨向	惯性基准原理
轨距	激光摄像技术、光电伺服跟踪原理
水平	加速度自动补偿（CAS）原理
曲率	摇头速率陀螺自动补偿（CAS）原理
垂加及水加	振动加速度测量原理
地面标志	电涡流传感器的测量原理
速度、里程	光电编码器、GPS 技术，以及射频标签技术

2.2.4 检测质量评定

轨道动态几何不平顺容许偏差是指动态条件下轨道几何不平顺值与标准值的偏差，主要通过轨道检查车或综合检测列车进行检测，按线路允许速度进行评价。动态几何不平顺容许偏差管理分为局部峰值管理和区段均值管理。

我国线路不平顺评判方式有2种，分别是线路整体不平顺和线路局部不平顺。

1. 线路局部不平顺（线路峰值管理）

某一点或者某一小段线路的不平顺称为局部不平顺，局部峰值动态评价采用四级管理：Ⅰ级为日常保养标准，Ⅱ级为计划维修标准，Ⅲ级为临时补修标准，Ⅳ级为限速标准，一般铁路上Ⅰ级和Ⅱ级超限比较常见，当出现Ⅲ级和Ⅳ级超限时应该引起高度重视，现在铁路上主要采用保养Ⅰ级超限整修Ⅱ级超限来避免Ⅲ级超限的发生，把病害扼杀在摇篮中。

（1）各项偏差等级和扣分标准。

各项超限等级扣分标准如表2.12所示，从每级超限扣分的多少来看也可以清楚地明白Ⅲ级及Ⅲ级以上超限的严重性。

表2.12 各项超限扣分标准

超限等级	Ⅰ级超限	Ⅱ级超限	Ⅲ级超限	Ⅳ级超限
超限扣分	1分	5分	100分	301分

偏差等级的意义如表2.13所示。

表2.13 偏差等级的意义

偏差等级	Ⅰ级超限	Ⅱ级超限	Ⅲ级超限	Ⅳ级超限
表示含义	保养标准	舒适度标准	临时补修标准	限速标准

（2）线路的动态评定标准。

线路局部不平顺的评定标准是以一公里为单位，通过该公里扣分的多少来评定线路等级，每公里线路动态扣分评定标准如表2.14所示。

表2.14 动态线路评定标准

等级	优良	合格	失格
扣分值	小于50分	51~300分	大于300分

2. 线路整体不平顺（线路均值管理）

线路整体不平顺通过数理统计的思想引出TQI（Track Quality Index）的概念，TQI为轨道质量指数，能很好地反映出线路的整体不平顺情况，对各个检测项目进行综合分析，指导线路养护维修工作。

TQI是左右高低、左右轨向、轨距、水平、扭曲7项数据标准差的和，TQI能够很好地反映出线路的整体不平顺情况，线路整体不平顺同线路局部不平顺峰值的分析方法不同，TQI

是对各个检测项目的综合分析，同时是对峰值管理的一种补充分析。

TQI 利用了数理统计的思想，来统计轨道质量的均衡性和舒适性，该值的大小从某种意义上讲能够反映轨道质量状况，TQI 是以 200 m 为单位的各项检测项目的统计值，TQI 数值越大，说明线路的各项数据的波动性越大、变化越明显，为了更加直观地反映标准差值的含义，以 13、6、16、7、18 和 15、11、11、12、11 这 2 组数进行计算，这两组数的均值都是 12，但是这两组数的离散程度不一样，算出的 TQI 值分别为 4.77、2.24。

标准差按式（2.2）计算，TQI 计算按式（2.3）计算。

$$\sigma_i = \sqrt{\frac{1}{n}\sum_{i=1}^{n}(x_{ij}^2 - \bar{x}_{ij}^2)} \tag{2.2}$$

$$\mathrm{TQI} = \sum_{i}^{n}\sigma_i \tag{2.3}$$

式中　σ_i——各项尺寸偏差值的标准差；$i = 1,2,3,4,5,6,7$，分别为左右高低、左右轨向、轨距、水平和扭曲；

　　$\bar{x}_{ij}$——各项几何偏差在单元区段中连续采样点的幅值 x_{ij} 的算数平均值；$j = 1,2,3,4,5,6,7$；

　　n——采集点的个数（$n = 800$）。

为了提高 TQI 的分析水平，又引进了 T 值的概念，《普速铁路线路修理规则》中对轨道质量指数管理值有明确要求，见表 2.15。对超过管理值的进行扣分，记作 T_{200}，区段以整公里为计算单位，T 值为 5 个 TQI 扣分的和，T_{200} 扣分规则见表 2.16。

表 2.15　轨道质量指数管理值

速度等级	左高低 /mm	右高低 /mm	左轨向 /mm	右轨向 /mm	轨距 /mm	水平 /mm	三角坑 /mm	TQI 值
$v_{max} \leq 80$ km/h	2.2~2.5	2.2~2.5	1.8~2.2	1.8~2.2	1.4~1.6	1.7~1.9	1.7~1.9	13~15
80 km/h< $v_{max} \leq 120$ km/h	1.8~2.2	1.8~2.2	1.4~1.9	1.4~1.9	1.3~1.4	1.6~1.7	1.7~1.9	11~13
120 km/h< $v_{max} \leq 160$ km/h	1.5~1.8	1.5~1.8	1.1~1.4	1.1~1.4	1.1~1.3	1.3~1.6	1.4~1.7	9~11
160 km/h< v_{max}	1.1~1.5	1.1~3.5	0.9~1.1	0.9~1.1	0.9~1.1	1.1~1.3	1~1.4	7~9

表 2.16　超过管理值不同等级对应的 T_{200}

TQI	未超过管理值	超过管理值	超过 10%	超过 20%
T_{200}	0	40	50	61

T 值按公式（2.4）计算。

$$T = \sum_{1}^{5}T_{200} \tag{2.4}$$

T 值越大说明该线路状态越差，其评价标准见表 2.17。

表 2.17　不同 T 值对应的评价

评价	均衡	计划	优先
每公里 T 值	$T=0$	$0<T\leqslant 100$	$T>100$

对于 $T>100$ 应该优先安排工务人员修理，$0<T\leqslant 100$ 的线路应该采取计划性修理，$T=0$ 的线路不用修理，做好日常维护工作。

铁路系统对超限级别和不同超限形式的超限量都有明确的要求，下面是 2019 年 4 月 1 日《普速铁路线路修理规则》对动态容许偏差管理值的说明，普速线路轨道动态容许偏差管理值见表 2.18。

表 2.18　普速线路轨道动态质量容许偏差管理值

项目		80 km/h< v_{max} ≤120 km/h 正线				v_{max} ≤80 km/h 正线			
		Ⅰ级	Ⅱ级	Ⅲ级	Ⅳ级（限速）	Ⅰ级	Ⅱ级	Ⅲ级	Ⅳ级（限速）
高低	1.5～42 m	8	12	20	24	12	16	24	28
轨向	1.5～42 m	8	10	16	20	10	14	20	25
轨距		+8	+12	+20	+23	+12	+16	+23	+27
		−6	−8	−10	−11	−6	−8	−11	−16
轨距变化率/‰		2	2.5	—	—	2.0	2.5	—	—
水平/mm		8	12	18	22	8	12	22	26
三角坑/mm		8	10	14	16	8	10	16	22
车体垂向加速度		1.0g	1.5g	2g	2.5g	1.0g	1.5g	2.0g	2.4g
车体水平加速度		0.06g	0.09g	0.15g	0.20g	0.06g	0.10g	0.15g	2.0g

注：① 表中各种偏差超限值为实际幅值的半峰值；
② 水平超限值不包含曲线按规定设置的超高值及超高顺坡量；
③ 高低和轨向采用对应波长的空间曲线；
④ 复合不平顺特指轨向和水平逆向复合不平顺；
⑤ 由于篇幅限制，只摘录部分数据，详情可查阅 2019 年 4 月 1 日版《普速铁路线路修理规则》。

2.2.5　轨道检测车检测资料及其应用

利用轨道检查车动态检测技术，对轨道检查车数据文件夹的"CLASS_OTHER""CLASS1""CLASS2""CLASS3_4""CURVES""KMSUMMARY""PGP""SECSUMMARY""TQI""TVALUE"等十个文件进行识别，主要是对"CLASS1""TQI"和"CLASS2"进行分析，

使用 Wavers 软件查看波形图对照设备台账对其中超限处所和超限区段进行详细分析，通过整体不平顺和局部不平顺综合分析病害，根据波形图上的特征信息进行病害复核，然后根据“TVALUE”报表 T 值的大小，划分出优先修理、计划修理、不用修理的标段，依据该段线路超限分布情况合理制定计划维修和临时性补修方案。

下面以×××下行轨道检查车的检测数据进行分析，打开×××区间的动态检测数据文件夹，会发现有“CLASS_OTHER”“CLASS1”“CLASS2”“CLASS3_4”“CURVES”“KMSUMMARY”“PGP”“SECSUMMARY”“TQI”“TVALUE”等十个文件，如图 2.8 所示。

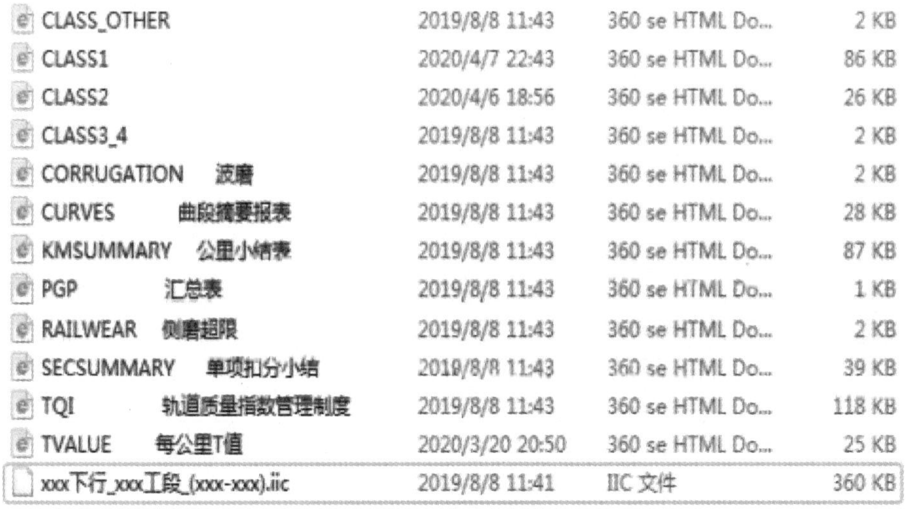

CLASS_OTHER	2019/8/8 11:43	360 se HTML Do...	2 KB
CLASS1	2020/4/7 22:43	360 se HTML Do...	86 KB
CLASS2	2020/4/6 18:56	360 se HTML Do...	26 KB
CLASS3_4	2019/8/8 11:43	360 se HTML Do...	2 KB
CORRUGATION 波磨	2019/8/8 11:43	360 se HTML Do...	2 KB
CURVES 曲段摘要报表	2019/8/8 11:43	360 se HTML Do...	28 KB
KMSUMMARY 公里小结表	2019/8/8 11:43	360 se HTML Do...	87 KB
PGP 汇总表	2019/8/8 11:43	360 se HTML Do...	1 KB
RAILWEAR 侧磨超限	2019/8/8 11:43	360 se HTML Do...	2 KB
SECSUMMARY 单项扣分小结	2019/8/8 11:43	360 se HTML Do...	39 KB
TQI 轨道质量指数管理制度	2019/8/8 11:43	360 se HTML Do...	118 KB
TVALUE 每公里T值	2020/3/20 20:50	360 se HTML Do...	25 KB
xxx下行_xxx工段_(xxx-xxx).iic	2019/8/8 11:41	IIC 文件	360 KB

图 2.8 动态检测数据文件夹内容

不同的轨道检查车检测出的报表内容大同小异，报表文件对应的报表内容如表 2.19 所示。

表 2.19 文件名称对应内容

名称	CLASS1	CLASS2	CLASS3_4	CLASS_OTHER	CURVES	KMSUMMARY	PGP	SECSUMMARY	TQI	TVALUE
内容	Ⅰ级超限	Ⅱ级超限	Ⅲ级和Ⅳ级超限	其他超限	曲线摘要报表	公里小结	汇总表	检测小结表	TQI 扣分情况	公里 T 值

下面重点对“CLASS_OTHER”“CLASS2”“CLASS3_4”“KMSUMMARY”和“TQI”进行分析，公里小结报表代表着线路的安全程度，TQI 报表代表着线路的舒适程度。在线路安全的前提下保证线路的舒适性，也就是说应该先对公里小结报表进行分析，再对超限报表和 TQI 报表进行分析。

1. KMSUMMARY——公里小结表

公里小结代表线路安全，以每公里为单元，对各检测项目的各级超限处数量进行统计，并给出公里的扣分数，同时提供检查完本公里时的行车速度。该报表可以准确直观地看出该公里的各项超限个数和扣分情况，xxx 下行线 K457 ~ K469 的公里小结如表 2.20 所示。

表 2.20 KMSUMMARY——公里小结

公里	检测长度/m	高低 IV	高低 III	高低 II	高低 I	轨向 IV	轨向 III	轨向 II	轨向 I	轨距 IV	轨距 III	轨距 II	轨距 I	水平 IV	水平 III	水平 II	水平 I	三角坑 IV	三角坑 III	三角坑 II	三角坑 I	垂向加速度 IV	垂向加速度 III	垂向加速度 II	垂向加速度 I	横向加速度 IV	横向加速度 III	横向加速度 II	横向加速度 I	长波长高低 IV	长波长高低 III	长波长高低 II	长波长高低 I	长波长轨向 IV	长波长轨向 III	长波长轨向 II	长波长轨向 I	曲率变化率 IV	曲率变化率 III	曲率变化率 II	曲率变化率 I	轨距变化率 III	轨距变化率 II	轨距变化率 I	横加变化率 II	横加变化率 I	公里扣分	通过速度/(km/h)
457	1 000	0	0	0	16	0	0	0	2	0	0	0	2	0	0	0	0	0	0	0	0	0	0	0	0	0	0	0	0	0	0	0	2	0	0	0	0	0	0	0	0	0	0	0	0	0	20	61
458	1 000	0	0	2	5	0	0	0	0	0	0	0	0	0	0	0	0	0	0	0	0	0	0	0	0	0	0	0	3	0	0	0	0	0	0	0	0	0	0	0	0	0	0	0	0	0	18	75
459	1 000	0	0	0	2	0	0	0	0	0	0	0	0	0	0	0	0	0	0	0	0	0	0	0	0	0	0	0	1	0	0	0	0	0	0	0	0	0	0	0	0	0	0	0	0	0	3	91
460	1 000	0	0	0	6	0	0	0	0	0	0	0	0	0	0	0	0	0	0	0	0	0	0	0	0	0	0	0	3	0	0	0	0	0	0	0	0	0	0	0	0	0	0	0	0	0	9	93
461	1 000	0	0	0	11	0	0	0	0	0	0	0	0	0	0	0	0	0	0	0	0	0	0	1	0	0	0	1	3	0	0	0	0	0	0	0	0	0	0	0	0	0	0	0	0	0	24	92
462	1 000	0	0	2	6	0	0	0	0	0	0	0	0	0	0	0	0	0	0	0	0	0	0	0	0	0	0	0	2	0	0	0	0	0	0	0	0	0	0	0	0	0	0	1	0	0	19	92
463	1 000	0	0	0	11	0	0	0	0	0	0	0	0	0	0	0	0	0	0	0	0	0	0	0	0	0	0	0	4	0	0	0	0	0	0	0	0	0	0	0	0	0	0	0	0	0	12	92
464	1 000	0	0	0	19	0	0	0	1	0	0	0	0	0	0	1	2	0	0	0	1	0	0	0	2	0	0	0	0	0	0	0	6	0	0	0	0	0	0	0	0	0	6	10	0	0	75	91
465	1 000	0	0	0	4	0	0	0	0	0	0	0	0	0	0	0	0	0	0	0	0	0	0	0	2	0	0	0	2	0	0	0	0	0	0	0	0	0	0	0	0	0	0	1	0	0	8	89
466	1 000	0	0	0	8	0	0	0	0	0	0	0	0	0	0	0	0	0	0	0	0	0	0	0	0	0	0	0	1	0	0	0	0	0	0	0	0	0	0	0	0	0	0	0	0	0	9	89
467	1 000	0	0	0	4	0	0	0	0	0	0	0	0	0	0	0	0	0	0	0	0	0	0	0	0	0	0	0	0	0	0	0	0	0	0	0	0	0	0	0	0	0	0	0	0	0	4	90
468	1 000	0	0	0	6	0	0	0	0	0	0	0	0	0	0	0	0	0	0	0	0	0	0	0	0	0	0	0	1	0	0	0	0	0	0	0	0	0	0	0	0	0	0	0	0	0	7	91
469	1 000	0	0	0	0	0	0	0	0	0	0	0	0	0	0	0	0	0	0	0	0	0	0	0	0	0	0	0	1	0	0	0	0	0	0	0	0	0	0	0	0	0	0	0	0	0	1	94

通过表 2.20 可以看出，K464 段的状态最差，共扣分 75 分，高低 I 级超限 19 处，轨向 I 级超限 1 处，轨距 I 级超限 2 处，水平 I 级超限 1 处，三角坑 I 级超限 2 处，垂向加速度 I 级超限 4 处，横向加速度 I 级超限 6 处，轨距变化率 I 级超限 10 处、II 级超限 6 处。

2. SECSUMMARY——区段总结表

区段总结表主要是对超限级别超限数量进行统计，是对整段线路的一个概括，详细统计了各种项目超限的个数和超限所占百分比等详细数据，能够让我们更加清晰地了解该段里程的线路状况，如表 2.21 所示。通过区段总结表可知，该段线路上有 II 级超限 12 处，I 级超限 149 处，高低超限占的比重最大，可以看出高低超限是导致该段线路不平顺的主要原因。

表 2.21 SECSUMMARY——区段总结

项目	IV级超限	III级超限	II级超限	I级超限	个数 总计	个数 每公里个数	个数 百分比	扣分 总计	扣分 每公里扣分	扣分 百分比	TQI 平均指数 左	TQI 平均指数 总	TQI 平均指数 右	TQI 超标段数 左	TQI 超标段数 总	TQI 超标段数 右	TQI 超标百分比 左	TQI 超标百分比 总	TQI 超标百分比 右
高低	0	0	4	98	102	7.85	63.35	118	9.08	56.46	2.23	4.59	2.36	19	0	26	29.23	0	40
轨向	0	0	0	3	3	0.23	1.86	3	0.23	1.44	1.17	2.33	1.16	3	0	4	4.62	0	6.15
轨距	0	0	0	3	3	0.23	1.86	3	0.23	1.44	0	1.04	0	0	4	0	0	6.15	0
水平	0	0	0	1	1	0.08	0.62	1	0.08	0.48	0	1.3	0	0	5	0	0	7.69	0
三角坑	0	0	1	4	5	0.38	3.11	9	0.69	4.31	0	1.31	0	0	2	0	0	3.08	0
垂向加速度	0	0	1	20	21	1.62	13.04	25	1.92	11.96	0	0	0	0	0	0			
横向加速度	0	0	0	8	8	0.62	4.97	8	0.62	3.83	0	0	0	0	0	0			
长波长高低	0	0	0	0	0	0	0	0	0	0	0	0	0	0	0	0			
长波长轨向	0	0	0	0	0	0	0	0	0	0	0	0	0	0	0	0			
曲率变化率	0	0	0	0	0	0	0	0	0	0	0	0	0	0	0	0			
轨距变化率	0	0	6	12	18	1.38	11.18	42	3.23	20.1	0	0	0	0	0	0			
横加变化率	0	0	0	0	0	0	0	0	0	0	0	0	0	0	0	0			
总和	0	0	12	149	161	12.39	99.99	209	16.08	100.02	3.4	10.57	3.52	22	11	30			

3. TQI 报表

xxx 铁路为普速铁路，本次轨道检查车的检测标准为 0～120 km/h，查阅 2019 年 4 月 1 日执行的《普速铁路线路修理规则》确定轨道质量指数管理值为 13，TQI 管理值见表 2.22。

表 2.22 轨道质量指数管理值

速度等级	左轨向/mm	右轨向/mm	左高低/mm	右高低/mm	水平/mm	轨距/mm	三角坑/mm	TQI
$v \leq 80$ km/h	1.8～2.2	1.8～2.2	2.2～2.5	2.2～2.5	1.7～1.9	1.4～1.6	1.9～2.1	13～15
80 km/h< $v_{max} \leq$ 120 km/h	1.4～1.9	1.4～1.9	1.8～2.2	1.8～2.2	1.6～1.7	1.3～1.4	1.7～1.9	11～13
120 km/h< $v_{max} \leq$ 160 km/h	1.1～1.4	1.1～1.4	1.5～1.8	1.5～1.8	1.3～1.6	1.1～1.3	1.4～1.7	9～11
160 km/h< v_{max}	0.9～1.1	0.9～1.1	1.1～1.5	1.1～1.5	1.1～1.3	0.9～1.1	1～1.4	7～9

通过对该段线路的 TQI 值进行排序（表 2.23），发现有 8 个区段 TQI 值超过 13，TQI 超限区域集中分布在 K464，说明这一段线路的动态不平顺情况不良，本次检测线路全长 13 km，有 8 个 TQI 超限，全部分布在 K457～K464，其中 3 处超限超过 TQI 管理值 10%，2 处都在 K464，可以看出 K464 的线路不平顺状况非常差，K465～K470 段的状态相对较好，没有出现 TQI 值超限区段，综合可以评估出这 13 km 的线路前半段状况较差，应该优先安排维修，后半段主要是进行养护，尽量避免对轨底进行大规模的扰动。

表 2.23　TQI 超限降序排列

里程/km	超限	轨向/mm 左	轨向/mm 右	高低/mm 左	高低/mm 右	水平/mm	轨距/mm	三角坑/mm	TQI 数值	TQI 超标	速度/(km/h)	标准/(km/h)
457	有	**2.42**	**2.42**	**2.86**	**2.79**	**2.2**	1.39	**2.17**	**16.25**	超过 10%	45	(100, 120]
464.6	有	**2.35**	**2.42**	**3.05**	**3.33**	1.55	**1.67**	1.71	**16.08**	超过 10%	89	(100, 120]
464.4	有	1.80	**1.97**	**2.58**	**2.80**	**1.95**	**1.83**	1.83	**14.76**	超过 10%	90	(100, 120]
464	有	1.83	**1.91**	**3.05**	**2.90**	**2.05**	0.88	1.61	**14.22**	超过	91	(100, 120]
462.4	有	1.24	1.27	**3.34**	**3.70**	**1.71**	0.97	1.61	**13.83**	超过	92	(100, 120]
464.8	有	1.55	1.69	**2.87**	**2.87**	1.40	**1.64**	1.46	**13.46**	超过	89	(100, 120]
460.2	有	1.52	1.55	**2.54**	**2.87**	**1.89**	0.89	**2.14**	**13.40**	超过	93	(100, 120]
461.8	有	1.65	1.67	**2.77**	**2.73**	**1.71**	0.82	1.89	**13.24**	超过	92	(100, 120]

注：加黑的数字为超过 TQI 管理值。

4. 超限资料

超限资料记录所选区段所有超限，CLASS1、CLASS2、CLASS3_4 三个文件中只包含轨距、轨向、高低、水平、三角坑、车体垂直加速度、车体水平加速度，其他类型超限存放在 CLASS_OTHER 中。超限资料是查找和消灭线路病害，确保行车安全和指导养护维修线路的极为重要的数据，CLASS1 报表的格式和 CLASS2 一样，下面以 CLASS2 报表为例，如表 2.24 所示。

表 2.24　CLASS2

位置 km	位置 m	超限类型	峰值	长度/m	超限等级	线形（直/缓/曲）	速度/(km/h)	检测标准
458	512	右高低	−13.85 mm	2	Ⅱ	缓	67	(0, 120]
458	514	左高低	−13.32 mm	2	Ⅱ	缓	67	(0, 120]
461	993	三角坑	−11.04 mm	2	Ⅱ	直	92	(0, 120]
461	994	垂向加速度	0.18g	3	Ⅱ	直	92	(0, 120]
462	409	右高低	14.3 mm	5	Ⅱ	圆	91	(0, 120]
462	410	左高低	12.07 mm	5	Ⅱ	圆	91	(0, 120]

续表

位置		超限类型	峰值	长度/m	超限等级	线形（直/缓/曲）	速度/（km/h）	检测标准
464	495	轨距变化率	3.14	2	II	直	91	(0, 120]
464	536	轨距变化率	3.07	1	II	直	90	(0, 120]
464	848	轨距变化率	2.69	1	II	直	89	(0, 120]
464	935	轨距变化率	2.7	1	II	直	89	(0, 120]
464	966	轨距变化率	2.72	1	II	直	88	(0, 120]
464	997	轨距变化率	2.6	1	II	直	88	(0, 120]

通过观察可以看出，主要超限类型为左右高低和轨距变化率。轨距变化率超限主要分布在 464 km 段内，说明这个段内的轨距变化剧烈，轨道不平顺离散程度高，应该重点分析。458 km 段内有 2 处高低超限，这 2 处超限的位置距离特别近。461 km 段内有两处超限分别是三角坑和垂向加速度超限，距离仅有 1 m，是同一处病害，严重影响行车安全，需要进行重点分析。

5. TVALUE——公里 T 值明细表

该段线路的公里 T 值明细如表 2.25 所示。

表 2.25 TVALUE——公里 T 值明细

公里	标准	段数				T 值	评价
		未超标	超标	超标 10	超标 20		
457	(100, 120]	4	0	1	0	50	计划
458	(100, 120]	5	0	0	0	0	均衡
459	(100, 120]	5	0	0	0	0	均衡
460	(100, 120]	4	1	0	0	40	计划
461	(100, 120]	4	1	0	0	40	计划
462	(100, 120]	4	1	0	0	40	计划
463	(100, 120]	5	0	0	0	0	均衡
464	(100, 120]	1	2	2	0	180	优先
465	(100, 120]	5	0	0	0	0	均衡
466	(100, 120]	5	0	0	0	0	均衡
467	(100, 120]	5	0	0	0	0	均衡
468	(100, 120]	5	0	0	0	0	均衡
469	(100, 120]	5	0	0	0	0	均衡

通过公里 T 值明细表可以看出 K464 段 T 值最大，线路动态不平顺最差，应该安排优先修理，K457、K460、K461、K462 段应该列入月维修计划中去，K465～K469 线路状态良好应该尽量减少对路基的扰动。

6. PGP——汇总表

PGP 报表内容如下：

累计检测：13 公里，每公里平均扣分 16.08 分；

优良公里：12 公里，优良率为 92.31%；

合格公里：1 公里，合格率为 7.69%；

失格公里：0 公里，失格率为 0%；

每公里平均 T 值：13.85，每公里平均 TQI 为 10.57；

均衡公里：8 公里，均衡率为 61.54%；

计划公里：4 公里，计划率为 30.77%；

优先公里：1 公里，优先率为 7.69%。

PGP 表是对整个线路的总体概述，SECSUMMARY 表是对 PGP 表的进一步描述，CLASS1、CLASS2、CLASS3_4、CLASS_OTHER 和 KMSUMMARY 五个表是对 PGP 和 SECSUMMARY 两个表的详细描述。

7. 波形图介绍

轨道检查车波形如图 2.9 所示，波形图通道可以自己设置增减，通道的位置和通道线的颜色可以随意调整。

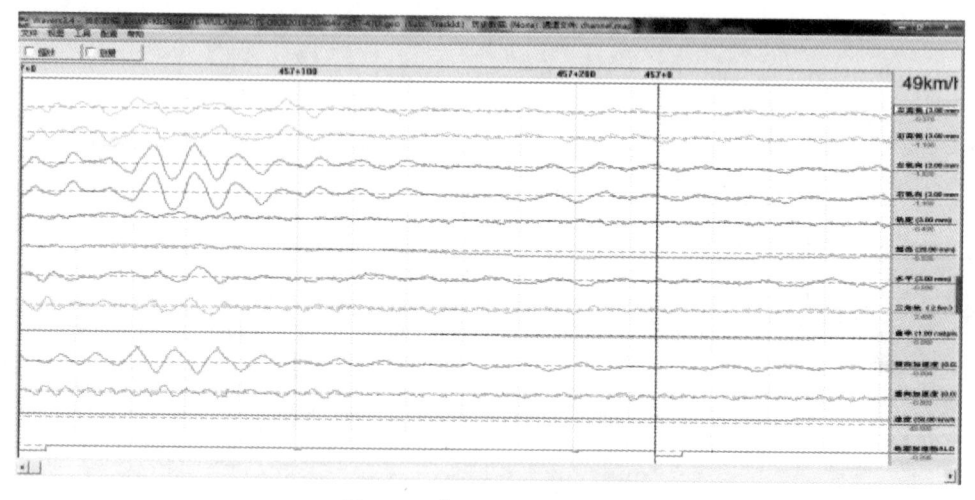

图 2.9 波形图通道示意图

文件夹中的 GEO 文件就是轨道波形图文件，波形图文件是轨道检查车在检测时绘制出的轨道几何尺寸，可以通过图幅峰值的大小准确直观地反映不同病害类型的具体位置，轨道波形图的主要作用如下：

（1）帮助检测人员判断轨道检查车是否正常工作，帮助工作人员找出干扰超限数据，对干扰超限数据进行删除，注意干扰数据只能在超限报表中进行删除，TQI 值是轨道检查车自动生成的，无法进行人为干预。

（2）直观形象地反映出轨道的实际不平顺情况。

（3）找出病害位置及时进行削峰处理。

轨道波形图可以同时显示多项数据，轨道检查车的检测数据还可以和轨检小车的数据进行对比分析，有助于全面分析原因并及时处理。

轨道检查车检测项目正负号的定义如表 2.26 所示。

表 2.26　检测项目正负号定义

检测项目	定　义
轨道检查车正向	检测梁位于二位端，定义二位端到一位端方向为轨道检查车正向，轨道检查车行驶方向与轨道检查车一致为正向检测，反之为反向检测
轨距正负	实际轨距大于标准轨距 1 435 mm 为正，反之为负
高低正负	高低向上为正，向下为负
轨向正负	顺轨道检查车正向，轨向向左为正，向右为负
水平正负	顺轨道检查车正向，左轨高为正，反之为负
曲率正负	顺轨道检查车正向，右拐曲率为正，左拐曲率为负
车体水平加速度	平行车体地板，垂直于轨道方向，顺轨道检查车正向，向左为正
车体垂向加速度	垂直于车体地板，向上为正

2.2.6　动态检测要求

检测周期根据运量和线路状态确定。

（1）国铁集团轨道检查车，对允许速度大于 120 km/h 的线路及其他主要繁忙干线进行定期检查。

（2）铁路局集团公司轨道检查车，对允许速度大于 120 km/h 的线路每月检查不少于 2 遍（含国铁集团轨道检查车检查）；对年通过总重不小于 80 Mt 的正线，15～30 天检查 1 遍；对年通过总重为 25～80 Mt 以内的正线，每月检查 1 遍；对年通过总重小于 25 Mt 的正线，每季检查 1 遍；对状态较差的线路可适当增加检查遍数。

2.2.7　线路动态检测设备

1. 综合检测列车

高速铁路上，为节省线路检查的时间，同时也便于对不同专业的检测数据进行同步和对比分析，一般将线路、车辆、供电、信号等专业的检查集中起来，称为综合检测列车。综合检测列车中有一节检测列车专门对轨道几何状态及设备状态进行检测。

2. 轨道状态确认车

进行过线路作业的地段，或每天开行第一列高速列车以前，运用轨道状态确认车对线路状态进行确认。轨道状态确认车具备部分轨道检查车和巡检车的功能，可对重要的轨道不平顺及行车平稳性进行检测，对线路及其附近结构物的异常状态进行识别。

3. 车载式线路检查仪

车载式线路检查仪装载于机车或动车上，能实时检测车辆的横向和垂向加速度，随着列车的运行，对主要的轨道几何尺寸及行车平稳性进行不间断地检查，对大值不平顺进行实时报警和信息传递。

任务 2.3　钢轨状态检查与探伤分析

钢轨及部件状态检查是线路检查工作的重要环节，其状态及质量直接影响行车的稳定性及安全性。

2.3.1　钢轨检查方法简介

检查钢轨必须按规定周期进行，着重检查钢轨有无伤损，已标记的伤损有无变化。各种裂纹部位和名称如图 2.10 所示。

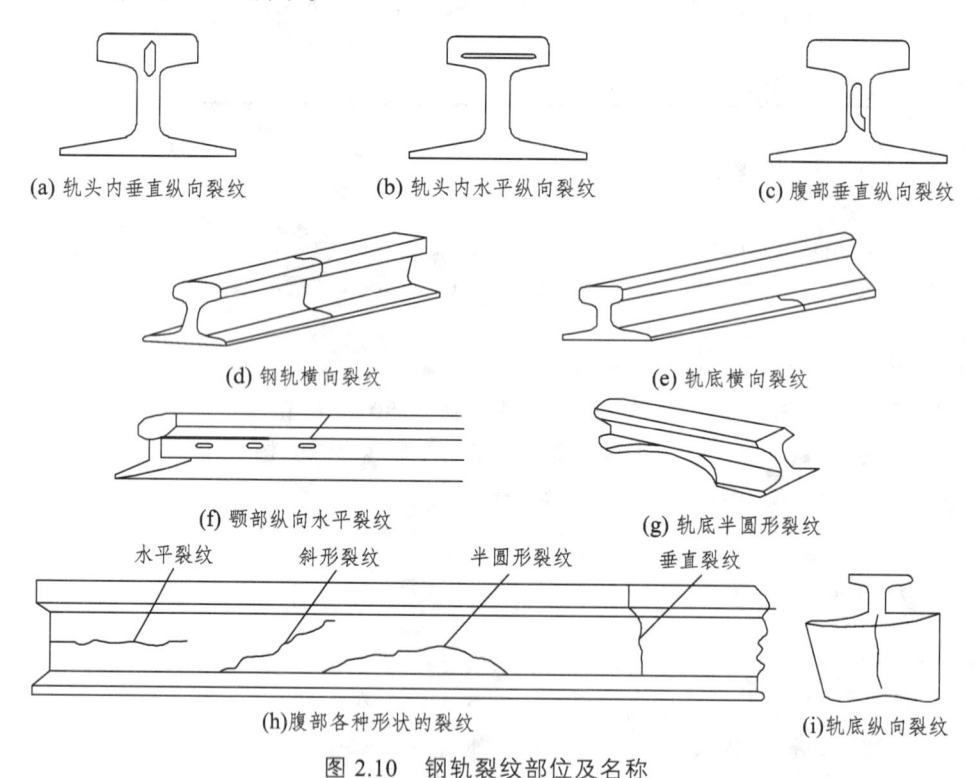

(a) 轨头内垂直纵向裂纹　　(b) 轨头内水平纵向裂纹　　(c) 腹部垂直纵向裂纹

(d) 钢轨横向裂纹　　(e) 轨底横向裂纹

(f) 颚部纵向水平裂纹　　(g) 轨底半圆形裂纹

水平裂纹　斜形裂纹　半圆形裂纹　垂直裂纹

(h) 腹部各种形状的裂纹　　(i) 轨底纵向裂纹

图 2.10　钢轨裂纹部位及名称

1. 手工检查钢轨

手工检查钢轨是较为落后的方法。当前，在探伤仪缺少的情况下，对次要站专线和轻老杂轨地段，仍然辅之以手工检查。检查时要精神集中，力求使任何伤损钢轨都不漏检。但是，手工检查不能代替探伤仪对正线的检查。

（1）检查人员分工及工具。

手工检查钢轨通常由 6 人组成（分股检查时由 3 人组成），钢轨检查人员应明确各自负责检查的钢轨部位。

① 1、2 号检测人员分别负责检查左右外口钢轨顶面、轨头侧面、轨腹、轨颚及外口夹板螺栓以上部分的伤损、裂纹情况。

② 3、4 号检测人员分别负责检查左右里口钢轨，并与 1、2 号检查人员的部位相对应。

③ 5、6 号检测人员分别负责检查左右钢轨接头和夹板，并复检接头前 5 m 范围内有无损伤和裂纹。

为确保行车及人身安全，由线路车间指定一名负责人，并由最前方和最后方各一名人员（1、6 号检查人员）负责瞭望列车，在来车前指挥检查人员下道避车。

在检查钢轨时，每人应携带必要的工具和防护用品（表 2.27）。

表 2.27　手工检查钢轨的工具及防护用品

人员	1 号镜	2 号镜	3 号镜	弹簧锤	信号旗	响墩	探伤钩	其他
1 号	1	1			1 套	3		全组应备有活口扳手、石笔、铅油盒、笔记本及试验用的酒精等，并由组长指定专人分别携带
2 号	1	1						
3 号	1	1						
4 号	1	1						
5 号		1	1	1			1	
6 号		1	1	1		3		

注：1、2、3 号镜规格分别为：1 号镜 120 mm×（250～300）mm，带反光镜，柄长不超过 500 mm；2 号镜 60 mm×90 mm；3 号镜 15 mm×150 mm。弹簧锤重为 300 g、圆头，若检查 50 kg/m 钢轨，可适当加重。信号旗 1 套，由 2 面红旗和 1 面黄旗组成。

（2）检查方法。

① 检测时，左股在前，右股在后，两股钢轨检测人员相错不应超过 25 m。左股检查人员按 1、3、5 号顺序排列，距离间隔为 5～6.25 m，最大不可超过 10 m，右股比照左股排列（2 号在前，4 号居中，6 号在后）。

② 检查速度保持 1 min 走行 10 m，每日检查 3～3.5 km。

③ 1、2 号人员在检查每根钢轨外口各部位之前，要先骑跨钢轨（或半蹲在钢轨外口），背向阳光看前方 10～20 m 钢轨顶面光线，检查钢轨顶面有无异状。注意观察轨面磨亮部分与未被车轮磨亮部分的交接处，看其是否平、直、齐，轨头是否压宽。然后从接头开始用 1 号镜照看夹板自螺栓孔向上部分及每股钢轨外头部侧面、颚部、腹部有伤损和裂纹。1 号镜放在轨腹与轨底接触部位附近，与钢轨成 45°角。检查人员要弯腰，保持眼睛距轨面不超过 1 m。持镜时，要手轻脚稳，步幅均匀，保持镜光平稳，徐徐向前，注意观察。

④ 3、4 号检查人员检查左右股里口各部位（包括里口轨底），除不观察钢轨顶面外，其检查方法同 1、2 号检查人员。

⑤ 5、6 号检查人员首先蹲在钢轨外侧，面向接头用弹簧锤试敲钢轨顶面（在桥梁上可蹲在钢轨内侧），轨端敲击 3 次，各螺栓孔中间敲击两次，检查钢轨有无伤损。敲击时，手握

锤柄要自然，大拇指伸直，抬锤高度距轨面 50～80 mm，锤面要平落，落锤处应在距里口边缘 10 mm 及轨面中心线处。敲击时，若小锤连续跳动 4～5 次，第一次跳动高度在 20～25 mm，声音清脆，手感振动有力，一般为无伤；若只跳动 1～2 次，跳动低，声音不清脆，一般为有伤（夹板不密贴、螺栓松动、吊板等情况也有类似现象出现）。

5、6 号检查人员敲击接头后，移动双脚，蹲在轨枕外侧道床上，检查外口夹板及接头前后各 5 m 范围内钢轨状态。然后，检查里口对应部位。在转移途中，检查里口钢轨底部。

对钢轨、道岔磨耗情况，每年结合秋检全面检查一次。对因磨耗而接近轻伤和重伤程度的钢轨，由线路车间每季组织检查一次。

（3）分析伤损与裂纹要点。

① 看。看是用肉眼观察钢轨的表面状态来判断有无暗伤或明伤。如果轨顶面光面中有黑线或车轮压面不直，这种钢轨头部一般有暗伤。但只是看白光还不够，还要看轨头的形状和特征。看时主要掌握以下 6 方面：

a. 看轨面"白光"有无扩大。钢轨如有内伤，轨面"白光"会向外扩大，"白光"扩大的长度与内部裂纹长度大致相同，如图 2.11 所示。如发现白光扩大时，必须进一步检查有无其他特征，若白光扩大处有颚部下垂，颚下又有红锈等现象时，才能判断是伤轨。

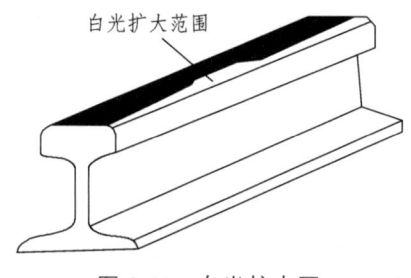

图 2.11　白光扩大圈

b. 看"白光"中有无"暗光"或黑线。轨头内部有纵向裂纹时，会在扩大的"白光"中出现一道"暗光"。这是因为内部发生裂纹后轨面受车轮压力不均，原来的亮光消失的缘故。暗光的形状一般是中间宽窄一致，两端尖小。内部裂纹越宽时，越靠轨面，暗光越粗越明显。裂纹发展到接近表面时，"暗光"变成黑线。

曲线上的钢轨由于受车轮偏压磨损后，经整修或改铺在直线上时，会出现假暗光或假黑线。相互式接头曲线的大腰处，轨面白光处有时向外扩大，但无暗光或黑线。假暗光或假黑线一般粗细不一，可以擦掉。辨别时，还要看轨头有无轧宽，颚下或轨腹有无锈线，如有上述现象之一时，则为伤损钢轨，如图 2.12 所示。

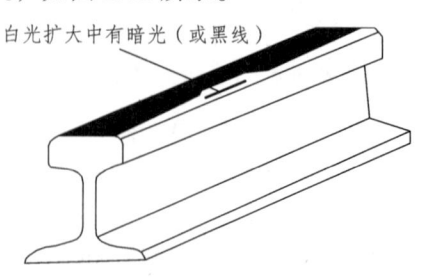

图 2.12　白光中有黑线

在长大坡道经常撒砂的制动地段，不易看清白光时，可以从轨面砂粒压成粉末的情况加以判断。在轨面砂粒粉末较厚较粗处，应与白光中出现暗光、黑线的现象同等对待。

c. 看轨头是否"肥大"。轨头内部如发生裂纹，则该处轨头必然肥大。

d. 看轨头是否下垂。轨头纵向裂纹、下颚纵向水平裂纹等伤损发展到严重程度时，都会出现颚部下垂，如图 2.13 所示。

e. 看头部侧面有无锈线。如果发现轨面有白光扩大，白光中又有暗光和黑线，这时应详细检查该处两侧面，如有锈线，就是伤轨。白光向外侧扩大，锈线出现在内侧；白光向内侧扩大，锈线出现在外侧。

f. 看腹部有无鼓包和变形。轨腹出现鼓包时，腹部有竖裂内伤。哪一面鼓出，内伤靠近哪一面，可用手摸或锤击的方法判断，要把重皮排除在外，如图 2.14 所示。

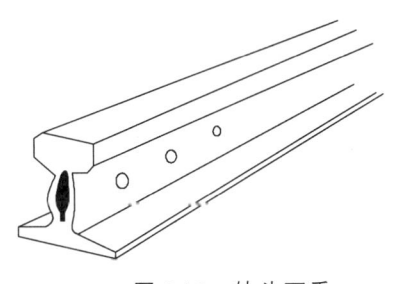

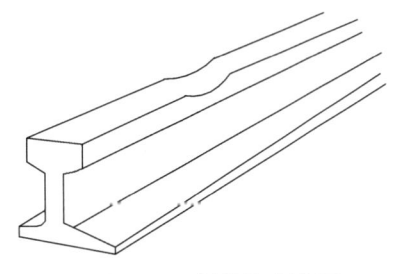

图 2.13　轨头下垂　　　　　　　　　图 2.14　钢轨腹部变形

② 照。即用镜子照，具体方法是将小镜（可放入口袋）放在钢轨底下，从轨缝内向上反光；也可将小镜放在胸前，迎阳光，弯腰站在距接头 1 m 左右处，借反射的光，观察轨端竖面有否裂纹。

③ 特殊检查。即检查钢轨黑核，如图 2.15 所示。黑核发生的部位一般是小腰多、大腰少；里口多、外口少；冬季多、夏季少；夜间多、白天少；轨枕边缘发现多、两轨枕中间发现少。一般从前一次发现到下一次发现大约是 10~15 d。检查钢轨时，应着重看钢轨侧面和下颚有无红色锈痕，再看其中是否有垂直裂纹，最后看其颜色是否为浅黑色，轨面是否有白线。

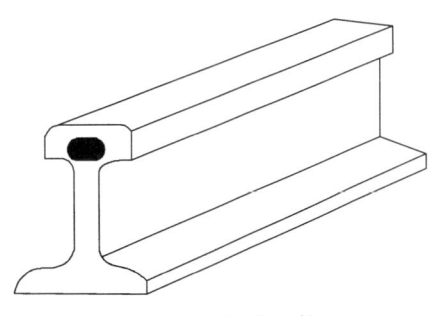

图 2.15　钢轨黑核

趁霜、雪、雨、雾天气检查钢轨裂纹。主要观察裂纹处有无流水、淌锈水等异状。下霜、下雪时，裂纹处不沾霜雪；下雨降雾时，裂纹处不易干。敲击时，向上冒锈水，晒干后留有红锈或黑锈痕。

夏天裂纹刚出现时，裂纹两侧掉铁皮；当裂开以后，经水侵蚀，出现黄色锈线；全部裂通后，锈线由酱红色逐渐变为粉色。裂纹一般出现在锈痕中央。冬天一般无锈痕，只是两侧掉铁皮，霜退后有霜痕。

发现可疑裂纹锈痕时，可用放大镜细看，或用少许粗砂、玻璃碎片、铜纽扣等放在钢轨面上，用小锤敲击轨头侧面或用中指扶在轨头侧面，通过小锤敲击感觉，综合判断有无暗伤。

发现轨面擦伤及轨底、顶面有可疑处所而难以判断时，可使用煤油试验。

如果在接缝、夹板螺栓孔附近及轨底面发现可疑处所，可使用2号镜检查。隐蔽处所应卸下螺栓或夹板，用3号镜检查。

2. 利用钢轨探伤设备检查钢轨

利用超声波钢轨探伤仪检查钢轨是依据超声波在介质中的传播特性，以超声脉冲反射法和超声脉冲穿透法，对钢轨进行非破坏性的无损探伤。它能探测各种钢轨的核伤、螺孔裂纹、轨腰的水平或纵向裂纹以及焊缝裂纹等各种伤损。在探测过程中遇伤损缺陷时，仪器能迅速地由示波管荧光屏显示出伤损脉冲波形，同时发出伤损报警信号，且能用数字显示伤损位置。

当前较多使用的是"GCT-8C"型手推车式数字钢轨超声波钢轨探伤仪，执行《多通道A型显示钢轨超声波探伤仪技术条件》(TB/T 2340—2000)，适于探测国产和进口的 43～75 kg/m 钢轨母材中存在的各种缺陷。该探伤仪具有9个探测通道，其中 0°通道一个，37°通道两个（前37°、37°），70°通道六个（前70°、后70°、前内70°、前外70°、后内70°、后外70°）；能自动全程记录探伤数据功能（作业路线、探伤速度、时间、报警情况、灵敏度等），可连续记录保存60 d 的探伤数据，也可人工（手动）存储探伤数据；配套微机播放软件，探伤作业记录的数据可以通过播放软件进行连续播放和分析；具有无线手机接口，可以实现GPS定位，可以通过互联网实现数据远程传输和控制。

在仪器检查钢轨的同时，要全面检查接头夹板的伤损情况。

国铁集团和铁路局钢轨探伤车，对年通过总重不小于 50×10^6 t 或允许速度大于 120 km/h 的线路每年应至少检查两遍；对年通过总重不小于 25×10^6 t 的干线每年应至少检查一遍。特殊地段增加检查遍数，由铁路局确定。钢轨探伤车检查的伤损应采用探伤仪进行复核。

国铁集团钢轨探伤车检查中发现问题，应及时向有关单位发出通知，并于每月末（或年底）向国铁集团提报月度（或年度）分析报告。

铁路局钢轨探伤车检查中发现的问题，应立即通知工务段处理，检查后向有关单位通报检查结果。每月上旬（或年初）向铁路总公司提报上月（或上年度）检查、分析报告。

钢轨探伤检查应实行定期检查制度，依据年通过总质量、轨型、季节及钢轨的实际状态等条件合理确定钢轨探伤周期，冬季探伤间隔时间应短于夏季。

正线线路和道岔（调节器）的钢轨探伤周期见表2.28。

表2.28 正线线路和道岔（调节器）的钢轨探伤周期

年通总质量/Mt	年探伤遍数		
	75 kg/m、60 kg/m 钢轨	50 kg/m 钢轨	43 kg/m 及以下钢轨
$W_年 \geq 80$	10		
$80 > W_年 \geq 50$	8	10	
$50 > W_年 \geq 25$	7	8	9
$25 > W_年 \geq 8$	6	7	8
$W_年 < 8$	5	6	7

到发线线路和道岔的钢轨每年探伤检查不少于 4 遍。其他站线、段管线、岔线的线路和道岔钢轨每半年探伤检查不少于 1 遍。

下列重点地段应根据线路、钢轨的实际状态适当增加探伤遍数，具体办法由铁路局集团公司规定。

① 在桥梁上、隧道内、小半径曲线、大坡道及钢轨状态不良地段。

② 伤轨数量出现异常，连续两个探伤周期内都发现疲劳伤损（如核伤、鱼鳞伤、螺孔裂纹、水平裂纹等）地段。

③ 超过大修周期地段、钢轨与运量不匹配地段。

对无缝线路和道岔、调节器钢轨的现场焊缝除按规定周期探伤外，还应使用焊缝探伤仪进行全断面探伤，现场闪光焊、数控气压焊焊缝每两年检查不少于 1 遍，铝热焊焊缝每半年检查不少于 1 遍。

工务段每月应将钢轨探伤结果和其他方法检查发现的钢轨伤损情况经分析后报铁路局。铁路局每月汇总分析后报国铁集团，报表样式见表 2.29。

表 2.29 伤损钢轨、夹板、辙叉、尖轨更换表（日报）

顺号	单位	线别	区间（车站）	位置	发现人（人名）					发现时间	处理时间		
					探伤	手工	检控	巡道	作业	群众		维修天窗	临时天窗	处理人

注：现场作业无论发现人是谁，都应及时将发生的伤损情况上报给车间，车间及时上报段，利用维修天窗时间及时整修。

2.3.2 钢轨探伤设备

1. 超声波探伤仪

超声波探伤仪是根据超声波的传播特性和电声转换原理，利用电子技术而制造的。超声波探伤仪主要分为模拟式和数字式，下面分别介绍。

（1）模拟式超声波探伤仪。

① 工作原理。

A 型显示脉冲反射式模拟式超声波探伤仪的种类很多，功能不一，但基本电路和工作原理大致相同。它们一般都由同步、发射、扫描、接收、显示、电源、辅助单元（报警和深度补偿）和探头组成。

② 主要性能定义。

a. 水平线性。探伤仪荧光屏时间或距离轴上显示的信号与输入接收信号成正比关系的程度。

b. 垂直线性。探伤仪荧光屏上显示的信号幅度与输入接收器的信号幅度成正比关系的程度。

c. 动态范围。在增益调节不变时，探伤仪荧光屏上能分辨的最大与最小反射面积波高之比，即反射波高从100%到消失所需要的衰减量。

d. 灵敏度余量。超声探伤系统中，以一定电平表示的标准缺陷探测灵敏度与最大探测灵敏度之间的差值。其含意是仪器和探头组合检测最小缺陷的能力。

e. 分辨力。有效辨别两个紧密相邻不连续的能力。

f. 盲区。在一定探伤灵敏度下，从工件探测面到可探最近缺陷的深度。

g. 电噪声电平。荧光屏上电噪声平均幅度在垂直刻度上的百分比。

（2）数字式超声波探伤仪。

数字式超声波探伤仪是计算机技术和超声探伤仪技术相结合的产物。它是在模拟式超声探伤仪的基础上，采用计算机技术实现仪器功能的精确和自动控制、信号获取和处理的数字化和自动化、检测结果的可记录性和可再现性。因此，它具有模拟式超声探伤仪的基本功能，同时又增加了数字化带来的数据测量、显示、存储与输出功能。近年来，数字式仪器发展很快，有逐步替代模拟式探伤仪的趋势。

所谓数字式超声探伤仪，主要是指发射、接收电路的参数控制和接收信号的处理、显示均采用数字式方式的仪器。不同的是制造商生产的数字式超声探伤仪，可能会采用不同的电路设置，保留的模拟电路部分也不相同。但最主要的一点是，探头接收的超声信号需经模-数转换、数字处理后显示出来。

（3）数字式与模拟式超声探伤仪的异同。

① 基本组成。

典型 A 型脉冲反射式数字式超声探伤仪的电路框图如图 2.16 所示。从它的基本构成来看，数字式仪器发射电路与模拟式仪器是相同的，接收放大电路的前半部分，包括衰减器和高频放大器等，与模拟式仪器也是相同的。但信号经放大到一定程度后，则由模-数转换器将模拟信号变为数字信号，由微处理器进行处理后，在显示器上显示出来。对于模拟式超声波探伤仪上的检

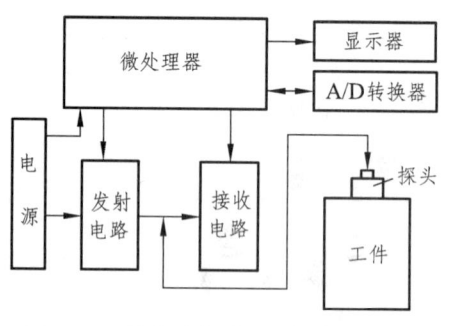

图 2.16 数字式超声探伤仪电路框图

波、滤波、抑制等功能，数字式超声波探伤仪可以通过对数字信号进行数字处理完成，也可在模-数转换前采用模拟电路完成。数字式超声波探伤仪的显示是二维点阵式的，与模拟式仪器的显示方式有很大的不同，不再像模拟式仪器由单行扫描线经幅度调节显示波形，而是由微处理器通过程序来控制显示器实现逐点扫描。发射电路和模数转换器的同步控制不再需要同步电路，而是由微处理器通过程序来协调各部分的工作。

② 仪器的功能。

从基本功能来看，数字式仪器可提供模拟式仪器具有的所有功能，但是各部分功能的控制方式是不同的。在模拟式仪器中，操作者直接拨动开关对仪器的电路进行调整，而在数字式仪器中，则要通过人机对话，用按键或菜单的方式，将控制数据输入微处理器，然后由微处理器发出信号控制各电器的工作。微处理器还可以按照预先设定的程序，自动对仪器进行调整，这就给自动检测系统提供了极大的方便。

此外，数字化控制使得控制参数可以存储，可以自动按存储的参数重新对仪器进行调整，从而方便了检测过程的重复再现。检测波形的数字化使得仪器可进一步提供波形的记录与存储、波形参数的自动计算与显示（波高、距离等）、距离波幅曲线的自动生成、时基线比例的自动调整以及频谱分析等附加功能。

③ 仪器的性能。

从影响仪器性能的最基本的部分——发射电路和接收电路来看，数字式仪器与模拟式仪器是相同的。因此，仪器的灵敏度、分辨力、放大线性等与模拟仪器差别不大，最主要的差别是数字式仪器中的模-数转换、信号处理和显示部分。这部分的性能决定着显示的信号是否失真。失真严重时，会影响缺陷的判定，造成漏检、误检。仪器这部分性能的主要影响参数有模-数转换器的模-数转换频率、字长和存储深度，以及显示器的刷新频率。

2. 超声波探头

超声波探头是进行超声波探伤不可缺少的器件之一，它承担发射或接收超声波的任务，实现声能与电能的相互转换，故又称换能器。

（1）探头的分类。

为适应各类工件和各种探测方式的需要，探头的种类很多，按其用途和结构可作图 2.17 所示分类。

此外，还有高温探头、微型探头等特殊用途的探头。

（2）探头的作用和特点。

直接接触工件表面进行检测的探头称为接触式探头。该类探头种类较多，有纵波直探头、纵波斜探头、横波斜探头、表面波探头、兰姆波探头及可变角探头等。

图 2.17 探头种类

① 纵波直探头。探头发射垂直于探测面传播的纵波进行检测，主要用于检测与检测面平行或近似平行的缺陷，如板材、锻件检测等。纵波直探头的主要参数是频率和晶片尺寸。钢轨探伤中主要用于探测焊缝缺陷，如图 2.18 所示。除按频率和晶片尺寸划分系列外还按不同频率响应（频谱）分为宽频探头和窄频探头，前者灵敏度高，后者分辨率高。

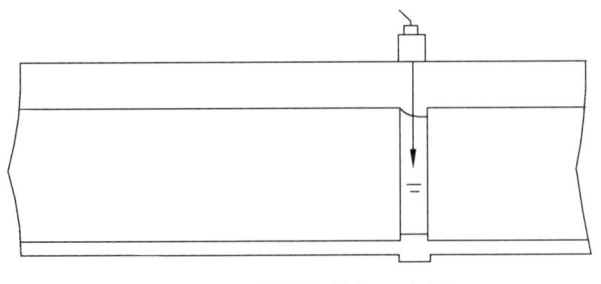

图 2.18 直探头探伤示意图

② 纵波斜探头。入射角为 $\alpha_L<\alpha_I$，利用小角度的纵波进行缺陷检测，或在横波衰减过大的情况下，利用纵波穿透能力强的特点进行纵波斜入射检测。使用时注意工件中同时存在的横波的干扰。

③ 横波斜探头。入射角为 $\alpha_L = \alpha_I \sim \alpha_{II}$，且折射波为纯横波，横波斜探头实际上是直探头加斜楔组成的。主要用于检测与检测面成一定角度的缺陷，如钢轨焊缝检测、汽轮机叶轮检测等。横波斜探头的标称方式有三种：一是纵波入射角 α_L 来标称，常用 α_L 有 30°、40°、45°、50°等；二是以横波折射角 β_S 来标称，常用 β_S 有 40°、45°、50°、60°、70°等；三是以钢中折射角的正切值 $K = \tan\beta_S$ 来标称，常用 K 值有 0.8、1.0、1.5、2.0、2.5 等，这是我国提出来的，在计算钢中缺陷位置时比较方便。目前国产横波斜探头大多采用 K 值标称系列。横波斜探头上的主要参数为工件频率、晶片尺寸和 K 值。

为与国际上的表达方式接轨，部颁行业标准 TB/T 2340—2000 用的横波斜探头统一用折射角表示。常用斜探头的折射角、入射角和 K 值的关系见表 2.30。钢轨探伤中主要用于焊缝缺陷探测，目前常用折射角有 K0.8、K1、K1.5、K2、K2.5 和 K3。

表 2.30 常用斜探头的折射角、入射角和 K 值（有机玻璃/钢）

α	30.6°	36.7°	44.7°	49.1°	50°	51.7°	52.6°	53.3°
β	37°	45°	56.3°	63.4°	65°	68.2°	70°	71.6°
K 值	0.8	1.0	1.5	2.0	2.1	2.5	2.7	3.0

注：① β 为钢中横波折射角，α 为有机玻璃的纵波入射角。
② 由于材质、温度及探头制作工艺等因素，实测值、标称值和理论计算值会有差异。
③ 表面波（瑞利波）探头。入射角需在产生瑞利波的临界附近，通常比 α_{II} 略大。表面波探头用于对表面或近表面缺陷进行检测。表面波探头的结构与横波探头一样，唯一的区别是斜楔块角度不同。
④ 兰姆波探头。角度根据板厚、频率和所选定的兰姆波模式而定，主要用于薄板中缺陷的检测。
⑤ 可变角探头。入射角是可变的，其结构如图 2.19 所示。转动压电晶片可使入射角连续变化，一般变化范围为 0°~70°，可实现纵波、横波、表面波或兰姆波检测。
⑥ 双晶片探头。双晶片探头有两块压电晶片（图 2.20），一块用于发射超声波，另一块用于接收超声波，中间夹有隔声层。根据入射角 α_L 不同，分为双晶纵波探头（$\alpha_L<\alpha_I$）和双晶横波探头（$\alpha_L = \alpha_I \sim \alpha_{II}$）。双晶探头主要用于检测近表面缺陷和已知缺陷的定点测量。双晶探头的主要参数为频率、晶片尺寸和声束汇聚区的范围。

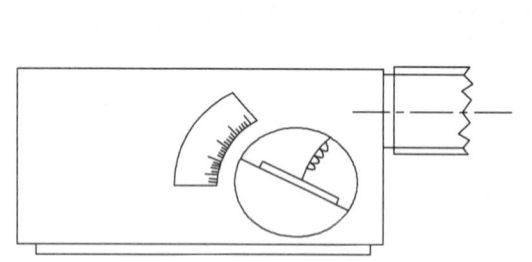

图 2.19 可变角探头结构示意图

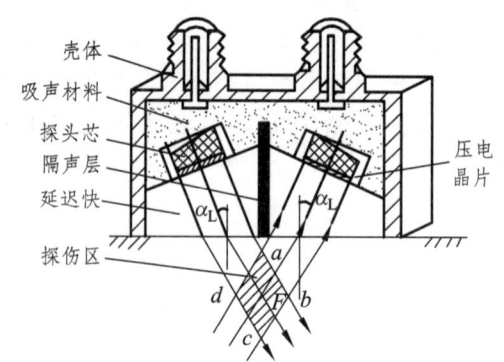

图 2.20 双晶探头结构图

双晶探头的优点：
a. 灵敏度高：双晶探头的两块晶片，一发一收。发射晶片用发射灵敏度高的压电材料制成，如 PZT。接收晶片由接收灵敏度高的压电材料制成，如硫酸锂。这样探头发射和接收灵敏度都高，这是单晶探头无法比拟的。

b. 杂波少盲区小：双晶探头的发射与接收分开，消除了发射压电晶片与延迟块之间的反射杂波。同时由于始脉冲未进入放大器，克服了阻塞现象，使盲区大大减小，为检测近表面缺陷提供了有利条件。

c. 近场区小：双晶探头采用了延迟块，缩短了工件中的近场区长度。

d. 检测范围可调：双晶探头检测时，对于位于菱形 abcd 内的缺陷灵敏度较高。而菱形 abcd 是可调的，可以通过改变入射角 α_L 来调整。α_L 增大，菱形 abcd 向表面移动，在水平方向变扁。α_L 减小，菱形向内部移动，在垂直方向变扁。

钢轨探伤用双晶探头：钢轨探伤所用探头基本上都是双晶片探头，0°探头属双晶直探头，37°、70°和小角度（18°）探头属双晶斜探头，而 0°+37°组合探头是双晶直探头和双晶斜探头的组合。

a. 双晶片直探头。钢轨探伤中习惯上称为 0°探头，它与钢轨探伤仪组合后，具有反射式和穿透式两种探伤功能，主要用于检测轨腰投影范围内的水平裂纹、纵向裂纹和有一定长度的斜裂纹。

b. 双晶片斜探头。它与钢轨探伤仪连接后，用于反射式探伤，目前共有三种：一是 70°探头主要检测钢轨头部横向裂纹，如轨头核伤；二是 37°探头主要检测钢轨轨腰投影范围内的斜裂纹、轨底横向裂纹和与轨端或螺孔相连的水平裂纹；三是 18°探头，该探头目前有一部分铁路局在使用，主要用于检测倾斜角度较小的螺孔裂纹。

（3）探头的结构和部件作用。

探头的基本结构如图 2.21 所示。探头的部件较多，下面介绍探头主要部件的作用。

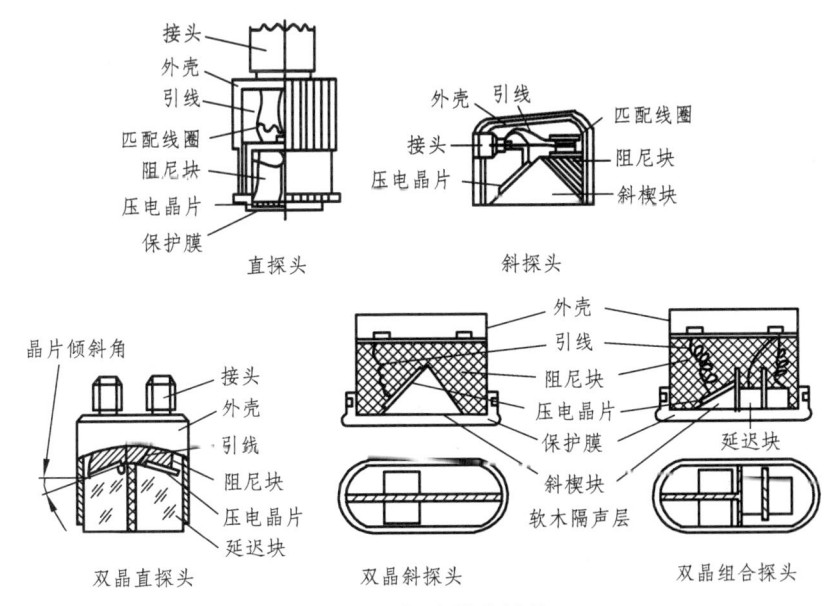

图 2.21 探头基本结构

① 压电晶片。

压电晶片具有电能和声能相互转换的功能，将电能转变成声能（发射）是逆压电效应作用,将声能转变成电能(接收)是正压电效应作用。压电晶片的材料有石英、硫酸锂等单晶材料和钛酸钡、钛酸铝等压电陶瓷材料。用石英材料做晶片的探头,其特点是电性能和机械性能最稳定。因此,标准探头均用石英晶片制作,其居里点高(570 ℃),能在高温下工作,但电声转换率差,灵敏度较低。钢轨探伤所用的探头晶片多数采用钛酸铅压电陶瓷材料制成作而。

压电晶片的振动频率,即探头的工作频率(f)取决于晶片厚度(T_g)和超声波在晶片材料中的传播速度(C),它们之间的关系式 $f = C/T_g$。

从上式可知,晶片的振动频率与晶片厚度成反比关系,即晶片厚度越薄,振动频率越高;反之,晶片越厚,振动频率越低。

② 阻尼块。

与晶片或楔块组合具有高阻尼效率的块状物体称为阻尼块。其作用是阻止晶片的惯性振动和吸收晶片背面辐射的声能,以减小脉冲宽度和杂信号干扰。通常用钨粉和环氧树脂或其他特种材料按一定比例配制而成。

③ 保护膜。

为使探头与工件接触移动中不损坏晶片,常在晶片前面附一层保护膜。保护膜有硬质保护膜(如陶瓷、金属片等)和软质保护膜(如有机玻璃、聚氨酯薄膜、尼龙等),硬质保护膜虽耐磨但耦合条件要求高,透声性能差。软质保护膜一般比硬质保护膜的透声性能高 3~5 倍,且具有较好的耦合条件,为此对探测面光洁度较差的工件多数使用软质保护膜。钢轨探伤使用的探头保护膜一般选用尼龙 1010 材料,其衰减系数为 5 dB/cm 左右,具有良好的透声性。

④ 连接线。

探头须用高频电缆与探伤仪连接,常用同轴电缆作高频电缆,其作用是为消除外来电波对探头内激励脉冲和回波脉冲的干扰,同时防止高频脉冲以电波形式向外辐射,但这种电缆比一般电缆脆弱,弯曲过大易损坏,使用时应多加注意。

⑤ 斜楔块。

斜探头与直探头的不同就是多了一块透声的斜楔块。其作用是产生波形转换和改变声束传播方向,它可以将纵波转换成横波或表面波或板波,转换后的波形种类取决于斜楔块的倾角和组成界面(楔块和工件或耦合层)的两种介质声速。为降低斜楔内返回晶片的声能,常在斜楔块前端和上部制作成齿状的消声槽,以减少楔块内反射造成的杂波干扰。斜楔块常用材料是有机玻璃,它具有加工方便、衰减系数适宜等优点。

⑥ 延迟块。

附加在探头晶片前的透声材料称为延迟块。例如双晶片直探头前的块状物体,常用有机玻璃制作,它加工方便,透声效果较好。还可以根据探测的需要将两块延迟块制成一定的倾角,使声束能量集中在需要重点探测的区域内。例如钢轨探伤中 37°探头和 0°探头的声束交区一般在声程为 80~100 mm,这样有利于对螺孔裂纹的探测。

⑦ 隔声层。

双晶片探头中为使接收晶片和发射晶片在声路上分割开来,在两片晶片之间夹一吸声性强的隔片,该隔片称为隔声层。常用软木制成,它具有价格便宜,隔声效果好的优点。如果隔声层不良会产生信号泄漏现象，超声信号穿过预设隔声层，进入接收放大电路，会产生异常回波显示，干扰对探伤回波的识别。

（4）探头的型号编制和性能定义。

型号的组成项目及其排列顺序规定如图 2.22 所示。基本频率用阿拉伯数字表示，单位符号为 MHz。压电材料用化学元素缩写符号表示，见表 2.31。

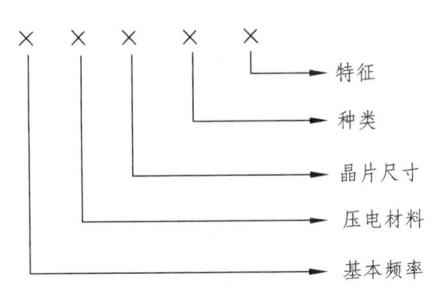

```
× × × × ×
            └── 特征
          └──── 种类
        └────── 晶片尺寸
      └──────── 压电材料
    └────────── 基本频率
```

图 2.22 探头型号组成

表 2.31 压电材料代号

压电材料	代号	压电材料	代号
锆钛酸铅陶瓷	P	铌酸锂单晶	L
钛酸钡陶瓷	B	典酸锂单晶	I
钛酸铅陶瓷	T	石英单晶	Q
其他压电材料	N		

晶片尺寸用阿拉伯数字表示，单位符号为 mm。其中，圆形晶片用直径表示，方形晶片用长×宽表示，分割探头用分割前的晶片尺寸表示。

探头种类用一个或两个汉语拼音缩写字母表示（表 2.32），其中直探头可以不标出。

表 2.32 探头种类代号

种类	代号	种类	代号
直探头	Z	表面波探头	BM
斜探头（用 K 值表示的）	K	可变角探头	KB
斜探头（用折射角表示的）	X	水浸探头	SJ
分割探头	FG		

斜探头钢中折射角正切值（K 值）和折射角用阿拉伯数字表示，折射角单位为度。分割探头钢中声束交区深度用阿拉伯数字表示，单位符号为 mm。分割直探头和分割斜探头分别用汉语拼音字母 Z 和 X 作为代号。

探头编制示例如图 2.23、图 2.24 所示。

```
2.5   B   20   Z
                └──→ 直探头（种类）
           └──────→ 直径20 mm（晶片尺寸）
      └──────────→ 钛酸钡陶瓷（压电材料）
└───────────────→ 2.5 MHz（基本频率）
```

图 2.23　探头代号编制示例一

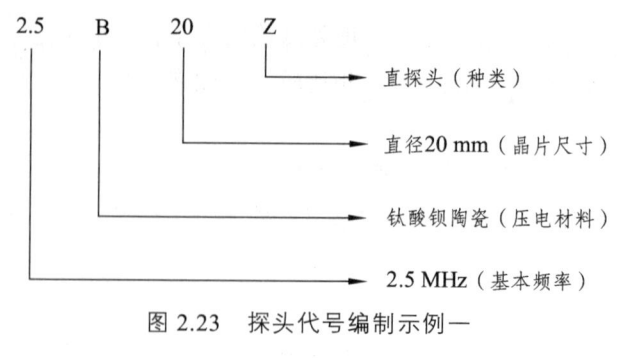

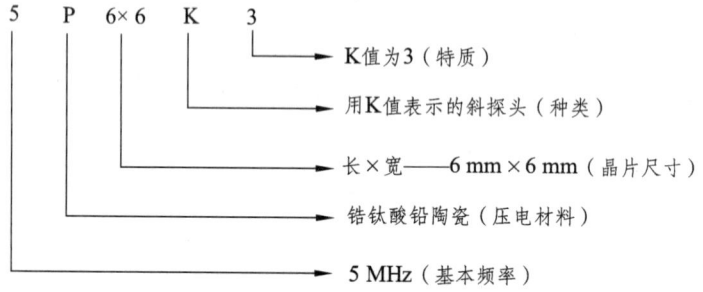

```
5   P   6×6   K   3
                  └──→ K值为3（特质）
             └──────→ 用K值表示的斜探头（种类）
       └──────────→ 长×宽——6 mm×6 mm（晶片尺寸）
   └──────────────→ 锆钛酸铅陶瓷（压电材料）
└──────────────────→ 5 MHz（基本频率）
```

图 2.24　探头代号编制示例二

探头性能定义如表 2.33 所示。

表 2.33　探头性能定义

探头性能	定　　义
相对灵敏度	被测探头与同频率的石英晶片固定试块在回波高度相同情况下的差值
始波宽度	始脉冲起始点（前沿）和结束点（后沿）之间的间距
回波频率	回波在时间轴进行扩展观察所等到的峰值间隔时间的倒数
声轴偏移	探头理论声轴线与实际声轴线偏差量
声束宽度	用 6 dB 法测出的声束宽度
斜探头折射角	斜探头折射声波与法线的夹角
探头楔内回波幅度	斜探头楔块内的反射回波幅度

3．试　块

（1）试块的用途。

用于鉴定超声检测系统特性和探伤灵敏度的样件称为试块。它是超声波探伤中不可缺少的工具。主要用途有以下几点：

① 确定合适的探伤方法。

根据被测工件可能产生缺陷的部位和取向，或需要探测的区域，采用人工方法在试块上制作人工缺陷，来摸索探伤方法，验证探伤工艺的可行性。一般来说，在这样的试块上摸索到的规律，适用于与试块材质、几何形状相同的工件。

② 确定和校验探伤灵敏度、评估缺陷大小。

探测不同工件或不同缺陷时，所使用的灵敏度各不相同，为了确定符合探伤要求的灵敏度，就需要使用试块。评价工件中某一深度处缺陷的大小，对被检工件评级或判废，可以利用试块中的人工缺陷回波与工件缺陷回波相比较，以此来判断工件内的缺陷大小，这种方法称为当量法。

③ 测定和校验探伤仪和探头的性能。

超声波探伤，可以用电子仪器来测试超声波探伤仪的性能，但对于使用者来说，往往不具备这种测试手段，因此只有通过试块来检验测试探头和仪器的性能，调节仪器的探测范围，根据缺陷回波来确定缺陷位置。

此外，试块还能用于测量材料衰减系数和确定耦合补偿等用途。

（2）试块的分类和作用。

试块根据检定部门和使用环境可分为标准试块、对比试块和专用试块三类。

① 标准试块。

标准试块是指材质、形状、尺寸及性能均经主管机关或权威机构检定的试块，用于对超声检测装置或系统的性能测试及灵敏度的调整。（如ⅡW试块是荷兰人在1955年首先提出，1958年焊接学会通过的标准试块，故又称荷兰试块）。现将钢轨探伤工作中常用的国家标准试块简介如下：

a. CSK-ⅠA试块。

CSK-ⅠA（图2.25）与国际标准试块ⅡW相比有以下三处不同：一是将$R100$圆曲面改为$R50$、$R100$阶梯圆曲面，可同时获得两个反射回波，校正横波扫描速度；二是将$\phi 50$孔改为$\phi 40$、$\phi 44$、$\phi 50$台阶孔，有利于测定斜探头的分辨率；三是将折射角改为K值。

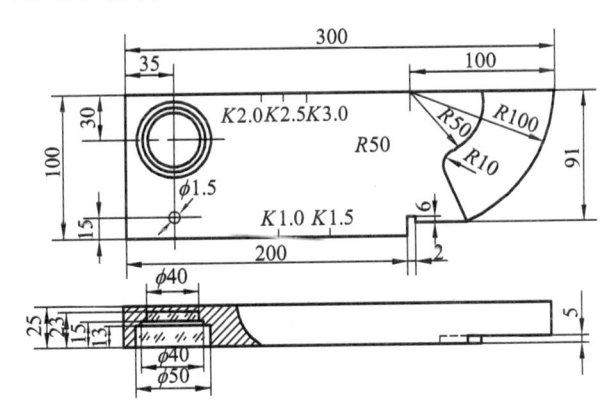

图2.25 CSK-ⅠA试块（尺寸单位：mm）

CSK-ⅠA试块的用途有：

（a）利用厚度25 mm和高度100 mm，测定探伤仪的水平、垂直线性、动态范围和调整纵波探测范围、校正时基线。

（b）利用$R50$和$R100$调整横波探测范围、零位校正和测定斜探头的入射点（前沿长度）。

（c）利用高度85 mm、91 mm、100 mm测定直探头分辨力，利用$\phi 40$、$\phi 44$、$\phi 50$曲面测定斜探头分辨力。

（d）利用ϕ50曲面和ϕ1.5横孔测定斜探头K值。

（e）利用ϕ50有机玻璃块测定直探头盲区和穿透力。

（f）利用试块直角棱边测定斜探头的声轴偏斜角。

b. CS-1-5试块。

CS-1-5试块（图2.26）属成套试块，主要用于绘制振幅-当量曲线和当量法确定被检工件内的缺陷大小，测定直探头声束偏移量，测量探伤仪衰减器精度。CS-1-5试块是CS-1系列中的一块，其平底孔径为ϕ2 mm，常用于测试直探头和仪器组合的灵敏度余量。

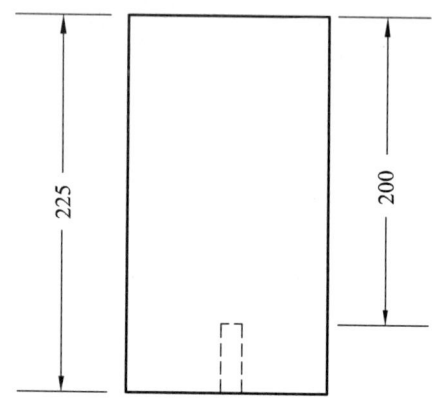

图2.26　CS-1-5试块（尺寸单位：mm）

② 对比试块。

对比试块是指调整超声检测系统灵敏度或比较缺陷大小的试块，属非标准试块，一般采用和被检材料特性相似的材料制成。

a. WGT-3试块。

WGT-3试块（图2.27）主要作用如下：

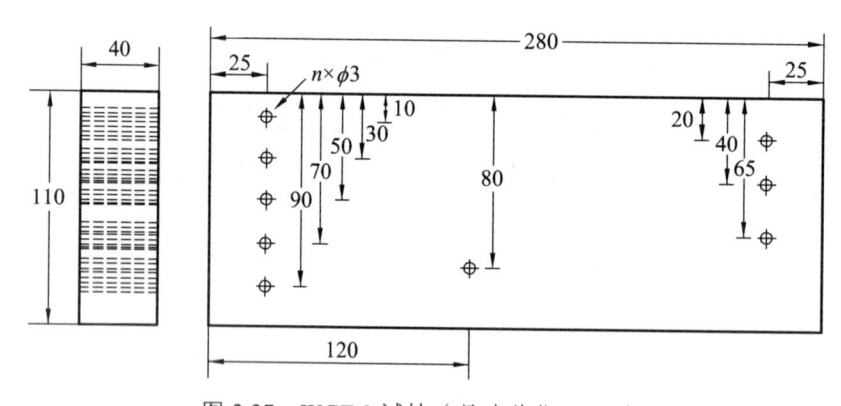

图2.27　WGT-3试块（尺寸单位：mm）

（a）利用110 mm底面测定仪器0°探头通道和0°探头的灵敏度余量。

（b）利用深ϕ3×65横通孔测定仪器37°、70°探头通道和探头的灵敏度余量及楔内回波幅度测定各种探头的声束宽度。

（c）利用$\phi 3\times 80$横通孔测定0°探头的声轴偏斜角度。

b. 阶梯试块。

阶梯试块（图2.28）主要用于测定0°探头（即直探头）通道的距离幅度、阻塞特性和0°探头的楔内回波幅度。

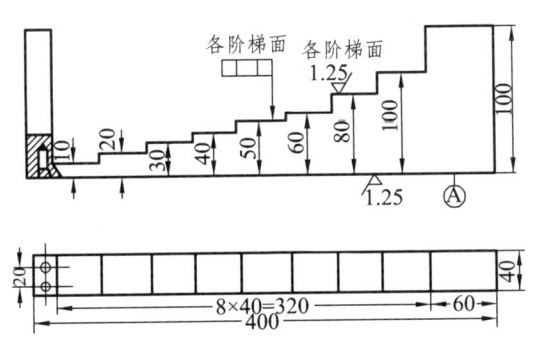

图2.28 阶梯试块（尺寸单位：mm）

③ 专用试块。

专用试块是指专供钢轨探伤灵敏度校验用的试块，按其作用也属实物对比试块。

a. GTS-60试块。

GTS-60试块（图2.29）主要用于钢轨探伤仪各探头检测性能的检验。

（a）轨头中设有$\phi 4$平底孔和$\phi 3$横孔，两者都是检验70°探头的探测性能。

（b）螺孔上线切割槽是检验0°和37°探头的探测性能。

（c）轨腰上$\phi 6$横通孔是检验0°探头的探测性能。

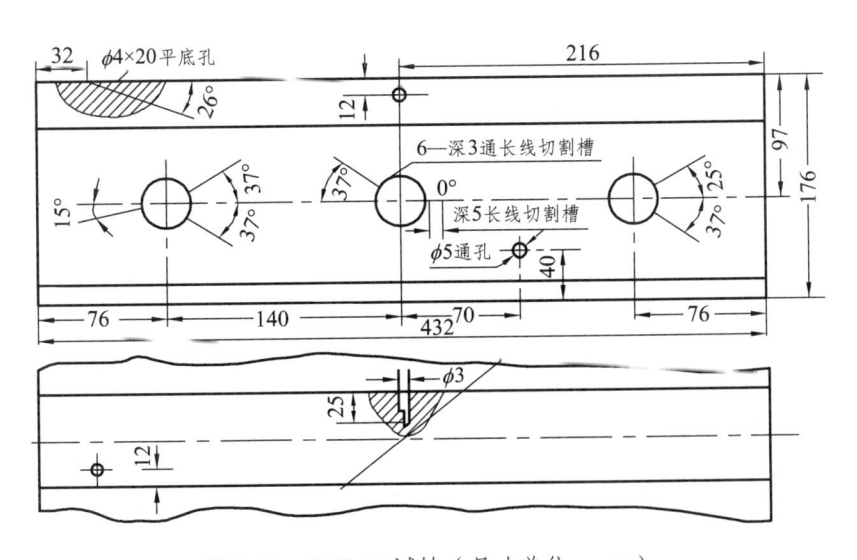

图2.29 GTS-60试块（尺寸单位：mm）

b. GTS-60C 试块。

GTS-60C 试块（图 2.30）是新推出的钢轨探伤实物试块，作用如下：

（a）轨头颚部增加了一个 $\phi 4$ mm 锥底孔，用于校验 70°探头一次波探伤灵敏度。

（b）轨底部增加了一个 $\phi 10$ mm 锥底孔，用于校验 0°探头失波探伤灵敏度。

（c）轨底部原来 1 处横向裂纹增加到 3 处，除了用于校验 37°探头探伤灵敏度外，还可用于制作轨底横向裂纹距离波幅曲线。

（d）轨端部增加三个 $\phi 4$ mm 平底孔，用于校验焊缝探伤（单、双探头法）灵敏度。

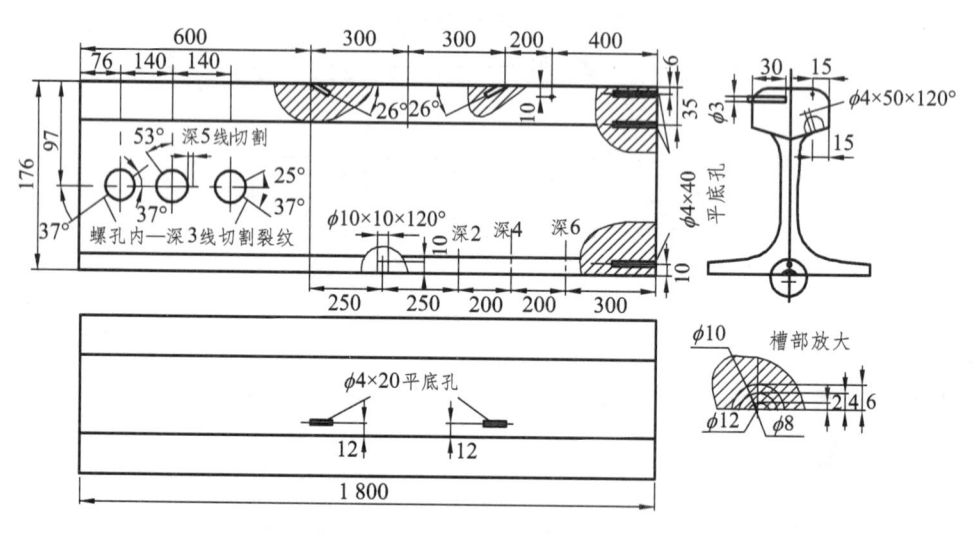

图 2.30 GTS-60C 试块（尺寸单位：mm）

c. GHT-1 试块。

GHT-1 试块（图 2.31）两端共钻有 13 个 $\phi 3$ mm、深为 40 mm 的平底孔，主要用于 60 kg/m 轨焊缝探伤双斜探头 K 型或串列式探伤灵敏度的校准。

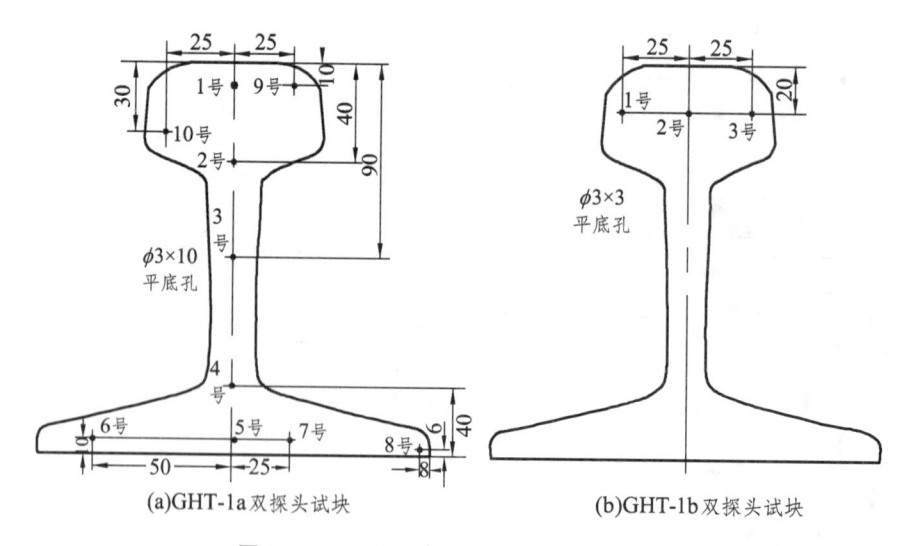

(a) GHT-1a 双探头试块

(b) GHT-1b 双探头试块

图 2.31 GHT-1 试块（尺寸单位：mm）

d. GHT-5 试块。

GHT-5 试块（图 2.32）主要用于 60 kg/m 轨焊缝探伤灵敏度的校准。

（a）A 区钻有 7 个 ϕ 5 mm 横通孔，主要用于 0°探头探伤灵敏度的校准。

（b）B 区钻有 8 个 ϕ 3 mm 横通孔，主要用于轨头和轨腰单斜探头探伤灵敏度的校准。

（c）C 区钻有 2 个 ϕ 4 mm 竖孔，主要用于轨底单斜探头探伤灵敏度的校准。

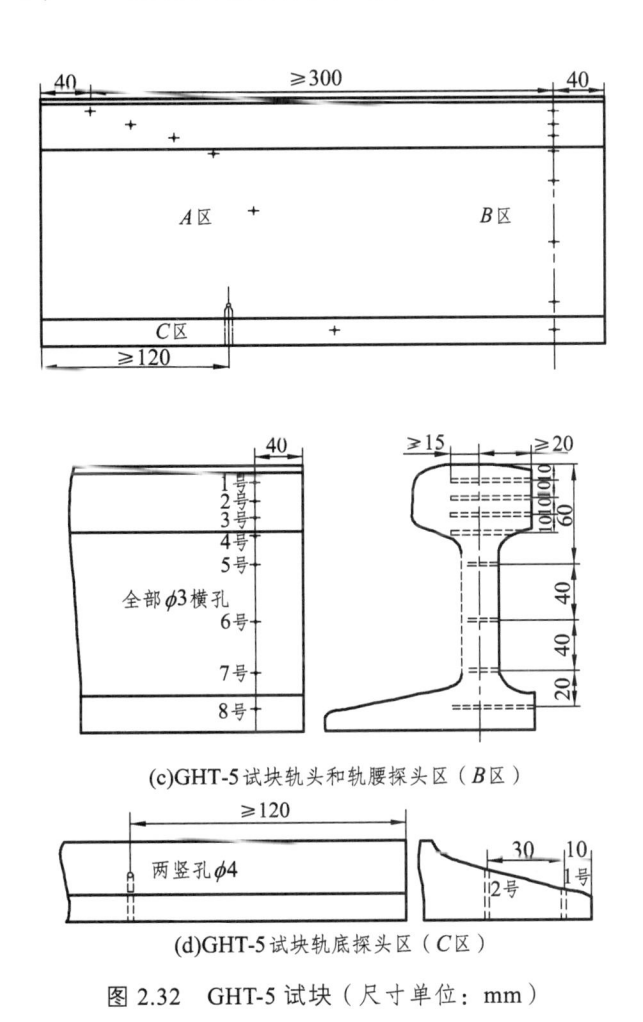

图 2.32 GHT-5 试块（尺寸单位：mm）

4. 钢轨探伤仪

（1）性能特点。

目前国内使用的钢轨探伤仪型号较多，不同型号的仪器性能和功能各有差异，除以往使用的 A 型显示超声波钢轨探伤仪外，目前已经有多个生产厂制造出具有 B 型显示的超声波钢轨探伤仪。由于钢轨探伤的特殊条件，仪器一般应具有表 2.34 所列性能。

表 2.34　钢轨探伤仪应具有的性能

序号	性能	内容说明
1	适应环境温度范围广	工作温度范围普通型为 −15~45 ℃，低温 −25~40 ℃，超低温型为 −35~40 ℃
2	多通道多探头同时工作	5~9 个通道，具有 5~6 条基线（A 型显示超声波探伤仪），可同时用 5~9 只探伤头对钢轨进行前面探测。常规探伤按 1 个 0°探头、2 个 37°探头、多个 70°探头（根据通道数多少确定）配备。9 通道仪器最多使 6 个 70°探头，采用 2 个 70°探头偏斜放置朝内、2 个 70°探头无偏斜放置、2 个 70°探头偏斜放置朝外，分别检测轨头不同部位核伤
3	抗电磁干扰性能较强	在电气化铁路和电台附近能正常工作
4	适用于多种轨型探测	通过轨型选择开关，可实现 43~75 kg/m 任何一种钢轨的探伤
5	各通道探伤灵敏度分开调节	每个通道都有独立的粗、细衰减器（和增益旋钮，调节方便，互不牵制）
6	具有两种探伤方式	反射式探伤方式（70°、37°和 0°探头），主要检测钢轨轨头、轨腰和轨底（轨腰投影范围）裂纹；穿透式探伤方式（0°、45°探头），主要探测钢轨轨腰和焊缝的伤损
7	具有反报警功能	0°和 37°探头连接的通道均设有反报警闸门，以满足螺孔波不报警的要求，其中 37°探头连接的通道反报警闸门内还具有双波或前后出波报警功能
8	多种报警音响	不同通道回拨发出不同报警音响，有利于探伤人员对各个通道报警声音的分辨

以上是不同型号的钢轨探伤仪一般都具有的功能，随着探伤仪制造技术的进步，部分生产厂开发了数字钢轨探伤仪，该仪器不仅保持原有模拟型钢轨仪的相关报警、发光二极管显示通道回波、探头自检、灵敏度自动跟踪等功能外，由于采用电脑芯片处理技术，增加了 B 型显示、伤损识别和探伤数据记录、回放、打印、输出等功能，以满足钢轨探伤工作者不同的探伤工作需要。

（2）结构特点。

为适应钢轨探伤流动作业的特点，钢轨探伤仪由仪器和手推小车两大部分组成。图 2.33 是钢轨探伤仪手推小车外形示意图，各种型号钢轨探伤仪的手推车结构与此大同小异。下面介绍其主要部件的组成和作用。

① 俯仰旋转托架。

手推车上的俯仰旋转托架是固定仪器的装置，具有上下左右的俯仰和旋转功能，以适应不同高度人员的探伤和现场伤损校验需要。不同厂家生产的钢轨探伤仪，其俯仰旋转托架结构有所不同，但作用是相似的。目前，有些型号仪器已经取消该俯仰旋转托架，采取荧光屏独立调节，满足探伤人员不同角度对荧光屏观察需要。

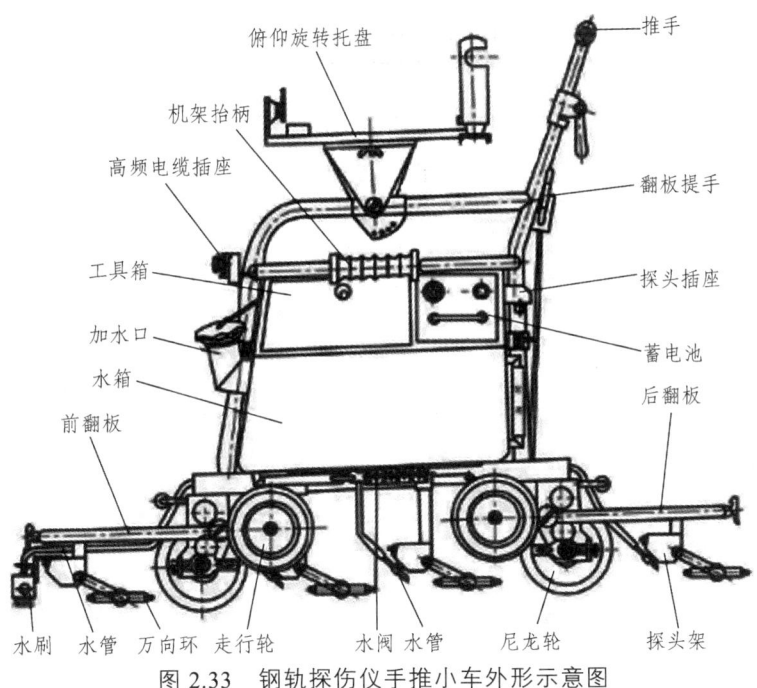

图 2.33 钢轨探伤仪手推小车外形示意图

② 电讯连接插座。

手推车上装有高频电缆和探头插座，安装探伤仪时，应将高频电缆线连接仪器和高频电缆插座。安装探头时，应将探头的连接插头按通道编号插入探头插座上。有些钢轨探伤仪为了减少接触点过多带来的能量损失和接触不良的问题，采用探头直接与仪器连接的方式，探头插座安装在仪器上，组装探伤仪时，探头引出线插头直接插在仪器相应的探头插座上。

③ 工具箱和蓄电池座。

水箱上方有一只工具箱和蓄电池座，用于存放日常用工具和安放探伤仪的蓄电池。蓄电池插入蓄电池座后应锁定，以免蓄电池滑出摔坏。

④ 翻板结构。

翻板结构由前后翻板架和翻板提手组成。为使多组探头同时工作，减少各探头过钢轨接缝时互不干扰，手推车架上安装翻板结构，探伤时需将前后翻板架放下并锁定，在公路上或不探伤在钢轨上推行，应按压"翻板提手"将翻板翻起。随着 B 型显示钢轨探伤仪检测可靠性提高，能直观、同时显示多个通道回波，不会影响探伤人员对各通道回波识别，可取消翻板结构，降低钢轨探伤仪机架自重。

⑤ 给水系统。

给水系统由水箱、水阀和水管组成。探伤时打开水阀为探伤提供耦合剂。有些探伤仪水箱底部设有排污口，可打开槽口螺帽排除水箱污物。

⑥ 走行系统。

走行系统由尼龙轮、保险轮和橡胶轮组成。尼龙轮采用单面轮缘结构，供探伤仪在钢轨上滚动走行。每个尼龙轮外侧装有一只保险轮，其作用是防止探伤仪推行中从钢轨上滑落，每个尼龙轮轴上还装有走行方向调节杆，以调节尼龙轮的滚动方向。橡胶轮是供探伤仪在平整道路上推行或停放，并随着前后翻板架的起落而自行放下和收起。B 型显示钢轨探伤仪由于需要获取探头在轨面移动参数，一般在尼龙轮上安装小车位移计数器。

⑦ 探头架。

探头架主要用于固定探头和控制探头偏角，在手推小车上安装有 4~5 个探头架，其中 2~3 个探头架安装于水箱底部，具有简易手动升降装置，可纵向、横向调节。前后翻板上各安装 1 个探头架，可以松开蝶形螺帽进行横向调节。4~5 个探头架均有横向细调装置，以便将探头调至轨面适当位置。

（3）钢轨探伤仪的主要性能指标。

① 相同项目（表 2.35）。

表 2.35 钢轨探伤仪部分性能汇总

序号	项目	GCT-8	GCT-8C	JGT-10
1	类型	数字型	数字型	数字型
2	显示方式	A/B	A/B	A/B
3	通道数	8	9	6~9
4	工作频率	2 MHz	2 MHz	2 MHz
5	重复频率	300 Hz	400 Hz	400 Hz
6	增益	80 dB	80 dB	70 dB
7	检测轨型	43~75 kg/m	43~75 kg/m	43~75 kg/m
8	水平线性误差	≤2%	≤2%	≤2%
9	垂直线性误差	≤15%	≤5%	≤10%
10	衰减器误差（每 12 dB）	≤1 dB	≤1 dB	≤1 dB
11	探伤灵敏度余量（70°）	>40 dB	>40 dB	>40 dB
12	探伤灵敏度余量（37°）	>40 dB	>40 dB	>40 dB
13	探伤灵敏度余量（0°）	>36 dB	>36 dB	>36 dB
14	动态范围（大）	≥16 dB	≥16 dB	≥16 dB
15	动态范围（小）	2~6 dB	2~6 dB	2~6 dB
16	阻塞范围	≤20 mm	≤20 mm	≤20 mm
17	缺陷检出能力	达铁标	达铁标	达铁标
18	使用电源	DC24V	DC25V	DC11.1V
19	连续工作时间	>8 h	>8 h	>8 h
20	工作环境温度	−40~50 ℃	−40~50 ℃	−30~55 ℃
21	总质量	28 kg	25 kg	28 kg
22	水箱容量	20 L	20 L	20 L

② 不同项目。

a. GCT-8 型数字钢轨探伤仪。

（a）报警阈值：回波大于满幅度的 70%±10%（A~G 通道反射式报警）；回波小于回波满幅度的 30%±10%（A~G 通道穿透式报警）；回波大于满幅度的 50%±10%（H 通道）。

（b）自动增益误差：≤±4 dB。

（c）检测数据储存：文件≥2 000 个；动态 A 脉冲图像≥60 min。

（d）大屏幕 EL 显示器：可在强光下（在无遮光罩的情况）、隧道内或夜间工作。

b. GCT-8C 型数字钢轨探伤仪。

（a）报警阈值：回波大于满幅度的 70%（A~I 通道反射式报警），回波小于回波满幅度的 30%（0°或双 45°通道穿透式报警）。

（b）报警频率：70°通道为 250 Hz，37°通道为 500 Hz，0°通道为 1 000 Hz。

（c）自动增益误差：≤±4 dB。

（d）储存文件：全程自动存储文件可保存 60 天以上，手工存储文件超 2 000 个。

c. JGT-10 型数字钢轨探伤仪。

（a）检测数据储存。内部存储器：558 个 A 超记录，45 个 B 超选点记录，950 个 B 超全程记录，1 024 个管理记录。

（b）工作电流。正常：1.2 A，报警：1.4 A。

（c）彩色高亮度宽温液晶显示屏：采用 5.7 寸高亮度，快速反应型彩色液晶屏。

5. 钢轨探伤小车

钢轨探伤车属自带动力，能同时对两股钢轨进行探测，并能分析、处理和记录探测结果的大型探伤设备，其结构复杂、功能齐全，集超声、电子、微机信息处理于一体。现将 GTC-4 型钢轨探伤车的结构、原理、功能和探伤图形识别简介如下：

（1）功能概述。

钢轨探伤车具有许多较为完善的检测功能，现将探伤人员所关心且感兴趣的功能作一简单介绍，见表 2.36。

表 2.36　钢轨探伤车功能简介

序号	项目	功能内容
1	检测功能	两股钢轨四个轮探头共有 24 个检测通道，除用于缺陷检测外，其中有 2 个 0°通道轨底波作为监视信号，以便操作人员控制轮探头位置，它可在 60 km/h 的速度下进行探伤（目前新制的钢轨探伤车检测速度达 80 km/h），具有探测轨头 $\phi3 \sim \phi5$ 不同深度的横孔和长度为 8 mm 的不同方向裂纹的能力（包括螺孔裂纹）
2	显示方式	Frontier 检测系统具有三种显示方式，一是系统控制计算机的彩色显示，显示系统控制操作中的设置参数；二是显示控制计算机的 B 型显示，包括缺陷的两维数据及这些数据的重放，以帮助操作人员验证检测结果；三是四台双踪示波器的 A 型显示，使操作人员可通过切换转换开关同时监视任意两个换能器通道的超声波波型
3	参数设定和调用	每一种轨型的测定参数，由操作人员根据需要预置，并可在示波器和显示屏上监视显示的数据和测试结果，这些预置数据可通过专用键盘存储或修改，轨型变化时，预置参数可以在很短时间内完成调用

续表

序号	项目	功能内容
4	增益控制	因轨面状态变化，引起底波波动时，将通过0°探头底波通道的放大器进行自动增益控制。因轨面状态不好等原因引起45°、70°晶片反射状态不好时，亦可通过该通道的放大器进行增益控制
5	声程补偿	为了弥补超声波在钢轨中传播的衰减，在放大器中采用声程补偿，使不同声程相同缺陷的回波幅度相同
6	报警提示	若0°探头因耦合不良或探头未对中或监视数据通道失灵，将导致底波消失，此时会在显示控制计算机的B型扫描显示图形的轨底显示色彩线条，该线条与螺孔和相遮盖的底波所显示的情况相同
7	存储和打印探伤结果	超声波探伤信息除在显示控制计算机上显示外，还将全部存入显示控制计算机的硬盘上，探伤结束后，操作人员可调用硬盘上的数据进行复核。同时，系统显示计算机可将检测中的各部分工作参数、工作状态及检测结果B形图，按时间、里程打印出来

（2）结构简介。

① 车体组成。

探伤车外形类似于重型轨道车，通常由两节车组成，车内有四个功能区，一是机车动力和驾驶区；二是探伤作业区；三是维修作业区，内有检修设备；四是生活区，内有炊事用具和卧室。

探伤车内有成套的超声波探伤设备，车底部有探伤小车，如图2.34所示。它由起吊装置、垂直锁紧装置、牵引装置、加压装置、走行轮、车轮架、轮探头和气动、液压、供水系统等组成，后走行轮上装有测速的发电机组，测定速度、计算里程和做采样依据；探伤小车的起落及轮探头位置调整均由操作者按动操作台上的"按钮"来实现；车下装有摄像头，操作台上装有专用监视屏幕，监视探伤小车的工作状态。

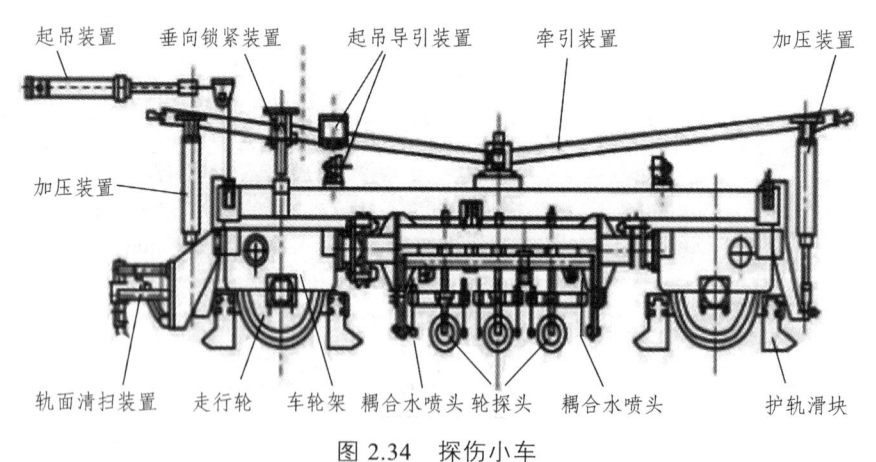

图2.34 探伤小车

② 主要设备。

探伤主要设备如图2.35所示。

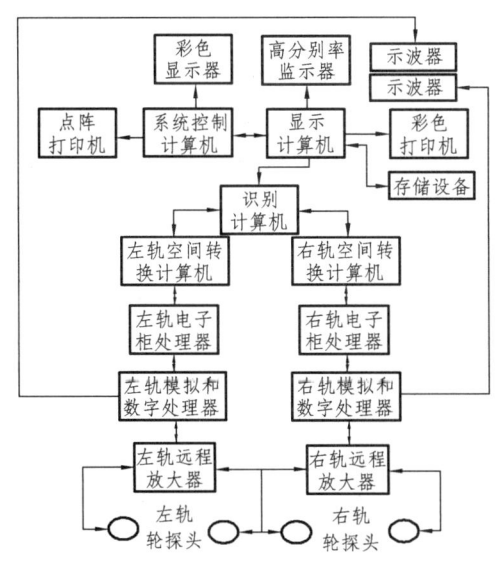

图 2.35　探伤主要设备示意图

③ 轮探头。

轮探头（图 2.36）外面是透声树脂材料制成的轮胎状柔性探测包，包内充满水和乙二醇混合的透声液，轮轴上装有固定探头芯，探伤时外轮胎随探伤车的运动而转动但晶片固定，保持声波的发射和接收。

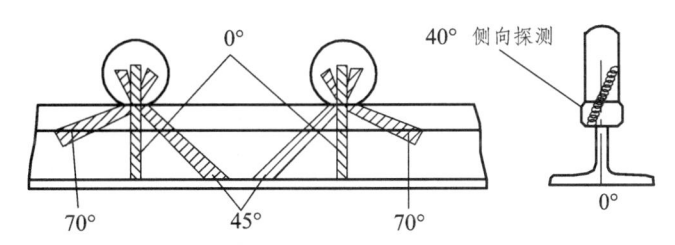

图 2.36　轮探头结构示意图

轮探头实际上是个组合探头，内含四种不同角度的六组晶片：

a. 0°晶片：主要探测轨头至轨腰间的水平裂纹，同时，以底波作为轮探头对中的信息，用以控制探头位置的依据。

b. 45°晶片：用于对螺栓孔裂纹、焊接接头和轨腰条状夹杂以及特殊取向的横向裂纹检测。

c. 70°晶片：共有三块矩形晶片，各自独立，并排放置，声束方向相同，用一次波探测，声束覆盖整个轨头截面，主要探测轨头核伤和横向裂纹。

d. 40°晶片：声束方向与钢轨纵向垂直，以折射角为 40°指向轨头内（外）侧，主要检测轨头纵向劈裂。

上述四种晶片工作频率除 0°为 3.5 MHz 外，其余均为 2.25 MHz。

探伤车下的四个轮探头结构完全一样，以钢轨为单位分成两个独立单元，左右两股轨上的轮探头无任何联系。每股钢轨两个轮探头，按相反方向安装，如图 2.37 所示。探伤时同股轨上的两个轮探头不完全独立，判伤需要借助两个轮探头的信息来确定，若某股钢轨有一个轮探头工作不正常，则该股钢轨就不能进行探伤。

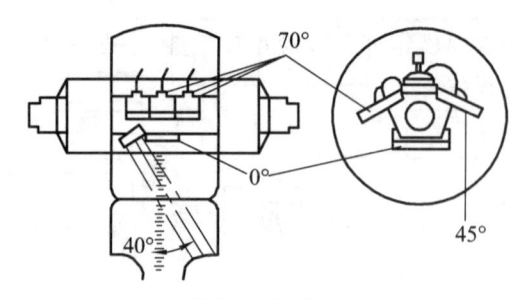

图 2.37 轮探头声束方向示意图

2.3.3 伤损钢轨的监视和处理

线路上的伤损钢轨,由检查人员在轨腰上及时做好标记,钢轨伤损标记见表 2.37。

表 2.37 钢轨伤损标记

伤损种类	伤损范围及标记		说明
	连续伤损	一点伤损	
轻伤	|←△→|	↑△	用白色油漆作标记
重伤	|←△△△→|	↑△△△	用白色油漆做标记

普通线路、道岔和无缝线路缓冲区的重伤钢轨、伤损接头夹板和重伤辙叉应及时换下。换下后,应用明显的"×"做标记,防止再铺用。无缝线路长轨条的重伤处,须及时上好鼓包夹板(图 2.38)和急救器(图 2.39)加固,或采用钻孔上夹板的办法加固。若长钢轨重伤范围较大或折断时,在断缝和连续重伤处上鼓包夹板和急救器加固,限速放行列车,并在前后各 50 m 范围内拧紧扣件,有条件时再原位焊复。若断缝拉开大于 50 mm 时,不得放行列车。临时处理的办法:锯掉焊缝前后各一段钢轨,锯口距断缝不得小于 1 m,插入不短于 6 m 的带孔短轨,并按当时轨预留轨缝,上好夹板,拧紧螺栓后恢复正常速度(临时处理放行速度不大于 160 km/h)。临时插入短轨或用鼓包夹板和急救器加固的钢轨,不宜在线路上长时间保留,应尽早采用焊接短轨的方法进行永久性处理。

图 2.38 鼓包夹板

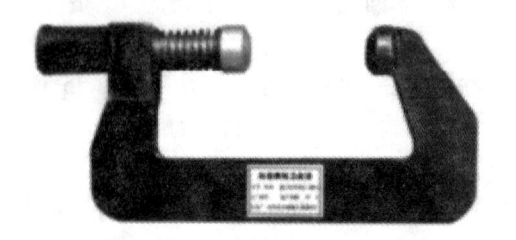

图 2.39 保安器(急救器)

对轻伤钢轨和辙叉，要在每次定期钢轨检查、工长线路检查和巡道工巡查时，检查其是否有发展和变化，并按规定做好钢轨标记。

任务 2.4　线路质量与状态评定

线路设备状态评定，是对正线线路设备质量基本状况的检查评定，是考核各级线路设备管理工作和线路设备状态改善情况的基本指标。线路设备状态评定是安排线路大、中维修计划的主要依据。工务段应根据设备变化规律、季节特点以及结合设备日常检查对线路设备状态进行评定，具体办法由铁路局集团公司规定。

线路设备状态评定应以千米为单位（评定标准见表 2.38），满分为 100 分，100（不含）~ 85 分为优良，85（不含）~ 60 分为合格，60 分以下为失格。

表 2.38　线路设备状态评定标准

编号	项目	扣分条件	计算单位	扣分/分	说　明
1	慢行	线路设备不良（不含路基）	处	41	检查时现存慢行处所
2	道床	翻浆冒泥	每延长 10 m	4	道床不洁率指通过边长 25 mm 筛孔的颗粒的质量比
		道床不洁率大于 25%（在枕盒底边向下 100 mm 处取样）	每延长 100 m	8	
3	轨枕	木枕失效率超过 8%	每增 1%	8	
		混凝土枕失效率超过 4%	每增 1%	8	
4	钢轨	一年内新生轻伤钢轨（不含曲线磨耗）	根	2	长轨中 2 个焊缝间为 1 根
		现存曲线磨耗轻伤钢轨	每延长 100 m	4	按单股计算
		一年内新生重伤钢轨（不含焊缝）	根	20	长轨中 2 个焊缝间为 1 根
		无缝线路现存重伤钢轨（不含焊缝）	根	20	同上
		无缝线路现存重伤焊缝	个	20	

线路、道岔（调节器）日常保持状态评定，是考核线路、道岔（调节器）质量的基本指标，也是安排维修计划的主要依据之一。线路、道岔（调节器）的日常保持状态评定应出工务段组织，采取定期抽样的办法进行。具体评定标准、组织办法暂由铁路局集团公司规定试用。

项目 3　线路设备维护作业

任务 3.1　工务安全学习

保证安全生产是工务部门的基本职责。各级工务部门必须认真贯彻执行"安全第一、预防为主、综合治理"的方针，掌握安全生产规律，加强对安全生产的领导，建立、健全各项安全管理制度，严格作业纪律和劳动纪律，落实防范措施，防患于未然。同时，工务部门应积极采用新技术、新设备、新材料、新工艺，以满足运输安全的需要。凡发生与工务有关的事故，工务部门应缜密调查，科学分析，找出原因，吸取教训，并采取有效措施，防止同类事故的再次发生。

3.1.1　线路施工、维修负责人

普速铁路营业线工务作业分为施工作业和维修作业。施工作业系指影响设备稳定、使用和行车安全或需改变列车运行条件的作业。维修作业是指作业开始前不需限速，结束后须达到正常放行列车条件的作业。

施工作业负责人由施工单位按照施工等级安排相应人员担当。建设项目Ⅰ级施工由标段项目负责人担当，Ⅱ级施工由标段副职担当，Ⅲ级施工由分项目负责人（副）担当。技术改造、大中修项目Ⅰ级施工由施工单位负责人担当，Ⅱ级施工由施工单位分管副职担当，Ⅲ级施工由施工单位段领导或车间主任（副）担当。配合人员资格由铁路局规定。

维修的组织领导工作由设备管理单位负责。Ⅰ级维修负责人由车间主任（副）担当（Ⅰ级维修较多时，车间主任可委托车间干部担当），Ⅱ级维修负责人由工（班）长担当。

作业负责人的主要职责：

（1）负责作业现场的组织指挥工作。检查作业和开通前的各项准备工作，指挥现场作业，安排作业防护，确认放行列车条件等。

（2）负责协调解决作业中发生的问题，协调各单位作业，掌握作业进度，反馈现场信息。

（3）负责总结分析作业组织、进度和安全等情况，对作业现场的安全负责。

3.1.2 行车安全管理

（1）施工地段放行列车时，轨道静态几何尺寸偏差不得超过经常保养容许偏差管理值。列车速度 v_{max} >45 km/h 时，工务设备状态符合铁路线路、桥隧修理有关规定。列车限速 v_{max} ≤ 45 km/h 时，线路状态应符合下列要求：

① 轨枕盒内及轨枕头部道砟不少于 1/3。
② 枕底道砟串实。
③ 轨枕每隔 6 根可空 1 根。
④ 道钉或扣件：

a. 钢轨接头两根轨枕和桥枕上道钉、扣件齐全、有效。

b. 半径小于或等于 800 m 曲线地段，混凝土轨枕可每隔 1 根拧紧 3 根，木枕可每隔 1 根钉紧 6 根。

c. 半径大于 800 m 曲线及直线地段，混凝土轨枕可每隔 2 根拧紧 1 根，木枕可每隔 1 根钉紧 1 根。

⑤ 接头螺栓：每个接头至少拧紧 4 个（每端 2 个）。
⑥ 钩螺栓：每隔 3 根桥枕拧紧 1 根。
⑦ 起道（含垫砟）顺坡率不小于 200 倍。
⑧ 冻害垫板平台两端的顺坡率不小于 200 倍。

（2）施工作业过程中，设备管理单位应对封锁前准备、施工中控制、线路开通和逐步提速等关键环节进行监控。线路开通、速度变更执行施工单位和设备管理单位共同检查签认制度。

（3）施工作业地段线路开通后，列车限速应按速度阶梯逐步提高。

（4）在进行钢梁修理或上盖板涂装时，可根据施工需要移动桥枕，但移动后，每根桥枕的钩螺栓、道钉或分开式扣件应齐全有效，固定枕木的拉条保证枕木间距不变化；移动后的桥枕中心间距不应超过 550 mm，个别情况也不得超过 600 mm，而接头处桥枕净距不得超过 210 mm。如桥枕状态不良，可根据实际情况，采取必要的加固措施或限速运行。

允许速度 100 km/h 以上的区段，桥枕净距大于 210 mm 的钢梁桥客车限速 100 km/h，货车限速 60 km/h。

（5）故障处理后的放行列车条件由工务现场负责人决定。

（6）下列作业应办理临时封锁手续，设置停车手信号防护。封锁完毕放行列车或单机时限速与否及限速列车的时间、次数、速度由作业负责人根据具体情况决定：

① 危及行车安全的突发性灾害的紧急抢修。
② 钢轨、辙叉或夹板折断后的紧急处理。
③ 线路胀轨的紧急处理。
④ 更换重伤钢轨、辙叉或联结零件。
⑤ 轨道几何尺寸超过临时补修标准的病害整修。
⑥ 其他影响行车安全的故障处理。

（7）施工天窗结束后放行列车条件按表 3.1 执行，表 3.1 所列项目以外的影响行车安全的较复杂施工，列车或单机运行速度按设计文件执行。

表 3.1 施工作业放行列车条件

项目		施工条件	作业方式	放行列车条件
一、影响道床路基稳定的施工作业		（1）破底清筛。 （2）更换道床石砟。 （3）成段更换轨枕（板）。 （4）成组更换道岔。 （5）基床换填。 （6）一次起道量或拨道量超过 40 mm 的成段起道或拨道。 （7）利用小型爆破开挖侧沟或基坑（限于影响路基稳定范围）	封锁施工	大型养路机械捣固、稳定车作业	（1）两捣一稳作业后，开通后第一列 35 km/h，第二列 45 km/h，自第三列起限速 60 km/h，至次日捣固后第一列限速 60 km/h，第二列起限速 80 km/h，至第三日捣固后第一列限速 80 km/h，第二列限速 120 km/h，至第四日捣固后恢复常速 （2）三捣两稳作业后，开通后第一列 45 km/h，第二列 60 km/h，自第三列起限速 80 km/h，至次日捣固后第一列限速 80 km/h，第二列起限速 120 km/h，至第三日捣固后恢复常速。 道岔施工后直向、侧向按此标准分别阶梯提速。 未达到上述捣固、稳定遍数的，应相应降低列车放行速度
			小型养路机械捣固	开通后第一列 35 km/h，第二列 45 km/h，不少于 4 h，以后限速 60 km/h，至次日捣固后第一列限速 60 km/h，第二列起限速 80 km/h，至第三日捣固后第一列限速 80 km/h，第二列限速 120 km/h，至第四日捣固后恢复常速
			人工捣固	（1）施工期间当日第一列 15 km/h，第二列 25 km/h，第三列 45 km/h，不少于 4 h，以后限速 60 km/h 至下次封锁前。 （2）施工结束，开通后第一列 15 km/h，第二列 25 km/h，第三列 45 km/h，不少于 4 h，以后按 60 km/h、80 km/h、120 km/h 各不少于 24 h 捣固后阶梯提速，其后正常
二、不影响道床稳定的施工作业		（1）成段更换钢轨。 （2）无缝线路应力放散。 （3）成段调整轨缝，拆开接头并插入短轨头。 （4）成段修整轨底坡	封锁施工		开通后第一列 45 km/h，第二列 60 km/h，第三列 120 km/h，其后恢复常速
		（1）使用冻害垫板一次总厚度超过 40 mm。 （2）长大隧道宽轨枕垫砟。 （3）道口大修（若影响道床稳定，比照第一大项办理）	封锁施工		开通后第一列 35 km/h，第二列 45 km/h，第三列 60 km/h，其后恢复常速
三、桥隧涵施工作业		（1）更换或拨正钢梁、混凝土梁。 （2）抬高或降低桥梁。 （3）拨正支座、更换桥梁支座、翻修支承垫石、垫砂浆厚度超过 50 mm。 （4）不拆除钢轨整孔更换明桥面桥枕。 （5）明桥面移动桥枕。 （6）翻修、加深隧道内排水沟	封锁施工		施工作业期间，封锁开通后限速 45 km/h 至下次天窗前；施工作业结束后，第一列限速 45 km/h，以后限速 60 km/h 不少于 24 h，再限速 80 km/h、120 km/h 各一列后恢复常速

续表

项目		施工条件	作业方式	放行列车条件
三、桥隧涵施工作业	（1）明桥面移动桥枕后，上盖板喷砂除锈涂装。 （2）架空施工中，安装、拆除纵横梁体系的横梁，安装D型便梁的横梁。 （3）修补或重新施作有砟轨道桥面、桥台顶面防水层		慢行施工	施工作业期间，限速45 km/h
	线路架空或加固后桥涵顶进		慢行施工	施工作业期间，限速45 km/h；施工结束后，第一列限速45 km/h不少于12 h，后限速60 km/h、80 km/h各不少于24 h、后120 km/h一列后恢复常速
	新建明、棚洞的基础施工		慢行施工	施工作业期间，本线限速45 km/h，邻线列车限速160 km/h；基础施工结束后恢复常速
	（1）在线路上安装或拆除轨束梁、工字钢纵梁、D型便梁的纵梁、纵横梁体系的纵梁，拆除D型便梁的横梁。 （2）喷锚加固隧道衬砌。 （3）整治隧道仰拱破损及换填隧道铺底。 （4）隧道整体道床翻修。 （5）影响行车安全的其他复杂桥隧施工		封锁施工	按经审查批准的施工作业设计文件所确定的列车放行条件
	（1）路基注浆，挖孔桩、旋喷桩施工，路基降水。 （2）隧道内增设密井暗管施工			按经审查批准的施工设计文件所确定的施工条件和列车放行条件执行

注：表内未列出的其他施工作业项目，可由铁路局比照本表类似施工作业确定施工条件和放行列车条件。

3.1.3 作业防护

（1）施工和维修作业须设置驻站联络员、现场防护员，且不得临时调换。

现场防护员应根据作业现场地形条件、列车运行特点、作业人员和机具布置等情况确定站位及移动路径，并做好自身防护。

（2）在区间线路、站内线路、站内道岔上维修时，现场防护人员应站在维修地点附近、且瞭望条件较好的地点进行防护，在天窗内作业时，显示停车手信号。

（3）封锁或慢行施工作业应办理施工手续，设置移动停车或移动减速信号防护。

（4）凡影响行车、人身安全的施工和维修作业及发生线路故障地点，均应设置防护。

作业负责人、驻站联络员、现场防护员，必须携带列车无线调度电话等通信设备。钢轨探伤作业防护员、道口看守员、巡检及看守人员，均应携带列车无线调度电话等通信设备，随时监听列车运行情况。发生异常情况时可直接通报车站值班员、机车乘务员。

（5）驻站联络员与车站值班员办理施工、维修登销记手续；向作业负责人传达调度命令；随时与现场防护员保持联系，通报列车运行情况。

现场防护员在防护时，除掌握驻站联络员通报信息外，应以瞭望防护为主；如联系中断，现场防护员应立即通知作业负责人停止作业，必要时将线路恢复到准许放行列车的状态。

作业负责人下达设置或撤除防护、开始或停止作业、下道避车等命令。

（6）在区间线路上封锁施工时，使用移动停车信号的防护办法如下：

① 单线区间封锁施工时，如图 3.1 所示。

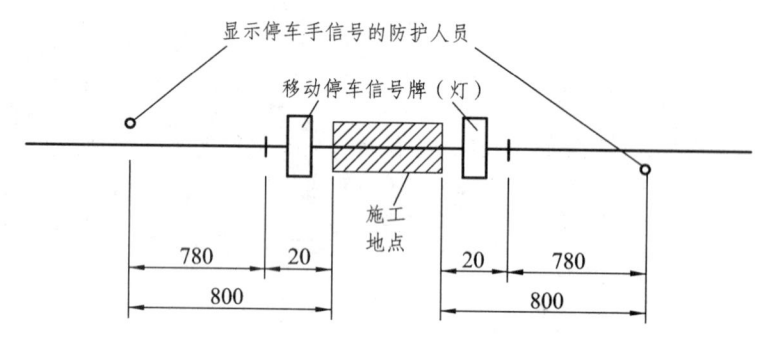

图 3.1　移动停车信号牌（灯）的设置位置（长度单位：m）

② 双线区间一条线路封锁施工时，信号牌（灯）设置位置如图 3.2 所示。

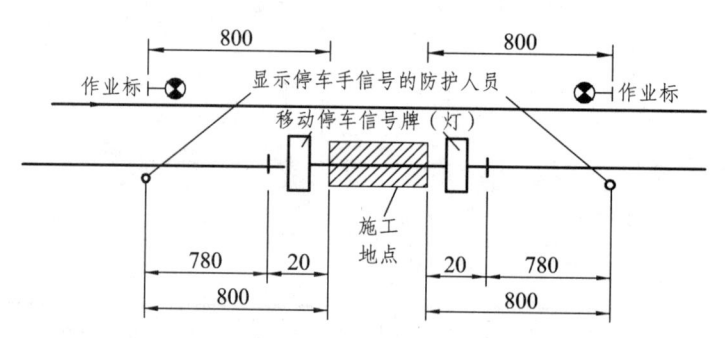

图 3.2　移动停车信号牌（灯）的设置位置（长度单位：m）

③ 双线区间两条线路同时封锁施工时，信号牌（灯）设置位置如图 3.3 所示。

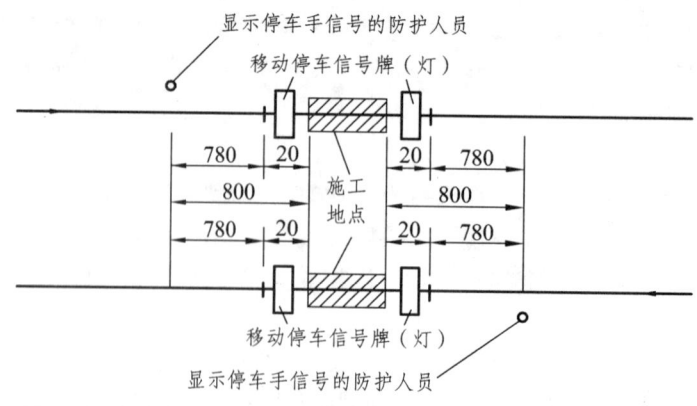

图 3.3　移动停车信号牌（灯）的设置位置（长度单位：m）

④ 封锁施工地点在站外，距离进站信号机（反方向进站信号机）小于 820 m 时，信号牌（灯）设置位置如图 3.4 所示。

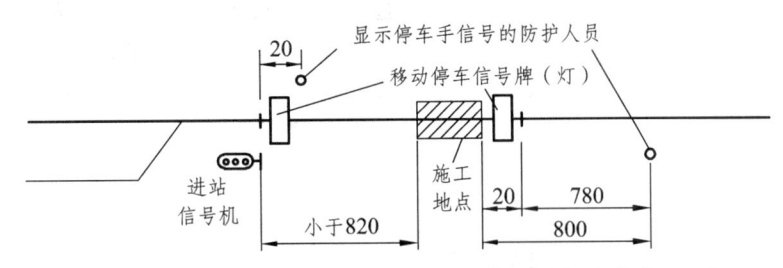

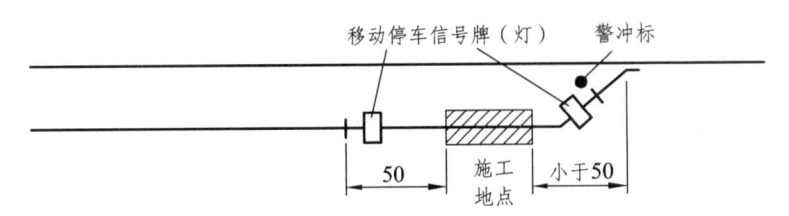

图 3.4 移动停车信号牌（灯）的设置位置（长度单位：m）

现场防护人员应站在距施工地点 800 m 附近，且瞭望条件较好的地点显示停车手信号；施工作业地点在站外，距离进站信号机（反方向进站信号机）小于 820 m 时，现场防护人员应站在距进站信号机（反方向进站信号机）20 m 附近；在尽头线上施工，施工负责人经与车站值班员联系确认尽头一端无列车、轨道车时，则尽头一端可不设防护。施工地点与防护人员间瞭望条件不良又无电话联系时，应增设中间防护人员。

凡用停车信号防护的施工地点，在停车信号撤除后，列车需减低速度通过施工地点时，应按减速信号防护办法防护。

（7）在站内线路或道岔上封锁施工时，使用移动停车信号的防护办法如下：

① 在站内线路上封锁施工。

a. 将施工线路两端道岔扳向不能通往施工地点的位置，并加锁或紧固，可不设移动停车信号牌（灯）。当施工线路两端道岔只能通往施工地点的位置时，在施工地点两端各 50 m 处线路上，设置移动停车信号牌（灯）防护，如图 3.5 所示。

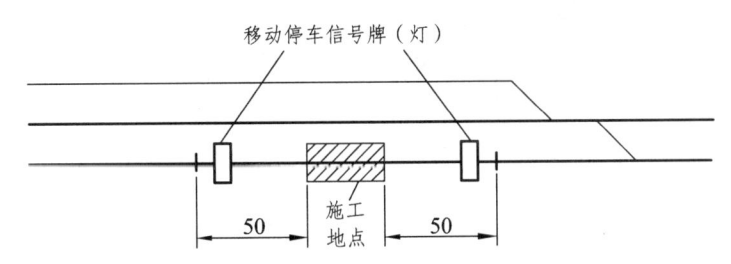

图 3.5 移动停车信号牌（灯）的设置位置（长度单位：m）

b. 如施工地点距离道岔小于 50 m 时，在该端警冲标相对处线路上，设置移动停车信号牌（灯）防护，如图 3.6 所示。

图 3.6 移动停车信号牌（灯）的设置位置（长度单位：m）

c. 在进站道岔外方线路上封锁施工时，对区间方面，以关闭的进站信号机防护；对车站方面，在进站道岔外方基本轨接头处（顺向道岔在警冲标相对处）线路中心，设置移动停车信号牌（灯），如图3.7所示。

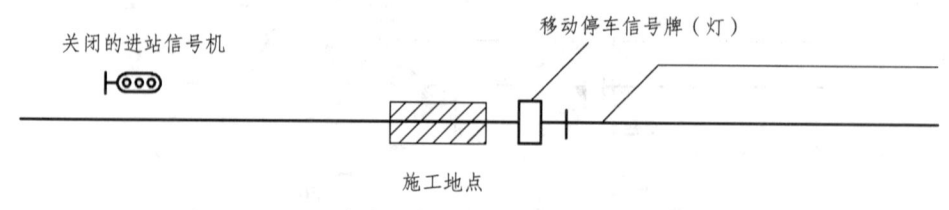

图 3.7　移动停车信号牌（灯）的设置位置

d. 双线区段，在反方向进站信号机至出站道岔的线路上施工时，对区间方向，以关闭的反方向进站信号机防护；对车站方向，在出站道岔外方基本轨接头处（对向道岔在警冲标相对处）线路上，设置移动停车信号牌（灯）防护，如图3.8所示。

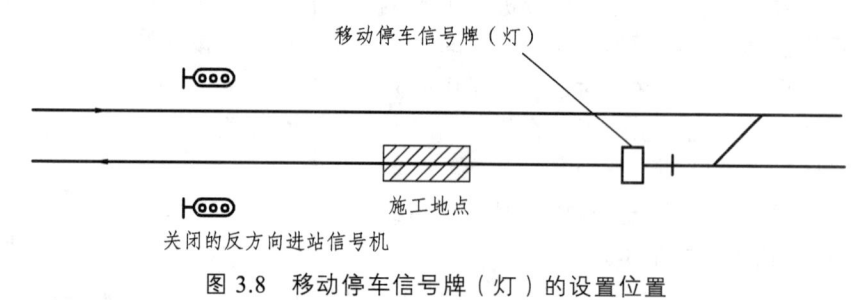

图 3.8　移动停车信号牌（灯）的设置位置

② 在站内道岔上（含警冲标至道岔尾部线路、道岔间线路）施工。

a. 站内道岔上施工，一端距离施工地点50 m，另一端两条线路距离施工地点50 m（距出站信号机不足50 m时，为出站信号机处），分别在线路上设置移动停车信号牌（灯）防护，如图3.9所示；如一端距离外方道岔小于50 m时，将有关道岔扳向不能通往施工地点的位置，并加锁或紧固。

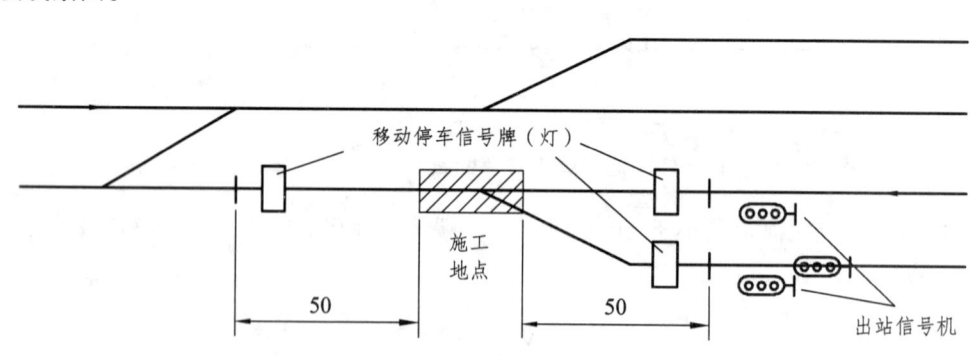

图 3.9　移动停车信号牌（灯）的设置位置（长度单位：m）

b. 在进站道岔上施工，对区间方向，以关闭的进站信号机防护；对车站方向，在距离施工地点50 m线路上，设置移动停车信号牌（灯）防护；距邻近道岔不足50 m时，在邻近道岔基本轨接头处设置移动停车信号牌（灯）防护，将有关道岔扳向不能通往施工地点的位置，并加锁或紧固，如图3.10所示。

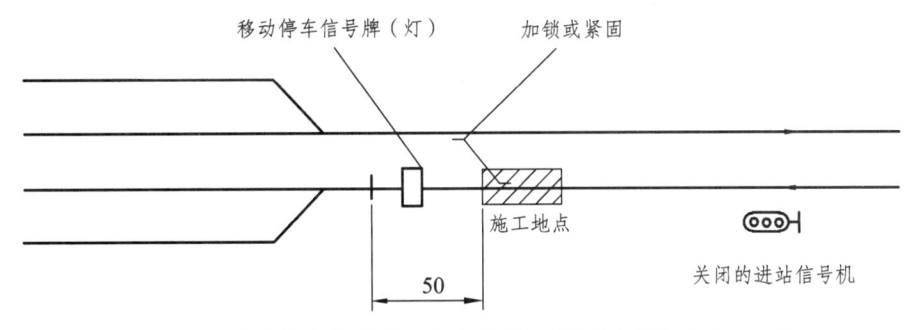

图3.10 移动停车信号牌（灯）的设置位置（长度单位：m）

c. 在出站道岔上施工，对区间方向，以关闭的反方向进站信号机防护；对车站方向，在距离施工地段不少于50 m线路上，设置移动停车信号牌（灯）防护，如图3.11所示；距邻近道岔不足50 m时，将有关道岔扳向不能通往施工地点的位置，并加锁或紧固。

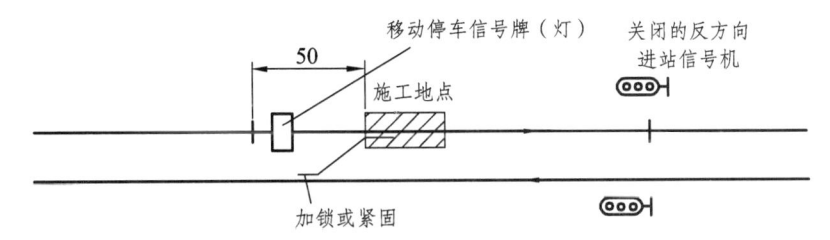

图3.11 移动停车信号牌（灯）的设置位置（长度单位：m）

d. 在交分道岔上施工，将有关道岔扳向不能通往施工地点的位置，并加锁或紧固，在施工地点两端50 m处线路上，设置移动停车信号牌（灯）防护，如图3.12所示。

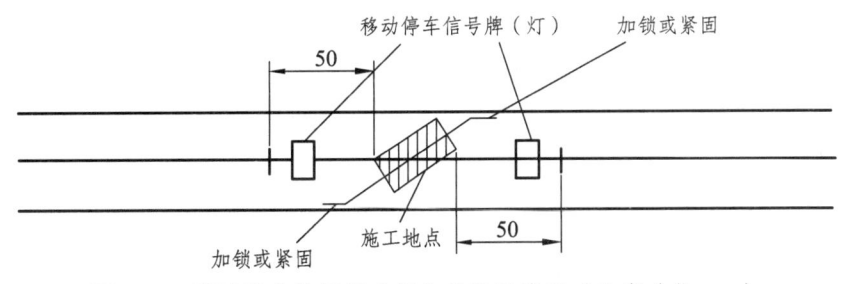

图3.12 移动停车信号牌（灯）的设置位置（长度单位：m）

e. 在交叉渡线的一组道岔上施工，一端在菱形中轴相对处线路上，另一端在距离施工地点50 m处线路上，分别设置移动停车信号牌（灯）防护，将有关道岔扳向不能通往施工地点的位置，并加锁或紧固，如图3.13所示。

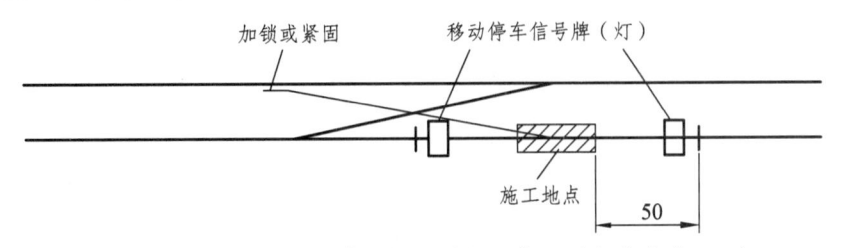

图3.13 移动停车信号牌（灯）的设置位置（长度单位：m）

f. 在道岔上进行大型养路机械施工时，如延长移动停车信号牌（灯）防护距离后占用其他道岔时，对相关道岔应一并防护。

（8）在区间线路上，根据线路速度等级，使用移动减速信号（标明列车限制速度）防护办法如下：

① 单线区间施工时，信号牌设置位置如图 3.14 所示。

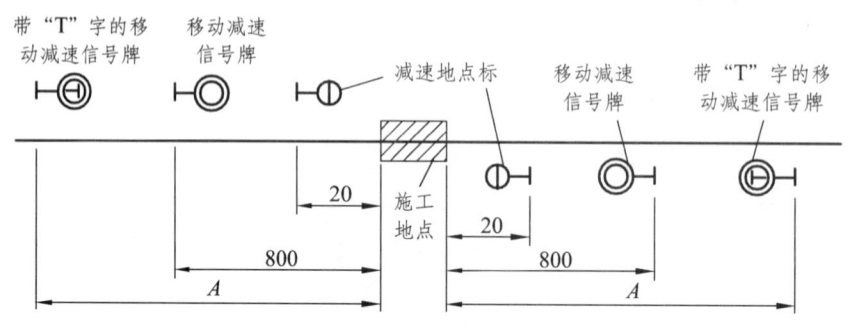

图 3.14 移动减速信号牌的设置位置（长度单位：m）

注：a. 图 3.14 中"A"为不同线路速度等级的列车紧急制动距离（下同），见表 3.2。

表 3.2 列车紧急制动距离限值

列车类型	最高运行速度/（km/h）	紧急制动距离限值/m
旅客列车（动车组列车除外）	120	800
	140	1 100
	160	1 400
特快货物班列	160	1 400
快速货物班列	120	1 100
货物列车（货车轴重<25 t，快速货物班列除外）	90	800
	120	1 400
货物列车（货车轴重≥25 t）	100	1 400

b. 允许速度 120 km/h<v<200 km/h 的线路，在移动减速信号牌外方增设带"T"字的移动减速信号牌（下同）。

② 双线区间在一条线路上施工时，信号牌设置位置如图 3.15 所示。

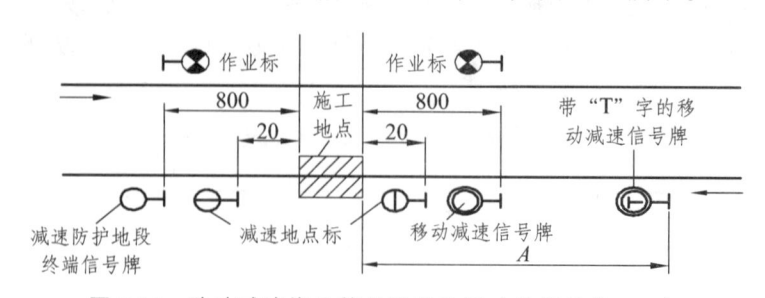

图 3.15 移动减速信号牌的设置位置（长度单位：m）

注：限速地段无施工作业不设置作业标。

③ 双线区间两条线路同时施工时，信号牌设置位置如图 3.16 所示。

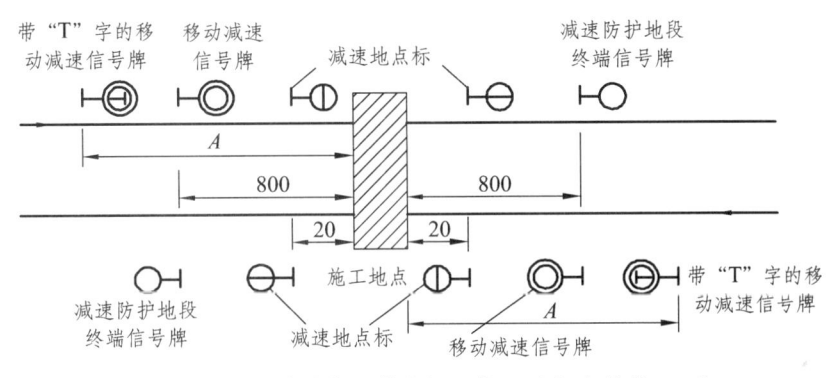

图 3.16　移动减速信号牌的设置位置（长度单位：m）

④ 施工地点距离进站信号机（或站界标）小于 800 m 时，信号牌设置位置如图 3.17 所示。

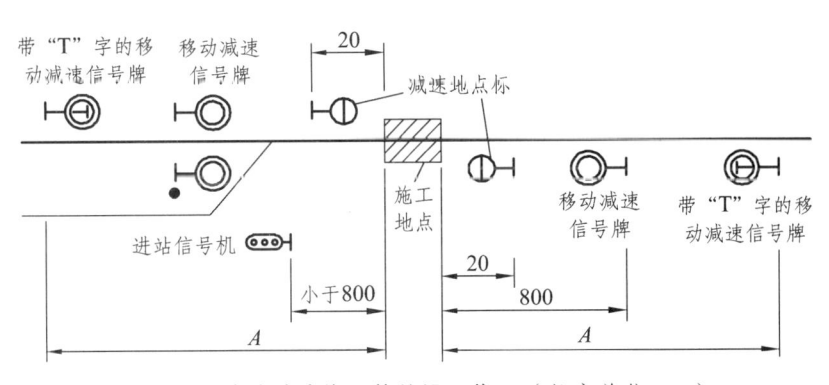

图 3.17　移动减速信号牌的设置位置（长度单位：m）

注：a. 当站内正线警冲标距离施工地点小于 800 m 时，按 800 m 设置移动减速信号牌；

b. 当站内正线警冲标距离施工地点大于或等于 A 时，不设置带"T"字的特殊移动减速信号牌。

（9）在站内线路或道岔上，根据线路速度等级，使用移动减速信号的防护办法如下：

① 在站内正线线路上施工，当施工地点距进站信号机大于或等于 800 m 时，单线设立位置如图 3.18 所示，双线设立位置如图 3.19 所示。

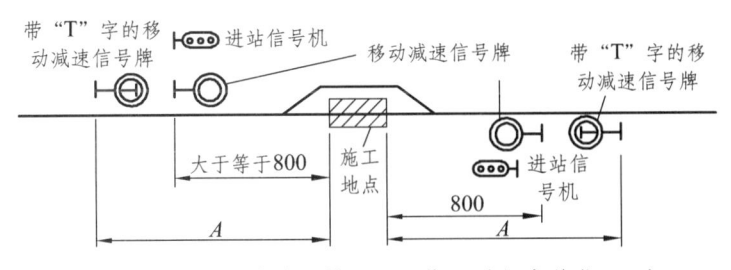

图 3.18　移动减速信号牌的设置位置（长度单位：m）

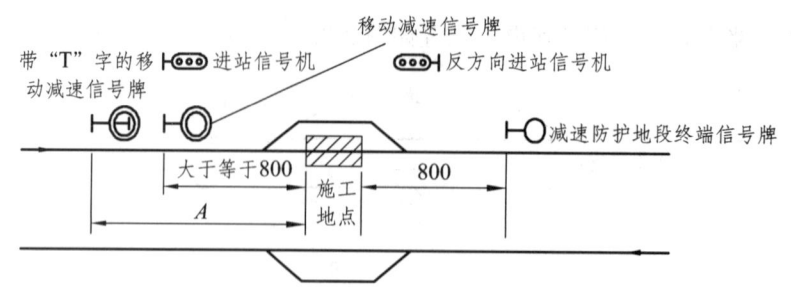

图 3.19 移动减速信号牌的设置位置（长度单位：m）

注：当施工地点距进站信号机不足 800 m 时，自施工地点起至 800 m 处区间线路列车运行方左侧，设移动减速信号牌防护；当施工地点距进站信号机大于或等于 A 时，不设置带"T"字的移动减速信号牌；当施工地点距反方向进站信号机不足 800 m 时，自施工地点起至 800 m 处区间线路列车运行方左侧，设减速防护地段终端信号牌；当施工地点距反方向进站信号机大于或等于 800 m 时，在反方向进站信号机处，设减速防护地段终端信号牌。

② 在站内正线道岔上施工，当施工地点距进站信号机大于或等于 800 m 时，单线设立位置如图 3.20 所示，双线设立位置如图 3.21 所示。

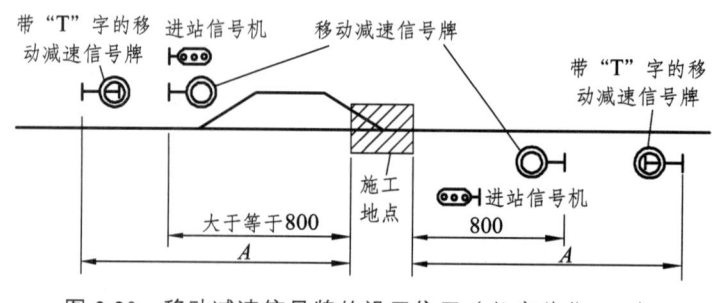

图 3.20 移动减速信号牌的设置位置（长度单位：m）

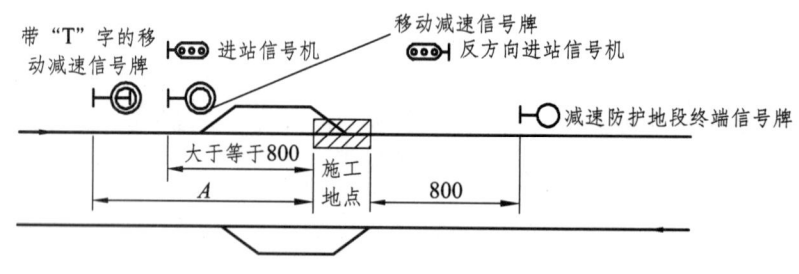

图 3.21 移动减速信号牌的设置位置（长度单位：m）

注：当施工地点距进站信号机不足 800 m 时，自施工地点起至 800 m 处区间线路列车运行方左侧，设移动减速信号牌防护；当施工地点距进站信号机大于或等于 A 时，不设置带"T"字的移动减速信号牌；当施工地点距反方向进站信号机不足 800 m 时，自施工地点起至 800 m 处区间线路列车运行方左侧，设减速防护地段终端信号牌；当施工地点距反方向进站信号机大于或等于 800 m 时，在反方向进站信号机处，设减速防护地段终端信号牌。

③ 在站线线路上施工，信号牌设立位置如图 3.22 所示。

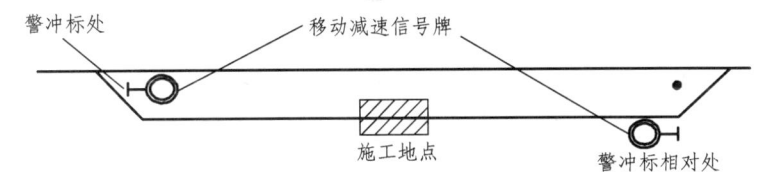

图 3.22　移动减速信号牌的设置位置

④ 在站线道岔上施工，该道岔中部线路旁，设置两面黄色的移动减速信号，信号牌设立位置如图 3.23 所示。

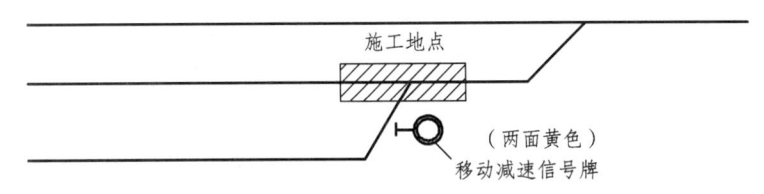

图 3.23　移动减速信号牌的设置位置

凡线间距离不足规定时，应设置矮型（1 m 高）移动减速信号。在移动减速信号牌上应注明规定的慢行速度。

（10）已纳入 LKJ 基础数据的长期限制慢行地段不设置减速信号牌。

（11）在区间线路上进行不影响行车安全的作业，不需要以停车信号或移动减速信号防护，应在作业地段两端 500～1 000 m 处列车运行方向左侧（双线在线路外侧）的路肩上设置作业标，如图 3.24 所示。列车接近该作业标时，司机必须长声鸣笛，注意瞭望。

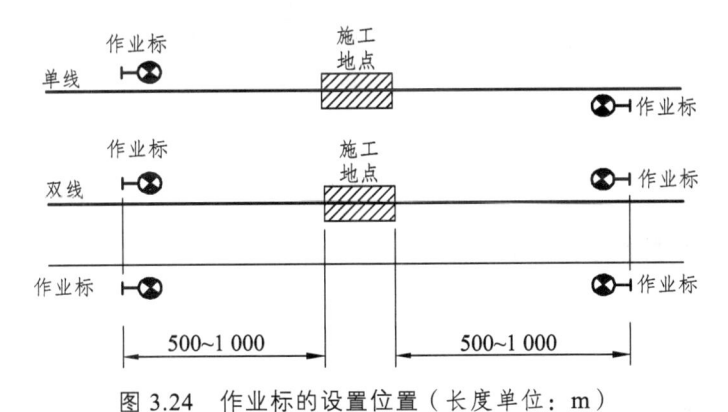

图 3.24　作业标的设置位置（长度单位：m）

（12）线路发生危及行车安全故障或自然灾害时的防护办法如下：

① 应立即使用列车无线调度通信设备通知车站值班员或列车司机紧急停车，同时在故障或自然灾害影响地点设置停车信号。

② 当确知一端先来车时，应急速奔向列车，用手信号旗（灯）或徒手显示停车信号。

③ 如不知来车方向，应在故障或自然灾害影响地点注意倾听和瞭望，发现来车，应急速奔向列车，用手信号旗（灯）或徒手显示停车信号。

设有固定信号机时，应先使其显示停车信号。

站内线路、道岔发生故障或自然灾害时，应立即通知车站值班员采取措施，防止机车、车辆通往该故障或自然灾害影响地点，同时按规定设置停车信号防护。

（13）有人看守的道口应装设遮断信号机。有人看守的桥隧建筑物及可能危及行车安全的坍方落石地点，根据需要装设遮断信号机。遮断信号机距防护地点不得小于 50 m。

（14）区间线路上利用列车间隔的作业，驻站联络员与现场防护员或作业负责人联系程序规定如下：

① 作业负责人应通过驻站联络员与车站值班员保持密切联系，设置好防护后方可作业。在作业过程中应密切注意来车"预报""确报"等信号。

a. 预报：车站对作业区间办理闭塞时，驻站联络员应立即向现场防护员发出预报；如系通过列车，则应提前一个车站（即邻站向本站发车时）发出预报。

b. 确报：车站向作业区间发车时，驻站联络员应立即向现场防护员发出确报。

c. 作业地点距车站较近或作业条件较复杂，需提前预报、确报时，作业负责人应事先与驻站联络员商定明确并告知全体防护员及作业人员。

d. 变更通知：预报、确报有变化时，驻站联络员应向现场防护员发出变更通知。

② 现场防护员接到驻站联络员发出的预报、确报、变更通知后，均应立即通知到作业负责人。同时应加强警戒，注意瞭望，监视来车与作业情况。如设置有中间联络防护员时，应以上述相同方式准确及时地将信息传达给对方。

③ 驻站联络员应加强与车站值班员的联系，双线区段反方向来车时，驻站联络员应及时通知现场防护员转报作业负责人。

（15）线路上作业设置或撤除移动停车信号防护的程序如下：

① 设置移动停车信号。

a. 驻站联络员抄录并确认作业封锁调度命令，通知作业负责人。

b. 作业负责人通知现场防护员按规定在作业地点设置移动停车信号。

c. 按规定设置好移动停车信号后作业负责人发出作业命令。

② 撤除移动停车信号。

a. 作业负责人检查确认线路已达到放行列车条件（外单位施工的还需设备管理单位监督检查人员共同检查确认）。

b. 通知现场防护员撤除作业地段的移动停车信号。

c. 通知车站开通线路。

（16）在通信不畅或瞭望条件不良地段作业时，应增设防护员。

3.1.4 人身安全

（1）各单位应经常对从业人员进行人身安全教育，组织学习安全规章及有关操作技术。从业人员在任职、提职、改职前，必须经过段或段以上单位进行安全技术教育培训，考试合格后，持铁路岗位培训合格证书上岗。

（2）防护员（驻站联络员、现场防护员）必须由经培训考试合格的人员担任并持铁路岗位培训合格证书上岗。

（3）从事工务机械车驾驶和操作、钢轨探伤、钢轨焊（熔）接工作及特种设备操作人员，必须经过专业培训、考试或鉴定合格，取得铁路岗位培训合格证书及相应资格，方可上岗。持有国家铁路局颁发的理论考试合格证明的工务机械车驾驶证申请人，在司机指导下方能驾驶相应申请考试机型，进行实际操作训练。

（4）作业人员接触职业病危害因素的，应按照国家规定开展职业病防治工作。进行接触粉尘、有毒物品、易燃物品、易爆物品的作业，使用电器、机械，以及高空作业等，必须按规定采取相关措施和使用劳动保护用品保证劳动者健康。

（5）易燃、易爆及有毒物品必须有专人保管，储藏时应与建筑物、烟火及水源隔离；搬运装卸及使用时，应严格按规定程序操作，慎防起火、爆炸和中毒。

（6）野外作业遇雷雨时，作业人员应放下手中的金属器具，迅速到安全处所躲避，严禁在大树下、电杆旁和涵洞内躲避。酷暑、严寒季节，应采取措施，防止中暑、溺水、冻伤和煤气中毒。

（7）线路作业和巡检人员，必须熟悉管内的线桥设备情况、列车运行速度、密度和各种信号显示方法，作业和巡检时应注意瞭望，及时下道避车。

（8）步行上下工时，区间应在路肩或路旁集中走行；在双线区间，应面迎列车方向走行；通过桥梁、道口或横越线路时，应"手比、眼看、口呼"，做到"一停、二看、三通过"，严禁来车时抢越。必须走道心时，应设置专人防护。进路信号辨认不清时，应及时下道避车。

（9）作业人员下道避车时应遵守以下规定：

① 距钢轨头部外侧距离不小于 2 m，设有避车台（洞）的桥梁（隧道）应进入避车台（洞）避车。

② 本线来车按下列距离下道完毕：

a. $v_{max} \leq 60$ km/h 时，不小于 500 m。

b. 60 km/h $< v_{max} \leq 120$ km/h 时，不小于 800 m。

c. 120 km/h $< v_{max} \leq 160$ km/h 时，不小于 1 400 m。

d. 160 km/h $< v_{max} < 200$ km/h 时，不小于 2 000 m。

③ 邻线（线间距小于 6.5 m）来车下道规定：

本线不封锁时：

a. 邻线速度 $v_{max} \leq 60$ km/h 时，本线可不下道。

b. 60 km/h $<$ 邻线 $v_{max} \leq 120$ km/h 时，来车可不下道，但本线必须停止作业。

c. 邻线 $v_{max} > 120$ km/h 时，下道距离不小于 1 400 m。

d. 瞭望条件不良，邻线来车时本线必须下道。

本线封锁时：

a. 邻线 $v_{max} \leq 120$ km/h 时，本线可不下道。

b. 120 km/h $<$ 邻线 $v_{max} \leq 160$ km/h 时，本线可不下道，但本线必须停止作业。

c. 邻线 $v_{max} > 160$ km/h 时，本线必须下道，距离不小于 2 000 m。

④ 在站内其他线路作业，躲避本线列车时，下道距离不少于 500 m，与本线相邻的正线来车时，按本条第 1 项和第 3 项办理，与本线相邻的其他站线来车时可不下道，但必须停止作业。列车进路不明时必须下道避车。

⑤ 速度小于 120 km/h 区段，瞭望条件大于 2 000 m 以上时，钢轨探伤仪、轨道检查仪作业，邻线来车可不下道。

⑥ 人员下道避车时应面向列车认真瞭望，防止列车上的抛落、坠落物或绳索伤人。

⑦ 人员下道避车的同时，必须将作业机具、材料移出线路，并放置、堆码牢固，不得侵入建筑限界；两线间距离小于 6.5 m 不得停留人员和放置机具、材料。

（10）普速铁路和高速铁路并行地段，普速铁路作业、进出防护栅栏门必须严格执行高速铁路登销记制度。

普速铁路和高速铁路并行，但未设物理隔离且天窗不同步地段，所有作业必须纳入天窗。普速铁路本线与相邻高速铁路线间距不足 6.5 m 地段，普速铁路作业而相邻高速铁路行车时，相邻高速铁路列车须限速 160 km/h 及以下，相邻高速铁路来车，本线可不下道。作业和避车严禁侵入高速铁路建筑限界。如作业需侵入高速铁路建筑限界，相邻高速铁路也必须同时封锁。

普速铁路与高速铁路垂直天窗相同时段，在设好防护、确认高速铁路无路用列车通过时，可以跨越高速铁路进出，但要制定相应的安全措施，具体办法由铁路局规定。

（11）严禁作业人员跳车、钻车、扒车和由车底下、车钩上传递工具材料。休息时不准坐在钢轨、轨枕头及道床边坡上。绕行停留车辆时其距离应不少于 5 m，并注意车辆动态和邻线上开来的列车。

（12）遇有降雾、暴风雨（雪）、扬沙等恶劣天气影响瞭望时，应停止线上作业和上道检查，必须作业时，应采取特殊安全措施，保证来车之前按规定的距离及时下道。

（13）线路 v_{max} >120 km/h 的区段，巡道、巡守人员应在路肩上行走，并注意察看线路状态。

任务 3.2　一日作业标准化流程认知

线路维修作业要认真贯彻作业标准化，维修工作一日作业标准化应注意做好以下几项工作：

1. 作业前

（1）按日计划在派工单上公布作业项目和分工，准备并确认工机具、备品和材料数量及状态。人员、出库工机具材料及时做好登记。

（2）布置当日工作计划（地点、项目、工作量）、质量要求以及安全措施和注意事项。根据分工到库房领取工机料具并登记。

（3）按规定办理登记签认手续，联系有关单位配合作业。

（4）进作业门前应确认作业命令，对人员、工机具、材料进行清点登记。

2. 作业中

（1）按规定设置现场防护员。

（2）听从作业负责人统一指挥，上道前和跨越线路时应严格遵守"一停、二看、三通过"和"手比、眼看、口呼"的规定。

（3）严格按照作业方案及安全技术措施组织作业。

（4）严格执行规章制度，实行安全生产，杜绝违章作业。

（5）作业完毕，作业负责人组织进行质量回检和清场。

3. 作业后

（1）组织作业人返回作业门，清点登记人员、工机具材料，撤除防护并销记。
（2）返回工区后清点整理工机具材料入库，对号定位，堆码整齐。
（3）召开班后小结会，分析当日安全、质量、数量、纪律等情况，进行评比。

任务 3.3　线路设备维护作业

线路设备维护指根据线路及其各部件的变化规律，依据维修周期，结合设备状态评价，以养路机械为主要作业手段，对全线进行有计划、有重点的经常性养护，调整和改善轨道空间线形线位，消除轨道结构病害，恢复道床弹性，更换失效轨枕和联结零件，调整轨道几何尺寸，消除钢轨轨头病害，达到钢轨目标廓形，以及其他各结构部件的修理等为主要内容的单项或多项修理，以恢复线路完好技术状态。

3.3.1　更换扣件作业

普速铁路线路、道岔地段更换损坏、失效扣件，可保持轨道扣件系统齐全有效，确保行车安全。

1. 作业程序

（1）点外准备。

① 作业负责人提前调查工作量。
② 作业负责人确认人员到位、材料机具齐全良好。
③ 作业负责人与车站确认作业凭证。
④ 作业负责人确认设好防护。

（2）点内作业。

① 松螺栓，卸下扣件。

取下扣件系统，并有序整齐摆放轨枕面上。

② 除锈、扫灰、去污检查、涂油。

用钢丝刷刷除螺栓杆上的锈污，扫清承轨台上的污垢，检查螺杆锈蚀程度（锈蚀严重的要做标记以备更换），最后进行涂油工作。

③ 安装扣件，拧紧螺栓。

扣件扭力：扣板式为 80～140 N·m；弹条为弹条中部前端下颚与轨距挡板离缝作业后不应大于 1 mm。

④ 质量回检：作业负责人对当日作业地点轨距及扣件位置、扭力矩进行全面检查，发现不合格及时返工，统计完成工作量，记录回检质量数据。

（3）点后工作。

① 清点材料机具，回收旧料，清理场地，工完料净。
② 作业完毕，人员撤出网外，作业负责人通知驻站联络员撤除防护。

2. 技术质量标准

（1）扣件位置正确、齐全、有效，扣件型号规格准确，扭力矩符合标准，扣件与轨底和挡肩靠贴紧密。

（2）螺栓去垢除锈干净，丝扣无损坏、油润状态良好，能正常松卸。

（3）扭矩标准：扣板（弹片）扣件应保持在 80～140 N·m；Ⅰ型、Ⅱ型弹条中部前端下颚与轨距挡板离缝作业后不应大于 1 mm，日常保持不宜大于 2 mm；Ⅲ型弹条小圆弧内侧与预埋铁座端部相距 8～10 mm；扣板、轨距挡板应靠贴轨底边。

（4）上紧螺栓后，检查轨距及轨距变化率，需满足轨道作业验收标准，按照《普速铁路线路修理规则》（铁总工电〔2019〕34号）（以下简称《修规》）规定执行。

（5）无缝线路区段落实"作业前、中、后测量轨温"制度，满足无缝线路作业轨温条件。

3. 作业安全要求

（1）须按规定申请施工命令票（作业计划单）。

（2）须按规定设驻站联络员和现场防护员。

（3）点内作业完毕，机具、材料撤出限界以外。

（4）禁止坐在钢轨上拆卸、安装扣件。

（5）卸、紧螺栓时，作业人员必须站稳，防止扳手滑动，摔倒伤人。

（6）连续松开扣件的数量，50 kg/m 钢轨不得超过 5 个轨枕头、60 kg/m 钢轨不得超过 7 个轨枕头（点外作业时，来车前必须确保配件齐全有效）。

3.3.2　人工不破底清筛道床

普速铁路线路不破底清筛道床，可改善道床弹性，提高排水能力，确保行车安全。

1. 作业程序

（1）点外准备。

① 作业负责人与车站确认作业凭证。

② 作业负责人确认设好防护。

③ 作业负责人提前调查工作量。

④ 作业负责人确认人员到位、材料机具齐全良好。

（2）点内作业。

① 用叉子将第一孔轨枕盒内和道床边坡上的清洁浮砟扒到一边，以备回填道床时使用。

② 开口。

a. 用捣镐刨松道床两侧边坡处和钢轨外侧轨枕盒内的石砟。

b. 用叉子和铁丝筛筛出道砟，堆放一边，以备回填道床时使用。

c. 用铁锹铲出脏污物，抛弃于路肩上（米石路肩为避免污染，应铺彩条布，将脏污物装于编织袋中）。

d. 开出倒筛道床的工作面（开口），工作面（豁口）宽约为 0.8～1.1 m。

③ 挖筛第一孔轨枕盒内的石砟。

a. 用捣镐刨松第一孔轨枕盒内的石砟。

b. 用叉子和铁丝筛筛出道砟，堆放在第二孔上。

c. 用铁锹铲出脏污物，抛弃于路肩上。

④ 挖筛第一孔道床达到清筛作业横断面标准尺寸后，按前述方法挖筛第二个轨枕石砟，并将筛出的清砟回填在第一孔内（注意第一孔的清砟，暂时堆放在路肩上不动）。

⑤ 如此逐孔倒筛第三、四、五……孔石砟，将筛出的清砟回填于前一孔内，脏污物抛弃于路肩上。最后一个轨枕孔，用堆放在路肩上的第一孔清砟来回填。

⑥ 整体捣固。对清筛地段的线路进行找平，全面捣固。

⑦ 补充均匀道砟，整理夯实道床。全面均匀、平整作业范围及前后的道床，做到道床均匀饱满、边坡坡脚整齐。边坡坡度为 1∶1.75，砟肩宽度 450～500 mm（根据不同等级的道床标准断面标准执行），边坡石砟必须均匀，达到"三平六道线"，即砟肩平、路肩平、边坡线间平，石砟坡脚两道线、肩砟两道线、枕头两道线。

⑧ 质量回检。作业完毕，作业负责人对作业地点进行全面检查，确认线路质量达到作业验收标准，做好回检记录和记名修。

（3）点后工作。

① 清除弃土、弃砟，整理外观。抛弃于路肩上的脏污物，可抛于路基边坡下或运出路堑，不得堆在路肩上或路堑边坡上，影响线路外观和排水。

② 扫除轨枕、扣件（铁垫板）及钢轨上的泥土、散砟。

③ 清点材料机具，回收旧料，清理场地，工完料净。

④ 作业完毕，人员撤出网外，作业负责人通知驻站联络员撤除防护。

2. 技术质量标准

（1）单线线路：道心筛至枕底下 50～100 mm，轨枕头筛至轨枕底下 150～200 mm，轨枕头外筛至路基面。

（2）复线线路：两线间轨枕头筛至轨枕下 50 mm，线路中心线筛至轨枕底下 100 mm，外侧轨枕头筛至轨枕底下 150～200 mm，轨枕头外筛至路基面，道岔筛至岔枕底下 150～200 mm。

（3）清筛后道床断面应符合规定标准，无缝线路应有 150 mm 的堆高肩砟，道砟不足应及时均匀或补充。

3. 作业安全要求

（1）须按规定申请施工命令票作业计划单。

（2）须按规定设驻站联络员和现场防护员。

（3）清筛不得破底，逐孔倒筛，必须保证两侧枕底道砟不松动。

（4）无缝线路区段不得超过作业轨温条件，高温季节作业后一周内应加强防胀巡查。

（5）雨天及雨后 2～3 天，不宜进行道床清筛作业。

（6）清筛后必须进行捣固，并在清筛一周内加强保养。

（7）点内作业完毕，机具、材料撤出限界以外。

3.3.3 线路标志油刷作业

普速铁路线路区段线路标志油刷作业，可确保标志清晰正确，便于日常线路维修作业。

1. 作业程序

（1）点外准备。

① 作业负责人与车站确认作业凭证。

② 作业负责人确认设好防护。

③ 作业负责人提前调查工作量。

④ 作业负责人确认人员到位、材料机具齐全良好。

（2）点内作业。

① 刮除锈蚀部分。

采用除锈铲或钢丝刷进行除锈，用破布对附着物擦除干净，达到混凝土桩无残留的旧漆皮、氧化皮，不损伤线路标志，钢材表面无可见的油脂和污垢，无附着不牢的氧化皮、铁锈和油漆涂层等附着物。

② 涂刷底漆。

用扁油刷涂刷底漆，表面无黏附砂粒和灰尘，无露底、遗漏，表面平整，漆膜洁净有光泽。

③ 模板透字。

放置、固定模板，用油漆刷油刷标记，表面无黏附砂粒和灰尘，无流挂、斑点、气泡、不均匀等。

④ 质量回检。

作业负责人回检作业质量，满足各项作业程序、质量标准。

（3）点后工作。

① 清点材料机具，回收旧料，清理场地，工完料净。

② 作业完毕，人员撤出网外，作业负责人通知驻站联络员撤除防护。

2. 技术质量标准

线路标志油刷无漏涂、颜色均匀、无刷印或刷毛、无起泡、无起皱、针孔、无流挂、厚度均匀。

3. 作业安全要求

（1）严格执行《普速铁路工务安全规则》（铁总运〔2014〕272号）（以下简称《安规》）、《营业线上线作业安全防护管理办法》等各项要求，落实有效的防护措施。

（2）一旦发生防护员联络中断，防护员立即组织作业人员下道到安全处所避车，待恢复联络后，确认无车方可上道作业。

（3）作业人员上道作业或穿越线路，侵入邻线限界，必须执行"手比、眼看、口呼"的规定。

（4）按规定使用劳动保护用品，包括工作服、胶鞋、手套等。

（5）作业时稳健，无失落工具，无人员滑倒或碰伤手脚，无事故苗头。

（6）严格落实上线作业防护避车制度，电气化区段严禁触碰回流线等设备。

3.3.4　钢轨焊修作业

对普速铁路线路区段钢轨接头低塌、压溃、擦伤、掉块、磨耗等病害进行焊修，焊补后满足线路维修要求。

1. 作业程序

（1）点外准备。

① 作业负责人与车站确认作业凭证。
② 作业负责人确认设好防护。
③ 作业负责人提前调查工作量。
④ 作业负责人确认人员到位、材料机具齐全良好。

（2）点内作业。

① 焊前打磨。

a. 对低塌接头及剥落掉块处所，在焊补范围打磨出新层。
b. 对钢轨擦伤处所，应彻底清除杂质和埋藏的细纹。

② 焊前预热。

加热钢轨至 300～400 ℃。

③ 焊修钢轨。

a. 堆焊由深到浅，由轨面内侧排向外侧。
b. 焊修后须回火处理。

④ 焊后打磨。

a. 不准定点打磨。
b. 打磨余量应高出设计轨面。

⑤ 质量回检。

a. 工作边肥边不大于 0.3 mm。
b. 钢轨顶面凹陷不大于 0.3 mm。

（3）点后工作。

① 清点材料机具，回收旧料，清理场地，工完料净。
② 作业完毕，人员撤出网外，作业负责人通知驻站联络员撤除防护。

2. 技术质量标准

（1）加热钢轨至 300～400 ℃。
（2）堆焊由深到浅，由轨面内侧排向外侧，焊修后须回火处理。
（3）不准定点打磨，打磨余量应高出设计轨面。
（4）工作边肥边不大于 0.3 mm，钢轨顶面凹陷不大于 0.3 mm。

3. 作业安全要求

（1）严格执行《安规》及国铁集团相关安全文件的各项要求，落实有效的防护措施。
（2）严格落实上线作业防护避车制度，一旦发生防护员联络中断，防护员立即组织作业人员下道到安全处所避车，待恢复联络后，确认无车方可上道作业。
（3）作业人员上道作业或穿越线路，侵入邻线限界，必须执行"手比、眼看、口呼"的规定。

（4）作业时注意防止手指擦伤，防止触电伤人。打磨作业佩戴护目镜。

（5）环境温度不得低于 10 ℃。风力大于 4 级、雨雾天不作业。可焊补钢轨范围以外的不得焊修，达到重伤标准的钢轨不得焊修。

（6）防止作业联电。防止砂轮沫飞溅伤人和弧光伤害。

（7）严格落实上线作业防护避车制度。

3.3.5 线路冻害整治作业

线路冻害整治作业指整治线路冻害引起的高低不良，确保行车安全，提高旅客舒适度。

1. 作业程序

（1）点外准备。

① 作业负责人与车站确认作业凭证。

② 作业负责人提前调查工作量，检查是否轨道电路、电化区段。遇电务、供电设备影响作业时，下达工电配合通知单。

③ 作业负责人确认设好防护。

④ 作业负责人确认人员到位、材料机具齐全良好。

（2）点内作业。

① 测量轨温。利用轨温计测量钢轨温度。

② 冻害整治。在线路上垫入冻害垫板。

③ 春融回落，撤板捣固，在线路上撤出冻害垫板。

④ 作业回检。作业负责人对当日作业地点回检作业质量，发现不合格及时返工，统计完成工作量，记录回检质量数据。

（3）点后工作。

① 清点材料机具，回收旧料，清理场地，工完料净。

② 作业完毕，人员撤出网外，作业负责人通知驻站联络员撤除防护。

2. 技术质量标准

（1）冻起高度超过 15 mm 时，应进行整修处理。

（2）扒开道床：沟深距离轨枕底面以下 50～100 mm，不得扰动枕底道床。

（3）在线路上垫入冻害垫板，应执行《修规》相关规定。

（4）扒开道床应回填平整夯实，道床顶面应低于轨枕顶面以下 40～50 mm，同时不应高于轨枕中顶面。

（5）在线路上撤出冻害垫板，应做好顺坡，保持轨道几何不平顺在日常保持容许偏差限度以内。

3. 作业安全要求

（1）严格执行《安规》《营业线上线作业安全防护管理办法》等各项要求，落实有效的防护措施。

（2）一旦发生防护员联络中断，防护员立即组织作业人员下道到安全处所避车，待恢复联络后,确认无车方可上道作业。

(3)作业人员上道作业或穿越线路,侵入邻线限界,必须执行"一停、二看、三通过"和"手比、眼看、口呼"的规定。

(4)扒开道床,防止飞石伤人。

(5)在电气化区段作业时,对电气化及信号装置的连接线,必须保持其正常连接。

(6)扳手、长柄工具要有绝缘套,作业中防止钢轨联电。

(7)禁止坐在钢轨上卸、紧螺栓。

(8)卸、紧螺栓时,作业人员必须站稳,防止扳手滑动,摔倒伤人。

(9)严格落实上线作业防护避车制度。

3.3.6 均匀石砟作业

均匀石砟作业指普速铁路清筛、起道后道床局部不足,以及道砟卸车后道砟铺设不匀,需通过作业使石砟均匀,符合道床断面要求。

1. 作业程序

(1)点外准备。

① 作业负责人与车站确认作业凭证。

② 作业负责人确认设好防护。

③ 作业负责人提前调查需要均匀石砟和整理道床数量并进行分工。

④ 作业负责人确认人员到位、材料机具齐全良好。

(2)点内作业。

① 收集石砟:用叉子将多余部分石砟装至台筐或手推车上。

② 运输石砟:将收集的石砟运送至石砟缺少处。使用工具将石砟均匀补充于石砟缺少处。

③ 回填石砟:将扒出的石砟回填,均匀平整,Ⅰ型混凝土枕中部道床应掏空,Ⅱ型和Ⅲ型混凝土枕中部道床可不掏空,但应保持疏松。

④ 整理道床:将散落在路肩上和侧沟内的石砟收集到道床砟肩上或抬筐内,根据道床石砟多少调整道床宽度,将道床砟肩整理好。然后将道床坡面及边脚整理平顺,目视整齐。

⑤ 夯拍道床:用叉子将轨枕盒、道床砟肩及边坡石砟全部夯平拍实。

⑥ 整理回检:将钢轨底、零配件和轨枕上的石砟及砂土清扫干净,全面检查,找细补修。

(3)点后工作。

① 清点材料机具,回收旧料,清理场地,工完料净。

② 作业完毕,人员撤出网外,作业负责人通知驻站联络员撤除防护。

2. 技术质量标准

(1)道床边坡道砟均匀,道心石砟饱满,砟肩堆高标准,路肩无散砟。道床应饱满、均匀、坚实,坡面、坡脚整齐,无杂草。

(2)道床顶面宽度及坡度符合《修规》相关规定。

3. 作业安全要求

（1）严格执行《安规》，落实有效的防护措施。

（2）一旦发生防护员联络中断，防护员立即组织作业人员下道到安全处所避车，待恢复联络后，确认无车方可上道作业。

（3）作业人员上道作业或穿越线路，侵入邻线限界，必须执行"手比、眼看、口呼"的规定。

（4）防止工具伤人及碰伤手脚。

（5）严格落实上线作业防护避车制度。

项目 4　线路设备维修作业

任务 4.1　线路设备检查与常用修理机具设备

线路设备检查主要分为动态检查和静态检查两类。动态检查一般采用轨检车、动检车、车载式检查仪、便携式检查仪、探伤车等车辆及仪器检测。静态检查主要采用轨距尺、支距尺、弦线及各类轨道几何测量检查仪检测。动态检查发现问题时，应现场静态复核，全面分析原因及时处理。

线路修理机械按照重量可以分为轻型和重型两类。轻型机械包括液压起拨道器、电动捣固机等，具有重量轻、体积小，不需要借助任何辅助设备，可以随时上道、下道的特点，适用于线路维修保养。重型机械包括大型液压捣固车、大型道砟清筛机等，具有体重、形状大、效率高、作业质量好，工作时需要占领线路的特点，适用于新建和大修。

本节主要介绍静态检查和常用轻型修理机具设备。

4.1.1　检查工具

1. 轨距尺

铁路轨距尺是用于测量铁路两股钢轨间轨距、水平、超高等参数的专用计量器具。轨距尺如图 4.1 所示。

图 4.1　轨距尺

2. 支距尺

支距尺是用于测量标准轨距铁路道岔导曲线支距的专用计量器具。支距尺如图 4.2 所示。

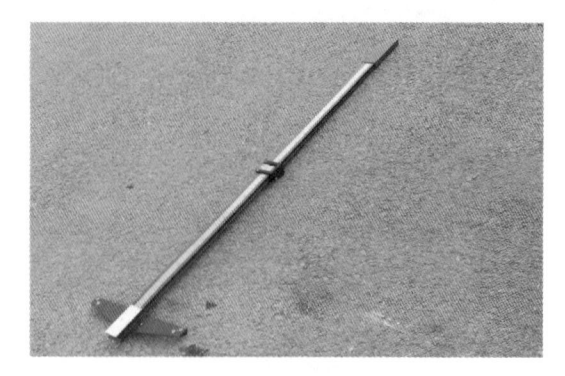

图 4.2 支距尺

3. 弦　线

弦线主要用于测量轨向和高低。普速铁路一般采用 10 m 弦线进行测量。弦线测量如图 4.3 所示。

图 4.3 弦绳测量轨向

4. 轨检小车

轨检小车主要用于高低、水平、扭曲、轨向等轨道几何形状测量，通过内置的轨距测量、超高测量和里程测量的传感器进行测量作业；同时利用全站仪和自带棱镜来确定轨检小车的位置，以提供轨道上每一个测量点的绝对坐标和轨道参数。轨检小车如图 4.4、图 4.5 所示。

图 4.4 轨检小车

图 4.5　轨检小车测量

4.1.2　线路修理工具

1. 液压起拨道器

液压起拨道器主要用于线路的起道和拨道作业。作业时将起拨道器撞入到安装位置，手柄插入柄库，往复摇动手柄，直至达到作业要求。如图 4.6 所示。

（a）　　　　　　　　　　（b）

图 4.6　起拨道器

2. 手提式内燃振动捣固镐

手提式内燃振动捣固镐主要用于线路或者道岔的养护维修捣固。一人一机，作业时，操作人员将镐板插入道床后不断扭摆手柄施压，以减小道床阻力，同时还应提镐串砟，达到枕下道砟饱满和密实。如图 4.7 所示。

图 4.7　手提式内燃振动捣固镐

3. XYD-2 型液压捣固机

XYD-2 型液压捣固机，适用于铁道线路新建、维修养护的线路道床捣固作业。是我国目前机械养路作用的主要机械之一。

该机综合了国内多种液压捣固机优点，上下道方便，绝缘性良好，不影响列车正常运行。采用单升降油缸、双导柱，装有手压泵，具有机构紧凑合理，体积小、重量轻、操作维修方便、捣固质量好、效率高、使用寿命长等优点，如图 4.8 所示。

图 4.8　XYD-2 液压捣固机

4. 轨缝调整器

轨缝调整器（图 4.9）是一种手摇式液压调整轨缝的专用工具，又称拉轨器。轨缝调整器适用于各型钢轨的线路调整轨缝作业。该机具有推大和拉小轨缝两种功能，推轨、拉轨均可，操作简便，工作效率高。

图 4.9　轨缝调整器

任务 4.2　线路单项基本作业

4.2.1　人工起道捣固

起道捣固是将线路低洼处所起高，通过捣固作业以找平轨面高程的作业方法。

1. 作业程序

（1）准备作业。

① 作业负责人与车站确认作业凭证。

② 作业负责人确认设好防护。

③ 核对量具。校核轨距尺，校核误差在 1 mm 以内。

④ 复查确认。根据作业计划单对超限或大值偏差处所、划撬范围进行复查确认。准确划好每撬的始终点（即撬头撬尾），根据坑洼深度，确定起道量，同时要将钢轨低头、空吊板等划上符号，以便指导捣固作业。

⑤ 复查石砟储量及建筑限界，备足石砟，杜绝盲目抬道。

（2）作业过程。

① 方正轨枕，上紧扣件或打紧浮离道钉。

② 扒镐窝：按作业负责人所划的撬，按每对镐扒开道床，扒开的道床要达到"三够一清"，即"够长"指木枕自钢轨中心向两侧 400 mm，枕自钢轨中心向两侧 450 mm，如遇有支撑要起掉；"够宽"指 200 mm，使铁镐头能在捣固时不打枕木；"够深"指按起道高度预留捣固用咋，如起道量在 20 mm 以下，为枕木底 10~20 mm；起道量在 20~30 mm，与枕木底平，起道量在 30~40 mm，可比枕木底高 10~20 mm；"一清"指钢轨底一定要清，便于打斜镐。

③ 指挥起道：起道者应距起拨道器 20~30 m 看轨头外侧下颌水平线，根据前标点后标点起平中间点，从上坡往下坡起道时，每点都不能低，反之，都不能高。

④ 放置起拨道器：全起全捣时，一般在接头放一次，混凝土枕每隔 6 根，木枕每隔 6~8 根放一次，依次向前进行，重起全捣或重起重捣时，根据情况放置起拨道器位置。起道时，起拨道器必须放置平稳，接头放在轨缝下，直线放在钢轨里口，曲线上股放在外口（下股放里口），以防止胀轨和影响线路方向。绝缘接头、铝热焊缝处、跳线枕孔内禁止放置起拨道器。

⑤ 捣撬：捣外口轨下枕底，禁捣顶门撬，在接头处起道时，接头两根轨枕要同时捣撬，每根打两面镐，在混凝土枕地段捣撬时，如为单股起道时，必须在一根轨枕上捣固好，长度不少于 4 个镐窝的两面镐；在双股同时起道时，必须两根轨枕上捣固好，长度不少于 4 个镐窝的四面镐，起道过高时，应用镐尖串实，禁止用起拨道器撞击钢轨或轨枕。

⑥ 起道找平：先起基准股，后起对面股，轨距尺尽可能靠近起拨道器，看道人回看纵向水平，视高低情况补撬。

⑦ 回检找细。

（3）作业完毕。

① 整理道床。

② 清点材料机具，回收旧料，清理场地，工完料净。

③ 作业完毕，人员撤出网外，作业负责人通知驻站联络员撤除防护。

2. 技术质量标准

（1）无缝线路地段起道作业，要做到"一准、二清、三测、四不超、五不走"。起道量超过 30 mm 时应分次进行。轨温超过锁定轨温 20 ℃ 时禁止作业。

（2）垫砟起道时，一次垫入的厚度不得超过 20 mm，抬起高度不得超过 50 mm，两台起道机应同起同落。垫砟作业每撬长度不得超过 6 根枕，并随垫随填，夯实道床。

（3）高低、水平符合线路轨道静态几何尺寸容许偏差管理值，按照《修规》执行。

（4）起道作业收工时，顺坡率应满足：允许速度不大于 120 km/h 的线路不应大于 2.0‰，允许速度为 120（不含）~160 km/h 的线路不应大于 1.0‰，允许速度大于 160 km/h 的线路不应大于 0.8‰。

3. 作业安全要求

（1）须按规定申请施工命令票（作业计划单）。
（2）须按规定设驻站联络员和现场防护员。
（3）道岔转辙部分、绝缘接头、可动心轨作业须在天窗点内和在电务配合下进行。
（4）起道地段要有足够的道砟，并预留起道用砟量。
（5）变坡点起道时注意竖曲线顺坡。
（6）起拨道器严禁插在焊缝下作业；轨道电路区段作业，起拨道器严禁插在绝缘接头下作业，并避让开电务连线搭设机具，防止连电。
（7）点内作业完毕，机具、材料撤出限界以外。

4.2.2 小型液压捣固机捣固

适用于 XYD-2 等小型液压捣固机捣固作业。

1. 作业程序

（1）点外准备。

① 作业负责人与车站确认作业凭证。
② 作业负责人确认设好防护。
③ 对捣固地段进行调查，补充石砟，确定起道量划撬，并确定机器上下道地点。
④ 检查机器各部件是否完整无缺，紧固件是否松动或失效。

检查油箱油量、水箱水量，不够时加满。向各滑动部件加润滑油；检查各密封件是否漏油，试验手压泵、换向阀、夹轨钳是否良好；经检查后，确认各部件状态良好。

⑤ 试验：开大油门，振动捣镐发出"嗡嗡……"声时，表明捣固镐振动性能良好，方可上道作业。

（2）点内作业。

① 捣固镐以 2 个走行架为一套机组，完成一根轨枕的八面捣固作业。使用时两走行架应置于所需捣固的一根轨枕的两侧，跟随起拨道器。
② 使用一个走行架捣固时，可选用一个捣固镐负责钢轨内外两侧轨枕的捣固，实现八面捣固的要求。
③ 捣固镐作业操作基本顺序为：下插—夹实—张开—提升—转移。要求握紧减振手把，对位准，下插稳，深度够，振动足。
④ 捣固镐以垂直钢轨插入道床，捣固夹实 2 次。每面的捣固时间控制在 30 s 左右，每镐插入及振动时间为 7~8 s。
⑤ 一般情况下，钢轨小腰夹 1 次，大腰夹 2 次，接头（焊缝两侧各 2 根）夹 3 次，即"接头大小腰，镐数 3、2、1"。

⑥ 回检找细。
⑦ 捣固机下道放置稳固。
（3）点后工作。
① 整理道床。
② 清点材料机具，回收旧料，清理场地，工完料净。
③ 作业完毕，人员撤出网外，作业负责人通知驻站联络员撤除防护。

2. 技术质量标准

（1）高低、水平符合线路轨道静态几何尺寸容许偏差管理值。

（2）捣固范围应达到钢轨两侧各 400 mm，捣固镐下插要求到轨底部位。捣固镐插入振动时，禁止插及轨枕侧面和损坏轨枕底边，内外侧交换捣固转移时，禁止碰撞钢轨及拖移轨枕。

（3）振动镐下插深度，以插入砟面深度 250～300 mm，插入轨枕底以下深度不少于 100 mm。

（4）起到作业收工时，顺坡率应满足：允许速度不大于 120 km/h 的线路不应大于 2.0‰，允许速度为 120（不含）～160 km/h 的线路不应大于 1.0‰，允许速度大于 160 km/h 的线路不应大于 0.8‰。

3. 作业安全要求

（1）须按规定申请施工命令票（作业计划单）。
（2）须按规定设驻站联络员和现场防护员。
（3）临线来车本线停止作业，两线间无人员。
（4）无缝线路地段作业必须执行"一准、二清、三测、四不超、五不走"的规定。
（5）起道地段要有足够的道砟，并预留起道用砟量。
（6）作业点内捣固机必须下道完毕，捣固机应存放于干燥场所。如必须就地存放时，则需放置平稳、加锁，且在限界以外，并用防雨篷布盖好，区间派人看守。
（7）点内作业完毕，机具、材料撤出限界以外。

4.2.3 线路垫板作业

垫板作业指在橡胶垫板与轨枕顶面之间放入调高垫板，起到调平线路高低、水平、三角坑、空吊板和低接头的作用。

1. 作业程序

（1）准备作业。
① 作业负责人与车站确认作业凭证。
② 作业负责人确认设好防护。
③ 核对量具。校核轨距尺，校核误差在 1 mm 以内。
④ 根据作业计划单对作业处所检查划撬，确定垫片厚度及数量。
（2）作业过程。
① 松扣件。线路限速（或允许速度）不大于 60 km/h 的区段，天窗点外连续卸开扣件数量除满足无缝线路作业轨温条件限制外，P60 及以上钢轨不得超过 7 块板、P50 及以下钢轨

不得超过5块板，但来车时必须保证扣件齐全有效，必须按规定做好顺坡。天窗点内作业时卸开扣件数量执行《修规》的规定。

② 起道：根据偏差量值，适量起道。起道时，注意放平起拨道器，位置适宜。

③ 垫垫片：根据调查工作量将调高垫板垫在橡胶垫板与轨枕顶面之间，每处调高垫板不得超过2块，总厚度不得超过10 mm。使用调高扣件的混凝土枕、混凝土宽枕，每处调高垫板不得超过3块，总厚度不得超过20 mm（大调高量扣件除外）。做好顺坡，避免垫片地段前后空吊。

④ 松起拨道器，松前注意人身安全。

⑤ 拧紧扣件：垫片垫好后立即拧紧扣件，扣件扭力矩达到80~150 N·m，拧紧扣件前应对因垫片作业造成轨距、方向变化进行处理。

⑥ 整理道床：对作业后的线路回检，不符合要求的应及时整改，确保作业后的线路达标。

（3）作业结束。

① 清点材料机具，回收旧料，清理场地，工完料净。

② 作业完毕，人员撤出网外，作业负责人通知驻站联络员撤除防护。

2．技术质量标准

（1）高低、水平符合线路、道轨道静态几何尺寸容许偏差管理值。

（2）扣件应保持零件齐全，位置正确，作用良好，缺少时应及时补充。扣板（弹片）扣件扭矩应保持在80~140 N·m。弹条扣件的弹条中部前端下须应靠贴轨距挡板或扭矩保持在80~150 N·m。

（3）混凝土宽枕线路起道作业，应采用枕下垫砟和枕上垫板相结合的方法。

3．作业安全要求

（1）须按规定申请施工命令票（作业计划单）。

（2）须按规定设驻站联络员和现场防护员。

（3）垫板时，应在起拨道器抬起钢轨后用专用铲子铲出，严禁用手直接伸入轨底，以防压伤。

（4）作业完毕后，应对当天作业地段的扣件螺栓复拧一遍，使扣件压力达到规定要求。

（5）无缝线路作业轨温严格执行《修规》的规定，严禁超轨温作业。

（6）道岔转辙部分作业必须在电务人员的配合下进行，影响上下行的联动道岔转辙部分作业时必须在垂直天窗点内进行。

（7）点内作业完毕，机具、材料撤出限界以外。

4.2.4 混凝土枕改道作业

改正轨距的作业称为改道。混凝土枕地段应调整不同号码扣板、轨距挡板、挡板座。同时，应修理和更换不良扣件。

1. 作业程序

（1）准备作业。

① 作业负责人与车站确认作业凭证。

② 作业负责人确认设好防护。

③ 确定标准股：直线以方向好的一股为标准股，曲线选上股为标准股。

④ 检查划撬，确定工作量，准备材料。

（2）作业过程。

① 松卸扣件，调整标准股扣板，根据线路方向和扣板离缝情况，采用翻转扣板、调整挡板和挡板座，并注意防止挤动钢轨，引起方向不良，若遇胶垫破损、歪斜、窜出，应先调换整正，若方向不良时，同时改正方向。线路限速（或允许速度）不大于 60 km/h 的区段，天窗点外连续卸开扣件数量除满足无缝线路作业轨温条件限制外，P60 及以上钢轨不得超过 7 块板、P50 及以下钢轨不得超过 5 块板，但来车时必须保证扣件齐全有效，必须按规定做好顺坡。天窗点内作业时卸开扣件数量执行《修规》的规定。

② 改正对面股轨距：先量好轨距，根据轨距大小，更换扣板或更换轨距挡板、挡板、挡板座等方法来调整，应先外口、后里口的顺序将轨距改好，如轨距小时，加大内侧扣板号码，相应减少外侧扣板号码；轨距大时，则减少内侧扣板号码，相应加大外侧扣板号码，同时要整止不良胶垫和"三不密"扣板。

③ 螺栓除锈及涂油，拧紧螺栓帽。

④ 整理，回检找细。

（3）作业结束。

① 清点材料机具，回收旧料，清理场地，工完料净。

② 作业完毕，人员撤出网外，作业负责人通知驻站联络员撤除防护。

2. 技术质量标准

（1）轨距符合线路轨道静态几何尺寸作业验收容许偏差管理值。

（2）扣件或轨距挡板与轨底，扣件与底座，铁座与小胶垫互相密贴，弹条扣件位置正确居中。

（3）扣件扣板扭矩应保持 80~140 N·m，弹条扣件扭矩应保持 80~150 N·m。

3. 作业安全要求

（1）须按规定申请施工命令票（作业计划单）。

（2）须按规定设驻站联络员和现场防护员。

（3）轨道电路区段工具必须设有绝缘装置。

（4）绝缘接头夹板要与螺栓扣件保持至少 5 mm 的距离。

（5）禁止锤击钢轨。

（6）点内作业完毕，机具、材料撤出限界以外。

4.2.5 线路拨道作业（直线）

矫正线路平面位置的工作称为拨道。线路直线地段轨向不良，可用目测方法拨正。

1. 作业程序

（1）点外准备。

① 作业负责人与车站确认作业凭证。

② 作业负责人确认设好防护。

③ 作业负责人提前调查拨量，并划撬。

④ 作业负责人确认人员到位、材料机具齐全良好。

（2）点内作业。

① 扒砟：拨道量大或道床特别坚实时，应在拨道前将轨枕头的道砟挖开一些；拨道量不大，可用镐尖将轨枕头的道砟刨松即可；轨枕盒内设有防爬支撑时，应扒开靠防爬支撑拨动方向一侧的道砟。

② 松防爬：有地锚拉杆、防爬、支撑时，应将地锚拉杆、防爬、支撑松开；拨道量大时，还应松动接头螺栓。

③ 指挥拨道：作业负责人距拨道人员一般不少于 50 m（拨大甩弯时，距离以 100 m 左右为宜）以手势指挥拨道。

④ 点撬：为了正确确定撬位，由距指挥人员最前面的人在钢轨上点撬；当往回倒撬时，由靠指挥人方向的第一人点撬。

⑤ 拨道：一般使用 3 台起拨道器成 V 字形拨道，即拨道方向一股钢轨放置两台，另一股钢轨放置 1 台，2 台起拨道器之间相距 2~3 根轨枕。拨道时，3 台起拨道器应同时按指挥者的指挥拨动钢轨。为防止拨后来车钢轨回复，要适当预留回弹量，一般预留 5~6 mm。

⑥ 回填道床：安装防爬设备，复紧接头螺栓，将扒出的道砟整平。

⑦ 质量回检：作业完毕，作业负责人对作业地点进行全面检查，复拨道后方向或曲线正矢，超出标准及时返工修正。确认作业质量达到作业验收标准，做好回检记录和记名修。

（3）点后工作。

① 清点材料机具，回收旧料，清理场地，工完料净。

② 作业完毕，人员撤出网外，作业负责人通知驻站联络员撤除防护。

2. 技术质量标准

（1）直线方向不良，用目视方法拨正，无甩弯。

（2）由于拨道引起的水平、高低、轨向发生变化须按《修规》要求整治。

（3）在邻站台的股道拨道，拨前、拨后联系建筑段对限界进行确认。

3. 作业安全要求

（1）须按规定申请施工命令票（作业计划单）。

（2）须按规定设驻站联络员和现场防护员。

（3）在轨道电路区段拨道，要注意防止联电，起拨道器不得插在绝缘接头或焊缝下。

（4）严格执行"无缝线路维修作业轨温条件"，坚持"一准、二清、三测、四不超、五不走"制度。

（5）在道岔转辙及可动心轨部分拨道，必须有电务部门配合。

（6）作业负责人应掌握天窗起止时间，确定一次拨道长度，并保证在天窗点内完成拨道。

（7）点内作业完毕，机具、材料撤出限界以外。

4.2.6 线路拨道作业（曲线）

矫正线路平面位置的工作称为拨道。曲线地段轨向不良，可用绳正法测量、计算与拨正。如需改变曲线头尾位置、缓和曲线长度与圆曲线半径，应用仪器测量改动。

1. 作业程序

（1）点外准备。

① 作业负责人与车站确认作业凭证。

② 作业负责人确认设好防护。

③ 作业负责人确认人员到位、材料机具齐全良好。

④ 作业负责人提前测量现场正矢，并计算拨道量。

（2）点内作业。

① 把计算好的拨量写在所拨测点处的枕木上，并用箭头标明拨动方向。

② 扒砟：拨道量大或道床特别坚实时，应在拨道前将轨枕头的道砟挖开一些；拨道量不大时，可用镐尖将轨枕头的道砟刨松即可；轨枕盒内设有防爬支撑时，应扒开靠防爬支撑拨动方向一侧的道砟。

③ 松防爬：有地锚拉杆、防爬、支撑时，应将地锚拉杆、防爬、支撑松开；拨道量大时，还应松动接头螺栓。

④ 设置拨道桩：有固定测桩的可不必再设，没有固定测桩应设临时测桩。若拨量较大，应以钢轨头部外侧为基准；若拨量较小，可在枕头画线或以轨底边缘、扣板边缘等某一位置为基准，用钢卷尺或木折尺测量其移动量。在临时补修作业中，也可采用拉绳测量正矢的方法拨道。

⑤ 拨道：一般使用 3 台起拨道器成 V 字形拨道，即拨道方向一股钢轨放置 2 台，另一股钢轨放置 1 台，2 台起拨道器之间相距 2~3 根轨枕。拨道时，3 台起拨道器应同时按指挥者的指挥拨动钢轨。为防止拨后来车钢轨回复，要适当预留回弹量，一般预留 5~6 mm。曲线拨道，一般由曲线两端向中间拨。拨道后要把轨枕后端离缝的石砟夯实。

⑥ 回填道床：安装防爬设备，复紧接头螺栓，将扒出的道砟整平。

⑦ 质量回检：作业完毕，作业负责人对作业地点进行全面检查，复查拨道后方向或曲线正矢，超出标准及时返工修正。确认作业质量达到作业验收标准，做好回检记录和记名修。

（3）点后工作。

① 清点材料机具，回收旧料，清理场地，工完料净。

② 作业完毕，人员撤出网外，作业负责人通知驻站联络员撤除防护。

2. 技术质量标准

（1）曲线方向不良，可用绳正法测量、计算、拨正。作业后，目视圆顺，用 20 m 弦测量，正矢误差符合表 4.1 的规定。

表 4.1　曲线正矢作业验收容许偏差管理值

曲线半径 R/m		缓和曲线的正矢与计算正矢差/mm	圆曲线正矢连续差/mm	圆曲线正矢量最大最小值差/mm
$R \leq 250$		6	12	18
$250 < R \leq 350$		5	10	15
$350 < R \leq 450$		4	8	12
$450 < R \leq 800$		3	6	9
$R > 800$	$v_{max} < 120$ km/h	3	6	9
	$v_{max} > 120$ km/h	2	4	6

（2）注意控制曲线两端直线位置和轨向，曲线两端无"鹅头"和反弯。

（3）由于拨道引起的轨缝、水平、高低道床发生变化或产生空吊板等必须按标准恢复。

（4）在邻站台的股道拨道，拨前、拨后联系建筑段进行限界确认。

3．作业安全要求

（1）须按规定申请施工命令票（作业计划单）。

（2）须按规定设驻站联络员和现场防护员。

（3）在轨道电路区段拨道，要注意防止联电，起拨道器不得插在绝缘接头或焊缝下。

（4）严格执行"无缝线路维修作业轨温条件"，坚持"一准、二清、三测、四不超、五不走"制度。

（5）在道岔转辙及可动心轨部分拨道时，须有电务部门配合。

（6）作业负责人应掌握天窗起止时间，确定一次拨道长度，并保证在天窗点内完成拨道。

（7）点内作业完毕，机具、材料撤出限界以外。

4.2.7　单根换轨

线路发生断轨或重伤钢轨时，应及时更换，以确保行车安全；对于轻伤钢轨也应有计划地更换，以防折断，发生事故。

1．作业程序

（1）点外准备。

① 作业负责人与车站确认作业凭证。

② 作业负责人确认设好防护。

③ 检查工具材料是否齐全到位。

④ 核对新轨与旧轨长度、轨型、螺栓孔等是否一致。

（2）点内作业。

① 在电气化铁路换轨作业时，先安排设好联结导线并确认联结良好。

② 卸掉前后接头（计划拆开接头）的全部螺栓和夹板，木枕线路起掉里口道钉，插入道钉孔木塞，并冒起外口道钉。

③ 混凝土枕线路，松开轨枕扣件并取下。拨出旧轨，摆好胶垫，拨入新轨，使轨底恰好拨到正确位置。拨动新旧轨时，用翻轨器卡住钢轨，防止钢轨倾倒。

④ 恢复线路的各种设备。

⑤ 整理作业，检查线路几何尺寸，恢复线路质量。

（3）点后工作。

① 清点材料机具，回收旧料，清理场地，工完料净。

② 作业完毕，人员撤出网外，作业负责人通知驻站联络员撤除防护。

2. 技术质量标准

（1）轨距、水平、高低允许偏差应符合线路轨道静态几何尺寸容许偏差管理值。

（2）钢轨无硬弯，接头轨面及内侧错牙不得大于 1 mm。

（3）接头相错：在每节轨上，相差量不应大于 3 mm，并应前后、左右抵消，在两股钢轨上累计相差量最大不得大于 15 mm。

（4）轨缝每十米总误差：25 m 钢轨不得大于 80 mm，12.5 m 钢轨地段不得超过 160 mm。绝缘接头轨缝不得小于 6 mm。

3. 作业安全要求

（1）动作步调一致，统一指挥，注意工具损坏滑脱伤人，预防互相碰撞，滑倒伤人。

（2）钢轨调头、转向、调股，要预防短路。

（3）电气化区段严禁在同一地点将两股钢轨同时拆下，单股拆除钢轨按规定在钢轨两端加设回流线。

（4）轨道电路区段换轨必须有电务部门配合。

（5）拨轨前方、轨上不得站人。

（6）点内作业完毕，机具、材料撤出限界以外。

4.2.8 调整线路轨缝

轨缝应保持均匀。有下列情况之一者，应进行调整：

（1）原设置的轨缝不符合规定要求。不满足每千米线路轨缝总误差要求，即 25 m 钢轨地段不得超过 80 mm，12.5 m 钢轨地段不得超过 160 mm。绝缘接头轨缝不得小于 6 mm。

（2）轨缝严重不均匀。

（3）线路爬行量超过 20 mm。

（4）轨温在规定的调整轨缝轨温限制范围以内时，出现连续 3 个及以上瞎缝或轨缝大于构造轨缝。

1. 作业程序

（1）点外准备。

① 作业负责人与车站确认作业凭证。

② 作业负责人确认设好防护。

③ 作业负责人确认人员到位、材料机具齐全良好。

④ 调查轨缝和接头相错量。

⑤ 计算计划轨缝。

普通线路钢轨接头应根据钢轨长度与钢轨温度预留轨缝。因此，在计算接头轨缝前，首先要实测钢轨温度，将钢轨测温计放在钢轨轨腰背阳面的1/3高处，经过一段时间（约 3~5 min）后，观察温度计指针不再变化时，读取并记录轨温。计算公式如下：

$$a_0 = \alpha L(t_z - t_0) + \frac{1}{2}\alpha_g \quad (4.1)$$

式中　a_0——换钢轨或调整轨缝时的预留轨缝（mm）；

　　　α——钢轨的线膨胀系数，取值为 0.011 8 mm/（m·°C）；

　　　L——钢轨长度（m）；

　　　t_z——更换钢轨或调整轨缝地区的中间轨温（°C）；$t_z = (T_{min} + T_{max})/2$，其中 T_{min}、T_{max} 为当地历史最低、最高轨温（°C）；

　　　t_0——更换钢轨或调整轨缝地区的轨温（°C）；

　　　α_g——构造轨缝（mm），75 kg/m 及以下钢轨均采用 18 mm。

最高、最低轨温差不大于 85 °C 地区，在按上式计算以后，可根据具体情况将轨缝值减小 1~2 mm。

25 m 钢轨铺设在当地历史最高、最低轨温差大于 100 °C 的地区时，应单独设计。各地区（或区段）采用的最高、最低轨温，由铁路局集团公司规定。

⑥ 制作轨缝调整计算表。

首先要调查实际轨缝（$E_实$）和左右两股钢轨轨缝的直角错差（$T_实$）。一般习惯以左股钢轨为基准，沿着测量方向，当左股往始端错动时，直角错差为正，反之为负。轨缝调整可按表 4.2 进行计算。

（2）点内作业。

① 松卸扣件（道钉）、螺栓及轨道加强设备。

② 使用轨缝调整器调整轨缝。

③ 恢复扣件（道）、螺栓及轨道加强设备。

④ 复查作业后的轨缝，接头相错应符合计算和作业验收标准。

（3）点后工作。

① 清点材料机具，回收旧料，清理场地，工完料净。

② 作业完毕，人员撤出网外，作业负责人通知驻站联络员撤除防护。

表 4.2 轨缝调整计算表

轨号	左股 实量轨缝	左股 实量轨缝累计	左股 计划轨缝累计	左股 计算式串量	右股 实量轨缝	右股 实量轨缝累计	右股 计划轨缝累计	右股 计算串动量	两股串动差量值	实量接头错差	计算串动后的接头错差	原有钢轨长度差	换轨修正	左股修正 轨缝修正错差影响量	左股修正 修正后串动量	左股修正 修正后轨缝	换轨修正	右股修正 轨缝修正错差影响量	右股修正 修正后串动量	右股修正 修正后轨缝	修正后错差	附注
(1)	(2)	(3)	(4)	(5)	(6)	(7)	(8)	(9)	(10)	(11)	(12)	(13)	(14)	(15)	(16)	(17)	(18)	(19)	(20)	(21)	(22)	(23)
1	1	1	6	−5	1	1	6	−5	0	0	0	0			−5	6			−5	5	0	
2	2	3	12	−9	8	9	12	−3	−6	6	0	2			−9	6			−3	5	0	
3	0	3	18	−15	3	12	18	−6	−9	7	−2	0			−15	6			−6	5	−2	
4	3	6	24	−18	7	19	24	−5	−13	11	−2	20	(−20)		−18	6			−5	6	−2	左股抽换−20钢轨
5	4	10	30	−20	8	27	30	−3	−17	−5	−22	0	20		0	6			−3	6	−2	
6	2	12	36	−24	3	30	36	−6	−18	−4	−22	4	20		−4	6			−6	6	−2	
7	5	17	42	−25	10	40	42	−2	−23	1	−22	0	20		−5	6			−2	6	−2	
8	2	19	48	−29	10	50	48	2	−31	5	−26	0	20		−9	6			2	6	−6	
9	0	19	54	−35	11	61	54	7	−42	16	−26	0	20		−15	6			7	6	−6	
10	4	23	60	−37	15	76	60	16	−53	27	−26	20	(−20)20		−17	6			16	6	−6	左股抽换−20钢轨
11	0	23	66	−43	9	85	66	19	−62	16	−46	0	40		−3	6		−1/−1	20	5	−7	
12	3	26	72	−46	9	94	72	22	−68	22	−46	2	40		−6	6		−1/−2	24	5	−8	
13	3	29	78	−49	10	104	78	26	−75	27	−48	0	40		−9	6		−1/−3	29	5	−11	
14	2	31	84	−53	4	108	84	24	−77	29	−48	−2	40		−13	6		−1/−4	28	5	−12	
15	1	32	90	−58	3	111	90	21	−79	33	−46	20	(−20)40		−18	6		−1/−5	26	5	−11	左股抽换−20钢轨
16	5	37	96	−59	1	112	96	16	−75	9	−66	0	60	+1/−1	0	7		−1/−6	22	5	−13	

续表

轨号	左股 实量轨缝	左股 计划轨缝累计	左股 实量轨缝累计	左股 计算串动量	右股 实量轨缝	右股 计划轨缝累计	右股 实量轨缝累计	右股 计算串动量	两股串动量差值	实量接头错差	计算串动后的接头错差	原有钢轨长度差	换轨修正	左股修正 修正轨缝错差影响量	左股修正 修正后串动量	左股修正 修正后轨缝	换轨修正	右股修正 修正轨缝错差影响量	右股修正 修正后串动量	右股修正 修正后轨缝	修正后错差	附注
17	2	39	102	−63	0	112	102	10	−73	7	−66	0	−20/60	+1/−2	−5	7		−1/−7	17	5	−15	左股抽换−20钢轨
18	0	39	108	−69	0	112	108	4	−73	7	−66	0	80	+1/−3	8	7		−1/−8	12	5	3	
19	3	42	114	−72	0	112	114	−2	−70	4	−66	0	80	+1/−4	4	7		/−8	6	6	2	
20	2	44	120	−76	0	112	120	−8	−68	2	−66	−66	80	/−4	0	6		/−8	0	6	2	
计	44			120−44=76	112			120−112=8														

注：
a. 将实量轨缝填入（2）、（6）栏，实量轨缝累计值填入（3）、（7）栏，接头错差填入（11）栏中；
b. 将计划轨缝的累计分别填入（4）、（8）栏；
c. 计算钢轨串动量：（5）栏=（3）栏−（4）栏，（9）栏=（7）栏−（8）栏；
d. 计算两股钢轨串动量差：（10）栏=（5）栏−（9）栏；
e. 计算串动后的接头错差：（12）栏=（10）栏+（11）栏；
f. 左右两股钢轨串动量的长度差：（13）栏=本点（12）栏−后点（12）栏；
g. 安排调换钢轨的数量和位置；左股换短轨位置，现已定线上钢轨短缩76 mm，需换短轨，左股较长轨20 mm的4号、10号、15号钢轨换掉，另换17号1根，以解决轨缝不足的问题；
h. （14）栏为更换钢轨后对钢轨串动量的影响量，左股换短轨，影响量为"+"号，反之为"−"号（右股影响量与左股相反，左股较长轨20 mm的解决，增大串动量的影响量为"−"号，反之为"+"号（右股影响情况与左股相反，右股影响量与左股相反）；
i. （15）栏为轨缝修正值对钢轨串动量的影响量，左股串动量采用的影响量，即作业时来用的钢轨串动量；
j. （16）栏=（5）栏+（14）栏+（15）栏 栏的错差影响量
（20）栏=（9）栏+（18）栏+（19）栏 栏的错差影响量
k. （17）栏（21）栏为调整后的实留轨缝，计算式为
（17）栏=计划轨缝（由计算得出，本例为6 mm，表中略）+
上一点（15）栏计划轨缝（由计算得出，本例为6 mm，表中略）−（15）栏的错差影响量
（21）栏=计划轨缝（由计算得出，本例为6 mm，表中略）+
上一点（19）栏计划轨缝（由计算得出，本例为6 mm，表中略）+（19）栏的错差影响量
l. （22）栏为修正后的接头错差，计算式为 （22）栏=（16）栏−（20）栏
m. （23）栏为附注栏，注明换轨位置；
n. 钢轨串动量为"+"号时，作业时将本号钢轨向终端串动，反之向始端串动。

2. 技术质量标准

（1）12.5 m 钢轨调整轨缝时的轨温不受限制。25 m 钢轨调整轨缝时的轨温限制范围为（$T_z \pm 30\ ℃$）；最高、最低轨温差不大于 85 ℃ 地区，如将轨缝值减小 1~2 mm，轨温限制范围可降低 3~7 ℃。特殊情况下，在轨温限制范围以外更换的 25 m 钢轨，必须在轨温限制范围以内时调整轨缝。

（2）轨缝应均匀，每公里总误差：25 m 轨不超过 80 mm；12.5 m 轨不超过 160 mm，绝缘轨缝不得小于 6 mm。

（3）线路上个别插入的短轨，在正线上不得短于 6 m，在站线上不得短于 4.5 m，并不得连续插入 2 根及以上。个别插入短轨线路的允许速度不得大于 160 km/h。

3. 作业安全要求

（1）须按规定申请施工命令票（作业计划单）。

（2）须按规定设驻站联络员和现场防护员。

（3）点内作业完毕，机具、材料撤出限界以外。

（4）最高、最低轨温差大于 85 ℃ 地区的 25 m 钢轨地段，应在春、秋季节调整轨缝，通过放散钢轨温度力，将轨缝调整均匀，避免在炎热季节过早地出现瞎缝，在严寒季节过早地出现大轨缝。

4.2.9 单根更换混凝土枕

1. 作业程序

（1）点外准备。

① 作业负责人与车站确认作业凭证。

② 作业负责人确认设好防护。

③ 作业负责人提前调查工作量，标记待更换轨枕。

④ 作业负责人确认人员到位、材料机具齐全良好、到位。

（2）点内作业。

① 拆除障碍物：将影响作业的防爬设备及轨距杆等拆下或移开。

② 扒砟：选择有利的一端，扒开轨枕头的石砟，然后再扒出一侧轨枕盒内和轨枕底下的道，扒砟深度、宽度以能抽出旧轨枕、换入新轨枕为准，并适当扒出另一侧轨枕盒内靠近轨枕的道砟，以防抽换轨枕时道砟流动。

③ 卸扣件：用拐子松开螺帽，卸下扣件，用撬棍撬起钢轨，撤除胶垫。

④ 抽出旧轨枕：用撬棍将旧枕横向拨入扒好的石砟槽内，拨出（用绳索或夹枕钳拉出）旧轨枕，移出限界以外。

⑤ 整平道床：整平原枕底及两侧道床，如旧枕位置不正，要考虑在新枕到位的移动方向处留有空间。新枕位置的道床略深、略宽于旧枕，线路中心处不能高于两端。

⑥ 穿入新枕：用绳索或撬棍将新轨枕穿入石砟槽内，拨移到位。

⑦ 安装扣件：先放好橡胶胶垫，将新枕抬起，安装扣件，放正位置，检查轨距，上紧扣件。

⑧ 捣固：适量回填道砟后，将轨枕底串满，再进行八面捣固。

⑨ 安装防爬设备和轨距杆。

⑩ 回填道砟：应先把挖出的石砟回填至两端轨枕头处及轨枕底边，然后用石砟叉把道砟回填于轨枕盒内，整平夯实，并将轨枕面和钢轨上尘土清扫干净。

⑪ 再次卸开扣件，进行螺栓丝杆涂油，拧紧轨枕扣件，使扭矩达标。

⑫ 质量回检：作业完毕，作业负责人对作业地点进行全面检查，确认线路质量达到作业验收标准，做好记名修。

（3）点后工作。

① 清点材料机具，回收旧料，清理场地，工完料净。

② 作业完毕，人员撤出网外，作业负责人通知驻站联络员撤除防护。

2. 技术质量标准

（1）位置方正、均匀，间距和偏斜误差不得大于 40 mm。

（2）轨底处道床顶面应低于轨枕顶面 20~30 mm。Ⅰ型混凝土枕中部道床应掏空，其顶面低于枕底不得小于 20 mm，长度应为 200~400 mm；Ⅱ型和Ⅲ型混凝土枕中部道床应填平，并不高于轨枕顶面。

（3）扣件扭矩应保持在 80~140 N·m。弹条扣件的弹条中部前端下颚应靠贴轨距挡板或扭矩保持在 80~150 N·m。Ⅲ型扣件后拱内侧距预埋件端部应不大于 10 mm，扣压力应保持在 8~13.2 kN。扣件、枕木面上不得有石砟。

（4）道床顶面宽度及边坡坡度（表 4.3）。

（5）高低、水平、轨距、达到作业验收标准。

（6）更换混凝土枕时必须遵守无缝线路维修作业轨温条件（表 4.4）。

表 4.3 道床顶面宽度及边坡坡度

线路类别			顶面宽度/m	曲线外侧加宽 半径/m	曲线外侧加宽 加宽/m	砟肩堆高/m	边坡坡度
正线	无缝线路	$v_{max} > 160$ km/h	3.5	—	—	0.15	1∶1.75
		$v_{max} \leq 160$ km/h	3.4	≤800	0.1	0.15	1∶1.75
	普通线路	$100 < v_{max} \leq 120$ km/h	3.1	≤600	0.1	—	1∶1.75
		$v_{max} \leq 100$ km/h	3.0	≤600	0.1	—	1∶1.75
站线	无缝线路	Ⅲ型混凝土枕	3.4	≤600	0.1	0.15	1∶1.75
		其他轨枕	3.3				
	普通线路	Ⅲ型混凝土枕	3.0	—	—	—	1∶1.5
		其他轨枕	2.9				

表 4.4　无缝线路维修作业轨温条件

作业项目	按实际锁定轨温计算				
	－20 ℃ 以下	－20～－10 ℃	－10～＋10 ℃ 以内	＋10～＋20 ℃	20 ℃ 以上
更换轨枕	当日不连续更换	当日连续更换不超过 2 根（配合起道除外）	与普通线路同	当日连续更换不超过 2 根（配合起道除外）	禁止

3. 作业安全要求

（1）须按规定申请施工命令票（作业计划单）。
（2）须按规定设驻站联络员和现场防护员。
（3）在抬运混凝土枕前要认真检查抬杠和绳索是否牢固，动作要协调，防止扭伤和碰伤。
（4）抽换轨枕时不得将手伸入枕底、轨底，以免挤伤手指。
（5）工电结合部作业，必须有电务人员配合。轨道电路区段，工具按要求加装绝缘套管，取放工具不得搭接两股钢轨及绝缘接头、引入线及轨距杆，以防顶回信号。
（6）新枕穿入前，枕下石砟要按规定扒清，防止新枕螺杆卡住轨底，造成不安全因素。
（7）连续更换枕木不得超过 2 根（超过 2 根按施工作业来管理，开通放行列车必须限速），成段更换时两处更换地点间隔不得小于 18 m。
（8）点内作业完毕，机具、材料撤出限界以外。
（9）更换新枕地段一周内应加强捣固、复紧扣件，防止产生空吊或暗坑。

4.2.10　线路冻害整治作业

线路冻害整治作业指整治线路冻害引起的高低不良，确保行车安全，提高旅客舒适度。

混凝土枕线路冻害地段，在冻结前，应有计划地撤出调高垫板进行捣固。在冻结后，冻起高度不超过 15 mm 地段，可用调高垫板整修。每处调高垫板不得超过 2 块，总厚度不得超过 15 mm（丝扣不足的螺旋道钉除外）。混凝土枕地段发生 15 mm 以上冻害时，可采用调高扣件，每处调高垫板不得超过 3 块。超过 15 mm 冻害地段的维修方法和作业要求，铁路局集团公司可根据具体情况规定，但对冻害必须有计划地尽早进行整治。

冻害回落时，应及时撤出或调整冻害（调高）垫板，做好顺坡，保持轨道几何不平顺在日常保持容许偏差限度以内。木枕地段在冬季垫入的全部垫板和混凝土枕地段总厚度超过 10 mm 的垫板，应在线路解冻后及时撤出。

1. 作业程序

（1）点外准备。
① 作业负责人与车站确认作业凭证。
② 作业负责人提前调查工作量，检查是否轨道电路、电化区段。遇电务、供电设备影响作业时，下达工电配合通知单。
③ 作业负责人确认设好防护。
④ 作业负责人确认人员到位、材料机具齐全良好。
（2）点内作业。
① 测量轨温。利用轨温计测量钢轨温度。

② 冻害整治。在线路上垫入冻害垫板。
③ 春融回落，撤板捣固，在线路上撤出冻害垫板。
④ 作业回检。作业负责人对当日作业地点回检作业质量，发现不合格及时返工，统计完成工作量，记录回检质量数据。

（3）点后工作。
① 清点材料机具，回收旧料，清理场地，工完料净。
② 作业完毕，人员撤出网外，作业负责人通知驻站联络员撤除防护。

2. 技术质量标准

（1）扒开道床：沟深距离轨枕底面以下 50～100 mm，不得扰动枕底道床。
（2）在线路上垫入冻害垫板类型、尺寸及使用条件，应执行《修规》相关规定。
（3）顺垫板重叠使用不得超过 2 块，总厚度不得超过 15 mm；横垫板重叠使用不得超过 3 块，较厚的垫板应放在下层。
（4）线路、道岔上垫入或撤出冻害垫板作业时，在正线、到发线上，顺坡长度应为：允许速度不大于 120 km/h 的线路不应小于冻起高度的 600 倍，允许速度为 120（不含）～160 km/h 的线路不应小于冻起高度的 1 200 倍，允许速度大于 160 km/h 的线路不应小于冻起高度的 1 600 倍；在其他站线上，顺坡长度不应小于冻起高度的 400 倍。线路上冻起高度超过 20 mm 时，两端顺坡之间应有不短于 10 m 的过渡段，其坡度应与线路坡度一致。辙叉及转辙部分不得有变坡点。

3. 作业安全要求

（1）严格执行《安规》《营业线上线作业安全防护管理办法》等各项要求，落实有效的防护措施。
（2）一旦发生防护员联络中断，防护员立即组织作业人员下道到安全处所避车，待恢复联络后，确认无车方可上道作业。
（3）作业人员上道作业或穿越线路，侵入邻线限界，必须执行"一停、二看、三通过"和"手比、眼看、口呼"的规定。
（4）扒开道床，防止飞石伤人。
（5）在电气化区段作业时，对电气化及信号装置的连接线，必须保持其正常连接。
（6）扳手、长柄工具要有绝缘套，作业中防止钢轨联电。
（7）禁止坐在钢轨上卸、紧螺栓。
（8）卸、紧螺栓时，作业人员必须站稳，防止扳手滑动，摔倒伤人。
（9）严格落实上线作业防护避车制度。

任务 4.3　钢轨修理作业

钢轨的轨头断面在列车荷载的不断冲击碾压下及施工过程中，会产生磨耗、变形。若变形量超过了轨头断面平顺度的规定要求，就会影响列车运行的平稳度，甚至威胁列车运行安全，所以必须经常对线路钢轨进行修理、校正，预防接触疲劳、波磨等病害的产生，及时消除轨面伤损，提高轨面平顺性，改善轮轨匹配关系，提高列车运行质量，延长钢轨使用寿命。

应做好钢轨养护维修工作，预防和整治钢轨病害，延长钢轨使用寿命。轨面光带不良时应检测廓形并按照设计廓形进行打磨。当钢轨出现病害时，应及时处理。对轨面擦伤、鱼鳞裂纹、钢轨肥边、马鞍形磨耗等应及时打磨，对轨端剥落掉块应及时进行焊补，加强对接头错牙、硬弯等病害的处理，并结合更换道砟、垫砟等方法，综合整治钢轨接头病害。应有计划地采用钢轨打（铣）磨列车进行预防性打磨、修理性打磨（或铣磨）。曲线地段应根据钢轨状况合理安排润滑，易锈蚀地段宜采用耐锈蚀钢轨或在钢轨上涂抹防锈剂。

4.3.1 钢轨打磨

钢轨（包括道岔和调节器）打磨分为预打磨、预防性打磨和修理性打磨。钢轨打磨作业应按照以预防性打磨为主、修理性打磨为辅的原则，采用钢轨打磨列车与小型打磨机结合的方式，通过对钢轨廓形检测、设计，制订针对性的预防修方案，按周期进行钢轨打磨，达到目标廓形，改善轮轨接触关系，减缓或避免各类钢轨病害的产生和发展。

（1）预打磨是对铺设上道后新钢轨的打磨，去除脱碳层，消除焊缝不平顺和运输、施工中产生的初始缺陷。

（2）预防性打磨是对钢轨进行的周期性打磨，按目标廓形打磨钢轨，消除已产生的表面裂纹，减缓曲线钢轨侧面磨耗，预防产生波磨、剥离掉块、肥边等病害，延缓滚动接触疲劳裂纹产生和发展。

（3）修理性打磨（或铣磨）是对已产生病害钢轨进行修理，减缓波磨，消除钢轨表面的擦伤、肥边和表面裂纹等病害。

4.3.2 钢轨打磨设备

打（铣）磨列车对成段钢轨或整组道岔（调节器）进行修理；小型钢轨打磨机对焊缝、道岔（调节器）打磨列车打磨受限区等进行打磨修理，并做好廓形平顺连接。

1. 打磨列车

目前，全国 18 个铁路集团公司共有各类打磨车 110 余台，有 48 头常规钢轨打磨车和 96 头钢轨打磨车等各类车型，能满足各个路局日常的钢轨维修任务。钢轨打磨车如图 4.10 所示。

图 4.10 钢轨打磨车

2. 钢轨平面打磨机

钢轨平面打磨机适用于钢轨平面及侧面的打磨，能实现铁路线路钢轨不平顺的修正。钢轨平面打磨机如图4.11所示。

图4.11 钢轨平面打磨机

3. 道岔打磨机

道岔打磨机适用于道岔基本轨、尖轨、辙叉作用边产生的肥边的打磨，能实现道岔区钢轨断面棱角原始几何状态的恢复及道岔区线路钢轨不平顺的修正。道岔打磨机如图4.12所示。

图4.12 道岔打磨机

4. 道岔仿形打磨机

道岔仿形打磨机主要用于辙叉翼轨、心轨轨面及作用边的打磨，打磨效果较好。道岔仿形打磨机如图4.13所示。

图4.13 道岔仿形打磨机

4.3.3 小型养路机械钢轨修理作业

钢轨维护作业应运用钢轨保护技术，改善轮轨关系，延长钢轨使用寿命。钢轨打磨作业应按照以预防性打磨为主、修理性打磨为辅的原则，采用钢轨打磨列车与小型打磨机结合的方式，通过对钢轨廓形检测、设计，制订针对性的预防修方案，按周期进行钢轨打磨，达到目标廓形，改善轮轨接触关系，减缓或避免各类钢轨病害的产生和发展。

对线路上钢轨光带不良、波浪形磨耗、钢轨肥边、马鞍形磨耗、焊缝凹陷及鱼鳞裂纹等病害，应使用打磨列车或小型打磨机进行打磨。对于马鞍形磨耗、焊缝凹陷应先采用小型打磨机打磨后，再安排打磨列车打磨。

对接头和绝缘接头轨端肥边，应及时整修处理。固定型辙叉及可动心轨顶面不平顺，尖轨、固定型辙叉、可动心轨和翼轨工作边及尖轨非工作边出现肥边，应打磨整修。钢轨肥边不得采用等离子设备进行切割。

下面介绍小型内燃式钢轨、辙岔打磨机的作业程序及技术质量标准。

1. 作业程序

（1）点外准备。

① 作业负责人与车站确认作业凭证。

② 作业负责人确认设好防护。

③ 准备打磨机具及量具，检查、添加机具油量，安装打磨砂轮片，试运转打磨机，怠速和高速空载运转 1~2 min。

④ 用 1 m 长钢直尺测量，确定打磨部位及打磨量，并在轨腰上用白漆划上符号，确定工作量。

（2）点内作业。

① 操作人员确认作业负责人发出可以上道作业信号后，迅速抬机上道，进行打磨作业。推动打磨机，随时控制打磨机的平衡及打磨钢轨、叉心（翼轨）时的倾斜度，使砂轮能磨及缺陷部位。

② 打磨时要对准打磨（缺陷）部位，控制一定的打磨量，先少后多，由厚到薄（或由高到低）。

③ 在打磨过程中，要注意观察部位，经常检查轨面状态，防止打磨过量。接头处的肥边应同时打磨消除。

④ 打磨叉心（翼轨）时，往复推机要均匀，要到位。扶正机器以防止砂轮片在翼轨槽内碰撞其他部位。

⑤ 打磨作业后，关机摇高砂轮片，抬机下道。

⑥ 用 1 m 的直钢尺、塞尺复查打磨作业质量；用 150 mm 直钢尺测量翼轨槽间隔；用轨距水平尺检查打磨肥边后的轨距。

⑦ 整理检查后，未达到标准继续打磨。

（3）点后作业。

① 清点材料机具，回收旧料，清理场地，工完料净。

② 作业完毕，人员撤出网外，作业负责人通知驻站联络员撤除防护。

2. 技术质量标准

（1）钢轨打磨作业质量应符合钢轨打磨作业验收标准要求。

（2）鞍形磨耗打磨位置要正确，打磨后轨面要平顺，无明显凹陷。

3. 作业安全要求

（1）须按规定申请施工命令票（作业计划单）。

（2）须按规定设驻站联络员和现场防护员。

（3）使用电动打磨机时防触电，保护器必须性能良好。

（4）按标准佩戴劳动保护用品。

（5）点内作业完毕，机具、材料撤出限界以外。

项目 5　曲线养护

任务 5.1　曲线养护认知

曲线地段（图 5.1）是铁路线路上的薄弱环节之一，在一般的地形条件下，铁路曲线约占正线延长线的 30%，提高曲线的养护质量，对提高线路的均衡质量，延长轨道各部件的使用寿命，保证行车安全有着重要的意义。

图 5.1　铁路曲线

5.1.1　铁路曲线设置标准

1. 曲线要素

如图 5.2 所示，曲线的基本要素有：
（1）曲线的转向角 α（转向角和线路中心角相等）；
（2）曲线半径 R（即圆曲线半径）；
（3）曲线切线长 T；
（4）曲线外矢距 E；
（5）曲线全长 L；
（6）缓和曲线长 l_0。

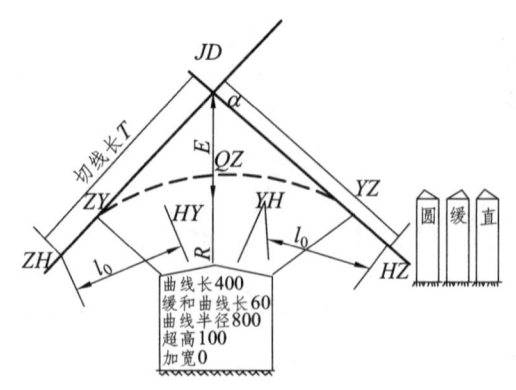

图 5.2 曲线要素（虚线为无缓和曲线的情况）（长度单位：m）

2. 曲线半径和最小曲线长度设置要求

（1）曲线半径设置要求。

在曲线地段，应根据不同的地形条件，选择合适的曲线半径和角度。转向角越小，列车运行条件就越好；反之，转向角越大，列车运行条件就越差。所以铺设时，应尽量采用大半径，小转向角曲线，并满足表 5.1 的规定。

表 5.1 客货共线铁路线路平面最小曲线半径

路段设计行车速度/（km/h）		200	160	120	100	80
客货共线铁路线路平面最小曲线半径/m	工程条件一般	3 500	2 000	1 200	800	600
	工程条件特殊、困难	2 800	1 600	800	600	500

注：车站两端减、加速地段，最小曲线半径应结合客车开行方案和工程条件，根据客、货列车行车速度和速差计算确定。

（2）圆曲线和夹直线设置要求。

根据运营安全和平顺性以及养护维修要求，圆曲线和曲线间夹直线，有最小长度要求，应满足表 5.2 的要求。

表 5.2 圆曲线或夹直线最小长度

线路允许速度/（km/h）		200	160	140	120	100	80
圆曲线或夹直线最小长度/m	一般	140	130	110	80	60	50
	困难	100	80	70	50	40	30

3. 曲线外轨超高设置要求

在线路曲线地段，应根据曲线半径和实测行车速度，在外股钢轨合理设置超高（允许速度大于 120 km/h 线路宜按旅客的舒适条件进行检算和调整超高值）。超高按下列公式计算：

$$H = 11.8 \frac{v_j^2}{R} \qquad v_j = \sqrt{\frac{\sum N_i Q_i v_i^2}{\sum N_i Q_i}} \tag{5.1}$$

式中　H——超高（mm）；
　　　v_j——平均速度（km/h）；
　　　R——曲线半径（m）；
　　　N_i——一昼夜各类列车次数（列）；
　　　Q_i——各类列车质量（t）；
　　　v_i——实测各类列车速度（km/h）。

实设超高一旦固定，由于实际运行速度的不同，会存在未被平衡的欠超高或过超高，在保证安全的条件下，有砟轨道实设最大超高，在单线上不得大于 125 mm，在双线上不得大于 150 mm。无砟轨道实设最大超高不得大于 175 mm。

4. 缓和曲线设置要求

为了使列车从直线进入圆曲线时不致因离心加速度和垂直加速度突然变化而使旅客产生不适，同时也不致因曲线外轨超高突然增加而使列车产生颠覆，要求直线与圆曲线间有一个曲率渐变的过程，即需要设置缓和曲线。

（1）缓和曲线的作用（图 5.3）。

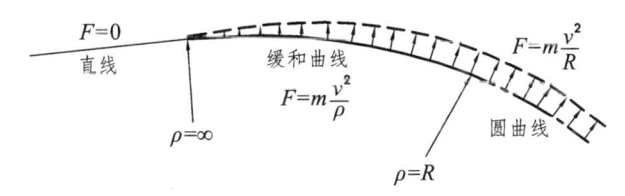

图 5.3　缓和曲线设置示意图

① 为使列车从直线驶入曲线或从曲线驶入直线时，离心力不致突然产生或消失，就需要在圆曲线和直线之间增加一段相当长的曲线，其曲率从零逐渐增大到与圆曲线相同的曲率，或从圆曲线的曲率逐渐减小到零。

② 为平衡离心力，曲线外轨需要设置超高。为了使超高逐渐增加或减小，也需要有一段相当长的曲线（缓和曲线）来完成。

③ 对于半径小于 350 m 的曲线，轨距需要加宽，其加宽值也需要逐渐增加，因此也需要一段曲线来实现。

④ 缓和机车车辆对钢轨的冲击。

⑤ 使机车车辆在曲线上行驶平稳，保障旅客乘坐的舒适度。

（2）缓和曲线长度。

缓和曲线长度主要是根据圆曲线半径和列车运行速度来确定。其长度应满足以下条件：

① 满足旅客舒适度。

列车在缓和曲线上运行时，沿外轨滚动的车轮逐渐升高（或逐渐降低），为满足旅客舒适条件，这个升高速度不能超过一定数值。

② 满足车轮轮缘不爬越内轨。

在次要线路上，由于行车速度较低，缓和曲线较短，超高顺坡一般较陡。当列车进入或驶出缓和曲线时，转向架上前后两轴，只有三个车轮支承在钢轨上，另一个车轮悬浮在内轨顶面上，在诸如列车震动等不利条件下，有可能导致脱轨。因此，要求车轮悬空的高度不得大于车轮轮缘的高度，满足车轮轮缘不爬越内轨。

③ 测设及养护维修要便利。

我国铁路规定的缓和曲线长度不得小于表5.3规定的数值。

表5.3 缓和曲线长度

半径/m	v_{max}/（km/h）									
	200		160		120		100		80	
	一般	困难	一般	困难	一般	困难	一般	困难	一般	困难
12 000	40	40	40	40	20	20	20	20	20	20
10 000	50	50	50	40	20	20	20	20	20	20
8 000	70	60	60	50	30	20	20	20	20	20
7 000	80	70	70	50	30	20	20	20	20	20
6 000	90	80	70	50	30	20	20	20	20	20
5 000	90	80	70	60	40	30	20	20	20	20
4 500	100	90	70	60	40	30	30	20	20	20
4 000	120	110	80	70	50	30	30	20	20	20
3 500	140	130	90	70	50	40	40	20	20	20
3 000	170	150	90	80	50	40	40	20	20	20
2 800	180	170	100	90	50	40	40	30	20	20
2 500	—	—	110	90	60	40	40	30	30	20
2 000	—	—	140	120	60	50	50	40	30	20
1 800	—	—	160	140	70	60	50	40	30	20
1 600	—	—	170	160	70	60	50	40	40	20
1 400	—	—	—	—	80	70	60	40	40	20
1 200	—	—	—	—	90	80	60	50	40	30
1 000	—	—	—	—	120	100	70	60	40	30
800	—	—	—	—	150	130	80	70	50	40
700	—	—	—	—	—	—	100	90	50	40
600	—	—	—	—	—	—	120	100	60	50
550	—	—	—	—	—	—	130	110	60	50
500	—	—	—	—	—	—	—	—	60	60

注：当采用表列数值间的曲线半径时，其相应的缓和曲线长度可采用线性内插值，并进整至10 m。

5. 轨距加宽要求

为使机车车辆平稳和安全地通过曲线，避免卡住并尽可能地减少轮轨磨耗及机车车辆对轨道的破坏，在半径小到一定数值的曲线上，必须将轨距适当加宽。因为机车车辆主要是由曲线外股钢轨导向，为保持曲线外股钢轨圆顺，故规定曲线轨距加宽值加在里股，即将里股钢轨向曲线内侧横移，使其与线路中线的距离等于 S_0 的一半加上轨距加宽值。

（1）曲线轨距按表 5.4 规定的标准在内股加宽。

表 5.4 曲线轨距加宽标准

曲线半径 R/m	加宽值/mm
$R \geqslant 295$	0
$295 > R \geqslant 245$	5
$245 > R \geqslant 195$	10
$R < 195$	15

注：曲线轨距加宽值不符合上述规定时，应有计划地进行改造，道岔内的轨距加宽按设计图保留。

（2）曲线轨距加宽递减的要求。

① 曲线轨距加宽应在整个缓和曲线内递减。如无缓和曲线，则在直线上递减，递减率不得大于 1‰。

② 复曲线应在正矢递减范围内，从较大轨距加宽向较小轨距加宽均匀递减。

③ 两曲线轨距加宽按 1‰ 递减，其终点间的直线长度不应短于 10 m。不足 10 m 时，如直线部分的两轨距加宽相等，则直线部分保留相等的加宽，如不相等，则直线部分从较大轨距加宽向较小轨距加宽均匀递减。

④ 在困难条件下，站线上的轨距加宽可按 2‰ 递减。

⑤ 特殊条件下轨距加宽递减，可根据具体情况规定，但不得大于 2‰。

5.1.2 铁路曲线养护标准

1. 曲线圆顺度要求

曲线应保持要素准确及圆顺，用 20 m 弦测量，曲线正矢作业验收容许偏差管理值如表 5.5 的规定，曲线正矢日常保持容许偏差管理值如表 5.6 的规定。

表 5.5 曲线正矢作业验收容许偏差管理值

曲线半径 R/m		缓和曲线的正矢与计算正矢差/mm	圆曲线正矢连续差/mm	圆曲线正矢最大最小值差/mm
$R \leqslant 250$		6	12	18
$250 < R \leqslant 350$		5	10	15
$350 < R \leqslant 450$		4	8	12
$450 < R \leqslant 800$		3	6	9
$R > 800$	$v_{max} \leqslant 120$ km/h	3	6	9
	$v_{max} > 120$ km/h	2	4	6

注：曲线正矢用 20 m 弦在钢轨踏面下 16 mm 处测量。

表 5.6　曲线正矢日常保持容许偏差管理值

曲线半径 R /m	缓和曲线的正矢与计算正矢差 /mm 正线及到发线	缓和曲线的正矢与计算正矢差 /mm 其他站线	圆曲线正矢连续差 /mm 正线及到发线	圆曲线正矢连续差 /mm 其他站线	圆曲线正矢最大最小值差 /mm 正线及到发线	圆曲线正矢最大最小值差 /mm 其他站线
$R \leqslant 250$	7	8	14	16	21	24
$250 < R \leqslant 350$	6	7	12	14	18	21
$350 < R \leqslant 450$	5	6	10	12	15	18
$450 < R \leqslant 800$	4	5	8	10	12	15
$R > 800$	3	4	6	8	9	12

注：专用线按其他站线办理。

在复曲线的大小半径连接处，正矢与计算正矢的容许差，按大半径曲线的缓和曲线规定办理，缓和曲线与直线连接处不得有反弯或"鹅头"。现场曲线的始终点、缓和曲线长度、曲线全长、曲线半径、实设超高均应与设备图表保持一致。

2. 曲线钢轨更换要求

曲线半径 2 000 m 以下地段，钢轨应在侧面磨耗达到重伤前及时换轨，更换周期参见表 5.7。

表 5.7　曲线钢轨更换周期

曲线半径/m	周期（通过总质量）/Mt	轨道结构	备注
$R \leqslant 400$	100~200	60 kg/m 钢轨、无缝线路、混凝土枕	其他轨道结构根据实际条件进行调整
$400 < R \leqslant 800$	200~400		
$800 < R \leqslant 1\ 200$	400~700		
$1\ 200 < R \leqslant 2\ 000$	700~1 000		
$2\ 000 < R$ 或直线	1 000		

任务 5.2　曲线整正计算与拨道作业

在铁路曲线养护维修作业中，最重要的就是曲线圆顺度保持。与直线相比，轨道所受列车的冲击和振动会额外增加，方向更难保持，半径越小这种趋势越严重。为了保持曲线轨道平面位置的正确和圆顺，必须对曲线方向及时进行整正。

整正曲线方向最常用的方法是绳正法。它是利用正矢与曲线转角及正矢与拨量间的关系，算出曲线上各测点的拨量，将曲线方向拨圆顺。

5.2.1 曲线整正计算

由于铁路曲线半径比较大，无法用实测半径的方法来检查曲线圆度，因此现场通常以曲线半径（R）、弦长（L）、正矢（f）的几何关系来检验，以弦线测量正矢的方法，通过正矢（f）及其变化规律来检查曲线的圆度，用调整正矢的方法，使曲线达到圆顺，这种方法称为绳正法曲线整正（图 5.4）。测量现场正矢时，应用 20 m 弦，在钢轨踏面下 16 mm 处测量正矢，其偏差不得超过表 5.5、表 5.6 的规定。

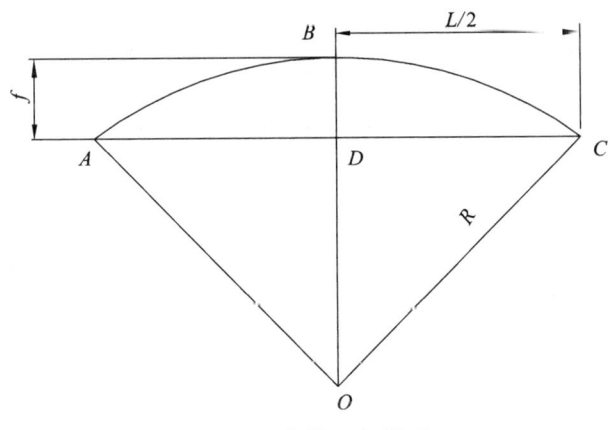

图 5.4 曲线正矢关系

在绳正法整正曲线中，把在现场实际量测的每个点位的正矢称为"现场正矢"，用 $f_{现}$ 来表示。根据曲线半径（R）、弦长（L）、正矢（f）的几何关系计算确定的正矢，称为计算正矢。为了进行拨道计算，这个计算正矢需要根据现场正矢和曲线圆顺度的要求，进行不断调整，因此也把计算正矢称为计划正矢，用 $f_{计}$ 来表示。

1. 曲线整正的基本前提及假设

（1）基本前提。

① 曲线上某一测点的拨动，不会使其前后测点发生位移。

如图 5.5 所示，设 $n-1$，n，$n+1$ 为曲线上的正矢测点。当拨动 n 点时，n 点前后的测点 $n-1$ 点及 $n+1$ 点要受其影响而发生移动，但因移动甚小，可假设其不动。由于测点间距越大，拨量越小，此前提的可靠性越高。所以，在整正曲线计算中，应适当限制拨量，以保证质量。

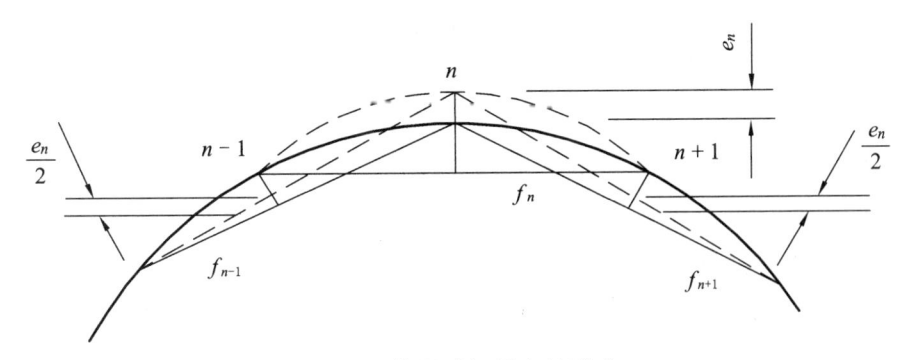

图 5.5 拨量对相邻点的影响

② 曲线上某一测点向外或向内有一拨量，则其相邻两测点的正矢将相应减小或增大此拨量的一半。如图 5.5 所示，当 n 点向外的拨量为 e_n 时，其前后两测点的正矢 f_{n+1} 和 f_{n-1} 将各减少 $e_n/2$。反之，其前后两测点的正矢将各增加 $e_n/2$。因此，若 $n-1$ 点的拨量为 e_{n-1}，n 点的拨量为 e_n，$n+1$ 点的拨量为 e_{n+1}，则 n 点拨动后的正矢为：

$$f'_n = f_n + e_n - (e_{n-1} + e_{n+1})/2 \tag{5.2}$$

（2）基本原理。

① 曲线整正前后，应保持曲线两端直线方向不变。

如图 5.6 所示，设 $-1, 0, 1, 2, \cdots, n$ 为曲线外轨上的正矢测点编号。λ 为测点间距（$\lambda = 10\ \text{m}$）$f_0, f_1, f_2, \cdots, f_n$ 为曲线上各测点的正矢，$\phi_0, \phi_1, \phi_2, \cdots, \phi_n$ 为曲线上各测点的转角，即本点与前点连线同本点与后点连线的延长线的交角。

AJ 为曲线始点的切线，BJ 为曲线终点的切线。α 为曲线上两切线的交角，即曲线的转向角。

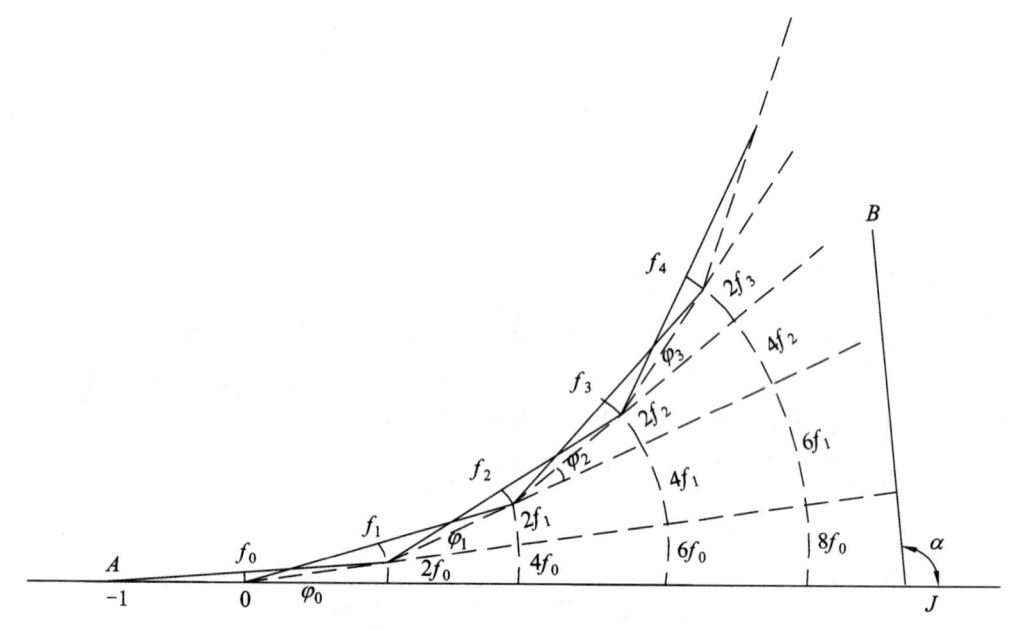

图 5.6 正矢与转角的关系

由几何学和三角学可得出以下关系式：

$$\begin{cases} \alpha = \phi_0 + \phi_1 + \phi_2 + \cdots + \phi_n = \sum_0^n \phi \\ \sin\phi_0 = \dfrac{2f_0}{\lambda};\ \sin\phi_1 = \dfrac{2f_1}{\lambda};\ \sin\phi_2 = \dfrac{2f_2}{\lambda};\ \cdots;\ \sin\phi_n = \dfrac{2f_n}{\lambda} \end{cases} \tag{5.3}$$

因 ϕ 角极小，可假定性 $\phi_i = \sin\phi_i, i = 0, 1, 2, \cdots, n$。

所以

$$\begin{aligned} \alpha &= \frac{2f_0}{\lambda} + \frac{2f_1}{\lambda} + \frac{2f_2}{\lambda} + \cdots + \frac{2f_n}{\lambda} \\ &= \frac{2}{\lambda}(f_0 + f_1 + f_2 + \cdots + f_n) = \frac{2}{\lambda}\sum_0^n f = \frac{2}{10\ 000}\sum_0^n f \end{aligned} \tag{5.4}$$

由式（5.4）可知，曲线两端切线的交角（转角）等于曲线上各测点正矢总和的 0.000 2 倍。因此，若保持曲线两端直线的方向不变，就必须使曲线的转角不变，而要保持曲线的转角不变，就必须使曲线上各测点的计划正矢总和等于现场正矢总和。即：

$$\sum_{0}^{n} f = \sum_{0}^{n} f' \tag{5.5}$$

式中　$\sum_{0}^{n} f$ ——曲线上各测点的现场正矢总和；

　　　$\sum_{0}^{n} f'$ ——曲线上各测点的计划正矢总和。

从式（5.5）可推导出：

$$\sum_{0}^{n} f - \sum_{0}^{n} f' = 0$$

$$\sum_{0}^{n} (f - f') = 0$$

$$\sum_{0}^{n} \mathrm{d}f = 0 \tag{5.6}$$

由式（5.6）可得出结论：要使曲线整正前后两端的直线方向不变，必须使计划正矢总和等于现场正矢总和。亦即使曲线上各测点的正矢差总和等于零。

② 曲线整正前后，应保持曲线两端直线的位置不变。

如图 5.7 所示，在既有曲线 OB 上，假设有一条柔软而不伸缩的线，使其一端固定在该曲线的切点上，然后拉紧 B 端，使这条线逐渐向切线 OJ 方向伸直，则此曲线上任意一点 n 所移动的轨迹 nn'n″，称为该曲线上 n 点的渐伸线长度，用 E_n 表示。

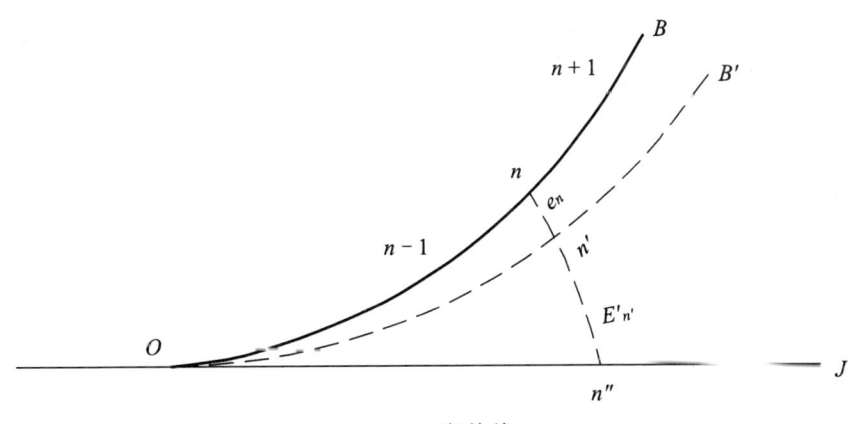

图 5.7　渐伸线

若图中的实线 OB 表示方向已经错乱了的原有曲线，虚线 OB' 表示计划曲线，为了恢复曲线的圆顺度，须将已经错乱的曲线上的各点，做适量的拨动。如 n 点，须拨动 e_n 才能达到正确的位置 n' 点。若计划曲线上 n' 点的渐开线长度 n'n″ 用 E'_n 表示，则原有曲线在 n 点的拨量为：

$$e_n = E_n - E'_n \tag{5.7}$$

当 e_n 为正时，曲线向外拨动，亦称上挑；当 e_n 为负时，曲线向里拨动，亦称下压。从式（5.7）可知，要计算某测点的拨量 e_n，必须先计算渐伸线长度 E_n 和 E'_n。

在图 5.7 中，设 $E_1, E_2, \cdots, E_n$ 为曲线上各测点的渐开线长度，则：

$$E_1 = 2f_0$$
$$E_2 = 4f_0 + 2f_1 = 2(2f_0 + f_1)$$
$$E_3 = 6f_0 + 4f_1 + 2f_2 = 2(3f_0 + 2f_1 + f_2)$$
$$E_n = 2[nf_0 + (n-1)f_1 + (n-2)f_2 + \cdots + f_{n-1}]$$
$$= 2[f_0 + (f_0 + f_1) + (f_0 + f_1 + f_2) + \cdots + (f_0 + f_1 + f_2 + \cdots + f_{n-1})]$$
$$= 2\left[\sum_0^0 f + \sum_0^1 f + \sum_0^2 f + \cdots + \sum_0^{n-1} f\right]$$
$$= 2\sum_0^{n-1}\sum_0^{n-1} f$$

同理：$E'_n = 2\sum_0^{n-1}\sum_0^{n-1} f'$

所以，曲线上 n 点的拨量为：

$$e_n = E_n - E'_n = 2\sum_0^{n-1}\sum_0^{n-1} f - 2\sum_0^{n-1}\sum_0^{n-1} f' = 2\sum_0^{n-1}\sum_0^{n-1}(f - f')$$

令 $\mathrm{d}f = f - f'$，则：

$$e_n = 2\sum_0^{n-1}\sum_0^{n-1}\mathrm{d}f \tag{5.8}$$

由式（5.8）可得出结论：曲线上第 n 点的拨量，等于由始点到（$n-1$）点为止的全部正矢差累计合计的两倍。

要保证曲线整正前后，其两端直线位置不变，就应使曲线始、终点的拨量为零。从式（5.8）可知，要使曲线始终点的拨量均为零，就应在整正计算中满足以下两式：

$$e_0 = 0 \tag{5.9}$$

$$e_n = 2\sum_0^{n-1}\sum_0^{n-1}\mathrm{d}f = 0 \tag{5.10}$$

③ 应满足各控制点对拨量的限制。

在曲线整正计算中，对诸如道口、信号机等处所，因其不许拨动或拨量受到一定条件的限制，此时，在整正计算中应如何满足这些控制点对拨量的要求？

根据式（5.8）可知，在曲线整正计算中，只要由始点至控制点前一点为止的正矢差累计的合计，控制在允许拨量的一半或使之为零即可。

2. 曲线计划正矢的计算

（1）圆曲线计划正矢计算。

在曲线上两点连一条直线，这条直线叫弦。弦上任一点到曲线上的垂直距离叫做矢距，在中央点的矢距叫作正矢。如图 5.8 所示。

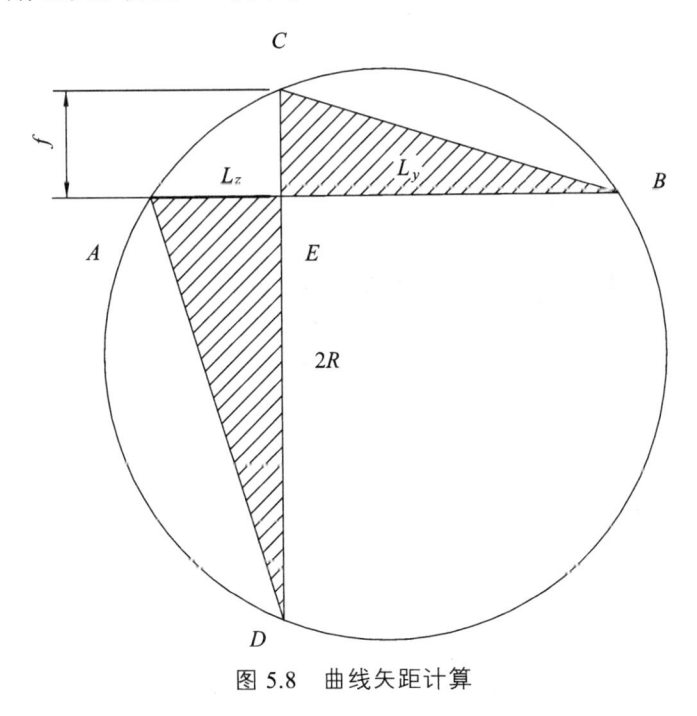

图 5.8　曲线矢距计算

① 圆曲线正矢计算。

$CE = f$ 即曲线正矢；$AE = L/2$ 即弦长的一半。

正矢的计算公式为：

$$f = \frac{(L/2)^2}{2R - f} = \frac{L^2}{4(2R - f)} \tag{5.11}$$

由于 f 与 $2R$ 相比较，f 甚小，可忽略不计，则上式可近似写成：

$$f = L^2 / 8R \tag{5.12}$$

式中　L——测量正矢的弦长（由于曲线半径 R 很大，可以用弦长来代替弧长）；当 $L = 20$ m 时，$f = 50\,000/R$（mm）；当 $L = 10$ m 时，$f = 12\,500/R$（mm）；

　　　f——圆曲线正矢（mm）；

　　　R——圆曲线半径（m）。

现场一般取弦长为 20 m 来计算正矢值。

② 圆曲线矢距计算。

若求圆曲线上任一点矢距，按图 5.8 由几何关系（两个有阴影的三角形为相似形）可求得 $f = \dfrac{AE \times BE}{2R - f}$，即：

$$f = \frac{L_z \times L_y}{2R} \quad (5.13)$$

如果曲线范围有道口，测点恰好在道口上，可采用矢距计算方法，将测点移出道口，便于测量。

【例1】 已知某曲线 $R = 500$ m，测点距为 10 m，各测点位置如图 5.9 所示，求 17、18、19 测点的矢距值。

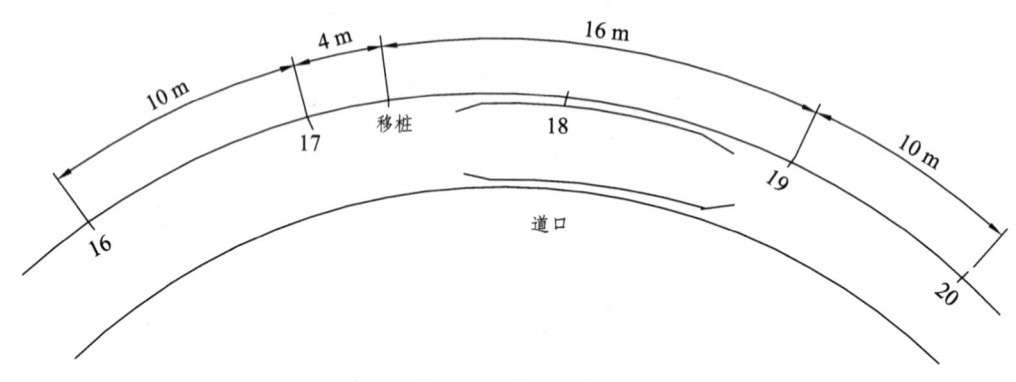

图 5.9 道口矢距

【解】 第 17、18（移桩）、19 测点正矢分别如下：

$$f_{17} = \frac{10 \times 4}{2 \times 500} \times 1\,000 = 40 \text{ mm}$$

$$f_{18}(移桩) = \frac{4 \times 16}{2 \times 500} \times 1\,000 = 64 \text{ mm}$$

$$f_{19} = \frac{16 \times 10}{2 \times 500} \times 1\,000 = 160 \text{ mm}$$

圆曲线的计划正矢也可按现场圆曲线平均正矢计算，即：

$$f'_y = \frac{\sum f_y}{n} \quad (5.14)$$

式中　f'_y——圆曲线平均正矢；

　　　$\sum f_y$——现场实量圆曲线正矢合计；

　　　n——所量圆曲线测点数。

在工务现场，如果曲线圆顺度较好时，圆曲线的计划正矢还可以从现场实量正矢总和求得，即：

$$f'_y = \frac{\sum f_X}{n_Y + n_H} \quad (5.15)$$

式中　$\sum f_X$——现场测得整个曲线正矢的总和；

n_Y——圆曲线内测点数；

n_H——一侧缓和曲线测点数、含 ZH、HY 或 YH、HZ 点。

③ 测点正好在圆曲线始终点时的计划正矢计算。

如图 5.10 所示，当圆曲线与直线相连时，由于测量弦线的一端伸入到直线内，因此圆曲线始、终点（ZY、YZ）两侧测点的正矢与圆曲线内的各点不同。

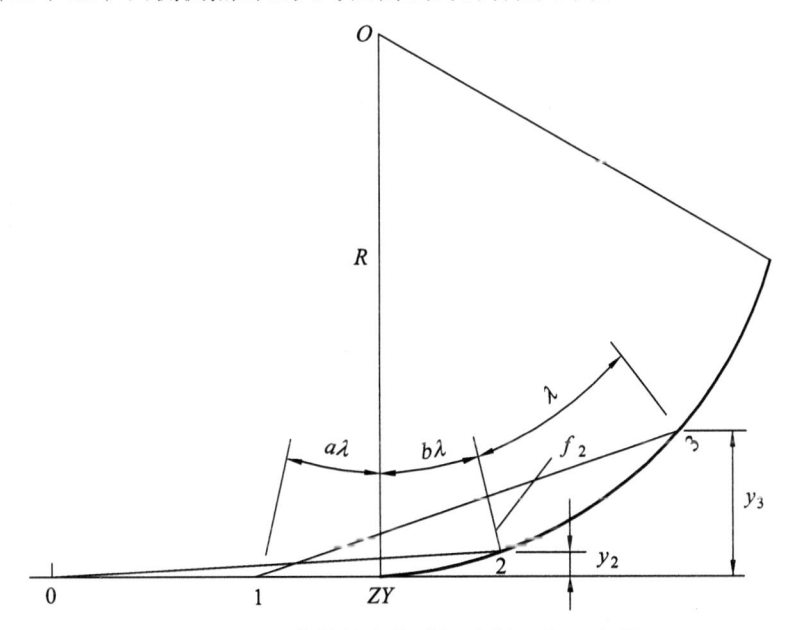

图 5.10 圆曲线始终点附近计划正矢示意图

设 1、2 测点的正矢分别为 f_1、f_2，则：

$$\begin{cases} f_1 = \dfrac{b^2}{2} f_Y \\ f_2 = \left(1 - \dfrac{a^2}{2}\right) f_Y \end{cases} \tag{5.16}$$

当 $a = 0$、$b = 1$ 时，1 测点为圆曲线始点，则 $f_1 = f_Y/2$、$f_2 = f_Y$，即圆曲线始点位于测点时其正矢为圆曲线正矢的二分之一。

在工务现场，为简化计算手续，可以运用圆曲线始终点纵距率表（表 5.8）。

表 5.8 圆曲线始终点纵距率

始终点位置		纵距率		始终点位置		纵距率	
A	B	测点 2	测点 3	A	B	测点 2	测点 3
0.00	1.00	0.50	1.00	0.05	0.95	0.45	1.00
0.01	0.99	0.49	1.00	0.06	0.94	0.44	1.00
0.02	0.98	0.48	1.00	0.07	0.93	0.43	1.00
0.03	0.97	0.47	1.00	0.08	0.92	0.42	1.00
0.04	0.96	0.46	1.00	0.09	0.91	0.41	1.00

续表

始终点位置		纵距率		始终点位置		纵距率	
A	B	测点 2	测点 3	A	B	测点 2	测点 3
0.10	0.90	0.41	1.00	0.41	0.59	0.17	0.92
0.11	0.89	0.40	0.99	0.42	0.58	0.17	0.91
0.12	0.88	0.39	0.99	0.43	0.57	0.16	0.91
0.13	0.87	0.38	0.99	0.44	0.56	0.16	0.91
0.14	0.86	0.37	0.99	0.45	0.55	0.15	0.90
0.15	0.85	0.36	0.99	0.46	0.54	0.15	0.90
0.16	0.84	0.35	0.99	0.47	0.53	0.14	0.89
0.17	0.83	0.35	0.99	0.48	0.52	0.14	0.89
0.18	0.82	0.34	0.98	0.49	0.51	0.13	0.89
0.19	0.81	0.33	0.98	0.50	0.50	0.13	0.88
0.20	0.80	0.32	0.98	0.51	0.49	0.12	0.88
0.21	0.79	0.31	0.98	0.52	0.48	0.12	0.87
0.22	0.78	0.30	0.98	0.53	0.47	0.11	0.87
0.23	0.77	0.30	0.97	0.54	0.46	0.11	0.86
0.24	0.76	0.29	0.97	0.55	0.45	0.10	0.85
0.25	0.75	0.28	0.97	0.56	0.44	0.10	0.84
0.26	0.74	0.27	0.97	0.57	0.43	0.09	0.83
0.27	0.73	0.27	0.96	0.58	0.42	0.09	0.83
0.28	0.72	0.26	0.96	0.59	0.41	0.08	0.82
0.29	0.71	0.25	0.96	0.60	0.40	0.08	0.81
0.30	0.70	0.25	0.96	0.61	0.39	0.08	0.81
0.31	0.69	0.24	0.95	0.62	0.38	0.07	0.80
0.32	0.68	0.23	0.95	0.63	0.37	0.07	0.80
0.33	0.67	0.23	0.95	0.64	0.36	0.07	0.79
0.34	0.66	0.22	0.94	0.65	0.35	0.06	0.78
0.35	0.65	0.21	0.94	0.66	0.34	0.06	0.77
0.36	0.64	0.21	0.94	0.67	0.33	0.06	0.77
0.37	0.63	0.20	0.93	0.68	0.32	0.05	0.76
0.38	0.62	0.19	0.93	0.69	0.31	0.05	0.76
0.39	0.61	0.19	0.92	0.70	0.30	0.05	0.75
0.40	0.60	0.18	0.92	0.71	0.29	0.04	0.75

续表

始终点位置		纵距率		始终点位置		纵距率	
A	B	测点2	测点3	A	B	测点2	测点3
0.72	0.28	0.04	0.74	0.87	0.13	0.01	0.62
0.73	0.27	0.04	0.73	0.88	0.12	0.01	0.61
0.74	0.26	0.03	0.73	0.89	0.11	0.01	0.60
0.75	0.25	0.03	0.72	0.90	0.10	0.01	0.60
0.76	0.24	0.03	0.71	0.91	0.09	0.00	0.59
0.77	0.23	0.03	0.70	0.92	0.08	0.00	0.58
0.78	0.22	0.02	0.70	0.93	0.07	0.00	0.57
0.79	0.21	0.02	0.69	0.94	0.06	0.00	0.56
0.80	0.20	0.02	0.68	0.95	0.05	0.00	0.55
0.81	0.19	0.02	0.67	0.96	0.04	0.00	0.54
0.82	0.18	0.02	0.66	0.97	0.03	0.00	0.53
0.83	0.17	0.02	0.66	0.98	0.02	0.00	0.52
0.84	0.16	0.01	0.65	0.99	0.01	0.00	0.51
0.85	0.15	0.01	0.64	1.00	0.00	0.00	0.50
0.86	0.14	0.01	0.63				

注：A——圆曲线始点（或终点）到直线侧测点分段数；
B——圆曲线始点（或终点）到曲线侧测点分段数。

从表5.7中查出纵距率后，就可以根据式（5.17）计算出直圆点（或圆直点）左右测点的计划正矢。

$$圆曲线始终点附近测点的计划正矢 = f_y \times 该点纵距率 \qquad (5.17)$$

【例2】 如图5.11所示，圆曲线计划正矢 $f_y = 100$ mm，$A = 0.15$，$B = 0.85$，求测点2、3的计划正矢。

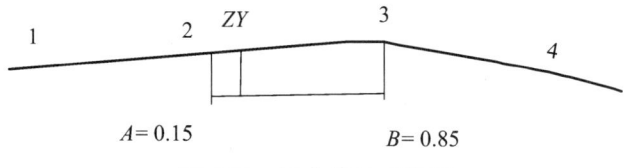

图5.11 圆曲线始点位置

【解】 由 $A = 0.15$、$B = 0.85$ 查表5.7得：2测点的纵距率 = 0.36，3测点的纵距率 = 0.99。

则：$f_2 = f_y \times 2 \times 测点纵距率 = 100 \times 0.36 = 36$ mm

$f_3 = f_y \times 3 \, 测点纵距率 = 100 \times 0.99 = 99$ mm

（2）有缓和曲线时，曲线上各测点的计划正矢计算。

① 缓和曲线中间各点的正矢 f_i。

$$f_i = m_i f_d \tag{5.18}$$

式中　m_i——缓和曲线由始点至测点 i 的测量段数；

　　　f_d——为缓和曲线相邻各点正矢递变率。

$$f_d = \frac{f_Y}{m} \tag{5.19}$$

式中　f_Y——圆曲线计划正矢；

　　　m——缓和曲线全长按 10 m 分段数。

② 缓和曲线始点（ZH、HZ）相邻测点的正矢。

如图 5.12 所示，设 1、2 两测点分别在 ZH 点两侧，与 ZH 点相距分别为 a_λ、b_λ，则：

$$\begin{cases} f_1 = \dfrac{b^3}{6} f_d \\ f_2 = \left(b + \dfrac{a^3}{6}\right) f_d \end{cases} \tag{5.20}$$

当缓和曲线始点（ZH）位于 1 测点时，此时 $a = 0$、$b = 1$，则：

$$f_1 = \frac{1}{6} f_d \qquad f_2 = f_d \tag{5.21}$$

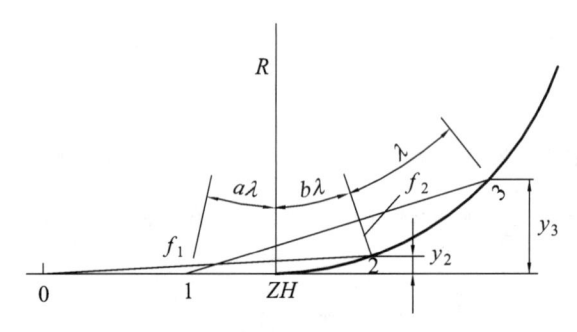

图 5.12　有缓和曲线时的计划正矢示意图

【例 3】　缓和曲线正矢递变率 $f_d = 30$ mm，1 测点和 2 测点距 ZH 点分别为 $a = 0.75$ 段，$b = 0.25$ 段，求 f_1 和 f_2。

【解】　$f_1 = \dfrac{b^3}{6} f_d = \dfrac{0.25^3}{6} \times 30 = 0.1$ mm

$$f_2 = \left(b + \frac{a^3}{6}\right) f_d = \left(0.25 + \frac{0.75^3}{6}\right) \times 30 = 9.6 \text{ mm}$$

③ 缓和曲线终点（HY、YH）相邻两点的正矢。

如图 5.13 所示，n 和 $n+1$ 为与缓圆点相邻的两个测点，距缓圆点分别为 $b\lambda$ 和 $a\lambda$。

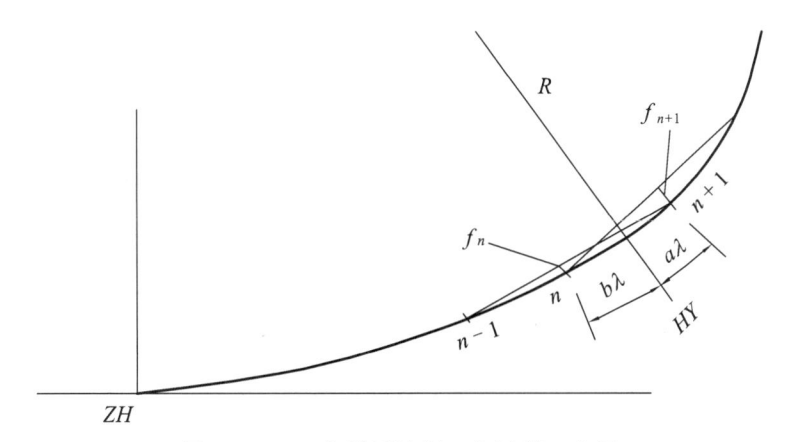

图 5.13 HY 点附近计划正矢计算示意图

则 $f_n = f_y - \left(b + \dfrac{a^3}{6}\right)f_d$，$f_{n+1} = f_y - \dfrac{b^3}{6}f_d$。

当缓和曲线始点（HY）位于 n 点时，$a = 1$、$b = 0$，则 $f_n = f_y - \dfrac{1}{6}f_d$，$f_{n+1} = f_y$。即当缓和曲线始点（HY）位于测点时，其正矢为圆曲线正矢减缓和曲线正矢递减变率的六分之一。

【例4】 圆曲线计划正矢 $f_y = 90$ mm，缓和曲线正矢递减变率 $f_d = 30$ mm，设 n 测点距 HY 点 0.75 段，$n+1$ 测点距 HY 点 0.25 段，求 f_n 和 f_{n+1}。

【解】 $f_n = f_y - \left(b + \dfrac{a^3}{6}\right)f_d = 90 - \left(0.75 + \dfrac{0.25^3}{6}\right) \times 30 = 67.4$ mm

$f_{n+1} = f_y - \dfrac{b^3}{6}f_d = 90 - \dfrac{0.75^3}{6} \times 30 = 87.9$ mm

在工务现场，为简化计算手续，可以根据缓和曲线始终点简化计算示意图（图 5.14），运用缓和曲线始终点纵距率表（表 5.9）。

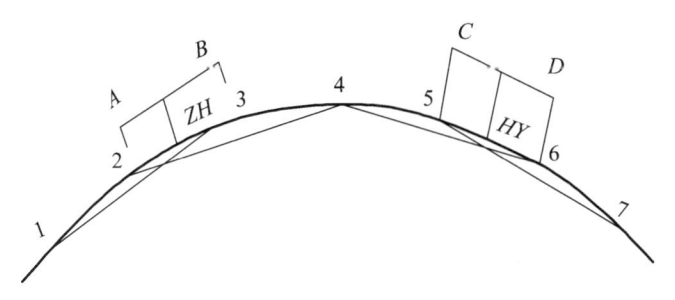

图 5.14 缓和曲线始终点简化计算示意图

表 5.9　缓和曲线始终点纵距率

始终点位置		纵距率		始终点位置		纵距率	
A	*B*	测点 2	测点 3	*A*	*B*	测点 2	测点 3
D	*C*	测点 6	测点 5	*D*	*C*	测点 6	测点 5
0.00	1.00	0.17	1.00	0.26	0.74	0.07	0.74
0.01	0.99	0.16	0.99	0.27	0.73	0.07	0.73
0.02	0.98	0.16	0.98	0.28	0.72	0.06	0.72
0.03	0.97	0.15	0.97	0.29	0.71	0.06	0.71
0.04	0.96	0.15	0.96	0.30	0.70	0.06	0.71
0.05	0.95	0.14	0.95	0.31	0.69	0.06	0.70
0.06	0.94	0.14	0.94	0.32	0.68	0.06	0.69
0.07	0.93	0.13	0.93	0.33	0.67	0.05	0.68
0.08	0.92	0.13	0.92	0.34	0.66	0.05	0.67
0.09	0.91	0.13	0.91	0.35	0.65	0.05	0.66
0.10	0.90	0.12	0.90	0.36	0.64	0.05	0.65
0.11	0.89	0.12	0.89	0.37	0.63	0.04	0.64
0.12	0.88	0.11	0.88	0.38	0.62	0.04	0.63
0.13	0.87	0.11	0.87	0.39	0.61	0.04	0.62
0.14	0.86	0.11	0.86	0.40	0.60	0.04	0.61
0.15	0.85	0.10	0.85	0.41	0.59	0.04	0.60
0.16	0.84	0.10	0.84	0.42	0.58	0.03	0.59
0.17	0.83	0.10	0.83	0.43	0.57	0.03	0.58
0.18	0.82	0.09	0.82	0.44	0.56	0.03	0.57
0.19	0.81	0.09	0.81	0.45	0.55	0.03	0.57
0.20	0.80	0.09	0.80	0.46	0.54	0.03	0.56
0.21	0.79	0.08	0.79	0.47	0.53	0.03	0.55
0.22	0.78	0.08	0.78	0.48	0.52	0.03	0.54
0.23	0.77	0.08	0.77	0.49	0.51	0.03	0.53
0.24	0.76	0.07	0.76	0.50	0.50	0.02	0.52
0.25	0.75	0.07	0.75	0.51	0.49	0.02	0.51

续表

始终点位置		纵距率		始终点位置		纵距率	
A	B	测点 2	测点 3	A	B	测点 2	测点 3
D	C	测点 6	测点 5	D	C	测点 6	测点 5
0.52	0.48	0.02	0.50	0.77	0.23	0.00	0.31
0.53	0.47	0.02	0.50	0.78	0.22	0.00	0.30
0.54	0.46	0.02	0.49	0.79	0.21	0.00	0.29
0.55	0.45	0.02	0.48	0.80	0.20	0.00	0.29
0.56	0.44	0.01	0.47	0.81	0.19	0.00	0.28
0.57	0.43	0.01	0.46	0.82	0.18	0.00	0.27
0.58	0.42	0.01	0.45	0.83	0.17	0.00	0.27
0.59	0.41	0.01	0.44	0.84	0.16	0.00	0.26
0.60	0.40	0.01	0.44	0.85	0.15	0.00	0.25
0.61	0.39	0.01	0.43	0.86	0.14	0.00	0.25
0.62	0.38	0.01	0.42	0.87	0.13	0.00	0.24
0.63	0.37	0.01	0.41	0.88	0.12	0.00	0.23
0.64	0.36	0.01	0.40	0.89	0.11	0.00	0.23
0.65	0.35	0.01	0.40	0.90	0.10	0.00	0.22
0.66	0.34	0.01	0.39	0.91	0.09	0.00	0.22
0.67	0.33	0.01	0.38	0.92	0.08	0.00	0.21
0.68	0.32	0.01	0.37	0.93	0.07	0.00	0.20
0.69	0.31	0.01	0.37	0.94	0.06	0.00	0.20
0.70	0.30	0.01	0.36	0.95	0.05	0.00	0.19
0.71	0.29	0.00	0.35	0.96	0.04	0.00	0.19
0.72	0.28	0.00	0.34	0.97	0.03	0.00	0.18
0.73	0.27	0.00	0.34	0.98	0.02	0.00	0.18
0.74	0.26	0.00	0.33	0.99	0.01	0.00	0.17
0.75	0.25	0.00	0.32	1.00	0.00	0.00	0.17
0.76	0.24	0.00	0.31				

注：A——缓和曲线始点到直线侧测点分段数；
　　B——缓和曲线始点到缓和曲线侧测点分段数；
　　C——缓和曲线终点到缓和曲线侧测点分段数；
　　D——缓和曲线终点到圆曲线侧测点分段数。

【例 5】 如图 5.15 所示，已知圆曲线计划正矢为 120 mm，缓和曲线长为 60 m，缓和曲线正矢递增率为 20 mm，设直缓点（ZH）为 2.75，即距测点 2 为 0.75，距测点 3 为 0.25，缓圆点（HY）为 8.75，即距测点 8 为 0.75，距测点 9 为 0.25，求缓和曲线上各测点的正矢值。

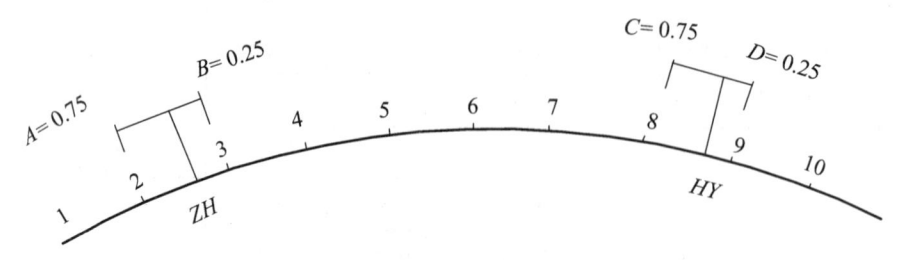

图 5.15 缓和曲线上各测点位置

【解】 由 $A = 0.75$，$B = 0.25$ 查表 5.9 得：2 测点纵距率 = 0，3 测点纵距率 = 0.32。

$f_2 = f_d \times 2$ 测点的纵距率 $= 20 \times 0 = 0$ mm

$f_3 = f_d \times 3$ 测点的纵距率 $= 20 \times 0.32 = 6.4 \approx 6$ mm

$f_4 = f_d \times$ 直缓点到 4 测点的分段数 $= 20 \times 1.25 = 25$ mm

$f_5 = f_4 + f_d = 25 + 20 = 45$ mm

$f_6 = f_5 + f_d = 45 + 20 = 65$ mm

$f_7 = f_6 + f_d = 65 + 20 = 85$ mm

由 $C = 0.75$，$D = 0.25$ 查表 5.9 得：8 测点纵距率 = 0.75，9 测点纵距率 = 0.07。

$f_8 = f_y - f_d \times 8$ 测点纵距率 $= 120 - 20 \times 0.75 = 105$ mm

$f_9 = f_y - f_d \times 9$ 测点纵距率 $= 120 - 20 \times 0.07 = 118.6 \approx 119$ mm

（3）曲线要素不全，需要确定头尾标桩的曲线计划正矢计算。

曲线轨道经过一段时间的运营，其平面形状和位置已经产生了较大变化，有的曲线因直线方向变化，头尾位置不对，测量出的现场正矢数值非常不合理。如果在这基础上去计算和拨正曲线，不仅拨道量大，而且曲线也不能圆顺。在这种情况下，为了减少曲线整正中的拨道量，并尽量照顾曲线的现状，应对曲线主要桩点的位置进行重新计算确定，找出曲线中央点，确定曲线头尾位置，重新测量现场正矢与计算拨量。

① 曲线中央点位置的计算。

$$\text{中央点位置} = \frac{\text{现场实量正矢倒累计合计}}{\text{现场实量正矢合计}} \quad (5.22)$$

即：

$$x_{QZ} = \frac{\sum_{n}^{1}\sum_{n}^{1} f}{\sum_{1} f} \text{（段）} \quad (5.23)$$

式中 $\sum\limits_{n}^{1}\sum\limits_{n}^{1}f$ ——现场正矢倒累计的合计；

$\sum\limits_{1}^{n}f$ ——现场正矢合计。

【例6】 某曲线实量正矢如表5.10所列，求曲线中央点的位置。

表5.10 曲线实量正矢

测点号	实量正矢/mm	正矢倒累计/mm	正矢倒累计的合计/mm
（1）	（2）	（3）	（4）
1	45	400	55 + 110 + 100 + 90 + 45
2	90	355	55 + 110 + 100 + 90
3	100	265	55 + 110 + 100
4	110	165	55 + 110
5	55	55	55
合计	400	1 240	1 240

【解】 实量正矢倒累计，即现场实量正矢按箭头方向用"斜加平写"的方法，由下往上累计，其累计数的合计，即为实量正矢倒累计合计，如表5.10所示。

实量正矢倒累计合计 = 1 240 mm

实量正矢合计 = 400 mm

$$中央点位置 = \frac{现场实量正矢倒累计合计}{现场实量正矢合计} = \frac{1\ 240}{400} = 3.1$$

中央点位置在测点3和测点4之间，距测点3为1 m，距测点4为9 m。

② 圆曲线平均正矢计算。

圆曲线平均正矢可以根据现场实量正矢求得：

$$圆曲线平均正矢(f_{平}) = \frac{圆曲线实量正矢合计}{圆曲线测点数} \tag{5.24}$$

在曲线头、尾没有算出之前，可在曲线中部选择大致上相同的正矢数累加计算。如果知道曲线半径也可以用下列公式进行计算。即：

$$圆曲线平均正矢(f_{平}) = \frac{50\ 000}{R} \tag{5.25}$$

③ 曲线长分段数计算。

$$曲线长分段数 = \frac{现场实量正矢合计}{圆曲线平均正矢} \tag{5.26}$$

即

$$\begin{cases} L_y = \dfrac{\sum_1^n f}{f_y} \text{（段）} \\ f_y = f_{平} \end{cases} \tag{5.27}$$

④ 圆曲线头尾（ZY、YZ）位置的计算。

$$\begin{cases} 曲线头(ZY) = 曲线中央点 - \dfrac{曲线长分段数}{2} \\ 曲线尾(YZ) = 曲线中央点 - \dfrac{曲线长分段数}{2} \end{cases} \tag{5.28}$$

如果曲线有缓和曲线，那么曲线头（ZY）、曲线尾（YZ）是曲线两端缓和曲线的中央点。

⑤ 缓和曲线长度的计算。

缓和曲线的长度，按不同条件可由以下几种方法确定：

a. 求出曲线两端现场正矢递减变率的平均值，由 $m_0 = f_y / f_d$ 可知，用圆曲线平均正矢除以正矢递减变率，即得缓和曲线长度（以段为单位）。

b. 根据正矢变化规律来估定缓和曲线长度。当曲线方向不是太差时，缓和曲线始点正矢只有几毫米，终点正矢接近圆曲线正矢，中间各点近似于均匀递变。掌握这个规律，缓和曲线长度很容易确定。

c. 查阅技术档案或在现场调查曲线标来确定缓和曲线长度。另外，还可以根据现场超高顺坡长度来估算确定。

⑥ 直缓（ZH）、缓圆（HY）、圆缓（YH）、缓直（HZ）各点位置的计算。

$$直缓点（ZH）= 曲线头（ZY）- \frac{缓和曲线长分段数}{2}，即：ZH = x_{QZ} - \frac{L_y}{2} - \frac{l_0}{2}$$

$$缓圆点（HY）= 曲线头（ZY）+ \frac{缓和曲线长分段数}{2}，即：HY = x_{QZ} - \frac{L_y}{2} + \frac{l_0}{2}$$

$$圆缓点（YH）= 曲线尾（YZ）- \frac{缓和曲线长分段数}{2}，即：YH = x_{QZ} + \frac{L_y}{2} - \frac{l_0}{2}$$

$$缓直点（HZ）= 曲线尾（YZ）+ \frac{缓和曲线长分段数}{2}，即：HZ = x_{QZ} + \frac{L_y}{2} + \frac{l_0}{2}$$

当计算出曲线位置以后，可以引用前面所讲的方法计算各测点的计划正矢。

【例 7】 已知曲线半径 320 m，缓和曲线长为 70 m，现场实量正矢如表 5.11 所示，计算各测点的计划正矢值。

表 5.11　曲线计划正矢计算表　　　　　　　　　单位：mm

测点(1)	实量正矢倒累计(2)	实量正矢(3)	计划正矢(4)	备注(5)	测点(1)	实量正矢倒累计(2)	实量正矢(3)	计划正矢(4)	备注(5)
1	2 013	4	4	ZH（1.01）	12	918	151	156	
2	2 009	19	22		13	767	158	156	YH（13.98）
3	1 990	47	45		14	609	150	151	
4	1 943	62	67		15	459	132	132	
5	1 881	92	89		16	327	106	109	
6	1 789	108	111		17	221	92	87	
7	1 681	146	134		18	129	66	65	
8	1 535	145	152	HY（8.01）	19	63	43	42	
9	1 390	158	156		20	20	20	20	HZ（20.98）
10	1 232	162	156		21	0	0	3	
11	1 070	152	156		Σ	22 046	2 013	2 013	

【解】　（1）确定曲线始终点位置。

① $x_{QZ} = \dfrac{\sum\limits_1^1 \sum\limits_n^n f}{\sum\limits_1^n f}$（段）$= \dfrac{22\,046}{2\,013} = 10.95$，表示曲线中央点位于第 10 测点再加上 9.5 m 的位置。

② 圆曲线平均正矢（$f_{平}$）$= \dfrac{50\,000}{R} = \dfrac{50\,000}{320} = 156.3$ mm

③ 曲线长分段数 $= \dfrac{\text{现场实量正矢合计}}{f_{平}} = \dfrac{2\,013}{156.3} = 12.88$

④ 曲线头（ZY）$=$ 中央点位置 $- \dfrac{\text{曲线长分段数}}{2} = 10.95 - \dfrac{12.88}{2} = 4.51$

曲线尾（YZ）$=$ 中央点位置 $+ \dfrac{\text{曲线长分段数}}{2} = 10.95 + \dfrac{12.88}{2} = 17.39$

⑤ 缓和曲线长分段数 $= \dfrac{\text{缓和曲线长}}{2} - \dfrac{70}{10} = 7$

⑥ 直缓点（ZH）$=$ 曲线头 $- \dfrac{\text{缓和曲线长分段数}}{2} = 4.51 - \dfrac{7}{2} = 1.01$

缓圆点（HY）$=$ 曲线头 $+ \dfrac{\text{缓和曲线长分段数}}{2} = 4.51 + \dfrac{7}{2} = 8.01$

圆缓点（YH）$=$ 曲线尾 $- \dfrac{\text{缓和曲线长分段数}}{2} = 17.39 - \dfrac{7}{2} = 13.89$

缓直点（HZ）$=$ 曲线尾 $+ \dfrac{\text{缓和曲线长分段数}}{2} = 17.39 + \dfrac{7}{2} = 20.89$

（2）计算各测点的计划正矢，如图 5.16 所示。

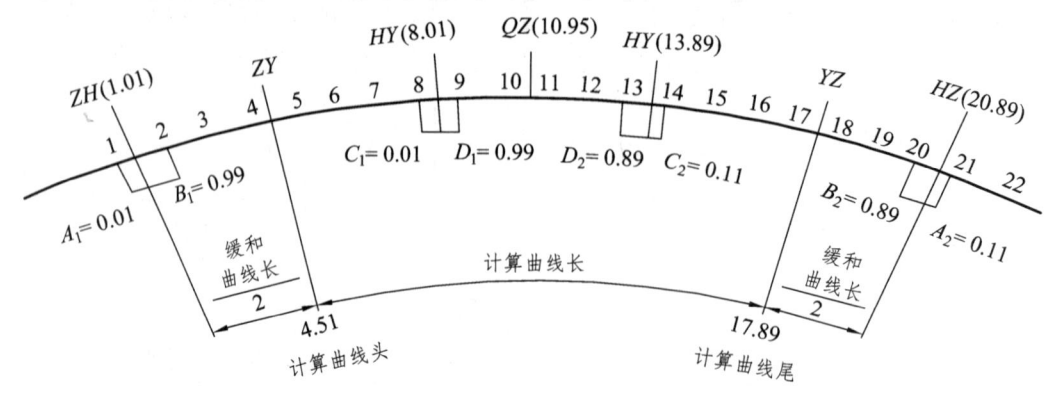

图 5.16 曲线测点位置

$$f_y = \frac{实量正矢合计}{圆曲线分段数+缓和曲线总分段数的一半} = \frac{2\,013}{5.88+7} = 156.3 \approx 156 \text{ mm}$$

$$f_d = \frac{f_y}{N} = \frac{156.3}{7} \approx 22.3 \text{ mm}$$

求各测点的计划正矢：

由 $A_1 = 0.01$，$B_1 = 0.99$ 查表 5.9 得：1 测点的纵距率 = 0.16，2 测点的纵距率 = 0.99。

$f_1 = f_d \times 1$ 测点的纵距率 = $22.3 \times 0.16 = 3.6 \approx 4$ mm

$f_2 = f_d \times 2$ 测点的纵距率 = $22.3 \times 0.99 = 22.1 \approx 22$ mm

$f_3 = f_d \times 3$ 测点到 ZH 点分段数 = $22.3 \times 1.99 = 44.4 \approx 45$ mm（调整为 45 mm）

$f_4 = f_3 + f_d = 44.4 + 22.3 = 66.7 \approx 67$ mm

$f_5 = f_4 + f_d = 66.7 + 22.3 = 89$ mm

$f_6 = f_5 + f_d = 89 + 22.3 = 111.3 \approx 111$ mm

$f_7 = f_6 + f_d = 111.1 + 22.3 = 133.6 \approx 134$ mm

由 $C_1 = 0.01$，$D_1 = 0.99$ 查表 5.9 得：8 测点纵距率 = 0.17，9 测点纵距率 = 0。

$f_8 = f_y - f_d \times 8$ 测点的纵距率 = $156 - 22.3 \times 0.17 = 152.2 \approx 152$ mm

$f_9 = f_y - f_d \times 9$ 测点的纵距率 = $156 - 22.3 \times 0 = 156$ mm

$f_{10} = f_{11} = f_{12} = 156$ mm

由 $D_2 = 0.89$，$C_2 = 0.11$ 查表 5.9 得：13 测点的纵距率 = 0，14 测点的纵距率 = 0.23。

$f_{13} = f_y - f_d \times 13$ 测点的纵距率 = $156 - 22.3 \times 0 = 156$ mm

$f_{14} = f_y - f_d \times 14$ 测点的纵距率 = $156 - 22.3 \times 0.23 = 150.9 \approx 151$ mm

$f_{15} = f_d \times 15$ 测点到 HZ 点的分段数 = $22.3 \times 5.89 = 131.4 \approx 131$ mm（调整为 132 mm）

$f_{16} = f_{15} - f_d = 131.4 - 22.3 = 109.1 \approx 109$ mm

$f_{17} = f_{16} - f_d = 109.1 - 22.3 = 86.8 \approx 87$ mm

$f_{18} = f_{17} - f_d = 86.8 - 22.3 = 64.5 \approx 65$ mm

$f_{19} = f_{18} - f_d = 64.5 - 22.3 = 42.2 = 42$ mm

由 $B_2 = 0.89$，$A_2 = 0.11$ 查表 5.9 得：20 测点纵距率 = 0.89，21 测点纵距率 = 0.12。

$f_{20} = f_d \times 20$ 测点的纵距率 = $22.3 \times 0.89 = 19.9 \approx 20$ mm

$f_{21} = f_d \times 21$ 测点的纵距率 $= 22.3 \times 0.12 = 2.7 \approx 3$ mm

为了保证曲线头尾拨量为零，要求计划正矢合计与实量正矢合计数值相同。上例计算结果，正矢合计为 2 011 mm，与实量正矢合计比较不足 2 mm，考虑在第 3、15 测点计划各调整 1 mm，以使计划正矢合计数与实量正矢合计数相等。计划正矢算出后，将其填入曲线计划正矢计算表（表 5.11）内，以备拨量计算。

3. 曲线拨量计算

当完成曲线计划正矢的所有计算步骤后，就要对每个测点进行拨量计算。把例 7 中计算出的计划正矢和现场实测正矢，填入点号差法拨量计算表（表 5.12）中。由 $e_n = 2\sum_{0}^{n-1}\sum_{0}^{n-1} df$ 可知，曲线上任一测点的拨量，等于到前一测点为止的全部正矢差累计合计的 2 倍。因此，计算拨量应首先计算正矢差，再计算差累计，最后计算拨量。

表 5.12　点号差法拨量计算表　　　单位：mm

测点	倒累计现场正矢	正矢现场	正矢计划	正矢差	累计正矢差	半拨量	修正正矢	划正矢修正后计	正矢差修正后	差累计修正后	半拨量修正后	拨量	正矢拨后	备注
一	二	三	四	五	六	七	八	九	十	十一	十二	十三	十四	十五
1	2 013	4	4	0	0	0		4	0	0	0	0	4	ZH（1.01）
2	2 009	19	22	-3	-3	0	-1	21	-2	-2	0	0	21	
3	1 990	47	45	2	-1	-3		45	2	0	-2	-4	45	
4	1 943	62	67	-5	-6	-4	+1	68	-6	-6	-2	-4	68	
5	1 881	92	89	+3	-3	-10		89	+3	-3	-8	-16	89	
6	1 789	108	111	-3	-6	-13		111	-3	-6	-11	-22	111	
7	1 681	146	134	+12	+6	-19		134	+12	+6	-17	-34	134	
8	1 535	145	152	-7	-1	-13		152	-7	-1	-11	-22	152	HY（8.01）
9	1 390	158	156	+2	+1	-14		156	+2	+1	-12	-24	156	
10	1 232	162	156	+6	+7	-13		156	+6	+7	-11	-22	156	
11	1 070	152	156	-4	+3	-6		156	-4	+3	-4	-8	156	
12	918	151	156	-5	-2	-3		156	-5	-2	-1	-2	156	
13	767	158	156	+2	0	-5		156	+2	0	-3	-6	156	YH（13.98）
14	609	150	151	-1	-1	-5		151	-1	-1	-3	-6	151	
15	459	132	132	0	-1	-6		132	0	-1	-4	-8	132	
16	327	106	109	-3	-4	-7	-1	109	-3	-4	-5	-10	109	
17	221	92	87	+5	+1	-11		87	+5	+1	-9	-18	87	
18	129	66	65	+1	+2	-10		65	+1	+2	-8	-16	65	
19	63	43	42	+1	+3	-8		42	+1	+3	-6	-12	42	
20	20	20	20	0	+3	-5		20	0	+3	-3	-6	20	
21	0	0	3	-3	0	-2		3	-3	0	0	0	3	HZ（20.98）
Σ	22 046	2 013	2 013											

133

（1）计算各测点的正矢差。

曲线上各测点的正矢差等于现场正矢减去计划正矢，$df = f - f'$，因而将各测点第三栏的值减去第四栏的值，把差值填入第五栏中即可。

（2）计算正矢差累计。

某测点的正矢差累计等于到该测点为止的以前各测点正矢差的合计。因此，可按表5.12中第五、六栏箭号所示，用"斜加平写"的方法累计之。第六栏最后一测点的正矢差累计必为零，满足$\sum_{0}^{n} df = 0$这一条件，否则说明计算有误。

（3）计算半拨量。

由式（5.8）可知，某点的半拨量等于该点前所有测点正矢差累计的合计（不包括该测点）。因此，可按表5.12中第七栏箭头所示，用"平加下写"的方法计算。

半拨量的符号为正时，表示该测点应向外拨（上挑），半拨量的符号为负时，表示该测点应向内拨（下压）。

为了不使曲线两端直线发生平移，应使$e_n = 2\sum_{0}^{n-1}\sum_{0}^{n-1} df = 0$，即必须使最后一测点的半拨量为零。而在表5.12第七栏中，最后第21测点的半拨量为-2，这表示曲线终端直线要向内拨（下压）4 mm。显然，此方案是违背整正曲线的基本原理，必须重新修正计划正矢，以使最后一测点的半拨量为零，来满足曲线两端直线位置不变的要求。

（4）使终点半拨量调整为零。

终点半拨量不为零且数值不大时，通常采用点号差法对计划正矢进行修正。

从半拨量的计算过程可知，如果在某测点上，将计划正矢减少1 mm，同时在其下边相距为M个点号的测点上，将计划正矢增加1 mm（计划正矢在上一测点减1 mm，在下一测点加1 mm，简称"上减下加"），其结果将使下一测点以后的各测点的半拨量增加$(1 \times M)$ mm。反之，如果在相距为M个点号的一对测点上，对其计划正矢进行"上加下减"的修正，其结果将使下一测点以后各测点的半拨量减少$(1 \times M)$ mm。

由于计划正矢的修正是在一对测点上进行的，修正值为1 mm，且符号相反，因此不会影响曲线整正的原则，即$\sum df = 0$这一条件，仍能保证使曲线两端直线方向不变的要求。

以上调整半拨量的方法，是通过在一对相距为M个点号的测点上，各调整1 mm的计划正矢，而使这对测点以后各测点的半拨量变化$(1 \times M)$ mm，由于M为这对测点的点号之差，因此称此法为点号差法。

使用点号差法调整半拨量时需注意：

① 点号之差M值应尽可能地大。

② 如果一对测点的调整量不足以达到所需调整的值时，可以酌情使用几对测点。

③ 选择测点时，应考虑该点计划正矢的修正历史，避免与曾经进行过计划正矢修正的点发生同号重复修正。

④ "上加下减"的各对测点，最好安排在负半拨量最大的点号之后，"上减下加"的各对测点，最好安排在正半拨量最大的点号之后，以避免使某些点的半拨量增大，对拨道不利。

⑤ 曲线的始和终点不要进行正矢修正，以保证曲线始、终点的半拨量为零。

⑥ 在修正值的正值与负值之间，最好间隔两个测点以上，以保证曲线的圆顺。

在表 5.12 的实例中，曲线最后一点的半拨量为 –2，且负半拨量最大值位于曲线第 7 测点。因此，用点号差法，以两对测点，在最大负拨量之前，采用"先减后加"格式进行正矢修正。将计划正矢修正值填入表 5.12 第八栏。第九至第十二栏的计算方法与第四至第七栏相同。第十三栏为拨量，其值为第十二栏中各点半拨量值的 2 倍。第十四栏的值是利用式（5.2）计算所得。

4. 拨量计算优化和分析

通过对上面点号差法的计算过程分析，可以发现有很多重复烦琐的步骤，对这些步骤进行精简，可以推导出很多拨量计算的更有效的方法，比如差累计梯形修正法、半拨量修正法等。表 5.13 为梯形修正法计算样表。在实际工务现场，完全可以把所有的计算表格移植到 Excel 表格中，也可以利用高级编程语言编程实现曲线正矢和拨量自动计算，从而做到简便和准确。

表 5.13 梯形修正法计算表　　　　　　　　　　　　　单位：mm

测点	实量正矢倒累计	实量正矢	计划正矢	正矢差	正矢差累计	修正量	半拨量	拨量	拨后正矢	记事
（1）	（2）	（3）	（4）	（5）	（6）	（7）	（8）	（9）	（10）	（11）
1	2 013	4	4	0	0		0	0	4	ZH
2	2 009	19	22	–3	–3		0	0	22	
3	1 990	47	45	+2	–1		–3	–6	45	
4	1 943	62	67	–5	–6	+1	–4	–8	66	–1
5	1 881	92	89	+3	–3	+1	–9	–18	89	
6	1 789	108	111	–3	–6		–11	–22	112	+1
7	1 681	146	134	+12	+6		–17	–34	134	
8	1 535	145	152	–7	–1		–11	–22	152	HY
9	1 390	158	156	+2	+1		–12	–24	156	
10	1 232	162	156	+6	+7		–11	–22	156	
11	1 070	152	156	–4	+3		–4	–8	156	
12	918	151	156	–5	–2		–1	–2	156	
13	767	158	156	+2	0		–3	–6	156	
14	609	150	151	–1	–1		–3	–6	151	YH
15	459	132	132	0	–1		–4	–8	132	
16	327	106	109	–3	–4		–5	–10	109	
17	221	92	87	+5	+1		–9	–18	87	
18	129	66	65	+1	+2		8	–16	65	
19	63	43	42	+1	+3		–6	–12	42	
20	20	20	20	0	+3		–3	–6	20	
21	0	0	3	–3	0		0	0	3	HZ
Σ	22 046	2 013	2 013	±34	+26 –28 –2				2 013	

用梯形修正法在一些测点上，加一些与正矢差累计合计的符号相反、总的数值相同的修正量。在本例中需要加正数，总的修正量为 2，即在测点 4、5 上各设修正量为 +1，其合计为 +2，与正矢差累计合计数相同，符号相反，这样就可以消去 -2，满足了曲线头尾位置不变的要求。

如果需要消去的差累计合计数值较大，可在多个测点上修正。为了保证曲线的圆顺性，相邻测点修正量应排列成梯形的渐变形式，渐变量为 1 mm，一般不要超过 2 mm，并且在相邻测点上的修正量由增加转变为减少时，至少有两个相邻测点上的修正量相同，确保曲线圆顺。

5. 无缝线路曲线拨量计算（调整拨距法）

曲线拨道时，上挑曲线伸长，下压曲线缩短，普通线路曲线伸长或缩短，一般是通过曲线钢轨轨缝的变化来实现的。由于无缝线路曲线在一般情况下，曲线全长范围内可能遇到一处钢轨接头或遇不到钢轨接头，没有轨缝调节伸缩，为了避免钢轨内部应力变化，拨道时必须保持整个曲线的正负拨道量相等。

在无缝线路上，测量曲线正矢时的轨温和拨道时的轨温要尽量相同，一般以不超过 ±5 ℃ 为宜，最好在锁定轨温时测量正矢和进行拨量。如果拨量的正数负数相差太大，不易调整时，应结合应力放散一道进行整正。

【例 8】 在无缝线路上，有一曲线实量正矢如表 5.14 中第 3 栏，缓和曲线长为 60 m，曲线半径为 400 m，计算曲线的拨道量。

表 5.14 无缝线路曲线拨道计算表　　　　　　　　　　　　单位：mm

测点号	实量正矢倒累计	实量正矢	计划正矢	正矢差	差累计	差累计修正	修正后差累计	修正后半拨距	修正后拨距	拨量调整数 数列 1	2	3	计划正矢修正量	数列合计	调整后拨距	修正计划正矢	备注
(1)	(2)	(3)	(4)	(5)	(6)	(7)	(8)	(9)	(10)	(11)					(12)	(13)	(14)
1	2 681	0	0	0	0		0	0	0						0	0	ZH（1.75）
2	2 681	7	7	0	0	+1	+1	0	0						0	6	
3	2 674	24	26	-2	-2	+1	-1	+1	+2				-1		+2	25	
4	2 650	50	47	+3	+1	+1	0	+1	+2						+2	48	
5	2 600	67	69	-2	-1	-1	+1	+2	+4					+4	+6	69	
6	2 533	88	90	-2	-3	-3	0	0	+6					+6	+6	90	
7	2 445	110	111	-1	-4	-4	-3	-6	+8				-0.5	+8	+2	110.5	HY（7.75）
8	2 335	130	126	+4	0	0	-7	-14	+10	+1			+0.5	+11	-3	126.5	
9	2 205	129	127	+2	+2	+2	-7	-14	+12	+1			+1	+13	-1	128	
10	2 076	127	127	0	+2		-5	-10	+12	+1			+1	+13	+3	128	
11	1 949	125	127	-2	0	0	-3	-6	+10	+1			+1	+11	+5	128	
12	1 824	129	127	+2	+2		-3	-6	-2	+8	+1			+7	+1	127	
13	1 695	127	127	0	+2		-1	-2	-4	+6	+1		+0.5	+3	+1	127.5	

续表

测点号	实量正矢倒累计	实量正矢	计划正矢	正矢差	差累计	差累计修正	修正后差累计	修正后半拨距	修正后拨距	拨量调整数 数列 1	拨量调整数 数列 2	拨量调整数 数列 3	计划正矢修正量	数列合计	调整后拨距	修正计划正矢	备注
(1)	(2)	(3)	(4)	(5)	(6)	(7)	(8)	(9)	(10)		(11)				(12)	(13)	(14)
14	1 568	127	127	0	+2		+2	+1	+2	−6	+4		−0.5	−2	0	126.5	
15	1 441	129	127	+2	+4		+4	+3	+6	−8	+2			−6	0	127	
16	1 312	125	127	−2	+2		+2	+7	+14	−10			−1	−10	+4	126	
17	1 187	126	127	−1	+1		+1	+9	+18	−12			−1	−12	+6	126	
18	1 061	124	127	−3	−2		−2	+10	+20	−12			−1	−12	+8	126	
19	937	121	127	−6	−8		−8	+8	+16	−10			−1	−10	+6	126	
20	816	132	126	+6	−2		−2	0	0	−8	+2			−6	−6	126	
21	684	124	126	−2	−4		−4	−2	−4	−6	+4			−2	−6	126	
22	560	130	126	+4	0		0	−6	−12	−4	+6		+1	+2	−10	127	
23	430	119	121	−2	−2		−2	−6	−12	−2	+6			+4	−8	121	YH(22.9)
24	311	106	103	+3	+1		+1	−8	−16		+6		+1	+6	−10	104	
25	205	85	82	+3	+4		+4	−7	−14		+6		+1	+6	−8	83	
26	120	60 61		−1	+3	−1		−3	−6		+4			+4	−2	62	
27	60	40	40	0	+3	−1	+2	−1	−2		+2			+2	0	40	
28	20	16	19	−3	0	−1	−1	+1	+2				−1		+2	18	HZ(28.91)
29	4	4	4	0	0		0	0	0						0	3	
Σ	41 064 2 681		2 681	±29	+29 −28 +1	+2 −3 −1	±28		+41 −62 −21	+82 −124 −42	−84	+84 +36 +120	+6	±7	+102 −60 +42	±54	2 681

【解】 在表 5.14 中：

（1）第（1）栏至第（6）栏的计算方法与前面所讲内容相同。

圆曲线计划正矢，根据实量正矢求得 127 mm，根据原设计的曲线半径 $R = 400$ m 求得 125 mm。考虑曲线的现有形状，在计算中将圆曲线的计划正矢采用 127 mm。

通过计算全曲线的计划正矢比实测正矢多 3 mm，要进行调整。因圆曲线内上半部的实测正矢大于下半部，即上半部的实测正矢要往下半部赶，因此计划正矢多出 3 mm，在圆曲线的下端测点 20～22 三点各减少 1 mm（表中第 4 栏测点 20～22 三点计划正矢已做调整）。

（2）第（7）栏差累计修正数要集中在曲线的一端或上下两端来修正，以避免干扰曲线中部拨距的调整。本例因差累计的合计数很小，故只在曲线的下端修正即可，但为避免在一端排列"0，−1，0"或"+1，+1，0，−1，−1"之类的数列，也可在上下两端修正。

（3）第（8）至第（10）栏的计算方法与前面所讲内容相同。

（4）第（11）栏拨距的调整，除要求抵消第（10）栏修正后拨距的合计数外，还要设法尽量地减少各点的拨距，以利于拨道工作。在设计本栏各梯形数列时，尤要注意本栏的计划正矢修正值不得与第（7）栏中的计划正矢修正值和记事栏中的正矢调整量同号重复叠加，如果是异号互相抵消，当然更好。同理，在每一个数列之后，要随即将该数列所产生的计划正矢修正值填上，然后再安排下一个数列，以避免数列之间所产生的计划正矢修正值在同一点上同号重复叠加，这样才能保证拨后曲线的圆顺。

（5）第（12）和第（13）两栏的计算方法与点号差法所讲内容相同。

对于普通线路上曲线拨道计算，同样也可用调整拨距法进行，但由于计算程序比较复杂，所以一般不采用该法。

5.2.2 曲线拨道作业

1. 绳正法拨正曲线的基本要求

（1）曲线两端直线轨向不良，一般应事先拨正，两曲线间直线段较短时，可与两曲线同时计算、拨正。

（2）在外股钢轨上用钢尺丈量，每 10 m 设置一个测点（曲线头尾是否在测点上不限）。

（3）在风力较小条件下，拉绳测量每个测点正矢，测量三次取平均值。

（4）按绳正法计算拨道量，计算时不宜为减少拨道量而大量调整计划正矢。

（5）设置拨道桩，按桩拨道。

2. 曲线整正外业测量

测量现场正矢是曲线整正计算前的准备工作。这项工作的质量好坏，直接关系到计算工作，并影响到拨后曲线的圆顺。因此应注意以下几点：

（1）测量现场正矢前，先用钢尺在曲线外股按计划的桩距丈量，并划好标记和编出测点号，测点应尽量与直缓、缓圆、圆缓、缓直点重合。

（2）测量现场正矢时，弦线必须拉紧，弦线的两端位置和量尺位置要正确。测量时，应在轨距线处量，有飞边应在飞边处量，飞边大于 2 mm 时应铲除。

（3）尺在下，弦在上，尺不要顶弦也不要离开。读数时，视线、弦线、量尺三者应保持垂直，要读弦线靠钢轨一侧的数。如图 5.17 所示。

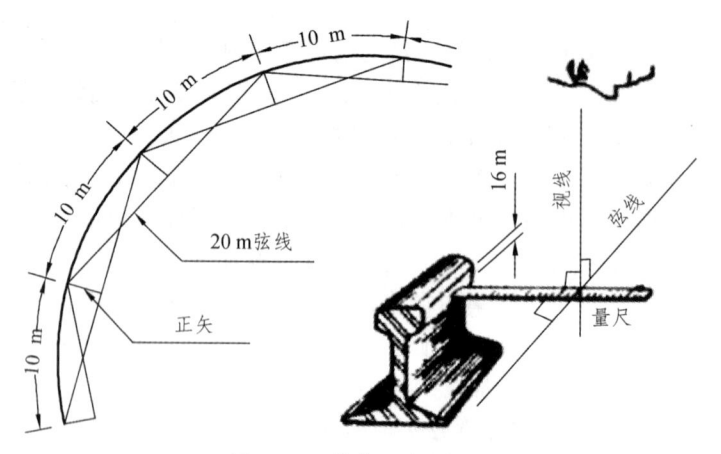

图 5.17 曲线正矢测量

（4）如果直线方向不直就会影响整个曲线，应首先将直线拨正后再量正矢；如果曲线头尾有反弯（鹅头）应先进行整正；如果曲线方向很差，应先粗拨一次，但应在新拨动部分经列车滚压后，再量取现场正矢，以免现场正矢发生变化而影响拨道量计算的准确性。

（5）记录人员要求：随口复核、记录备注。

随口复核：在读数人员读数后，会提示读数人员复核测尺，也避免记录人员听错读数。

记录备注：在测量过程中应注意线路两旁建筑物的界限要求，应将如道口、桥梁、信号机等控制点类型及位置记录详细，以供计算拨量时参考。

（6）分别设置养护点和计算点。

养护点：从曲线头尾点开始，每 10 m 设一正矢测点，至曲中点附近后两点交义，形成套拉点。

计算点：从曲线一侧起，每 10 m 设一点，一直设至曲线另一侧。没有套拉点。

养护点的设置具有如下优点：

① 实行时间长，作业人员比较熟悉。

② 对曲线要素表达清楚，容易理解。

③ 便于缓和曲线的超高设置。

但是养护点存在套拉点，不便于现场正矢的测量及曲线拨量的计算，特别是不适应计算机快速精确计算的需要。

计算点的设置具有如下优点：

① 便于曲线拨量的程序计算。

② 可以将正矢测点位置与里程相联系，可以更迅速地把轨检车数据和现场正矢联系比较。可以为曲线的科学管理做好基础准备。

但是，计算点在工务现场具有如下缺点：

① 作业人员不熟悉，需要重新理解学习。

② 不直接体现出曲线要素。

③ 不便于缓和曲线的超高设置。

因此，在工务现场最好分别设置计算点和养护点，使两者的优缺点相互补充。

设置计算点和养护点时应注意以下事项：

养护点：设置测点时应尽量减小测量误差。

计算点：① 应向曲线两侧直线段延伸 60～100 m。

② 应保证最外侧有 2～3 个连续测点接近于零。

③ 起点里程应为 10 m 的整倍数，并标注在钢轨外侧轨腰上。

④ 设置侧点时应尽量减小测量误差。

3. 现场拨道

曲线现场拨道作业的程序、作业人员的安排以及拨道作业的组织、协调程度直接影响曲线方向的巩固和线型的稳定。因此，要对拨道作业前后的各个环节做好周密的计划安排。

（1）拨道前的准备工作。

计算出曲线拨量后，为了避免作为拨道计算依据的现场正矢发生变化，应立即进行拨道前的准备工作，并尽快着手进行拨道作业。

① 人员组织。

在大量调整曲线拨道的过程中，一般使用 8~15 人的劳力，起拨道机 3~6 台，道镐、三齿镐、叉各 3~4 把。

② 时间安排。

由于曲线拨道作业需要"动道"，因此必须安排在"天窗点"内进行，保证作业安全。

③ 设置曲线拨道标桩。

拨道开始前，先在曲线外侧路肩上设置曲线拨道标桩或其他临时性标记，作为拨道时确定拨量的基准。曲线拨道标桩一般用钢钎打在曲线外侧，标桩应与外轨作用边上测点的垂直距离为 $a±e$（mm），a 为 1 m 或 1.5 m 或其他容易记容易测的整数，e 为该测点的拨量，e 的符号取决于拨道方向，上挑时为正，下压时为负。拨道时，只需把各测点的钢轨拨到桩距等于 a 即可。另外，根据轨型、季节等因素应考虑一定的弹量。

曲线拨道标桩也可用临时标记，这种标记可根据具体情况选用。可选用邻线的一股钢轨作为拨道的基准，与测点对齐，每 10 m 作一标记，根据拨道前量测的垂直距离确定测点应拨至的位置；也可选用一块具有显明棱角的石碴，置于测点附近的道床面上。由于拨道时，作为临时标记的石碴不会移动，故可以利用拨道前后轨底和石碴棱角间的距离，定出各测点应有的拨量。

④ 调查轨缝。

由于在曲线上拨道时，向上挑会使轨线伸长，向下压会使轨线缩短。曲线的伸长或缩短，一般是通过轨缝的变化来实现。因此，在拨道前应先调查曲线的轨缝状态，以免因曲线拨量太大使轨缝挤瞎或拉得过大。一般可用式（5.29）近似地计算出曲线拨后伸长或缩短的数值，以便估算拨道后轨缝的大小是否符合正常轨缝的要求。如有影响，应在拨道前先进行轨缝的调整，以免造成胀轨或拉弯接头螺栓。

$$\Delta l = \frac{e_{平均} \times l}{R} \quad (5.29)$$

式中 Δl ——拨道后曲线的伸长或缩短量（mm）；

$e_{平均}$ ——平均拨量，等于各测点拨量代数和除以测点数（mm）；

l ——曲线的拨道长度（m）。

根据所计算的曲线伸缩量，拨道前在适当处所松开接头螺栓，曲线伸长时，松开轨缝过小的接头螺栓；曲线缩短时，松开轨缝过大的接头螺栓。

⑤ 扒枕端道砟。

当拨道量大时，为提高效率和拨道质量，应扒开拨动方向轨枕头外侧的道砟和防爬支撑侧面的道砟，必要时尚需撤下防爬支撑和松动防爬器，目的在于减小道床阻力以利于拨道。

⑥ 全面打紧打靠浮起的道钉，防止因拨道而影响轨距。

（2）拨道作业。

按照《安规》要求设置好各种防护。

现场拨道由专人统一指挥，作业人员应按指挥者的手势协调动作。

拨道所用的机具一般为液压拨道器。作业时，宜上下股钢轨各配一台拨道器协同作业。为预留拨道时轨道的回弹量，上挑时宜多拨 2~3 mm；下压时应多拨 4~5 mm。

对有接头支嘴的轨道，可采用间接影响拨道法。即当需要上挑接头时，可分别上挑两侧小腰；当需要下压两侧小腰时，可下压接头，如此作业，既能拨好曲线又整治了接头支嘴。

对于拨量较大的曲线，可采用分次拨道法，每次只拨出拨量的一部分，经多次拨动直至满足要求为止。

在有轨道电路的地段进行拨道作业时，不许在绝缘接头下面插入撬棍或拨道器。在无缝线路地段，钢轨焊缝下不得插入撬棍或拨道器。

（3）拨道作业后工作。

拨道作业之后，应随时回填、夯实扒出的石碴，填平撬窝、拧紧接头螺栓，打紧防爬设备。全面复查曲线地段轨道的几何形位和结构尺寸，不符合要求的，及时修正。

捣固时，要加强外股，或在外股轨枕头下打通镐。

曲线上的道床应使其石碴饱满、夯拍密实。道床肩宽不足时，应补充道砟并夯拍成形。

为了保持曲线圆顺、巩固曲线方向、便于对曲线经常进行检查和养护，应设置永久性的曲线拨道标桩。永久性的曲线拨道标桩，一般用混凝土制成柱形，每 20 m 设置一个，与测点对齐，并埋设于距曲线钢轨轨头外侧 1 000 mm 处的路基面内，桩顶高度与轨顶齐平，桩顶金属帽上的十字形刻痕，是检查测量曲线位置的基准。最后，应将各曲线拨道标桩至测点间的距离编列在曲线技术履历书中。

（4）技术资料的管理。

在曲线每次整正作业时，通过"量、算、拨"三个环节，做好以下技术资料的完善和管理，每次作业完毕，上传到工务数据平台。

① 曲线要素：包括曲线半径、全长、缓和曲线长、ZH 及其他要素点里程、曲线转向角、曲线段锁定轨温。

② 两套计划正矢：即计算点和养护点的计划正矢。

③ 轨检车检测数据：即每次轨检车检测的超限数据和曲线数据。

④ 定期测量现场正矢、测点水平及数据分析。

⑤ 日常维修养护记录。

任务 5.3　曲线病害整治

随着列车速度的提高，本身薄弱的曲线地段病害日益明显，曲线地段的晃车及轨检车扣分明显增多，这说明我们的曲线技术状态及维修养护方法已经滞后于现代铁路的发展。我们必须高度重视曲线养护，深入研究曲线病害类型及整治方法，不断提高作业技能，改善作业方法，确保设备的均衡稳定。

5.3.1　曲线病害产生的原因及整治方法

1. 曲线方向不良的原因及整治方法

（1）曲线方向不良的原因。

① 拨道方法不当，凭经验拨道，用眼睛看着估拨，经常采用简易拨道法，造成误差积累

或曲线头尾出现方向不良。

② 养护方法不当,拨道不结合水平、高低的整治,不预留回弹量;钢轨有硬弯,接头错牙,轨底坡不一致;拨道前不匀轨缝;拨后没有及时回填道床,捣固不均匀等。

③ 材料失效、腐朽,枕木腐朽,混凝土枕破损,防爬设备、轨距杆缺少、失效等引起曲线方向发生变化。

④ 路基病害:由于维修不当和不及时,造成路基存水、翻浆冒泥、下沉等现象,尤其在桥隧两头半填半挖处,还易造成溜坍等病害,带动线路位移。

(2) 整治方向不良的方法。

① 保证正确的轨距、水平。按规定设置超高和轨距加宽,彻底锁定线路,防止爬行。矫直钢轨硬弯,更换磨耗超限的道钉、垫板和扣件,调整不合适的轨底坡,全面清筛不洁道床,消灭翻浆冒泥,加强捣固,消灭坑洼和吊板。

② 保持正矢不超限。认真做好曲线整正计算及拨道工作,拨、改、捣有机结合,对整个曲线要全面考虑,统一调整。拨道时要适当预留回弹量,下压时多留,上挑时少留,拨量大的多留,拨量小的少留。在拨量较大、行车繁忙的地段,可采用分次拨道法。每次只拨一部分,经过几次拨动后达到拨量要求。使用拨道器时,注意扒好拨道器窝,避免抬道,拨后正矢应满足《修规》要求。

③ 保持曲线头、尾的圆顺。在调查测量现场正矢前,先拨好曲线两端的直线方向,消灭反弯及"鹅头",使曲线头、尾恢复到正确位置,最好用仪器确定曲线头、尾,然后再实量正矢。在拨道作业中,可从曲线两端向中间赶。在小半径曲线头、尾保持一定的道床厚度和宽度,并夯实道床,使轨道方向稳定。另外,合理设置缓和曲线长度、超高、超高顺坡、轨距加宽及递减。

④ 清理污物,保持路基干燥。及时清理路基两侧有碍路基排水的废弃物,清理排水设备,保证排水畅通,消灭路基存水、翻浆、下沉等病害,做好桥隧两头路基的防护加固,防止边坡溜坍,使线路保持坚实、稳固。

2. 曲线"鹅头"产生的原因及整治方法

曲线两端"鹅头"是曲线的头或尾偏离应有的平面位置,向曲线外侧凸出,越出直线方向,形成小反向曲线,状似鹅头。

(1) 曲线"鹅头"产生的原因。

曲线"鹅头"产生的原因是曲线附近直线方向不正,拨道作业的拨道量计划不当,目测拨道误差大等。在小半径曲线上,列车进入曲线头尾的冲击力较大,道床横向阻力不足也能产生"鹅头"。

曲线有"鹅头",方向不圆顺,致使钢轨磨耗,行车摇晃,破坏线路质量,影响行车安全。曲线"鹅头"病害可以分为以下几种情况:

① 直线方向不是曲线的切线方向,偏里或偏外都在曲线头尾产生"鹅头"。

② 曲线头尾不固定,标桩位置内移或外移,将直线拨成曲线或将曲线拨成直线,在曲线始、终点产生"鹅头"。

③ 经常盲目进行局部正矢小调整,把正矢赶到一起而产生"鹅头"。

④ 为了拨道时省工省力，长时期向上挑，任意减小半径，将正矢集中到直缓、缓直点附近而产生"鹅头"。

（2）整治曲线"鹅头"的方法。

预防产生和消除曲线"鹅头"病害，可以结合具体情况采用下列方法：

① 在全面调整现场正矢以前，先拨好曲线两端的直线方向，用目测或简易拨道法压除"鹅头"，然后再实测正矢、计算拨道。每次拨道时，在一般情况下不得变更原来的直线方向。

② 凡有"鹅头"的曲线，缓和曲线都不好。因此，缓和曲线应按规定计划正矢，将 ZH、HY、YH、HZ 各点固定在正确位置。

③ 曲线拨道必须用半拨距绳正法经过计算后彻底拨好，防止单纯为了减少拨道量，不考虑曲线的原设计条件，不根据计算数值，盲目进行小调整，任意改变正矢而上挑、下压的做法。

④ 为避免拨道作业中所产生的一些误差赶到一头，可分别从曲线两端拨起，逐渐拨到圆曲线中点汇合。

⑤ 由于现场希望一次将曲线调整好，先拨正"鹅头"，再测量现场正矢，然后拨正整个曲线，这样做比较费工时。如果对"鹅头"认识不清，不但不能消灭"鹅头"，反而会使曲线头尾拨出很长的漫弯，现将一次拨正有"鹅头"的曲线的整治方法介绍如下：

a. 如图 5.18 所示，在"鹅头"部分任意选择 1、2 两点，使其距离为 10 m，用测钎找出 1、2 两点在线路直线方向上的投影点 1′、2′两点，量出 11′和 22′之长 W_1、W_2（均为负数，表示下压）。W_1、W_2 称为预拨量。

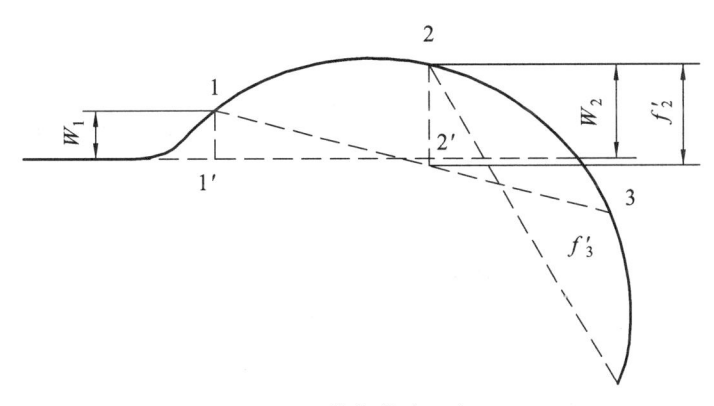

图 5.18 曲线鹅头正矢图

b. 和通常测量曲线正矢一样，测量出各测点正矢 f_2、f_3、f_4……。其中 $f_1 = 0$，不必测量。

c. 求 f_2、f_3。

因为 1、2 点已经向下预拨了 W_1、W_2，所以 2、3 两点的现场正矢要通过 W_1、W_2 和 f_2'、f_3' 之间的关系求得，即：

$$f_2 = f_2' - \frac{W_1}{3} + W_2, \quad f_3 = f_3' - \frac{W_2}{2}$$

【例 9】 一个有鹅头的曲线，测得 $W_1 = -12$ mm，$W_2 = -26$ mm，$f_2' = 30$ mm，$f_3' = 45$ mm，求 f_2、f_3。

【解】 $f_2 = f_2' - \dfrac{W_1}{3} + W_2 = 30 - \dfrac{-12}{2} + (-26) = 10 \text{ mm}$

$f_3 = f_3' - \dfrac{W_2}{2} = 45 - \dfrac{-26}{2} = 58 \text{ mm}$

于是现场正矢应写成如表 5.15 所示格式。

表 5.15 现场实量正矢

测点	现场正矢/mm
1	0
2	10
3	58
⋮	⋮

3. 接头支嘴产生的原因及整治方法

钢轨接头"支嘴"是指曲线上的钢轨接头离开应有的圆弧位置,向曲线外侧支出。

(1)接头支嘴产生的原因。

曲线上接头支嘴是由于钢轨弹性和硬弯引起的。这类病害多发生在小半径曲线上,特别是相对式接头的曲线上。同时,接头处道砟不足、轨缝不良等,将加剧支嘴的发展。

(2)整治接头支嘴的方法。

① 利用拨道整治接头支嘴,因支嘴处拨道时,可采用间接影响法。如向外拨动接头时,可拨两侧小腰,用小腰带动接头向外移动。如向里拨小腰时,用拨动接头带动小腰向里移动。这样可以减轻甚至消除接头支嘴。

② 不准在接头处用起道机硬顶拨道。

③ 加强支嘴处的轨道联结,控制轨道横向移动。

④ 加宽上股道床,填足并夯实轨枕盒道砟,或在支嘴前后的轨枕盒的两股钢轨底下设置防爬支撑,以保持曲线稳定。

4. 钢轨磨耗产生的原因及防治方法

(1)钢轨磨耗产生的原因。

曲线上造成钢轨磨耗的原因很多,其中主要是机车、车辆轴重加大和运量增加。另外,内燃、电力机车的使用也会加大对曲线的横向水平力,致使曲线磨耗加剧。此外,线路状态不良也会加剧钢轨磨耗。

① 曲线超高设置不当,轨底坡不正确,引起钢轨偏载和轮轨不正常接触,加剧钢轨的磨耗。

② 曲线方向不圆顺,使列车产生摇晃;缓和曲线超高度递减距离不够,顺坡率过大,引起列车进入或驶出曲线时产生剧烈震动、摇晃和冲击,造成钢轨磨耗。

③ 曲线状态也会对钢轨磨耗产生影响。如轨距超限,道砟不足,线路上有三角坑、暗坑、空吊板,钢轨有硬弯,防爬设备、轨枕、联结零件短缺、失效等,都会使钢轨磨耗加剧。

钢轨缺乏涂油措施，以及单线线路上下行列车速度相差悬殊等因素，也是加剧钢轨磨耗的原因之一。

（2）防治钢轨磨耗的方法。

① 正确设置曲线外轨超高度，准确测量行车速度。平均速度的计算应按照《修规》规定的加权平均法进行。对曲线超高应进行检算。

② 整正轨底坡。目测检查钢轨顶面光带是否在中心线上。偏里或偏外，都说明轨底坡不正常，应及时加以修正。在混凝土枕地段，可采用铺设坡形胶垫的方法来改变轨底坡，加大车轮与钢轨的接触面，使钢轨顶面光带处于轨顶中心线位置。

③ 曲线定期涂油。将润滑油涂在外轨头部内侧可大大减少外轨磨耗。

5. 曲线维修要求

（1）在电气化线路上拨道时，拨道量不能大于 30 mm，年累计拨道量不能大于 120 mm，并且不能侵限。

（2）在无缝线路上拨道时，严禁超温作业。拨道量的上挑与下压要均等，避免出现附加拉应力和压应力，影响无缝线路的稳定。起拨道器不得安放在铝热焊缝处。

（3）在曲线上作业，两端要设好防护。若有列车开来，应携带工具及时下道避车，人身及工具不得侵入限界。

（4）所使用的工具要采取绝缘措施，防止搭接联电。

5.3.2 曲线养护与维修

1. 曲线晃车养护与维修

（1）曲线地锚桩埋设作业。

曲线正矢时常大大小小，曲线上股钢轨出现不均匀的侧磨，造成列车进入曲线后左右晃动，出现动态病害和晃车。拨正后线路状况不易保持或保持周期较短。

曲线钢轨在列车荷载的作用下，承受较大的横向力使轨道横移和钢轨向外倾斜，为减少轨道向外的横向力，保持轨道稳定。可以利用废弃的钢轨锯成 1.5~1.8 m 不等的钢轨桩，根据不同地点的需要，在曲线上股每隔 5 m 埋设一根。基坑用混凝土灌注，保证钢轨桩的稳定性，然后按标准将曲线全面拨正。

地锚桩与线路紧密连接后，增强了轨道的框架刚度。在曲线上车轮对钢轨产生的横向力可由地锚化解，轨道不再变形，从而能进一步保持曲线圆顺性，侧磨现象也会得到明显的控制，最后延长曲线轨道的保养周期。

（2）安装轨距杆或轨撑轨道加强设备。

为了增强曲线轨道刚度，曲线地段应按下列条件安装轨距杆或轨撑：

① 铺设木枕线路，正线半径 800 m 及以下和站线半径 450 m 及以下的曲线，按表 5.16 的规定安装轨距杆或轨撑。半径 350 m 及以下的曲线和道岔导曲线，可根据需要同时安装轨距杆和轨撑。

表 5.16　轨距杆或轨撑安装数量

曲线半径/m	轨距杆/根		轨撑/对	
	25 m 钢轨	12.5 m 钢轨	25 m 钢轨	12.5 m 钢轨
$R \leqslant 350$	10	5	14	7
$350<R \leqslant 450$	10	5	10	5
$450<R \leqslant 600$	6~10	3~5	6~10	3~5
$600<R \leqslant 800$	根据需要安装			

② 铺设混凝土枕线路，采用弹条扣件时，不安装轨距杆或轨撑；采用其他扣件时，行驶电力机车区段半径 600 m 及以下的曲线、其他区段半径 350 m 及以下的曲线，可根据需要比照表 5.16 安装。

③ 设有轨道电路线路，安装轨距杆时，应使用绝缘轨距杆。

（3）曲线地段钉道钉。

① 有铁垫板时，直线及半径 800 m 以上的曲线地段，每根木枕上每股钢轨内外侧各钉 1 个道钉；半径 800 m 及以下的曲线（含缓和曲线）地段，内侧加钉 1 个道钉。铁垫板与木枕联结道钉，必须钉齐（冻害地段、明桥面除外）。

② 无铁垫板时，每根木枕上每股钢轨内外侧各钉 1 个道钉，4 个道钉位置成八字形，道钉中心至木枕边缘的距离应大于 50 mm，钢轨内外侧道钉应错开 80 mm 以上。

2. 曲线钢轨维护作业

在日益增多的行车组织下，曲线地段钢轨需要更多有效的保护措施，预防和整治钢轨病害，延长钢轨使用寿命。要根据钢轨状况合理安排润滑，易锈蚀地段宜采用耐锈蚀钢轨或在钢轨上涂抹防锈剂。另外，重点控制曲线上股钢轨侧面润滑及钢轨顶面摩擦。具体来说，曲线地段钢轨养护和维修保养工作，要重点结合接头扣件和中间扣件的匹配对应关系，在预防为主、防治结合、修养并重、严检慎修的原则下，经常使线路设备状态评定达到优良（100~85 分）以上。

由于我国钢轨接头采用的是相对式联结方式。曲线地段外股应使用标准长度钢轨，内股应使用厂制缩短轨调整钢轨接头位置。剩余少量相错量，利用钢轨长度误差量在曲线内调整，有困难时在直线上调整。在直线地段按钢轨长度误差量配对使用。在每节轨上，相差量不大于 3 mm，并使前后、左右抵消，在两股钢轨上累计相差量最大不得大于 15 mm。正线及客车径路钢轨异型接头必须使用异型钢轨。

在日常检查检测时，要注意竖曲线不得与竖曲线、缓和曲线重叠，不得侵入道岔、调节器及明桥面。

巡道时，经常检查扣件类型与钢轨、轨枕类型是否相匹配，保证 60 kg/m 钢轨地段混凝土枕扣件采用弹条Ⅱ型或弹条Ⅲ型扣件。各工务单位要根据《修规》要求，逐步实现Ⅰ型弹条更换为Ⅱ型弹条。70 型扣板式及 67 型弹片式扣件更换为弹条扣件。使用扣板扣件时，正线半径 800 m 及以下和站线半径 450 m 及以下的曲线地段，钢轨外侧应使用加宽铁座。

做好钢轨养护维修工作，轨面光带不良时应检测廓形并按照设计廓形进行打磨。当钢轨出现表 5.17 的病害时，应及时处理。对轨面擦伤、鱼鳞裂纹、钢轨肥边、马鞍形磨耗等应及时打磨，对轨端剥落掉块应及时进行焊补，加强对接头错牙、硬弯等病害的处理，并结合更换道砟、垫砟等方法，综合整治钢轨接头病害。应有计划地采用钢轨打（铣）磨列车进行预防性打磨、修理性打磨（或铣磨）。半径大于 1 200 m 曲线地段，一般 100 Mt 通过总质量打磨一次（含多遍，达到设计廓形为止）。半径不大于 1 200 m 曲线地段，每 30~50 Mt 打磨一次，侧面磨耗、伤损严重地段可适当缩短打磨周期。

表 5.17 钢轨病害整治限度

钢轨病害	$v_{max}>120$ km/h	$v_{max} \leqslant 120$ km/h	测量方法
钢轨接头顶面或内侧错牙/mm	>1	>2	直尺测量
工作边或轨端肥边/mm	>1	>2	直尺测量
擦伤或剥落掉块、钢轨低头	接近或达到轻伤	接近或达到轻伤	
硬弯/mm	>0.3	>0.5	1 m 直尺测量矢度
焊缝凹陷/mm	>0.3	>0.5	
钢轨母材轨顶面凹陷或接头马鞍形磨耗/mm	>0.3	>0.5	
波浪形磨耗	达到轻伤	达到轻伤	

对曲线轻伤钢轨，经过修理性打磨后及时换铺到直线地段，使钢轨使用寿命延长。当曲线地段通过总重达到表 5.18 中数值时，及时进行更换钢轨作业，进一步保证行车安全。

表 5.18 曲线钢轨更换周期

曲线半径/m	周期（通过总质量）/Mt	轨道结构	备注
$R \leqslant 400$	100~200	60 kg/m 钢轨、无缝线路、混凝土枕	其他轨道结构根据实际条件进行调整
$400<R \leqslant 800$	200~400		
$800<R \leqslant 1\ 200$	400~700		
$1\ 200<R \leqslant 2\ 000$	700~1 000		
$2\ 000<R$ 或直线	1 000		

项目 6　道岔养护维修

道岔（图 6.1）是机车车辆从一股轨道转入或越过另一股轨道时必不可少的线路设备，是铁路轨道的一个重要组成部分。由于道岔具有数量多、构造复杂、使用寿命短、限制列车速度、行车安全性低、养护维修投入大等特点，与曲线、接头并称为轨道的三大薄弱环节。它的基本形式有三种，即线路的连接、交叉、连接与交叉的组合。常用的线路连接有各种类型的单式道岔和复式道岔；交叉有直交叉和菱形交叉；连接与交叉的组合有交分道岔和交叉渡线等。

(a)

(b)

图 6.1　道岔

由于我国最常见的道岔类型是普通单开道岔，其数量占各类道岔总数的 90% 以上。单开道岔构造相对简单，具有一定代表性，了解和掌握这种道岔的基本特征，对各类道岔的设计、制造、铺设、养护也均有十分重要的意义。因此，本项目重点针对的是普通单开道岔的"检养修"。

任务 6.1 道岔养护维修认知

单开道岔由转辙器、辙叉及护轨、连接部分组成，如图 6.2 所示。

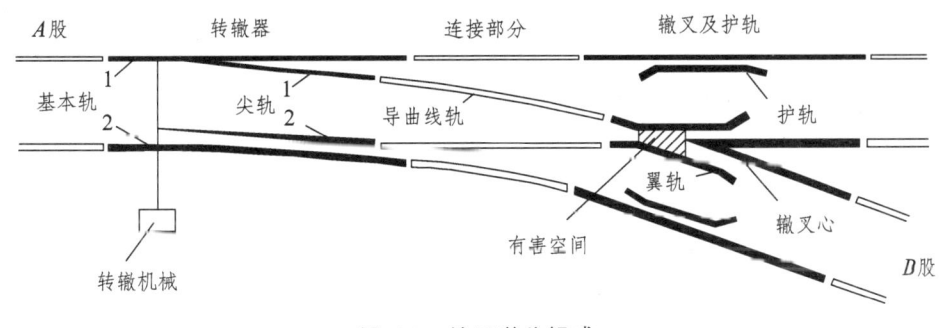

图 6.2 单开道岔组成

单开道岔以钢轨每米质量及道岔号数区分类型。目前，我国的钢轨有 75 kg/m、60 kg/m、50 kg/m、45 kg/m 和 43 kg/m 等类型，标准道岔号数（用辙叉号数来表示）有 6、7、9、12、18、24 号等，其中 6、7 两号仅用于厂矿企业内部铁路或驼峰下，其他各号则适用于铁路正线和站线，并以 9 号及 12 号最为常用。在侧线通过高速列车的地段，则需铺设 18 号、24 号等大号码道岔。具体如下：线路允许速度 120 km/h 及以下区段的正线道岔，采用固定型辙叉道岔；线路允许速度 120 km/h 以上至 160 km/h 及以下，或货车轴重 25 t 及以上区段的正线道岔，采用可动心轨道岔或固定型辙叉道岔，并采用外锁闭装置；线路允许速度 160 km/h 以上区段的正线道岔，须采用可动心轨道岔、外锁闭装置。

6.1.1 单开道岔的构造和几何尺寸

1. 道岔各部分主要尺寸

（1）转辙器部分主要尺寸。

曲线型尖轨的长度必须满足其非工作边与基本轨工作边之间的最小距离 $t_{min} \geqslant 65 \text{ mm}$ 的要求，以避免列车通过时轮背擦碰尖轨非工作边。尖轨长度为 13.88 m。直向尖轨为直线型，侧向尖轨为曲线型。转辙器各部主要尺寸如图 6.3 所示。

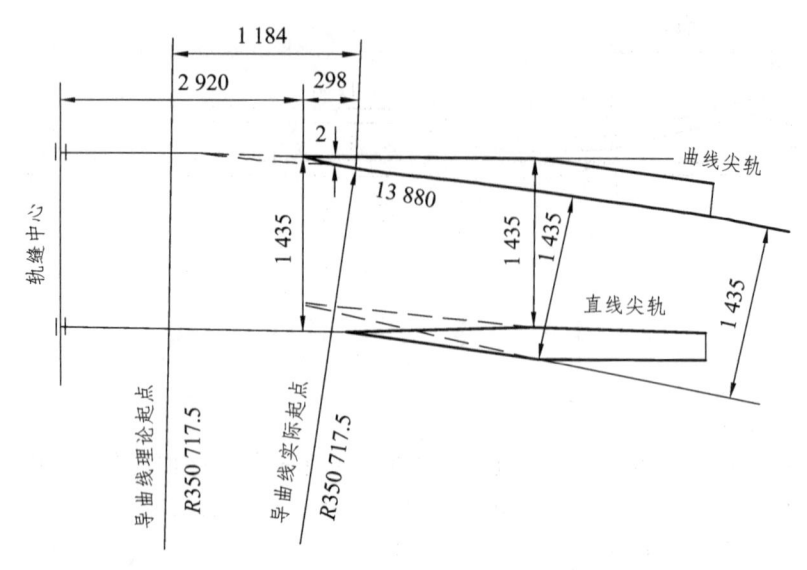

图 6.3　转辙器部分主要尺寸（尺寸单位：mm）

（2）固定辙叉主要尺寸。

固定辙叉趾、跟端接头均采用标准夹板联结，以夹板螺栓的安装为控制条件，趾距 n 和跟距 m 的实际值分别为 2 038 mm 和 3 954 mm。固定辙叉的全长为 $n + m$ = 5 992 mm，辙叉咽喉为 61 mm，如图 6.4 所示。

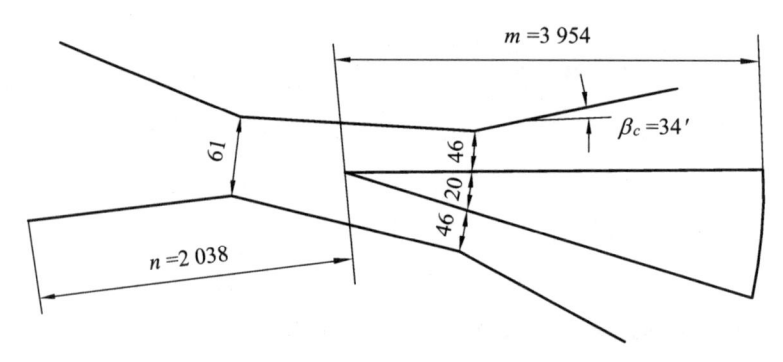

图 6.4　固定辙叉主要尺寸（尺寸单位：mm）

（3）可动心轨辙叉主要尺寸。

可动心轨辙叉咽喉为 1 241 mm。长心轨长度根据转换条件、岔枕排列、跟端结构等技术条件，定为 10 796 mm。短心轨滑动端起点对应长心轨可弯中心，短心轨尖端至轨头整宽段与长心轨贴合组装，由计算得出短心轨长度为 6 588 mm。

翼轨趾端开口 318 mm，翼轨与心轨密贴段之后的 1 800 mm 一段的翼轨向心轨两侧展开，1 800 mm 之后的翼轨与心轨平行，延伸至接近心轨跟端，各用 3 块双螺栓间隔铁分别与长心轨及叉跟尖轨联结，以传递心轨横向力及钢轨纵向温度力。翼轨全长 11 844 mm，叉跟尖轨长 4 530 mm，辙叉跟端开口 778 mm，翼轨轮缘槽宽采用 180 mm，如图 6.5 所示。

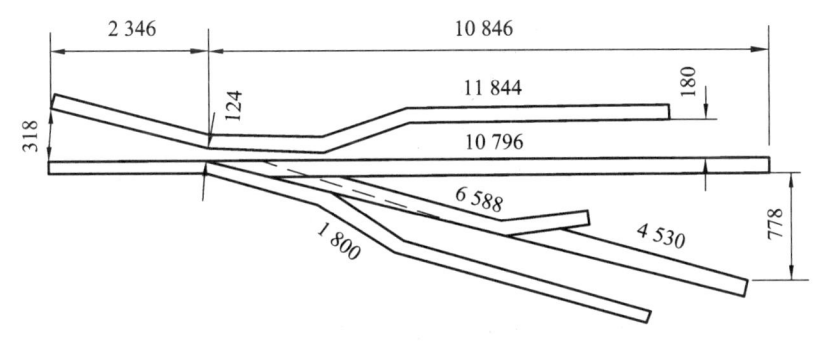

图 6.5 可动心轨辙叉主要尺寸（尺寸单位：mm）

（4）护轨主要尺寸。

道岔直侧向的通过速度不同，因此护轨缓冲段采用不等长结构。考虑结构的合理性，护轨长度直向采用 6.9 m，侧向采用 4.8 m。可动心轨辙叉可不设护轨，但为防止心轨侧面磨耗影响直股密贴，侧向需要设置防磨护轨，防磨护轨长度为 5.4 m。

（5）总图主要尺寸。

① 固定型辙叉 12 号提速单开道岔平面主要尺寸见图 6.6。

② 可动心轨辙叉 12 号单开提速道岔平面主要尺寸见图 6.7。

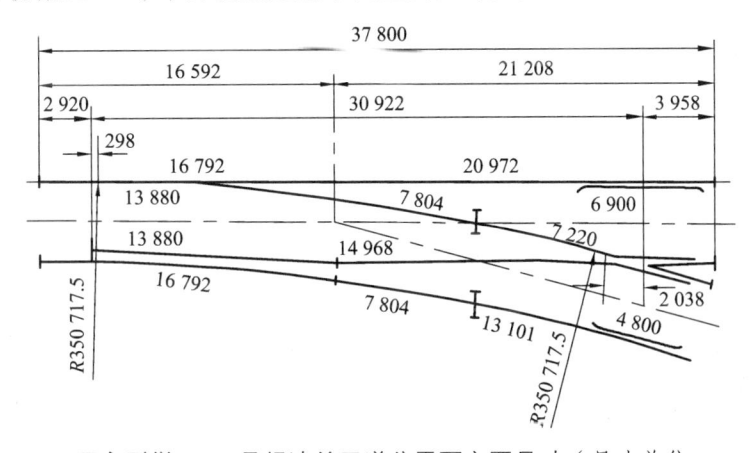

图 6.6 固定型辙叉 12 号提速单开道岔平面主要尺寸（尺寸单位：mm）

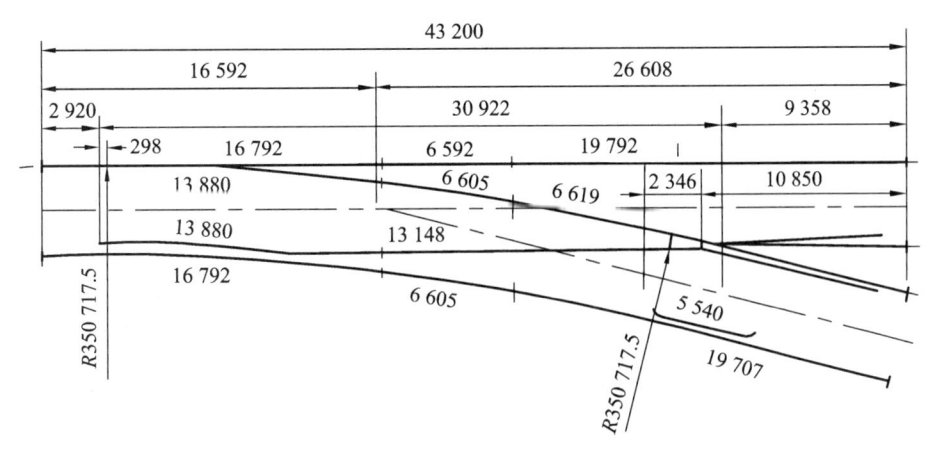

图 6.7 可动心轨辙叉 12 号单开提速道岔平面主要尺寸（尺寸单位：mm）

2. 道岔各部分轨距

直线轨道的轨距为 1 435 mm，曲线轨道应根据曲线半径、运行速度及机车车辆的通过条件等因素来决定。

单开道岔中，需要考虑的轨距加宽部位有：基本轨前接头处轨距、尖轨尖端轨距、尖轨跟端直股及侧股轨距、导曲线中部轨距、导曲线终点轨距。

图 6.8 不同号码道岔

道岔各部分的轨距，按机车车辆以正常强制内接条件加一定的余量进行计算，根据对我国铁路上使用的各种机车车辆的检算，我国铁路单开道岔上各部分的轨距如下：

（1）尖轨尖端轨距见表 6.1。

表 6.1 尖轨尖端轨距　　　　　　　　　　单位：mm

尖轨种类	尖轨长度	轨距	附注
直线型尖轨	6 250 以下	1 453	
	6 250～7 700 以下	1 450	
	7 700	1 445	
12 号道岔 AT 型弹性可弯尖轨	—	1 437	道岔允许速度大于 120 km/h 时为 1 435 mm
其他曲线型尖轨	—	按标准图办理	无标准图时按设计图办理

（2）尖轨跟端轨距见表 6.2。

表 6.2 尖轨跟端轨距　　　　　　　　　　单位：mm

尖轨种类	直向	侧向	附注
直线型尖轨	1 439	1 439	
12 号道岔 AT 型弹性可弯尖轨	1 435	1 435	尖轨轨头刨切范围内曲股轨距构造加宽除外
其他曲线型尖轨	1 435	按标准图办理	无标准图时按设计图办理

（3）导曲线中部轨距按标准图设置。

（4）辙叉部分轨距，直、侧向均为 1 435 mm（采用心轨加宽技术的辙叉应符合设计要求）。

（5）尖轨在第一拉杆中心处的设计动程：直尖轨为 142 mm，曲尖轨为 152 mm；AT 型弹性可弯尖轨 12 号普通道岔为 160 mm 或 180 mm，12 号提速道岔为 160 mm；18 号道岔允许速度大于 160 km/h 时为 160 mm，允许速度不大于 160 km/h 时为 160 mm 或 180 mm（具体按标准图或设计图规定办理）；其他型号道岔按标准图或设计图办理。

（6）可动心轨第一拉杆中心处的动程按标准图或设计图办理。

（7）特殊道岔不符合上述规定者，按标准图或设计图要求办理。

3. 各部分轨距加宽递减

（1）尖轨尖端轨距加宽，允许速度不大于 120 km/h 的道岔应按不大于 6‰ 的递减率递减至基本轨接头。

（2）尖轨尖端与尖轨跟端轨距的差数，直尖轨应在尖轨全长范围内均匀递减，曲尖轨按标准图或设计图办理。

（3）尖轨跟端直向轨距加宽向辙叉方向递减，距离为 1.5 m。

（4）导曲线中部轨距加宽，直尖轨时向两端递减至距尖轨跟端 3 m 处，距辙叉前端 4 m 处；曲尖轨时按标准图或设计图办理。

（5）对口道岔尖轨尖端轨距递减：两尖轨尖端距离小于 6 m，两尖端处轨距相等时不做递减，不相等时应从较大轨距向较小轨距均匀递减；两尖轨尖端距离大于 6 m，允许速度不大于 120 km/h 的道岔应按不大于 6‰ 的递减率递减，但中间应有不短于 6 m 的相等轨距段。

（6）道岔前端与另一道岔后端相连时，允许速度不大于 120 km/h 线路，尖轨尖端轨距递减率不应大于 6‰。如不能按 6‰ 递减时，可将前面道岔的辙叉轨距加大为 1 441 mm。仍不能解决时，旧有道岔可保留大于 6‰ 的递减率。

4. 道岔各部分轨距检查位置及标准

道岔的手工检查方法分精细检查和重点检查。精细检查时要求每根岔枕检查，重点检查是按要求位置检查。

道岔轨距和水平检查一般按要求位置进行检查，基本原则为先直后曲，顺时针行走。先直后曲是指在导曲线部分，如果同时要测量直股和曲股的轨距、水平时，为避免记录时出错，所以先量直股，后量曲股；顺时针行走是指在辙叉部分检查时，为保证道尺的活动端位于护轨轮缘槽内，当右手拿道尺时，应按顺时针方向测量，比如右开道岔就应该先量直股，后量曲股。

（1）普速道岔（P43、P50 及 P60 9# 道岔）。

道岔轨距的检查一般为 17 处（表 6.3），但在各轨距递减处，应每隔 1 m 检查 1 处，如发现递减率不合格或超限时，应在表 6.4 道岔检查记录簿记事栏内予以记录说明。道岔轨距（包括水平）的检查位置如图 6.9 所示。

表 6.3 普速道岔轨距检查位置

序号	检查位置	说明
S1	尖轨前顺坡终点	第 4 螺栓
S2	尖轨尖端	尖轨实际起点（距尖轨尖端 50～100 mm）
S3	尖轨中部	框架尺寸位置（竖切起点）
S4	直股尖轨跟端	第 3 螺栓
S5	曲股尖轨跟端	同上
S6	尖轨跟端后直股顺坡终点	距尖轨跟端 1.5 m
S7	导曲线前部	距导曲线起点 3 m
S8	直股中部	中部接头 3、4 螺栓
S9	导曲线中部	同上
S10	直股后部	距导曲线终点 4 m
S11	导曲线后部	同上
S12	直股辙叉前	辙叉 3、4 螺栓
S13	直股辙叉中	同时量 1 391、1 348
S14	直股辙叉后	辙叉 3 螺栓
S15	曲股辙叉后	辙叉 3 螺栓
S16	曲股辙叉中	同时量 1 391、1 348
S17	曲股辙叉前	辙叉 3、4 螺栓

表 6.4 道岔检查记录簿

站名　　　　道岔编号　　　　钢轨类型 P　　　　道岔类型

续表

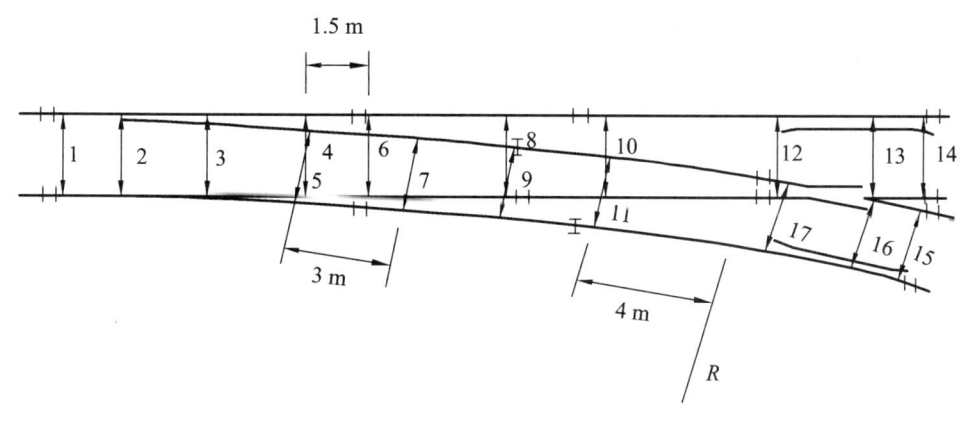

项目		转辙部分			导曲线部分								辙叉部分					状态分级小计(处)			导曲线支距		线间距小于5.2 m连接曲线正矢		爬行
		前顺坡终点	尖轨尖端	尖轨中	尖轨跟端	直线			导曲线			叉心前	叉心中	1 391	1 348	叉心后	Ⅰ	Ⅱ	Ⅲ	计划	实测	计划	实测	
						前	加1	中	加2	后	前	加1	中	加2	后										
三全检查月日	改	只																处理小计			头				
																					米				
	消灭签认																				只				
重点检查月日	轨距	直																							
		曲	×	×																					
	水平	直			×										×	×									
		曲	×	×	×										×	×									
	方向																								
	高低																	工作量小计			头	三全检查人员:			
	其他																				米	重点检查人:			
	捣	头																			只	领工员审查　月　日			
	拔	米																							
	改	只																处理小计			头				
																					米				
	消灭签认																				只				

图6.9　普速道岔轨距检查位置

（2）P60AT12号单开道岔（木枕）（专线4128）（表6.5）。

其检查位置的特点是逢接必量。与普速9号道岔相比，在尖轨中前增加一处，共18处，如图6.10所示。在导曲线部分逢接头必须下尺测量。检查时填写表6.6。

表6.5 P60AT12号单开道岔（木枕）（专线4128）轨距检查位置

序号	检查位置	说明
S1	尖轨前顺坡终点	第4螺栓
S2	尖轨尖端	尖轨实际起点（距尖轨尖端50～100 mm）
S3	尖轨中前	距尖轨尖端2 728 mm（曲股轨距1 442 mm）
S4	尖轨中部	框架尺寸位置（竖切起点）
S5	直股尖轨跟端	第3螺栓
S6	曲股尖轨跟端	同上
S7	直股导曲线前	基本轨接头3、4螺栓
S8	导曲线前部	基本轨接头3、4螺栓
S9	直股中部	内配轨接头3、4螺栓
S10	导曲线中部	同上
S11	直股后部	外配轨接头3、4螺栓
S12	导曲线后部	同上
S13	直股辙叉前	辙叉3、4螺栓
S14	直股辙叉中	同时量1 391、1 348
S15	直股辙叉后	辙叉3螺栓
S16	曲股辙叉后	辙叉3螺栓
S17	曲股辙叉中	同时量1 391、1 348
S18	曲股辙叉前	辙叉3、4螺栓

表6.6 道岔检查记录

站名　　　　　　　　　　　　　　　钢轨类型 P

检查日期	检查项目		转辙部分					导曲线部分			辙叉部分				支距
			前顺坡终点	尖轨尖端	尖轨中前部	尖轨中部	尖轨中后部	尖轨跟端	导曲线前	导曲线中	导曲线后	叉心前	叉心中	叉心后	1 391	1 348	
月日	轨距	直														
		曲	×	×												
	水平	直				×						×	×			
		曲	×	×	×							×	×			

续表

检查日期	检查项目		转辙部分					导曲线部分			辙叉部分					支距
			前顺坡终点	尖轨尖端	尖轨中前部	尖轨中	尖轨中后部	尖轨跟端	导曲线			叉心前	叉心中	叉心后	1 391	1 348	
									前	中	后						
月日	方向																
	高低																
	其他																
	捣																
	改																
	消灭签认																
月日	轨距	直															
		曲	×	×													
	水平	直			×								×	×			
		曲	×	×	×								×	×			
	方向																
	高低																
	其他																
	消灭签认																
	消灭签认																

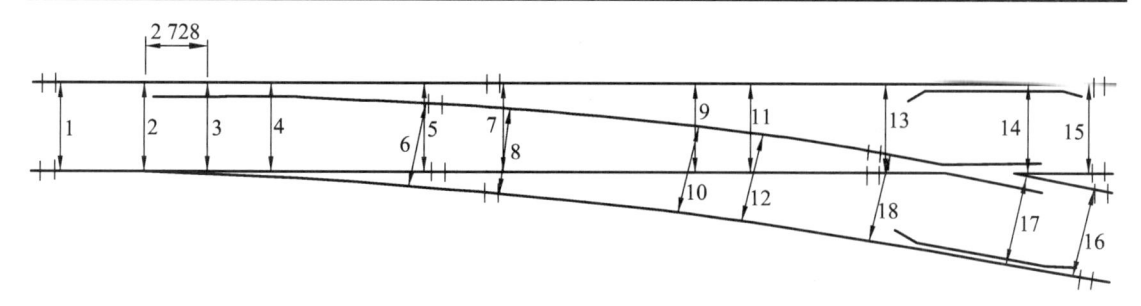

图 6.10　P60AT12 号单开道岔（木枕）（专线 4128）轨距检查位置（长度单位：mm）

（3）SC330-P60-AT12 号单开道岔检查位置如表 6.7 和图 6.11 所示。

表 6.7　SC330-P60-AT12 号单开道岔检查位置

序号	检查位置	说明
S1	尖轨前顺坡终点	第 1 号枕
S2	尖轨尖端	第 6 号枕
S3	尖轨中前	第 11~12 号枕（距尖轨尖端 3 508 mm，侧向轨距 1 442 mm）
S4	尖轨中	第 15 号枕（距尖轨尖端 5 641 mm）
S5	尖轨中后	第 21 号枕
S6	尖轨跟端直股	第 26 号枕
S7	尖轨跟端曲股	同上
S8	导曲部分直股前部	第 32 号枕
S9	导曲部分曲股前部	同上
S10	内配轨接头直股	第 38 号枕
S11	内配轨接头曲股	同上
S12	导曲部分直股后部	第 46 号枕
S13	导曲部分曲股后部	同上
S14	直股辙叉前	第 54 号枕
S15	直股辙叉中	第 57 号与 58 号间，同时量 1 391、1 348
S16	直股辙叉后	第 63 号枕
S17	曲股辙叉后	第 63 号枕
S18	曲股辙叉中	第 57 号与 58 号间，同时量 1 391、1 348
S19	曲股辙叉前	第 54 号枕

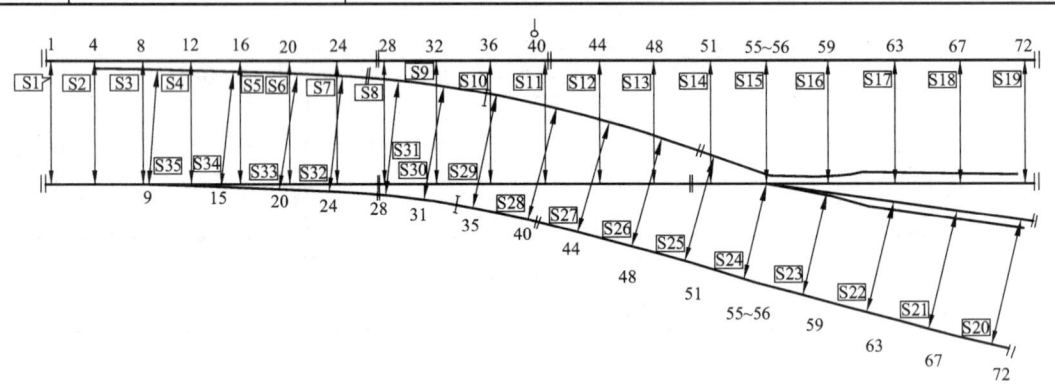

图 6.11　SC330P60AT12 号单开道岔轨距检查位置

5. 导曲线支距与超高

导曲线支距按道岔标准图或设计图设置，在导曲轨与基本轨工作边之间测量。

导曲线可根据需要设置 6 mm 的超高，并在导曲线范围内按不大于 2‰顺坡。

6. 轮缘槽宽度

（1）护轨平直部分轮缘槽标准宽度为 42 mm，侧向轨距加宽时，侧向轮缘槽宽度等量加宽，容许误差为 $^{+3}_{-1}$ mm；缓冲段末端轮缘槽宽度不小于 65 mm。侧向轨距加宽时，侧向缓冲段末端轮缘槽宽度等量加宽。

（2）辙叉心轮缘槽标准宽度（测量位置按标准图或设计图规定）为 46 mm（采用心轨加宽技术的辙叉应符合设计要求），容许误差为 $^{+3}_{-1}$ mm。

轮缘槽宽度的量取位置与轨距量取位置相同。

（3）斥离尖轨非工作边与基本轨工作边的最小距离为 65 mm 与轨距加宽值之和。

7. 道岔查照间隔

道岔查照间隔（辙叉心作用面至护轨头部外侧的距离）在有客车运行的线路上不得小于 1 391 mm，在仅运行货车的线路上不得小于 1 388 mm；道岔护背距离（辙叉翼作用面至护轨头部外侧的距离）不得大于 1 348 mm；测量位置按设计图纸规定。

8. 正线道岔（直向）与曲线超高顺坡终点之间的直线段长度

正线道岔（直向）与曲线超高顺坡终点之间的直线段长度在线路允许速度大于 160 km/h 时不应小于 70 m，困难条件下不应小于 30 m；线路允许速度为 120（不含）~160 km/h 时不应小于 40 m，困难条件下不应小于 25 m；其他地段不应小于 20 m。

站线道岔与曲线或道岔与其连接曲线之间的直线段长度不应小于 7.5 m，困难条件下不应小于 6 m。轨距加宽递减率不应大于 2‰，困难条件下不应大于 3‰。

连接曲线半径不应小于该道岔导曲线半径。连接曲线超高不应大于 15 mm，顺坡不应大于 2‰。

9. 道岔轨道静态几何不平顺容许偏差管理值

道岔轨道静态几何不平顺容许偏差管理值应符合表 6.8 的规定。

表 6.8 道岔轨道静态几何不平顺容许偏差管理值　　　　单位：mm

项目		160 km/h< v_{max} 正线			120 km/h< v_{max} ≤160 km/h 正线			80 km/h< v_{max} ≤120 km/h 正线			v_{max} ≤80 km/h 正线及到发线			其他站线		
			作业验收	计划维修	临时补修	作业验收	计划维修	临时补修	作业验收	计划维修	临时补修	作业验收	计划维修	临时补修	作业验收	计划维修	临时补修
轨距		+2 −2	+4 −2	+5 −2	+3 −2	+4 −2	+6 −2	+3 −2	+5 −2	+6 −3	+3 −2	+5 −3	+6 −3	+3 −2	+5 −3	+6 −3
水平		3	5	7	4	5	8	4	6	8	4	6	9	6	8	10
高低		3	5	7	4	5	8	4	6	8	4	6	9	6	8	10
轨向	直线	3	4	6	4	6	8	4	6	8	4	6	9	6	8	10
	支距	2	3	4	2	3	4	2	3	4	2	3	4	2	3	4
三角坑		3	4	6	4	6	8	4	6	8	4	6	9	5	8	10

注：① 支距偏差为现场支距与计算支距之差；
② 导曲线下股高于上股的限值：作业验收为 0，计划维修为 2 mm，临时补修为 3 mm；
③ 三角坑偏差不含曲线超高顺坡造成的扭曲量；检查三角坑时基长，采用轨道检查仪时为 3 m，采用轨距尺时按规定位置检查，但在延长 18 m 的距离内无超过表列的三角坑；
④ 轨距偏差不含构造轨距加宽值，尖轨尖处轨距作业验收的容许偏差管理值为 ±1 mm；
⑤ 段管线、岔线道岔按其他站线道岔办理。

6.1.2 道岔修理和更换要求

（1）尖轨、可动心轨有下列伤损或病害，应及时修理或更换：

① 尖轨尖端与基本轨或可动心轨尖端与翼轨间隙大于 1 mm，短心轨与叉跟尖轨尖端间隙大于 1.5 mm。

② 尖轨、可动心轨侧弯造成轨距不符合规定。

③ 尖轨、可动心轨顶面宽 50 mm 及以上断面处，尖轨顶面低于基本轨顶面、可动心轨顶面低于翼轨顶面 2 mm 及以上。

④ 尖轨、可动心轨顶面宽 50 mm 及以下断面处，尖轨顶面高于基本轨顶面、可动心轨顶面高于翼轨顶面 2 mm 及以上。

⑤ 尖轨、可动心轨工作面伤损，继续发展，轮缘有爬上尖轨、可动心轨的可能。

⑥ 内锁闭道岔两尖轨相互脱离时，分动外锁闭道岔两尖轨与连接装置相互分离或外锁闭装置失效时。

⑦ 其他伤损达到钢轨轻伤标准时。

（2）基本轨有下列伤损或病害，应及时修理或更换：

① 曲股基本轨的弯折点位置或弯折尺寸不符合要求，造成轨距不符合规定。

② 基本轨垂直磨耗，50 kg/m 及以下钢轨，在正线上超过 6 mm，到发线上超过 8 mm，其他站线上超过 10 mm；60 kg/m 及以上钢轨，在允许速度大于 120 km/h 的正线上超过 6 mm，其他正线上超过 8 mm，到发线上超过 10 mm，其他站线上超过 11 mm（33 kg/m 及其以下钢轨由铁路局集团公司规定）。

③ 其他伤损达到钢轨轻伤标准时。

（3）道岔和调节器尖轨或基本轨伤损时，宜同时更换尖轨和基本轨。如单独更换尖轨时，在更换前应校核尖轨几何尺寸，更换后应进行基本轨、尖轨顺坡打磨，保证换后符合技术标准。

（4）道岔护轨螺栓、可动心轨咽喉和叉后间隔铁螺栓、长心轨与短心轨联结螺栓、钢枕立柱螺栓、可动心轨凸缘与接头铁联结螺栓、合金钢组合辙叉间隔铁螺栓必须齐全，作用良好，折断时必须立即更换。同一部位同时有两条螺栓或可动心轨凸缘与接头铁螺栓有一条缺少或折损时，道岔应停止使用。

（5）道岔各种零件应齐全，作用良好，缺少时应及时补充。有下列伤损或病害，应有计划地进行修理或更换：

① 各种螺栓、连杆、顶铁和间隔铁损坏、变形或作用不良，顶铁和轨腰离缝大于 2 mm。

② 滑床板损坏、变形或滑床台磨耗大于 3 mm。

③ 轨撑损坏、松动，轨撑与轨头下颚或轨撑与垫板挡肩离缝大于 2 mm。

④ 护轨垫板折损。

⑤ 钢枕和钢枕垫板下胶垫及防切垫片损坏、失效。

⑥ 弹片、销钉、挡板损坏。弹片与滑床板挡肩离缝、挡板前后离缝大于 2 mm，销钉帽内侧距滑床板边缘大于 5 mm。

⑦ 其他各种零件损坏、变形或作用不良。

（6）辊轮系统及其部件应满足以下要求：

① 辊轮安装与调整应符合铺设图要求，各零部件应保持齐全。

② 尖轨在闭合状态下，尖轨轨底与辊轮的间隙应为 1~2 mm；尖轨在斥离状态下，尖轨轨底与滑床台上表面的间隙应为 1~3 mm。

③ 辊轮槽排水孔应保持畅通。

④ 辊轮上、下部分联结螺栓松动、折断、缺失、破损时应及时修理或更换。

（7）伤损辙叉标准。

① 高锰钢整铸辙叉轻伤标准（含可动心轨辙叉中高锰钢整铸翼轨、叉跟座）：

a. 辙叉心宽 40 mm 断面处，辙叉心垂直磨耗（不含翼轨加高部分），50 kg/m 及以下钢轨，在正线上超过 4 mm，到发线上超过 6 mm，其他站线上超过 8 mm；60 kg/m 及以上钢轨，在允许速度大于 120 km/h 的正线上超过 4 mm，其他正线上超过 6 mm，到发线上超过 8 mm，其他站线上超过 10 mm；可动心轨宽 40 mm 断面及可动心轨宽 20 mm 断面对应的翼轨垂直磨耗（不含翼轨加高部分）超过 4 mm。

b. 辙叉顶面和侧面的任何部位有裂纹。

c. 辙叉心、辙叉翼轨面剥落掉块，在允许速度大于 120 km/h 线路上长度超过 15 mm，且深度超过 1.5 mm；在其他线路上长度超过 15 mm，且深度超过 3 mm。

d. 钢轨探伤人员或线路（检查）工长认为有伤损的辙叉。

② 高锰钢整铸辙叉重伤标准（含可动心轨辙叉中高锰钢整铸翼轨、叉跟座）：

a. 辙叉心宽 40 mm 断面处，辙叉心垂直磨耗（不含翼轨加高部分），50 kg/m 及以下钢轨，在正线上超过 6 mm，到发线上超过 8 mm，其他站线上超过 10 mm；60 kg/m 及以上钢轨，在允许速度大于 120 km/h 的正线上超过 6 mm，其他正线上超过 8 mm，到发线上超过 10 mm，其他站线上超过 11 mm；可动心轨宽 40 mm 断面及可动心轨宽 20 mm 断面对应的翼轨垂直磨耗（不含翼轨加高部分）超过 6 mm（33 kg/m 及以下钢轨由铁路局集团公司规定）。

b. 垂直裂纹长度（含轨面部分裂纹长度）超过表 6.9 所列限度者。

表 6.9　垂直裂纹　　　　　　　　　　　单位：mm

项目	辙叉心		辙叉翼
	宽 0~50	宽 50 以后	
一条裂纹长度	50	50	40
两条裂纹相加	60	80	60

c. 纵向水平裂纹长度超过表 6.10 所列限度者。

表 6.10　纵向水平裂纹　　　　　　　　单位：mm

项目	辙叉心	辙叉翼	轮缘槽
一侧裂纹长度	100	80	200
一侧裂纹发展至轨面（含轨面部分裂纹长度）	60	60	—
两侧裂纹贯通（指贯通长度）	50	—	—
两侧裂纹相对部分长度	—	—	100

d. 叉趾、叉跟轨头及下颚部位裂纹超过 30 mm。

e. 叉趾、叉跟浇注断面变化部位斜向或水平裂纹长度超过 120 mm，或虽未超过 120 mm，但裂纹垂直高度超过 40 mm。

f. 底板裂纹向内裂至轨腰，并超过轨腰与圆弧的连接点。

g. 螺栓孔裂纹延伸至轨端、轨头下颚或轨底，两相邻螺栓孔裂通。

h. 辙叉心、辙叉翼轨面剥落掉块长度超过 30 mm，且深度超过 6 mm。

i. 钢轨探伤人员或线路（检查）工长认为有影响行车安全的其他缺陷。

③ 合金钢组合辙叉的垂直磨耗比照高锰钢整铸辙叉办理，其他伤损比照钢轨轻重伤标准办理。

辙叉有轻伤时，应加强检查观测，达到重伤标准时应及时更换。

（8）可动心轨道岔的普通钢轨接头应使用 10.9 级螺栓，扭矩应保持 700～900 N·m。

可动心轨道岔的长心轨实际尖端至翼轨趾端的距离（简称尖趾距离），容许误差：12 号为 $^{+10}_{0}$ mm，18 号为 $^{+15}_{0}$ mm，30 号及以上为 $^{+25}_{0}$ mm。

（9）护轨侧面磨耗分轻伤和重伤两类（表 6.11），护轨侧面磨耗达到重伤应及时更换。

表 6.11　护轨侧面磨耗轻伤和重伤标准

道岔直向允许通过速度/（km/h）	轻伤/mm	重伤/mm
v_{max} >120	8	10
v_{max} ≤120	10	12

注：磨耗在平直段中点量取。

任务 6.2　道岔常见病害分析与整治

道岔设备较一般线路构造复杂，弱点较多，因而容易产生病害。产生病害的原因错综复杂，有些是互为因果的。为了保持道岔的轨距、间隔、方向、水平、高低及各部尺寸等的良好状态，必须掌握规律，分析造成病害的原因，有针对性地采取有效预防和整治措施，提高养护维修质量。

6.2.1　道岔病害结构分析

产生道岔病害的因素很多，综合起来大体有如下几点：道岔本身结构上的缺陷；铺设位置和各部尺寸不符合规定；道岔在列车车辆的动力冲击作用下发生的尺寸和结构变形；养护维修不当与自然侵害等。道岔本身结构上的缺陷，又可分为不可避免或暂时难以避免的弱点和可以通过改造消除的缺陷两种。随着各种新道岔的问世，很多结构上的缺陷已逐步得到克服和解决。

1. 道岔结构缺陷

道岔本身结构特点所带来的主要缺陷，一般有以下几个方面：

（1）"75"型及"75"型以前的各型道岔普遍使用直线型尖轨。这种尖轨转辙角较大，车轮从基本轨过渡到尖轨时，列车急骤地改变运行方向，车辆冲击尖轨，从而对轨道产生较大的纵向和横向冲击力。

（2）尖轨经刨切后断面削弱，且只有连接杆和跟端结构（活接头）将其连接组成框架，在其全长范围内没有扣件将其固定在岔枕上，加上尖轨高于基本轨，当车轮通过时，尖轨容易发生跳动、横移和爬行，增大了尖轨尖端被轧伤的可能性。

（3）导曲线半径小，且无超高，因此轨距、水平、方向难以保持。

（4）从尖轨尖端起到导曲线终点止，轨距、方向和高度变化迅速，轨距、水平递减率较大，列车通过时对道岔的横向和纵向冲击力大于普通线路。

（5）固定型辙叉存在轨线中断的有害空间，车轮在辙叉翼轨与心轨间过渡时，由于高低和横向不平顺，对辙叉的翼轨和心轨的冲击明显大于普通钢轨接头，使翼轨与心轨容易被轧颓或轧伤。

（6）连接曲线与导曲线合成一对反向曲线。方向不易保持。导曲线无缓和曲线，始终点处发生横向冲击。

（7）道岔从转辙器到辙叉间，联结零件较多，容易发生松弛失效。同时，钢轨密集、岔枕间隔窄小，给捣固带来困难，容易造成轨道坑洼，方向不良，助长爬行，破坏轨距，加剧钢轨及其零件的磨损。

2. 道岔各部分结构缺陷

（1）转辙器。

① 切轨底基本轨的轨底切口处容易折断。

② 尖轨跟端无桥型垫板，尖轨跳动，轨距不易保持。

③ 尖轨尖端降低值过小，实际尖端过宽，容易被轧伤，并有被车轮爬上造成不安全因素的可能。

④ 直尖轨长度过短，转辙角过大，侧向过岔速度受限制。

⑤ 尖轨跟端轮缘槽过窄时起护轨作用，接头容易损坏，过宽时转辙角增大。

⑥ 尖轨跟端螺栓无套管，螺栓帽上紧则妨碍扳动尖轨，松开时尖轨跳动及横移。

（2）导曲线。

① 缺少连接铁板和通长垫板，容易发生横向移动。

② 导曲线位置不正确，没有按支距做好圆度，轨距、方向不易保持。

（3）辙叉及护轨。

① 钢轨组合辙叉长心轨尖端未淬火。

② 翼轨上未堆焊加高，车轮到辙叉心突然下降，轧伤心轨尖端。

③ 组合辙叉下面没有大垫板。

④ 辙叉各部分间隔尺寸不适当，如翼轨轮缘槽过宽时减少了车轮踏面与翼轨的接触面积，使翼轨迅速磨耗，同时车轮过早地离开翼轨，加重了心轨尖的负担，过窄时某些轮对通过辙叉时发生撞击，增加阻力，消耗动能，影响速度。

⑤ 翼轨与心轨采用切轨底式结构，容易折断。

⑥ 长心轨与短心轨接触位置太靠前，长心轨切割过多，强度减弱，容易折断。

⑦ 翼轨的咽喉尺寸过小，弯折点设置位置不当，引起严重磨耗，导致轮背冲击咽喉，影响速度提高。

⑧ 护轨及翼轨开口尺寸过小，缓冲段冲击角过大，甚至没有缓和段，车轮通过时对护轨及翼轨冲击力过大，使护轨及翼轨串动，护轨及基本轨横移，螺栓折断，轨距、方向不易保持。

3. 连接曲线设备缺陷

（1）有的辙叉后无夹直线或夹直线过短，过车摇晃。
（2）连接曲线设超高时，顺坡距离不够。
（3）连接曲线未按规格位置设置，方向不圆顺，过车摇晃。
（4）有的连接曲线钢轨下木枕无垫板，轨距方向不易保持。

6.2.2 道岔整体主要病害整治维修

列车车轮对道岔的冲击，虽不可避免，但通过对某些构造上缺陷进行改造加强并加强养护维修，消除道岔前后 50 m 范围内线路方向、水平、高低不良及大轨缝等病害，就可以使道岔保持良好状态。

1. 道岔方向不良

（1）产生原因。

① 忽视道岔的整体维修，忽略道岔前后线路，造成道岔与前后线路方向不顺；通过列车时发生剧烈冲撞，方向与轨距发生变化。

② 道岔的铺设位置不正确，养护维修时又未考虑大方向，随弯就弯，逐渐使道岔与前后线路方向不吻合，使列车发生折角运行，增大了车轮对轨道的冲击，造成道岔位置前后、左右错位，轨距和各部间隔尺寸不合，加重了钢轨及其零件的磨损。

③ 作业方法不合理，在整正道岔各部分轨距及间隔时，错误地迁就导曲线或辙叉，使支距、轨距硬性凑合，造成各接续部不圆顺。

④ 曲基本轨未进行弯折或弯折点位置不对，使尖轨前端递减距离和方向难以保持，尖轨尖端和中部轨距变小，尖轨跟部与导曲线连接方向不顺，直股基本轨尖轨尖端处方向不良。

⑤ 捣固不实。由于道岔在构造上的特点，转辙器、导曲线与辙叉部分钢轨密集，岔枕间隔较小，岔枕间安装有转辙设备、尖轨连接杆、导曲线轨距杆，使扒碴与捣固作业不易进行，加上道岔直股与曲股的运量不均衡，捣固质量不实，使线路出现坑洼，加剧列车通过的摇摆和冲击，增加破坏方向的横向推力，方向容易变化。

⑥ 道砟不足，夯实不好。由于转辙器部分有转辙机基础角钢、转辙拉杆、尖轨连接杆，机械转辙地段还有导线或导管，这些都影响道砟的补足，加上运输部门往往将枕木盒石砟掏空以防积雪影响转辙，以致道岔内往往道砟不足，加上夯实困难，降低道床阻力，方向难以保持。

⑦ 各部分钢轨及其零件和岔枕联结不好，也可引起一系列病害，如基本轨横移、轨距变化超限、轨道爬行、零件磨耗折损等，导致方向不正。

⑧ 其他诸如尖轨方向不正；护轨、翼轨喇叭口坡度过陡，位置不合；辙叉咽喉过窄；轮

缘槽宽度不合；轨距、间隔不对，轨距递减不良等，都能加剧车体的摇摆和车轮的冲击，破坏道岔方向。

（2）预防整治措施。

① 做好道岔前后 50 m 线路的整体维修，经常保持轨面平、方向顺。在着手防治道岔病害时，先做好线路前后方向，再进行道岔方向的整正。

② 做好直股基本轨方向，拨好道岔位置。道岔上的轨距，单开道岔导曲线支距，均以直股基本轨为基准，因此维修道岔时应首先拨好道岔的直股基本轨方向。整治位于道岔群中间的道岔方向时，如果前后、左右串动的牵涉范围较大，应事先进行测量，全面布置好道岔群位置，再进行道岔的拨正。

③ 弯好曲基本轨曲折点，做好轨距加宽递减。转辙部分轨距变比多，递减距离短，要正确弯好曲基本轨曲折点，方能保证转辙部分的轨距和方向的正确。

50 kg/m、43 kg/m 钢轨的"57"型"62"型和"75"型 9 号和 12 号单开道岔曲基本轨的弯折点均有三点。

④ 加强捣固作业，除按照普通轨道对手工捣固的规定进行捣固外，还应根据道岔构造的特点进行适当加强。道床以优质较小规格道砟为宜。捣镐应采用较普通捣镐两侧各加长 150 mm 的长脖镐。另外，应据岔枕间隔宽窄及各部分受力情况，适当调整与增加镐数，力求质量均衡。

⑤ 补充夯实道床，道岔转辙部分设置转辙杆、连接杆，各枕木孔道床应比岔枕顶面低 50～60 mm，并夯实道床。

⑥ 加强各部分零件的养护维修，充分发挥各种扣件固定钢轨位置的作用。消灭不合格道钉，对转辙器、辙叉、护轨各部分，应使用足够长度的道钉。及时补充、更换与整修零件，消灭三道缝，防止基本轨横移动。

2. 道岔爬行

线路爬行是线路上的严重病害，是线路上百病之源。由于道岔构造本身的特点和弱点，爬行对于道岔的危害性更大。接头缝隙挤瞎或拉大，就会造成钢轨及其零件的严重磨损甚至折断，拉弯道钉与扣件，拉斜、拉坏岔枕，破坏道岔轨距和方向等一系列病害，并影响转辙器、活动心轨钝角辙叉和可动心轨辙叉的密贴和锁闭。

（1）产生原因。

① 道岔前后线路防爬锁定不良，或道岔与无缝线路间缓冲轨轨缝不足影响到道岔，而道岔的转辙器和辙叉部分不能安装防爬设备，任何一条线路发生的爬行均集中到道岔，引起严重爬行。

② 捣固不实，道床不足，夯实不好。

③ 尖轨跟端螺栓不紧或失效，造成尖轨爬行。尖轨跟端的双头螺栓或套管不紧、失效或缺落，使失轨发生前后串动而爬行。

④ 联结零件失效与缺少，道钉、扣件等零件失效与缺落后，减弱防爬阻力，助长轨道爬行。

⑤ 轨缝过大，不正确地使用短轨，造成接缝过大，经车辆冲击产生爬行。

⑥ 驼峰编组场的峰下岔群位于较大坡道上，易于爬行。

（2）预防整治措施。

① 按规定在道岔上及其前后线路上安装足够的、有效的防爬设备，有正规列车通过的道岔与绝缘接头前后各 75 m 地段，增加防爬设备数量。

② 加强捣固，填满夯实道床。

③ 整修尖轨跟端双头螺栓，及时更换磨损失效螺栓或套管，同时堆焊、整平磨损的间隔铁、夹板和螺栓孔。

④ 加强联结零件的养护维修，发现松弛及失效零件，及时紧固或更换。

⑤ 消灭大轨缝，更换长度不足的短轨，消除因爬行而拉大的轨缝，补足并上紧防爬设备。

3. 零件松动、失效和缺落

（1）产生原因。

① 养护不良，助长零件失效。如道床捣固不彻底，使道岔各部分出现暗坑、吊板，加大了过岔列车对线路的冲击，道岔震动加剧，零件由松动而失效。

② 忽视零件的及时整修，日常养护时检查漏项，制订作业计划时，未按项认真调查，应整修时长久放置不管，引起零件失效。

③ 技术作业不良，不明确零件作用和规格。不熟悉正确的零件安装作业方法，造成安装错误，违章作业而破坏其他零件，造成新病害。

（2）预防整治措施。

① 重视综合性整体维修，加强零件的养护维修。按标准图和有关规定，逐组按项对照调查，列入作业计划，逐项整修。根据岔枕间隔窄小的特点。采取适应的排镐方法和镐数。

a. 尖轨跟端两根岔枕，辙叉底部所有岔枕各加打两个斜镐窝，每个斜镐窝加打 6 镐。

b. 尖轨部分每根岔枕加打一个斜镐窝，对起道的岔枕加打 6 镐，不起道的岔枕加打 4 镐。

c. 尖轨接头后及辙叉接头前后两轨底间距离狭窄地段，不能将两股钢轨分别打四面镐，只能在两轨外侧对打四面镐。为消除轨底空隙，加打一个斜镐窝，起道的岔枕每个斜镐窝加打 6 镐，不起道的岔枕加打 4 镐。

d. 对于尖轨跟端以后及辙叉前后端的钢轨轨底分开距离在 131~400 mm 地段，据其间距逐渐增宽的情况，依次增加镐数。

e. 根据道岔各部分受力情况，分别调整与增加镐数。导曲线部分中间两股钢轨下岔枕受力较大，如捣固不良，往往容易发生岔枕弯曲病害，因此对两股钢轨每面应增加 2~4 镐。辙叉部分的护轨基本轨，在轨距线内侧由于有护轨，捣固时轨底不容易捣实。而且基本轨受垂直压力作用，护轨不承受垂直压力作用，所以护轨垫板往往倾斜，护轨常发生高起，应在这部分每根岔枕增加一个斜镐窝，但不增加镐数。

② 健全检查整修制度。及时发现病害，及时进行整修，经常保持零件的完好状态。

③ 严格按照正确方法作业，熟悉道岔各部分零件的作用，认其执行单项技术作业标准，预防病害的发生。

6.2.3 道岔各部分主要病害整治维修

1. 转辙器部分病害分析整治

（1）尖轨与基本轨不密贴或较长距离不密贴。
① 原因分析：
尖轨 50 mm 断面内刨切长度不够；
尖轨顶铁过长；
转辙机的位置与尖轨动作拉杆的位置不在同一水平线上；
基本轨弯折点错后；
钢轨内侧有肥边；
基本轨或尖轨有硬弯；
基本轨、轨撑、滑床板挡肩之间有离缝。
② 预防整治措施：
对刨切长度不足的尖轨再作刨切；
过长顶铁可以进行打磨或更换；
调整转辙机及尖轨拉杆位置，使其在同 水平线上；
拨正基本轨方向，矫正弯折点的位置和矢度；
仔细打磨基本轨内侧肥边；
打靠道钉或拧紧扣件，消除假轨距；
调整好尖轨和基本轨，拨正方向，改好轨距；
调整连接杆的长度，改变尖轨耳铁的孔位或者加入绝缘垫片，误差较大时更换耳铁或方钢。

（2）尖轨跳动。
当列车通过转折器时，尖轨跟部受外力作用而导致尖轨跳动，但不同道岔跳动的程度不同。
① 原因分析：
尖轨跟部连接零件磨耗，特别是间隔铁、夹板、尖轨螺栓孔和双头螺栓磨耗；
跟部桥型垫板和防跳卡铁等缺少和失效；
捣固不均匀，岔枕弯曲，有吊板；
尖轨跟部接头有错口；
尖轨中部华床板拱腰。
② 预防整治措施：
焊补或更换间隔铁、夹板；
增补整修跟部桥型垫板和防跳卡铁。进一步采取尖轨防跳措施，如在基本轨轨底增设尖轨防跳器，或将尖轨连接杆两端安设防跳补强板，使其长出部分卡在基本轨轨底，以防尖轨跳动；
加强尖轨跟部捣固，消除吊板处所，使轨底坚实，强度均衡；
消灭接头高低、左右错牙；
整治或更换拱腰滑床板；
整治尖轨拱腰。

（3）尖轨轧伤与侧面磨耗。

尖轨压伤多发生在尖轨尖端断面比较薄弱部分，当压伤的长度和深度达到一定程度时，车轮就有爬上尖轨的危险。压伤一般发生在距尖轨尖端 1 m 长度以内，300 mm 内较为明显，轧伤垂直深度很少超过 20 mm，曲股尖轨多于直股尖轨。

① 原因分析：

尖轨与基本轨不密贴或加密贴；

尖轨与滑床板不密贴；

尖轨跳动；

尖轨顶铁过短；

基本轨垂直磨耗超限。尖轨前部顶面受车轮踏面和轮缘的轧、挤、辗作用。

② 预防整治措施：

按照尖轨与基本轨不密贴、与滑床板不密贴和尖轨跳动等病害的整治方法，进行综合整治；

尖轨顶面有肥边时，进行打磨；

尖轨顶铁过短时，加长顶铁，使尖轨尖端不离缝；

将垂直磨耗超限的基本轨与轧伤的尖轨同时更换，或采取焊补办法加强；

导曲线可根据需要，设置 6 mm 的超高，在导曲线范围内按不大于 0.2‰ 顺坡，严格禁止列车超速；

必要时安装防磨护轨，减少尖轨侧面磨耗。在弯股基本轨里口，尖轨尖端安装防磨护轨。防磨护轨平直部分一般长约 1.5 m 左右，轮缘槽宽为 42 mm，两端喇叭口尺寸和弯曲角度与辙叉部分护轨相同。防磨护轨尽可能靠近尖轨，不可以影响尖轨的扳动，轮缘槽应按尖轨前加宽值加宽。这种装置在列车进入弯股时，能引导车轮靠向弯股，平衡其离心力，使列车轮减少冲击侧向尖轨的摩擦力。

（4）尖轨拱弯。

尖轨拱弯是指尖轨拱腰和尖轨测向弯曲。尖轨拱弯在型号较小、尖轨较短的道岔上较普遍。

① 原因分析：

尖轨刚度较低；

尖轨尖端和跟端道床捣固不实；

尖轨尖端和跟端所受冲击力大于中间部分；

尖轨在制造和运输过程中形成拱弯。

② 预防整治措施：

将拱弯的尖轨拆下运回修配厂，采用气体火焰调直和烘炉加热调直两种方法，调直拱腰尖轨；

为节省时间，现场也可以采用在轨道上调直的方法，可以用 30~50 t 液压尖轨调直器；

侧向弯曲尖轨的调直，一般可用调整连接长度的方法进行，弯曲长度不超过 1 m 时，只在弯曲顶点直一次即可。弯曲长度为 1~2 m 时，要根据弯曲形状连续依次进行调直。

（5）尖轨扳动不灵。

① 原因分析：

尖轨爬行，两股前后不一致；

拉杆或连接杆位置不正；

尖轨跟端双头螺栓磨损或间隔铁夹板磨耗严重，螺栓上紧后影响扳动；

基本轨有小弯，滑床板不直；

拉杆、连接杆、接头铁螺栓孔壁磨耗扩大，螺杆磨细。

② 预防整治措施：

串动尖轨、基本轨使之处于正当位置，并将尖轨根端螺栓方正，锁定爬行；

整正拉杆或连接杆的位置；

整治或更换已磨损超限的双头螺栓、间隔铁和夹板；

正平不平直的滑床板；

保持尖轨跟端轨缝不超过设计规定，不允许挤成瞎缝。

（6）尖轨与滑床板不密贴。

这种病害会使列车通过时尖轨上下跳动，尖轨与基本轨离缝，很容易轧伤尖轨，还能使滑床板和尖轨跟端螺栓受到损伤，道岔扳动也不灵活。

① 原因分析：

尖轨拱腰；

滑床板弯曲；

岔枕变形和岔枕吊板；

滑床台磨耗塌陷；

基本轨有小反；

捣固不实。

② 预防整治措施：

按整治尖轨拱腰和尖轨跳动的办法进行整治；

更换标准型滑床板；

更换变形的岔枕或反转使用；

焊补滑床台；

切实做好捣固。

（7）尖轨动程过小。

单开道岔或其他类型的道岔的尖轨动程常有不标准的情况发生，尤其是曲尖轨。动程小是造成双尖轨横向摆动的主要原因，车轮冲撞尖轨的机会增多，不利于行车，比照直尖轨或曲尖轨的标准动程来做适当的调整。

① 原因分析：

第一位连接杆过长；

转辙机与道岔拉杆调试位置不适当。

② 预防整治措施：

调好基本轨方向，使之达到要求标准；

调整尖轨尖端第一连接杆处尖轨与基本轨的距离，使之合乎规定要求；

对第一连接杆的距离尺寸，在电务人员配合下，调试合适，就固定好，使动程合乎标准。

（8）尖轨中部轨距小。

尖轨中部轨距小至 1 430 mm 以下时，将危及行车安全。

① 原因分析：

尖轨刨切不合标准；

尖轨密贴长度不足；

尖轨中部反弹；

尖轨动程小，非作用边被磨耗；

中部连接杆尺寸过小。

② 预防整治措施：

按标准刨切尖轨，使其与基本轨密贴，矫直弯曲变形的尖轨。

消除尖轨中部弹性矢度。

调整连接杆、拉杆的长度。

（9）三道缝。

三道缝的概念包含三个方面，一是基本轨轨底边与滑床台槽边的缝隙超过 1 mm；二是基本轨的颚部与外侧轨撑不密贴，缝隙超过 0.5 mm；三是基本轨与滑床板挡肩不密贴，缝隙超 0.5 mm。

① 原因分析：

滑床板本身不平直，轨撑的外形不标准，组装不合适；

道岔爬行，滑床板和轨撑磨耗；

基本轨横移及方向不良。

② 预防整治措施：

从道岔的养护维修及道岔加强两方面进行整治，先把道岔方向拨正，使道岔的方向、高低处于良好状态，把转辙部分捣固坚实；

焊补整修磨损挠曲不平的滑床板，使滑床板平直，并达到规定的厚度；

用加铁块的办法焊补滑床板挡肩，使滑床台槽边与基本轨底密贴；

在轨撑与滑床板之间用 18 mm 以上直径的螺栓连接；

用水平螺栓将轨撑横穿在基本轨腹部，牢固地连接在一起，个别尺寸不合标准的轨撑应及时换掉。此外，一定要及时进行清筛，保持道砟的清洁和道床的良好弹性。

2. 连接部分病害分析与整治

（1）导曲线轨距扩大。

① 原因分析。

列车通过导曲线时，由于离心力、横向推力以及车轮冲击钢轨，导致道钉浮离，配件松动，钢轨有小反弯。

② 整治措施。

在导曲线外侧设置轨撑，可隔一根枕木或连续设置；

整治轨撑离缝消除假轨距；

在导曲线外股接头处安装桥型垫板；

更换腐朽岔枕；

混凝土岔枕要消除扣件挡肩和轨底边离缝，使其达到足够扭力矩。

（2）导曲线钢轨偏面磨耗。

① 原因分析。

导曲线外股没有设置超高，长期受离心力作用，导致反超高和上股钢轨偏心磨耗。

② 整治措施。

曲线上股铺设 1/20 的铁垫板；

根据需要设 6 mm 超高；

在导曲线范围内按不大于 2‰顺坡；

连续部分钢轨无接头相错。

（3）导曲线不圆顺。

① 原因分析。

尖轨跟端和辙叉前后开口尺寸不合标准，支距点位置不对，支距尺寸不标准和作业不细，维修不当以及列车车轮冲击作用，均可造成导曲线不圆顺。

② 整治措施。

保证支距点位置和跟端支距正确；

保持支距尺寸并使递减率符合标准；

导曲线目测圆顺，消灭鹅头；

个别处所，通过拨道和改正轨距解决。

3. 辙叉及护轨病害分析与整治

（1）辙叉垂直磨耗和压溃。

① 原因分析。

车轮从心轨上通过辙叉有害空间向翼轨过渡，或从翼轨向心轨过渡时，在较大的车轮冲击作用下，心轨和翼轨便产生严重的磨耗和伤损。

磨耗和伤损常发生在翼轨弯折处和心轨断面 30～40 mm 处，因为此处受车轮的冲撞震动的力量较大。

辙叉心处的岔枕经常发生吊板，当列车高速通过时便会出现辙叉连同岔枕上下起伏颤动，因而在下部破坏了道床基础的坚实性，引起排水不良、翻浆冒泥，在上部加重了翼轨和心轨的严重磨损。

② 整治措施。

加强辙叉底部捣固，特别是叉心和辙叉前后接头处的捣固；

借助于更换岔枕的机会，彻底加强辙叉底的捣固；

在辙叉底岔枕顶面垫胶垫，以缓冲受力；

用竖螺栓把辙叉固定在垫板上，如 AT 型道岔一样，加强辙叉的整体稳定性；

可在辙叉部位的岔枕上安设特制铁座，用弹条扣件固定辙叉位置。

（2）辙叉偏磨。

① 原因分析。

辙叉偏磨是由于单侧通过列车次数较多，造成辙叉偏沉或一侧偏磨，水平和轨距不合标准，岔枕弯曲。

② 整治措施。

焊补偏磨辙叉；

可倒换方向使用；

加强偏磨部位捣固，且兼顾辙叉水平状态。

（3）辙叉轨距不合标准。

① 原因分析。

辙叉翼轨作用边到轨头部外侧距离大于 1 348 mm；

辙叉心轨作用边到护轨头部外侧距离小于 1 391 mm；

一般情况护轨轮缘槽宽度不在 42～44 mm 范围内；

辙叉心理论尖端至心轨宽 50 mm 处，轮缘槽宽超出 45～48 mm 范围内；

轨距及水平超限。

② 整治措施。

拨正直股方向，改好辙叉心轨至 50 mm 断面处轨距；

调整辙叉及护轨轮缘槽宽度，使其符合标准；

打磨作用边"肥边"，焊补伤损心轨、翼轨；

整修查照间隔、护背距离，使其符合规定。

6.2.4 道岔晃车分析与整治

当列车运行速度为 160 km/h 及以上道岔区段，道岔晃车是工务最常见的惯性病害，严重影响轨道设备运行质量，必须做好道岔晃车病害整治，提高道岔运行品质。

1. 道岔晃车的主要表现形式和成因

道岔晃车主要有 3 种基本表象：横向甩摆、左右摇晃、上下震颤，日常发现的晃车一般是以上基本表象的一种或多种叠加、组合出现。

（1）横向甩摆。

① 具体表现：列车通过道岔时人体感觉列车横向大幅度向左或向右甩出（类似列车通过曲线时因严重欠超高，列车向曲上股外侧甩出），又摆回到列车运行中心线方向。人体感觉晃动幅值大，频率小。车载式或便携式添乘仪检测出现水平加速度幅值超标严重。

② 成因分析：

理论原因：岔区单元轨道几何尺寸长波不平顺和尖轨、基本轨、心轨结构存在突出病害。

现场实际：如岔区单元存在大轨向、大高低；基本轨、尖轨交替侧磨；直尖轨旁弯；曲基本轨弯折点位置不准，弯折矢距过大或过小；尖轨、可动心轨顶铁顶死或离缝过大；尖轨、可动心轨机加工后钢轨顶面不平顺；尖轨、可动心轨跟端变截面扭转误差大；现场焊接接头不平顺导致焊缝前后钢轨轨顶坡不一致；直尖轨与曲基本轨不匹配，尖轨降低值过大致使车轮运行轨迹突变等。

（2）左右摇晃。

① 具体表现：列车通过道岔时人体感觉列车产生连续多波的左右反复摇动，犹如船在波涛中航行。车载式或便携式添乘仪检测水平加速度和垂直加速度幅值超标较多或同时出现。

② 成因分析：

理论原因：岔区单元内轨道几何尺寸连续短波不平顺，呈现组合和叠加现象以及结构刚度、弹性严重不一致，动态下结构变形大。

现场实际：如道岔单元内有 S 形轨向不良（尤其是尖轨、心轨、两岔间夹直线）；水平号不一致，呈现"+、-"交替变化；轨距递减不顺；转辙部位高低不平顺；基本轨、尖轨限位器安装部位钢轨顶面打塌，钢轨焊接不良等形成的动静态水平三角坑；限位器、顶铁、间隔铁部位因顶死出现小轨向；转辙、辙叉部位垫板下及轨下胶垫局部压溃、缺损；道岔道床弹性和密实度不均匀，空吊严重，尖轨、心轨电务转换杆部位、长岔枕曲下股道床不密实、空吊，有水平三角坑。

（3）上下震颤。

① 具体表现：列车通过道岔时人体感觉列车上下连续振动、跳动，车载式或便携式添乘仪检测出现垂直加速度或水平加速度幅值超标较多。

② 成因分析：

理论原因：道岔单元高低连续多波短波不平顺以及岔区钢轨短波不平顺或结构弹性不一致。

现场实际：道岔单元内连续小高低、空吊；钢轨波浪形磨耗；轨面（焊缝）不平顺；轨下垫板厚度不一致；尖轨、心轨轨下胶垫局部压溃；道床严重板结或翻浆冒泥等。

2. 晃车病害分析查找与整治

对上述岔区晃车的原因分析，从总体上可采取以下整治措施：

（1）认真检查整修道岔前后线路，特别是曲线部分，要保持道岔前后一定长度内的线路经常处于良好状态，长度不少于 100 m，将其列入岔区单元进行整修管理，要把道岔前后作为一个整体来做维修。

（2）岔区轨枕应尽量保持一致，在进行岔区全面起道、拨道时要采取仪器测量，拨道时采取弦绳控制做到精细化，并着重控制住变化率和三角坑。

（3）全面捣固，特别要加强转辙器部位的捣固，防止空吊板，尤其是钢枕的空吊，宜采用直径 10～20 mm 的优质道砟填充在钢枕下进行捣固。

（4）严格控制住几何尺寸，一要注重钢轨的平顺性打磨，重点是钢轨接头和叉心的平顺性打磨，用 1 m 直尺测量保证轨面凸凹值控制在 0.3 mm 以内，变化率控制在 0.3‰以内；二要拨正大向，拨直碎弯；三要更换不良配件，保证各种零配件经常处于良好状态。

（5）加强对无缝道岔的锁定，拧紧各部螺栓，特别是加强对直尖轨和基本轨的锁定，在直尖轨与曲基本轨之间设有限位器装置，在零应力状态下使限位器缝隙均为 7 mm，严格控制直尖轨与曲基本轨的相对位移，避免直尖轨弯曲造成轨距变小，如确有应力集中或锁定轨温不准不明，可锯开重焊，严格控制住锁温。

针对三种基本表象，具体整治措施如下：

（1）从动态检查开始，添乘检查人员应用心品味感受道岔晃车主要表现形式和具体位置并记录，以便指导现场准确查找。（添乘仪设静音杜绝干扰，以人体感觉为主）

（2）针对横向甩摆，将道岔区及其前后 200 m 线路作为一个单元管理，以 CPⅢ控制网或定位桩进行检查和控制，对侧向通车较多道岔应设地锚桩。

① 目视岔区是否存在大方向或大高低，尤其要重视进岔前线路，若有，应精确测量后进行全面起道、拨正。
② 检查基本轨、尖轨是否存在交替侧磨，若有，应根据速度和侧磨量确定更换标准。
③ 检查尖轨 0~40 mm 断面处顶面受力情况，若受力过早或过晚，则尖轨与基本轨不匹配，可采取同时更换或垫片等措施。
④ 检查直尖轨、曲基本轨情况，采取加热方法矫正尖轨旁弯，线下整治曲基本轨弯折点位置不准、弯折矢距过大或过小问题，必要时进行更换；工电联合整治尖轨、可动心轨顶铁顶死或离缝过大问题，顶铁与尖轨轨腰缝隙不大于 0.5 mm，也不得出现顶死现象。
⑤ 检查尖轨、可动心轨跟端变截面是否光带突变，进行人工钢轨修磨，将光带修正到轨顶面居中略偏内侧的位置；对道岔焊缝超标进行人工修磨。
⑥ 检查转辙部位外侧扣件、垫板，是否存在钢轨横移现象，若有，应全面更换磨损扣件、垫板。
（3）针对左右摇晃，就要对道岔整体状态进行全面检查，定位出问题，制定相应的整治措施。
① 全面检查岔区轨道几何尺寸。
重点：a. 检查转辙部分、焊头附近、岔间夹直线、尖轨、心轨限位器、间隔铁位置水平、三角坑、高低、轨向；b. 检查进入岔前线路的轨向、轨距、高低、水平、轨距递减率；c. 道岔转辙部位轨距和框架尺寸是否标准。综合考虑几何尺寸之间的关系，全面调整轨道几何状态，对高低连续不良、水平号乱等问题，宜成组进行综合起整解决。岔区水平应保持一股顺，框架尺寸整治时应注重使用方枕、串枕方法来解决。对道岔区钢轨应力不均匀造成轨向不良在轨温适中时，松开扣件调整应力。
② 全面检查钢轨状态。
重点：a. 焊缝的顶面、作用边平顺性；b. 钢轨的硬弯、扭曲造成光带变化；c. 钢轨是否肥边、侧磨；d. 翼轨的严重垂磨形成台阶；e. 基本轨、尖轨限位器安装部位钢轨顶面打塌。对不良钢轨采用人工打磨，对钢轨状态较差采取大机修理性打磨。
③ 全面检查联结零件。
重点：a. 扣件是否缺少、压馈、离缝、歪斜、非标等；b. 扣件扣压力是否到位；c. 道岔顶铁是否离缝、过顶、缺少；d. 尖轨是否离缝、侧弯、拱高；e. 限位器、顶铁、间隔铁部位因顶死出现小轨向；f. 尖轨、心轨部位垫板下及轨下胶垫局部压溃、缺损。从零配件不缺不少不变形、位置准确、弹性扣压力均匀入手，突出解决联结零件成段不良问题。
④ 全面检查道床状态。
重点：a. 否严重板结，尤其是转辙部位；b. 尖轨、心轨电务转换杆部位、长岔枕曲下股道床是否不密实、空吊；c. 石砟是否丰满、均匀，尤其是转辙部位、曲下股等部位。及时补充道砟，对空吊部位全面捣固夯实；对严重板结地段应全面清筛，改善道床弹性，未清筛前可采取综合起整过渡，起道量控制在 40~50 mm。
（4）上下震颤，从高低和结构入手，进行整治。
① 检查道岔高低、空吊情况。对连续高低不良，精确测量后进行全面整治。
② 检查结构状态。重点检查发生震颤地点钢轨顶面波浪形磨耗情况，道床板结情况，胶垫压溃变形情况，翼轨、尖轨压塌磨耗情况，岔区接头焊接平顺情况等。采取成段更换轨下胶垫、钢轨修理性打磨、翼轨焊补、综合起整等方式进行整治。对错牙支嘴的焊头，两侧设置两根及以上地锚桩整治焊头硬弯。

任务 6.3 道岔静态检查作业

6.3.1 道岔的检查和评定标准

道岔的检查与评定,是工务养护维修工作必须熟练掌握并应用的基本技能。在检查和评定中要满足道岔计划维修作业验收评分标准(表6.12),满分为100分,100(不含)~85分为优良,85(不含)~60分为合格,60分以下为失格。失格线路整修复验后,在60分及以上者为合格。道岔大型养路机械捣固维修按表6.12规定进行验收评分,其他单项维修由铁路局集团公司规定。

表6.12 道岔计划维修作业验收评分标准

项目	内容	编号	扣分条件(正线及到发线道岔)	扣分条件(其他站线道岔)	抽验数量	单位	扣分/分	说明
轨道几何尺寸	轨距、水平、三角坑、支距	1	超过作业验收标准容许偏差管理值	同左	全面检测	处	4	同时检测两线间距小于5.2 m的连接曲线轨向,用10 m弦测量。连续正矢差超过2 mm,每处扣4分
		2	超过计划维修容许偏差管理值	同左		处	41	
		3	轨距变化率(不含构造轨距加宽顺坡)允许速度大于120 km/h线路大于1‰,其他线路大于2‰	轨距变化率(不含构造轨距加宽顺坡)大于3‰		处	2	
	轨向、高低	4	超过作业验收标准容许偏差管理值	同左	全面查看,重点检测	处	4	
		5	超过计划维修容许偏差管理值	同左		处	41	
	查照间隔	6	超过容许限度	同左	全面检测	处	41	尖趾距离指可动心轨辙叉长心轨尖端至叉趾的距离
	护背距离	7	超过容许限度	同左	全面检测	处	41	
	尖趾距离	8	超过容许限度	同左	全面检测	处	41	
钢轨	尖轨、可动心轨靠贴	9	尖轨尖端与基本轨、可动心轨尖端与翼轨不靠贴	同左	全面检查	组	41	不靠贴指两者之间的缝隙大于1 mm
	接头错牙	10	轨顶面或内侧面错牙大于1 mm	同左	全面查看,重点检测	处	4	错牙大于3 mm时扣41分
	轨缝	11	连续瞎缝或大于构造轨缝,普通绝缘接头轨缝小于6 mm	同左	全面查看,重点检测	处	8	轨缝在调整轨缝轨温限制范围以内检查
		12	轨端肥边大于2 mm	同左	全面查看,重点检测	处	8	含胶接绝缘钢轨

续表

项目	内容	编号	扣分条件 正线及到发线道岔	扣分条件 其他站线道岔	抽验数量	单位	扣分/分	说明
岔枕	位置	13	位置或间距偏差大于40 mm（钢枕为20 mm）	位置或间距偏差大于50 mm	全面查看，重点检测	处	2	枕上或枕下离缝大于2 mm者为吊板，枕下暗吊板可根据道床与岔枕间状态判断，不明显者可扒开道床查看
岔枕	失效	14	接头处失效，其他处连续失效	同左	全面查看，重点检测	处	8	
岔枕	修理	15	应修混凝土岔枕未修，木岔枕未削平或劈裂未修	同左	全面查看	根	2	
岔枕	空吊率	16	大于8%（钢枕不得有空吊）	大于12%	连续检测50头	每增1%	2	
联结零件	滑床板	17	尖轨、可动心轨与滑床板缝隙大于2 mm	同左	查看检测	块	2	
联结零件	滑床板	18	滑床板及护轨弹片上反或离缝大于2 mm，销钉离缝大于5 mm	同左	查看检测	块	2	
联结零件	螺栓	19	接头、连杆、顶铁、间隔铁螺栓缺少/顶铁离缝大于2 mm	同左	全面查看	个、块	16/8	
联结零件	螺栓	20	接头螺栓松动或扭矩不符合规定，连杆、顶铁、间隔铁及护轨螺栓松动	同左	查看检测	个、块	2	
联结零件	螺栓	21	心轨凸缘或轨护螺栓缺少、松动	同左	查看检测	个	41	
联结零件	螺栓	22	长心轨与短心轨联结螺栓缺少、松动	同左	查看检测	个	41	
联结零件	螺栓	23	其他各种螺栓或螺栓开口销缺少、松动	同左	查看检测	个	1	
联结零件	铁垫板	24	铁垫板、橡胶垫板、橡胶垫片缺少	同左	连续查看50块	块	2	
联结零件	胶垫	25	橡胶垫板或橡胶垫片失效超过8%	橡胶垫板或橡胶垫片失效超过12%	连续查看，检测50块	每增1%	1	
联结零件	道钉、扣件	26	道钉、扣件缺少	同左	连续查看50个	个	2	一组扣件的零件不全，按缺少一个计算
联结零件	道钉、扣件	27	扣件扭矩（扣压力）或弹条扣件中部前端下颚离缝不符合标准者，超过8%	扣件扭矩（扣压力）或弹条扣件中部前端下颚离缝不符合标准者，超过12%	连续查看，检测50个	每增1%	1	

续表

项目	内容	编号	扣分条件 正线及到发线道岔	其他站线道岔	抽验数量	单位	扣分/分	说明
联结零件	辊轮	28	辊轮缺失或失效	同左	全面查看	处	41	
	辊轮	29	在尖轨密贴状态下,辊轮与尖轨轨底的间隙超出1~2 mm;在尖轨斥离状态下,滑床台上表面与尖轨轨底的间隙超出1~3 mm	同左	全面查看,检测	处	8	
轨道加强设备	轨撑、轨距杆	30	转辙或辙叉部位轨撑离缝大于2 mm,其他部位轨撑或轨距杆缺损、松动	同左	查看检查	个、根	2	轨撑离缝系指轨撑与轨头下颚或轨撑与垫板挡肩之间的间隙
	防爬设备	31	防爬器缺损、松动或离缝大于2 mm,支撑缺损、失效、尺寸不符合标准	同左	查看检查	个	2	
	爬行	32	道岔两尖轨尖端相错量大于20 mm,无缝道岔位移无观测记录	同左	检测	组	41	
道床	脏污	33	枕盒内或边坡道床不洁/翻浆冒泥	同左	全面查看、重点扒开检查	组/空	6/41	
	外观	34	道床断面不符合标准、不均匀、不整齐、有杂草	同左	全面查看	组	4	
路基	路肩	35	不平整、有大草	同左	全面查看	组	2	
	排水	36	有反坡、弃土未清理	同左	全面查看	组	4	
标志标记	标志	37	警冲标损坏或不清晰	同左	查看检查	组	8	警冲标缺少或位置不对扣41分
	标记	38	钢轨上标记不全、位置不对、不清晰或错误	同左	全面查看	处	1	含钢轨编号、轨距、支距、钢轨伤损等标记

正线混凝土枕道岔、混凝土枕或明桥面调节器轨道结构及几何状态每月检查不少于1次,正线木枕道岔、有砟木枕调节器轨道结构及几何状态每月检查不少于2次。

站线线路和道岔检查,一般每6个月不少于1次,其中到发线、客车径路道岔检查比照正线道岔检查周期,具体由铁路局集团公司规定。

6.3.2 单开道岔检查操作程序

单开道岔检查包括道岔轨距、水平、高低、轨向等几何尺寸检查，以及岔枕状态、道床脏污情况，尖轨、基本轨伤损，零配件缺少失效，警冲标、标识及电务附属设备等病害的检查。检查项目应涵盖计划维修评分标准中的所有检查项目。在具体的工务现场，对指定的道岔还要进行全面检查（不检查附带曲线时需说明情况）。

1. 准备工作

（1）准备工量器具（表6.13）。上道前要核查检查工具是否齐全。针对道尺、支距尺和扭力扳手等有检定时效期的工具，要核实校验期是否超期。

表6.13　工量器具

序号	名称	数量	规格	备注
1	轨距尺	1		
2	支距尺	1		
3	方尺	1		
4	单开道岔记录本	1	或记录纸	
5	石笔	1	超限标记	
6	笔	1		
7	钢卷尺	1	5 m	
8	扭力扳手	1	接头	
9	弦绳	1	大于10 m	
10	木折尺	1		
11	直钢尺	1	150 mm	
12	塞尺	1		
13	超高板	1	使用万能道尺时可不携带	
14	扒镐	1		
15	检查锤	1		

（2）日常检查设好防护后，首先询问防护员是否有车、能否上道。等防护员确认"可上道检查"后，准备进行检查。

（3）确认检查地点和位置。

2. 检查顺序及项目

（1）校正道尺水平。在钢轨无硬伤、状态良好的非接头处，先量取轨距取最小轨距点，用石笔划线标记。测量水平，然后将道尺两头颠倒，要求测量数据误差不大于1 mm。

（2）目测线路和道岔方向。要求先左股后右股，骑跨钢轨站立在轨枕上，向道岔方向目测直线及道岔方向。

（3）目测线路和道岔大平。要求先右股后左股，双手扶住钢轨上，弯身爬下进行目测，人在道心，看钢轨外侧。对重点处所进行记录（先估数，不进行弦线测量，放在最后测量）。

（4）沿线路中心轨枕走向道岔，线路检查按间隔 6.25 m 每根钢轨 4 处进行检查，重点病害重点检查。要观察左右股轨枕螺栓、扣件、轨下胶垫、接头螺栓等零配件及钢轨是否存在伤损、道岔是否存在翻浆等病害，确保岔前直线病害一次检查完并进行记录。

（5）到岔前，首先检查绝缘接头，轨缝是否为 6 mm，检查接头两边轨枕是否为同样的 5 根轨枕。利用道尺对比尖轨是否方齐，如果需要拉方，则先记录"道岔尖轨不方"，等下一流程采用方尺进行检查。

（6）道岔轨距、水平的检查。首先要在检查记录本上明确基本股（以外直股为直基本股，曲上股为曲基本股，或者道岔尖轨向直线方向以直基本轨为基本股，尖轨到辙叉部位以内直股为基本轨），然后按道岔检查记录本上规定的处所进行检查。遇非规定处所存在超限病害时，可加密检查。整体检查顺序原则上是检查点就近时先直股后曲股，自导曲线"后 4"检测点后则先检查曲股到辙叉跟端。目测岔后线路方向、高低后，自辙岔直股岔后向前进行检查"后 4"位置形成闭合。

检查道岔记录时，尖轨、可动心轨等可扳动处所严禁手离道尺，记录时必须把道尺拿离钢轨，以免发生危险。在其他位置，记录时道尺可放在检查点上。

轨距、水平检查过程中，要注意的是基本轨接头处直曲股检查位置不对应，间隔 1.5 m。检查过程中，对道岔标识不清的要进行标记，对标识中的错误要注明。

（7）利用道尺检查完道岔几何尺寸后，检查岔后直线 50 m，同岔前检查，同时目测线路大平和大向。折返检查附带曲线，至岔后结束。

（8）开始折返检查，采用木折尺、塞尺、钢卷尺检查以下项目：

① 全面检查岔枕状态，目测能确定是否失效时，直接标注；目测无法确定时，可重点标记，等下一检查过程采用检查锤、扒镐把锤击的方式听音确定。

② 直、曲护轨开口和平直段轨缘槽宽。

③ 叉心轮缘槽宽是否超限。

④ 检查接头。对接头轨缝超过构造轨缝的要进行测量并记录，对绝缘接头不符合 6 mm 规定的要进行记录，对钢轨（重点是接头）肥边进行测量，对接头错口情况进行测量并记录超限处所。

⑤ 焊缝平直度检查。

⑥ 钢轨垂直磨耗、导曲线及附带曲线上股侧磨的检查。

⑦ 用木折尺测量尖轨非工作边距基本轨作用边最小距离，是否有侧磨的痕迹，重点检查基本轨和尖轨 50 mm 断面前后处，基本轨和尖轨磨耗是否超限不符合《铁路技术管理规程（普速）》（铁总科技〔2014〕172 号）（以下简称《技规》）规定。

⑧ 转辙部分检查时，目测内侧滑床板，结合搬动痕迹对滑床板离缝情况，采用 2 mm 塞尺进行测量，同时检查顶铁离缝情况。

⑨ 检查尖轨动程是否符合要求。

（9）开始第二次走向岔后的检查，自外直股检查至岔后，自附带曲线终端返回。检查时，携带检查锤、塞尺、弦线 20 m、5 m 钢卷尺、笔、石笔、检查记录本等工具，重点检查以下项目：

① 自基本轨接头开始，检查接头螺栓、立螺栓松紧状态。

② 沿转辙部分检查基本轨、尖轨整体状态，轨撑三道缝及轨撑螺栓作用是否良好。用检查锤敲击螺栓、轨撑进行检查，检查中同时锤击顶铁检查是否松动，检查电务拉杆各种螺栓是否作用良好。

③ 检查防爬设备是否齐全良好、道钉浮离情况（分开式扣件时，应采用测力扳手连续检查50头）。重点检查内直股、曲上股道钉浮离率。

④ 附带曲线正矢测量。

⑤ 检查警冲标。拿5 m盒尺测量警冲标位置及高低。测量相邻股道相邻钢轨内侧间距离，同时检查警冲标是否居中。警冲标设在两会合线路间距离为4 m的中间。线间距离不足4 m时，设在两线路中心线最大间距的起点处。埋设高度要求自轨枕面向上测量，尺寸在300~350 mm间。

⑥ 采用弦线对所有目测的高低和轨向进行检查。其中轨向检查重点一是尖轨对应处，二是岔心对应处，以及其他明显处所。高低重点在普通有缝接头。

⑦ 返回检查至岔前基本轨接头。

（10）开始第三次走向岔后的检查，携带支距尺、方尺、扭力扳手、扒镐、笔、石笔、检查记录本等工具。

① 利用支距尺检查道岔支距。

② 利用方尺对不方道岔进行拉方检查。

③ 对各种螺栓进行扭矩检测。

④ 对道岔脏污情况进行检查，必要时采取扒开道砟的方式检查枕下道床脏污情况。

⑤ 检查路肩标高是否超过枕底，检查排水设施是否良好，以及有无杂草等。

全部检查完成后，将道尺、支距尺等工具一起收回，放置到规定的安全地带，做到检查工具归整齐全。

6.3.3 其他重点病害检查

道岔质量评定内容共包括轨道几何尺寸、钢轨、岔枕、联结零件、警冲标、轨道加强设备、道床和标记等八大类内容，除几何尺寸检查外，还应重点做好以下检查：

（1）使用塞尺检查道岔尖轨、心轨及各部位顶铁密贴情况，检查绝缘接头状态、滑床板离缝、空吊率（重点是中间的内直股和曲上股）等。

（2）使用扒镐或检查锤检查岔枕失效情况，采用检查锤检查接头螺栓、顶铁等状态。

（3）使用支距尺检查道岔支距，使用1 m平直尺检查焊缝平直度，使用扭力矩扳手检查扣件或立螺栓扭力矩，必要时采用5 m钢卷尺检查道岔框架尺寸，检查基本轨和尖轨间最小距离，检查护轨槽宽度和护轨开口等。

（4）检查各种螺栓缺少、伤损情况，重点是检查护轨螺栓有无失效。抽验螺栓扭矩，按标准数量进行抽验。

（5）采用弦线测量目测超限的高低和轨向病害。

（6）结合尖轨、可动心轨应及时修理或更换的伤损，重点检查以下病害：

① 尖轨尖端与基本轨或可动心轨尖端与翼轨不靠贴大于1 mm。

② 尖轨、可动心轨侧弯造成轨距不符合规定。

③ 尖轨、可动心轨顶面宽 50 mm 及以上断面处，尖轨顶面低于基本轨顶面、可动心轨顶面低于翼轨顶面 2 mm 及以上。

④ 尖轨、可动心轨顶面宽 50 mm 及以下断面处，尖轨顶面高于基本轨顶面、可动心轨顶面高于翼轨顶面 2 mm 及以上。

⑤ 尖轨、可动心轨工作面伤损，继续发展，轮缘有爬上尖轨、可动心轨的可能。

⑥ 内锁闭道岔两尖轨相互脱离，分动外锁闭道岔两尖轨与连接装置相互分离或外锁闭装置失效。

⑦ 达到钢轨轻伤标准的其他伤损。

（7）结合基本轨检查重点，存在以下病害时重点记录：

① 曲股基本轨的弯折点位置或弯折尺寸不符合要求，造成轨距不符合规定。

② 基本轨垂直磨耗，50 kg/m 及以下钢轨，在正线上超过 6 mm，到发线上超过 8 mm，其他站线上超过 10 mm；60 kg/m 及以上钢轨，在允许速度大于 120 km/h 的正线上超过 6 mm，其他正线上超过 8 mm，到发线上超过 10 mm，其他站线上超过 11 mm（33 kg/m 及以下钢轨由铁路局规定）。

③ 其他伤损达到钢轨轻伤标准时。

（8）道岔各种零件应齐全，作用良好，缺少时应及时补充。有下列伤损或病害，应有计划地进行修理或更换：

① 各种螺栓、连杆、顶铁和间隔铁损坏、变形或作用不良。

② 滑床板损坏、变形或滑床台磨耗大于 3 mm。

③ 轨撑损坏、松动，轨撑与轨头下颚或轨撑与垫板挡肩离缝大于 2 mm。

④ 护轨垫板折损。

⑤ 钢枕和钢枕垫板下胶垫及防切垫片损坏、失效。

⑥ 弹片、销钉、挡板损坏。弹片与滑床板挡肩离缝、挡板前后离缝大于 2 mm，销钉帽内侧距滑床板边缘大于 5 mm。

⑦ 其他各种零件损坏、变形或作用不良。

（9）辙叉伤损。

① 高锰钢整铸辙叉轻伤标准（含可动心轨辙叉中高锰钢整铸翼轨、叉跟座）：

a. 辙叉心宽 40 mm 断面处，辙叉心垂直磨耗（不含翼轨加高部分），50 kg/m 及以下钢轨，在正线上超过 4 mm，到发线上超过 6 mm，其他站线上超过 8 mm；60 kg/m 及以上钢轨，在允许速度大于 120 km/h 的正线上超过 4 mm，其他正线上超过 6 mm，到发线上超过 8 mm，其他站线上超过 10 mm；可动心轨宽 40 mm 断面及可动心轨宽 20 mm 断面对应的翼轨垂直磨耗（不含翼轨加高部分）超过 4 mm。

b. 辙叉顶面和侧面的任何部位有裂纹。

c. 辙叉心、辙叉翼轨面剥落掉块，在允许速度大于 120 km/h 的线路上长度超过 15 mm，且深度超过 1.5 mm；在其他线路上长度超过 15 mm，且深度超过 3 mm。

② 高锰钢整铸辙叉重伤标准（含可动心轨辙叉中高锰钢整铸翼轨、叉跟座）：

a. 辙叉心宽 40 mm 断面处，辙叉心垂直磨耗（不含翼轨加高部分），50 kg/m 及以下钢轨，在正线上超过 6 mm 到发线上超过 8 mm，其他站线上超过 10 mm；60 kg/m 及以上钢轨，在允许速度大于 120 km/h 的正线上超过 6 mm,其他正线上超过 8 mm,到发线上超过 10 mm,其他站线上超过 11 mm;可动心轨宽 40 mm 断面及可动心轨宽 20 mm 断面对应的翼轨垂直磨耗(不含翼轨加高部分)超过 6 mm(33 kg/m 及其以下钢轨由铁路局规定)。

b. 垂直裂纹长度(含轨面部分裂纹长度)超过表 6.14 所列限度者。

表 6.14　垂直裂纹　　　　　　　　　　单位:mm

项　目	辙叉心		辙叉翼
	宽 0~50	宽 50 以后	
一条裂纹长度	50	50	40
两条裂纹相加	60	80	60

c. 纵向水平裂纹长度超过表 6.15 所列限度者。

表 6.15　纵向水平裂纹　　　　　　　　单位:mm

项　目	辙叉心	辙叉翼	轮缘槽
一侧裂纹长度	100	80	200
一侧裂纹发展至轨面(含轨面部分裂纹长度)	60	60	
两侧裂纹贯通(指贯通长度)	50		
两侧裂纹相对部分长度			100

d. 叉趾、叉跟轨头及下颚部位裂纹超过 30 mm。

e. 叉趾、叉跟浇注断面变化部位斜向或水平裂纹长度超过 120 mm,或虽未超过 120 mm,但裂纹垂直高度超过 40 mm。

f. 底板裂纹向内裂至轨腰,并超过轨腰与圆弧的连接点。

g. 螺栓孔裂纹延伸至轨端、轨头下颚或轨底,两相邻螺栓孔裂通。

h. 辙叉心、辙叉翼轨面剥落掉块长度超过 30 mm,且深度超过 6 mm。

可动心轨道岔的普通钢轨接头应使用 10.9 级螺栓,扭矩应保持 700~900 N·m。

可动心轨道岔的长心轨实际尖端至翼轨趾端的距离(简称尖趾距),容许误差:12 号为 $^{+10}_{0}$ mm,18 号为 $^{+15}_{0}$ mm,30 号及以上为 $^{+25}_{0}$ mm。

(10)其他需要测量的尺寸。

① 尖轨在第一拉杆中心处的最小动程:直尖轨为 142 mm,曲尖轨为 152 mm;AT 型弹性可弯尖轨 12 号普通道岔为 180 mm,12 号提速道岔为 160 mm;18 号道岔允许速度大于 160 km/h 时为 160 mm,允许速度不大于 160 km/h 时为 160 mm 或 180 mm(具体按标准图或设计图规定办理);其他型号道岔按标准图或设计图办理。

② 尖轨跟端直向轨距加宽向辙叉方向递减,距离为 1.5 m。导曲线中部轨距加宽,直尖轨时向两端递减至距尖轨跟端 3 m 处,距辙叉前端 4 m 处;曲尖轨时按标准图或设计图办理。导曲线支距按道岔标准图或设计图设置,在导曲轨与基本轨工作边之间测量。导曲线可根据需要设置 6 mm 的超高,并在导曲线范围内按不大于 2‰顺坡。

③ 轮缘槽宽度。护轨平直部分轮缘槽标准宽度为 42 mm。侧向轨距为 1 441 mm 时，侧向轮缘槽标准宽度为 48 mm，容许误差为轮缘槽宽度 $^{+3}_{-1}$ mm。辙叉心轮缘槽标准宽度（测量位置按标准图或设计图规定）为 46 mm，容许误差为 $^{+3}_{-1}$ mm。轮缘槽宽度的量取位置与轨距量取位置相同。

④ 尖轨非工作边与基本轨工作边的最小距离为 65 mm，容许误差为 –2 mm。

⑤ 查照间隔（辙叉心作用面至护轨头部外侧的距离）不得小于 1 391 mm。护背距离（辙叉翼作用面至护轨头部外侧的距离）不得大于 1 348 mm，测量位置按设计图纸规定。

（11）道岔加强设备需满足表 6.16 的要求。

表 6.16 正线道岔防爬器安装数量和方式

安装位置	安装方向	9 号道岔/对 单线	9 号道岔/对 双线	12 号道岔/对 单线	12 号道岔/对 双线	18 号道岔/对 单线	18 号道岔/对 双线
尖轨跟后	正方向/反方向	4/4	4/4	6/6	8/4	6/6	6/6
中间部分	正方向/反方向					4/4	6/2
辙叉趾前	正方向/反方向	4/4	6/2	4/4	6/2	6/6	8/4

注：① 到发线道岔比照正线道岔办理。
② 其他型号道岔，可比照本表安装。

任务 6.4 道岔设备养护维修

6.4.1 普通单开道岔计划维修作业

1. 道岔大型养路机械捣固维修作业

道岔大型养路机械捣固维修是对道岔（调节器）平面和纵断面进行测设及优化，通过全面起道、拨道、改道、捣固、稳定，调整几何形位，改善道床弹性的一项计划维修作业。大型养路机械是线路作业工厂化的标志，综合应用了比较先进的科学技术。

大型养路机械计划维修作业分为作业前、作业中、作业后三个阶段。作业前、后阶段由工务段独立自行完成，作业中的工作量由大型养路机械在工务段的配合下完成。而且在作业中，多项线路作业可一次完成，作业后的线路质量和线路的稳定性都有很大提高，以适应列车提速的要求。

目前使用的捣固车一般采用单弦检测轨道方向，双弦检测轨道的前后高低。捣固车线路参数测量装置的精度，是保证线路维护作业质量的关键因素。

本节以 08-475 型道岔捣固车（图 6.12）为例，进行讲述。08-475 型道岔捣固车能对道口、道岔和平直线路进行起道拨道和捣固作业的多功能捣固车。它的走行部分与 08-32 型捣固车相似，但在捣固装置上有很多差异，由 16 个可单独运动的捣镐组成，捣镐可根据道岔、道口等宽度变化而调整所在位置，通过捣固架外伸，可同时对多条钢轨进行作业。

图 6.12　08-475 道岔捣固车

08-475 型道岔捣固车主要工作性能参数如表 6.17 所示。

表 6.17　08-475 型道岔捣固车主要工作性能参数

作业条件项目	参数	主要性能项目	参数
最小可通行水平半径	180 m	最小可作业水平半径	180 m
最小可通行垂直半径	900 m	跨距超过 3 m 时的最大允许轨道扭曲（未支承机器）	10 mm/m
最大可通行超高	180 mm	跨距超过 3 m 时的最大允许轨道扭曲（已支承机器）	5 mm/m
最大可通行坡度	35‰	最大可作业超高	180 mm
最高自行速度	90 km/h	最大可作业坡度	1∶100
最高联挂速度	100 km/h	跨距超过 10 m 时的垂直曲率误差	50 mm

08-475 型道岔捣固车采用的柴油机，型号为 KHD BF12L513C，输出功率为 348 kW。

08-475 型道岔捣固车采用"分片式捣镐"捣固排可以对普通线路和道岔进行维护。"分片式捣镐"捣固排彼此分开，每排的左侧和右侧可以单独放下，捣固排也可以横向移动。"分片式捣镐"捣固排的控制很简单，可由一个或两个操作人员在主作业司机室完成。

在一个工作循环中，每个捣固装置的 4 个捣固镐处于作业状态，轨枕基础在一个工作循环中便可形成。当维护道岔时，需要分别放下捣固装置的一半捣镐。此外，必须横向移动捣固装置，以便达到钢轨和轨枕之间的交叉点。

捣固装置装在一个特殊框架上，该框架可以旋转。这样，即使轨枕位置有一定的角度（达到 ±8.5°），也可以满足其捣固作业的要求。

捣镐普通线路时，08-475 与其他所有标准的普通线路捣固机相似，每个工作循环中使用全部 16 个捣固镐作业。

捣固道岔时，道岔的捣固在很大程度上与普通线路相似，不过，在道岔的某些部位需要对捣固排进行特殊的定位，即要求每个捣固排一半捣固镐可以分别放下并可横向移动。与普通线路捣固装置相比（普通线路捣固装置只可做横向运动），其优点是在道岔的窄小区域也同样可以进行捣固。内侧和外侧捣固臂向内偏转最大可达15°，向外偏转最大可达85°。

08-475捣固车捣固普通线路与其他所有标准的普通线路捣固机相似，每个工作循环中使用全部16个捣固镐作业。捣固道岔在很大程度上与普通线路相似，不过，在道岔的某些部位需要对捣固排进行特殊的定位，即要求每个捣固排一半捣固镐可以分别放下并可横向移动。与普通线路捣固装置相比（普通线路捣固装置只可做横向运动），其优点是在道岔的窄小区域也同样可以进行捣固。

08-475捣固车号位分布如图6.13所示。

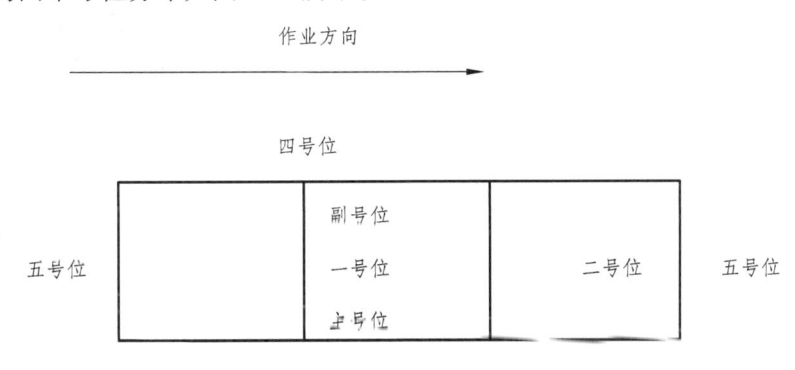

图6.13　08-475捣固车号位分布

（1）作业前准备工作。

① 进行施工前技术交底和职工教育，确保每个单位、每个人员职责明确，确定道岔捣固施工任务量，重点确定道岔每一部位起拨道量等。

② 大型养路机械运行前，各车司机长应对本车的制动系统、走行系统、安全保护装置等有关部位进行全面检查、确认，试风试闸，各工作装置、检测装置锁定到位、可靠，安全链拴挂有效。发动机启动后，本务车司机应开启无线列调电台、机车信号和运行监控装置等三项安全设备并进行自检，确保三项安全设备技术状态良好。

③ 混凝土枕地段，利用封锁天窗，捣固前撤除所有调高垫板，整修线路。

④ 道岔捣固作业中的配合工作：

a. 负责道岔捣固作业区段两端及工务段作业范围的安全防护。

b. 每台道岔捣固车后安排质量检查监督人员，检查人员与道岔捣固车保持不少于6 m的距离。

c. 道岔脱杆捣固施工时，电务转撤机连杆拆除后，工务段负责道岔直股使用钩锁器进行加固、锁定，导曲线尖轨部位使用木楔进行定固，确保作业车辆通过时不发生位移。

（2）作业的技术规定即程序。

① 道岔维修捣固作业的技术规定。

a. 作业范围包括岔区及其前后各50 m的线路，一次起道量应控制在10~50 mm，接头、辙叉、尖轨曲向可弯部位增加捣固次数。

b. 拨道采用三点法或四点法，拨道量不超过 20 mm，如图 6.14 所示。

c. 钢枕、辙叉附近轨枕和尖轨转辙器 2 根枕等捣固车不能捣固的区域，以及受运输条件限制，捣固车不能同时捣固的曲股，应采用小型机械捣固。

d. 采用小型机械捣固曲股，应在道岔捣固车对第三点起道时进行。

② 作业程序。

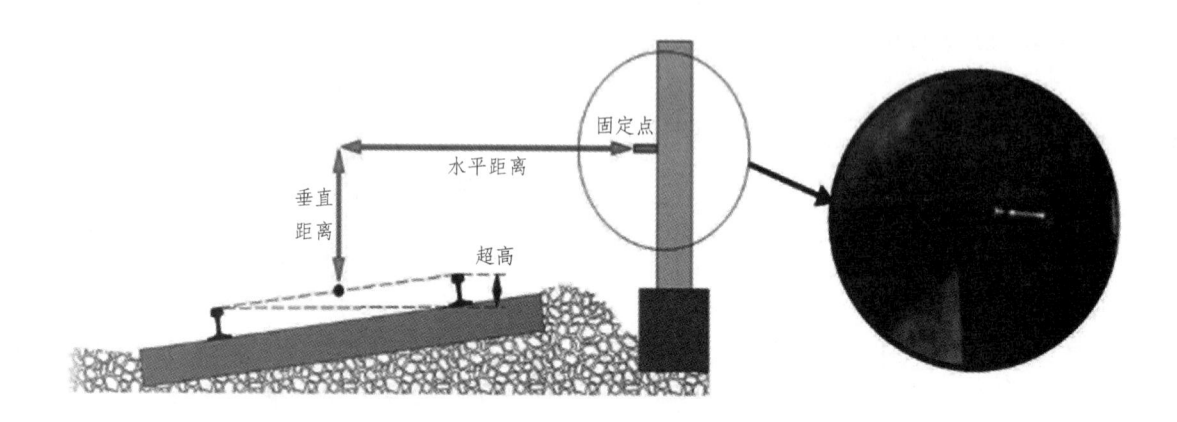

（a）

（b）

图 6.14　拨道量测量

a. 一号位作业（主操作位）。

• 作业前。检查主号位和副号位操作间所有面板上的仪表、开关、按钮、保险、旋钮、指示灯、操纵杆、手柄是否处于正常状态或正确位置，以及检查各油箱油位是否满足要求；仪表和指示灯显示不正常应及时查明原因并恢复；按钮、保险、旋钮、操纵杆、开关、手柄等不在正确位置的要立即恢复到正确位置。

当道岔捣固车到达施工地点后（图 6.15），先停车停机，由副号位结合上液压泵后，再次由二号位启动发动机。（注意：液压泵啮合和脱开时，必须关闭发动机。）

图 6.15 道岔捣固车到达施工地点

- 放车（得到施工负责人或车长通知后），作业。

——道岔捣固作业的基本循环方式是：线路捣固——道岔捣固——线路捣固。

——线路捣固作业时，由主号位全过程操作，副号位监控。

——道岔捣固作业时，由主号位和副号位单独操作。

——鸣笛，前后移动道岔捣固车，找好作业零点和拨道零点后，当拨道表指针回到红区内，再打开拨道控制主开关至开关右侧位（自动拨道控制开关），如使用激光拨道装置，应使激光拨道对中后，得到二号位通知，再鸣笛作业。

——根据实际情况，设定捣固装置的下插深度和夹持时间。下插深度保证下插到位后镐头上沿距离枕木底下沿 15 mm，夹持时间一般打到"3"即 0.6 s。

——选择起道钩或夹轨轮作业模式，并负责控制该侧起道钩或滚轮夹钳。

——在道岔捣固中，原则上由捣固曲股一侧的号位控制走行踏板。在适当的位置解锁、分离（或合拢、上锁）该侧两个捣固单元，提升、解锁、降下（或提升、上锁、降下）该侧辅助起道装置。

——根据作业需要，按下前、后端拨道弦线位移开关，移动拨道弦线，确保捣固装置在良好的位置下插。

——长枕地段负责打开长枕反压力控制开关。

——注意观察拨道表指针显示情况，根据需要及时打开拨道增益开关或过压拨道开关。按实际情况调节拨道点电位计或过压拨道增益。

——注意观察起道表和横向水平表（作业区电子摆和后电子摆）的指针显示情况，根据需要及时调整起道零点和实施横向水平修正。

——道岔捣固中，在适当位置打开起道保持开关。

——道岔捣固中，认真按照道岔捣固作业流程图进行捣固。

• 作业结束（收车）。收车时，负责关闭该侧起道钩和滚轮夹钳的作业模式选择开关，确认滚轮夹钳张开和起道钩置于正确位置（其开关置"0"位）。将该侧捣固装置实行横向锁定和所有捣镐置于正常位置。

收车后，协助一号位共同确认所有气锁定机构的指示灯是否正常（锁定指示灯亮绿灯为正常），并将有关开关置于关闭位。

b. 二号位作业。

与一号位作业相同，首先确认各个部件状态正常，然后摘车、放车，确认前司机室准备好后，通知一号位可以作业，并开始顺坡。

• 原则上，控制起道量不大于1‰的顺坡率，顺坡至标注的基本起道量。

• 开始作业时，因线路的特殊情况，应快速调定起道零点，可灵活调整起道量（向正值顺或向负值顺），直到前司机室左右起道表的指针在红区中间或红区左侧边缘（至少有一个指针），再以不大于1‰的顺坡率，顺坡至标定的基本起道量。

——作业中，单独负责该侧捣固装置、起拨道装置（起道钩或滚轮夹钳）和辅助起道装置的操纵。

——道岔捣固作业中，原则上由捣固曲股一侧的号位操作手控制走行踏板，并在适当的位置解锁、分离（或合拢、上锁）该侧两个捣固单元以及提升、解锁、降下（或提升、上锁、降下）该侧辅助起道装置。

——监视操作间内有关指示灯、报警指示灯，发现问题及时报告车长进行处理。

——监视润滑系统的工作情况，如有异常情况，立即通知检修人员处理。

——当捣固作业中发现主号位有误操作迹象时，来不及口头制止应及时踏下右侧捣固装置下降停止踏板。

——捣固作业中，认真按照道岔捣固作业流程图进行捣固。

c. 三号位作业。

作业中负责监督捣固装置和起拨装置的对位，要求指挥手势正确标准。

负责指挥起道钩和滚轮夹钳的转换以及起道钩"1"位和"2"位的转换和对位，确保工务、电务、供电设备不得损坏。

指挥捣固装置横移、捣镐翻转、捣镐角度的调整、拨道弦线的移动。

根据作业点位置指挥右侧捣固装置的两个捣固单元的分离（或合拢），指挥辅助起道装置放下和对位（或收起）。

监视测量小车（共五对）和前后探测杆工作是否正常，发现情况及时通知一号位停车处理。

观察道岔附近的各种线路设备和障碍物是否影响作业，若影响则通知一号位采取相应措施。

监听右侧捣固装置油马达的运转情况，监视右侧捣固装置的工作情况。

监视右侧液压系统及气动系统有无泄漏情况。

防止外单位人员和机具侵入机械两侧本车限界。

d. 四号位作业。

作业中负责监督捣固装置和起拨装置的对位，正确运用标准手势。

负责指挥起道钩和滚轮夹钳的转换以及起道钩"1"位和"2"位的转换和对位，确保工务、电务、供电设备不得损坏。

指挥捣固装置横移、捣镐翻转、捣镐角度的调整、拨道弦线的移动。

根据作业点位置指挥左侧捣固装置的两个捣固单元的分离（或合拢），指挥辅助起道装置放下和对位（或收起）。

监视测量小车（共五对）和前后探测杆工作是否正常，发现情况及时通知一号位停车处理。

观察道岔附近的各种线路设备和障碍物是否影响作业，若影响则通知一号位采取相应措施。

监听左侧捣固装置油马达的运转情况，监视左侧捣固装置的工作情况。

监视左侧液压系统及气动系统有无泄漏情况。

防止外单位人员和机具侵入机械两侧本车限界。

e. 五号位作业。

关键地段做好明显标记，并提醒相关操作人员。

测量道岔原始水平，并做好有关标记和提醒一号位注意操作。

在变化和重要作业地点，协助三号位、四号位作业，确保施工安全。

负责机械后方邻线来车的防护，及时通知有关人员下道避车。

负责退车 2 m 以上时的瞭望、防护及信号、道岔方向的确认。

检查作业后质量，发现问题及时通知施工负责人和车长、一号位，并提示车长安排返工。

使用激光作业时，放激光小车、安装激光发射器和电池箱。

激光作业中，负责调整标准激光发射器到正确位置上，并通知二号位；随时监视激光发射器工作是否正常，如有问题及时通知二号位。

根据作业需要，督促工务配合人员对不能捣固的地段安排人工作业。

③ 作业全过程控制。

a. 严禁在对设备进行巡查、指挥和故障处理时站、走临线。

b. 遇机械不能作业地点，必须通知工务配合人员安排人工作业，确保行车安全和线路质量。

c. 遇设备故障不能继续作业时，车长应立即向施工负责人汇报（如并组施工时，请求安排临近的道岔捣固车过来顺坡，确保行车安全和线路质量）。

d. 严禁在缓和曲线地段顺坡。作业起止顺坡率应按照《铁路线路修理规则》的有关要求，允许速度不大于 120 km/h，顺坡率不大于 2‰；允许速度为 120～160 km/h 时，顺坡率不大于 1‰；允许速度大于 160 km/h 时，顺坡率不大于 0.8‰。

e. 一次起道量超过 50 mm，必须双捣，石碴不足地段严禁大起大拨。

f. 维修作业中，一次拨道量不宜超过 20 mm，当拨道量超过 20 mm 时，必须对线路进行目测观察，并与工务人员核对。影响临线道岔时，必须与工务部门协商，并相应减少拨移量。

g. 作业完毕后，机械车应（前或后）移开作业道岔，车长会同工务质量验收人员一起进行检查，确认水平、方向、高低均达到要求后才能收车。

h. 机械车从直股转入曲股（或曲股转直股），必须与车站和驻站联络员联系后，并得到同意后，确认进路正确方准动车。

i. 道岔作业完毕后，车长要及时向施工负责人汇报，交电务调试，保证线路按时开通。

道岔捣固车捣固作业如图 6.16 所示。

(a)

(b)

图6.16 道岔捣固车捣固作业

（3）作业结束。

① 收车准备。

先进行顺坡作业，然后关断自动拨道系统，二号位发出停止作业的指令，并且左、右起道指示表及横向水平指示表均在红色范围内，鸣笛二短一长停止作业并停车。停稳后，切断走行控制信号，降低柴油机转速至怠速（1 150 r/min）运转，依次松开拨道弦线、抄平弦线，撤除各检测小车的横向预加载。

② 锁定作业装置及各检测小车。

停止捣固装置振动马达运转，关闭自动横移控制开关，操作捣固装置提升阀使捣固装置提升，锁定后解除提升阀，拴上左右两侧捣固装置的保险索。

停止夯实器振动马达运转，操作夯实器提升阀使夯实器提升，告知地面辅助人员锁定后解除提升阀，拴上保险索。

锁定起拨道装置、固定激光小车、锁定各检测小车后，司机室各作业开关回位，并将捣固车从作业状态转换成运行状态。

最后连挂运行，返回驻地后，进行交接班维护保养。

③ 工务维修人员，调整道岔（调节器）各部尺寸，拨正曲线，调整超高。

2. 道岔钢轨打磨列车打磨作业

（1）道岔打磨作业的原则。

① 打（铣）磨列车对成段钢轨或整组道岔（调节器）进行修理。

② 小型钢轨打磨机对焊缝、道岔（调节器）打磨列车打磨受限区等进行打磨修理，并做好廓形平顺连接。

（2）道岔打磨作业的技术规定。

① 新轨或波磨深度不超过 0.3 mm 时，采用预防性打磨方式，否则应采用修理性打磨方式。

预防性打磨的作业遍数一般为 10 遍，修理性打磨的作业遍数一般不少于 12 遍。重点地段钢轨伤害较大的区段，按工务段要求增加打磨遍数。

② 相连两段线路重叠打磨的区域不少于 3 m。

③ 影响打磨作业的设备作业前须临时拆除。

④ 有砟轨道线路的打磨作业宜安排在捣固车捣固后进行。

⑤ 道岔打磨区域为岔前 50 m 到岔后 50 m。

⑥ 对岔心和岔尖，根据安全运行要求和维修养护需要确定是否打磨。

⑦ 作业前应仔细调查线路，确定各区段的主要病害，制订相应的打磨方案，剔除极个别病害特别严重的部位，减少打磨遍数，降低金属切削量。

⑧ 两组道岔间距离小于 150 m 的线路需打磨，其余应该使用道岔打磨车进行打磨。如有作业衔接点，则重叠区域不少于 3 m。

⑨ 交叉渡线和翼轨高于基本轨的区域不打磨。

⑩ 打磨直股时已经打磨过的尖轨转辙部分，在打磨侧股时可跳过。

⑪ 打磨作业前，应提前计算打磨列车行驶的距离，确定打磨电机提升的位置，尽量缩短提升位置到道岔的距离，发挥过障碍的功能。

⑫ 打磨作业后应立即清除车体上残留的铁屑块，及时清除轨道板、钢轨表面上的打磨碎屑，过道岔时需确认道岔内无磨屑块掉落。

⑬ 作业中走行速度为 6~8 km/h，打磨功率不得大于 75%。

⑭ 打磨完成后，采取 50%~60%打磨功率、8 km/h 左右的走行速度对被打磨钢轨进行一遍抛光作业，消除轨面切削纹，粗糙度不大于平磨 6.3 μm。

⑮ 道岔打磨作业质量评定：

a. 道岔打磨作业标准为：打磨后的钢轨纵向平顺度用波磨尺检查，矢度不得大于 0.2 mm；钢轨作用边无肥边；轨横断面用"智能全断面钢轨磨耗测量系统"检查，钢轨的大概轮廓应与标准钢轨横断面大致吻合。

b. 验收单位为 1 组，波磨检查剩余波磨深度大于 0.2 mm 处不大于 10%，且不允许有大于 0.35 mm 的波磨，消除钢轨作用边肥边。

（3）打磨列车施工区段封锁前，工务段需进行施工配合工作。

① 施工前必须做好钢轨磨耗情况的调查，在钢轨打磨作业前一周，对打磨地段钢轨波磨深度、肥边厚度等情况进行检查测量，每股钢轨每公里测点不少于 10 个，测点要均匀分布，并做好标记，测量数据提供给钢轨打磨队，供施工单位制定打磨工艺。（一般情况下，工务段做不到这么细，只能提供大概情况，需要现场调查，确定方案。）

② 对需要打磨作业地段出现的局部高、低焊接接头，轨头剥落掉块等缺陷预先进行调直、打磨和焊补，予以消除。

③ 工务段负责对施工地段线路进行检查，清除鼓包夹板、桥梁护轮轨和线路两侧 5 m 范围内的易燃物品，对钢轨打磨作业中线路两侧的消防安全负责。

④ 钢轨打磨作业时，线路封锁地段两端安全防护由工务段设置。

（4）RGH-20C 型道岔打磨车作业。

RGH-20C 型道岔打磨车是我国工务常用的一种大型养路机械，由 2 节车组成，双向运行及作业，采用静液压传动，有高速运行和低速运行两个模式；高速运行最大速度为 80 km/h，作业时采用低速模式，速度为 5~8 km/h；安装有 20 个打磨头，左右各 10 个，其中每侧各有 2 个专门打肥边的大磨石。每组道岔打磨 12 遍，具体根据道岔病害情况相应增加打磨遍数。

号位分布如图 6.17 所示。

三号位

| 六号位 | 二号位 | 一号位 | 五号位 |

四号位

作业 →

图 6.17　道岔钢轨打磨列车号位分布

① 一号位作业程序。

a. 运行前的准备工作。

- 撤除一号车铁鞋、松开手制动。
- 打磨头、打磨小车和打磨小车导向轮必须提起并锁定。
- 对打磨车进行充风试闸，对车载电台进行检查。
- 检查走行照明灯、标志灯和雨刮器，确保其能正常工作。
- 检查随车所带的安全防护用品是否齐全完好。
- 确认手制动在关闭位。
- 确认制动阀在缓解位或过充位。
- 转换至所需挡位。
- 提高发动机转速到 1 800 r/min，同时系好安全带。
- 鸣笛一长声，推动驱行手柄前进。
- 放车。

b. 作业步骤。
- 输入一个或一组打磨方式。
- 按压所需要的打磨头按钮或小车控制面板顶部的导向轮标志按钮,选择启动一个或全部。
- 激活选择的模式。
- 打开集尘器开关。
- 打开警灯开关。
- 用调整菜单中部喷水选择按钮选择打磨车的喷水方式。
- 检查两个车的集尘器滤芯显示表指针范围(3~6英寸)。
- 下压力的大小通过打磨功率面板设定。
- 使用恒速控制菜单设置打磨恒定速度。
- 提升发动机转速至 1 800 r/min。
- 缓解,朝作业方向推动驱行手柄。
- 作业时必须确保作业质量,满足《铁路线路修理规则》要求。

c. 过程监控。
- 到达起始地点时,按压 PASS 开关作业。
- 到达结束地点时,按压 PASS 开关提起。
- 作业过程中与五号位、六号位、随车质量验收员保持联系,坚持呼唤应答。

d. 作业结束(收车)。
- 发动机置于 900 r/min。
- 关闭喷水开关。
- 关闭两车集尘器开关。
- 关闭打磨头。
- 提升打磨小车。

e. 返回驻地。
- 打磨小车、打磨头、导向轮必须提升并锁定在运行位置。
- 检查走行照明灯、标志灯和雨刮器,确保其功能正常。
- 转换至所需挡位。
- 确认手制动在关闭位。
- 确认制动阀在缓解位或过充位。
- 提高发动机转速到 1 800 r/min,同时系好安全带。
- 鸣笛一长声,推动驱行手柄前进。
- 驾驶打磨车到停留线,平稳地将其停在预定的位置。
- 设置铁鞋,拧紧手制动。
- 对液压系统、柴油机进行检查保养。
- 完成车长安排的其他任务。

② 二号位作业程序。

a. 运行前的准备工作。
- 撤除二号车铁鞋、松开手制动。
- 打磨头、打磨小车和打磨小车导向轮必须提起并锁定。

- 对打磨车进行充风试闸,对车载电台进行检查。
- 检查走行照明灯、标志灯和雨刮器,确保其能正常工作。
- 检查随车所带的安全防护用品是否齐全完好。
- 确认手制动在关闭位。
- 确认制动阀在缓解位或过充位。
- 转换至所需挡位。
- 提高发动机转速到 1 800 r/min,同时系好安全带。
- 鸣笛一长声,推动驱行手柄前进。

b. 放车。
- 降低发动机转速到 900 r/min。
- 在监视器上,按压小车下降/上升按钮,打磨小车下降。当导向轮解锁并下落到钢轨上时,监视器上的下降指示灯变亮。

c. 作业。
- 输入一个或一组打磨方式。
- 按压所需要的打磨头按钮或小车控制面板顶部的导向轮标志按钮,选择启动一个或全部。
- 激活选择的模式。
- 打开集尘器开关。
- 打开警灯开关。
- 用调整菜单中部喷水选择按钮选择打磨车的喷水方式。
- 检查两个车的集尘器滤芯显示表指针范围(3~6英寸)。
- 下压力的大小通过打磨功率面板设定。
- 使用恒速控制菜单设置打磨恒定速度。
- 提升发动机转速至 1 800 r/min。
- 缓解,朝作业方向推动驱行手柄。
- 作业时必须确保作业质量,满足《铁路线路修理规则》要求。

d. 过程监控。
- 到达起始地点时,按压 PASS 开关作业。
- 到达结束地点时,按压 PASS 开关提起。
- 作业过程中与五号位、六号位、随车质量验收员保持联系,坚持呼唤应答。

e. 作业结束(收车)。
- 发动机置于 900 r/min。
- 关闭喷水开关。
- 关闭两车集尘器开关。
- 关闭打磨头。
- 提升打磨小车。

f. 返回驻地。
- 打磨小车、打磨头、导向轮必须提升并锁定在运行位置。

- 检查走行照明灯、标志灯和雨刮器，确保其功能正常。
- 转换至所需挡位。
- 确认手制动在关闭位。
- 确认制动阀在缓解位或过充位。
- 提高发动机转速到 1 800 r/min，同时系好安全带。
- 鸣笛一长声，推动驱行手柄前进。
- 驾驶打磨车到停留线，平稳地将其停在预定的位置。
- 设置铁鞋，拧紧手制动。
- 对液压系统、柴油机进行检查保养。
- 完成车长安排的其他任务。

③ 三号位作业程序。

a. 运行前的准备工作。

- 检查作业车的左侧（一号车方向）的工作装置，打磨头、打磨小车和打磨小车导向轮确保处于良好锁定状态。
- 检查左侧车辆下方有无影响行车的障碍物，风管、折角塞门、左侧风缸排风是否正常。
- 检查左侧 12 个侧门、2 个材料柜门是否锁好。

b. 作业。

- 到达作业地点与四号位一起负责解除机械车灭火系统的环形锁，并随时观察火情和负责消防灭火任务。
- 在一、二号位放车完毕后，检查打磨头、打磨小车和打磨小车导向轮是否处于正确状态。如有问题迅速通知一、二号位并协助置于正确位置。
- 作业过程中每 5~10 min 对作业车左侧的液压系统、气动系统、柴油机、工作装置、动力传动及走行制动系统等巡视检查一次确认是否正常情况。发现异常情况及时通知一号位、二号位、车长，若遇到非常情况，应立即采取停车措施。
- 作业过程中每 5~10 min 对作业车左侧的磨头、小车、导向轮巡视检查一次，确认是否有异响、磨头联结部是否松脱等情况，发现异常情况及时通知一号位、二号位、车长，若遇非常情况，应立即采取停车措施。
- 作业过程中每 5~10 min 对作业车发动机左侧巡视检查一次，确认是否有异响，各发电机连接部是否松动，各传动皮带是否断裂，是否有降功现象，是否有漏油等情况。发现异常情况及时通知一号位、二号位和车长，若遇非常情况，应立即采取停车措施。
- 作业过程中发现导向轮脱轨及时通知一、二号位，并协助一、二号位将其放置到位。
- 注意观察线路左侧附近各种设备和障碍物是否影响机械的作业。若影响应及时通知一、二号位，且与一、二号位协助采取相应措施进行作业，并监督执行情况。
- 作业时，与工务随车质量验收人员对作业后线路质量进行检查，并将质量检查情况通知一、二号位。

c. 返回驻地。

- 对操纵装置和电气、气动控制系统进行检查保养。
- 完成车长安排的其他任务。

④ 四号位作业程序。

a. 运行前的准备工作。

- 检查作业车右侧（一号车方向）的工作装置，打磨头、打磨小车和打磨小车导向轮确保处于良好锁定状态。
- 检查右侧车辆下方有无影响行车的障碍物、风管、折角塞门、左侧风缸排风是否正常。
- 检查右侧12个侧门、2个材料柜门是否锁好。

b. 作业。

- 到达作业地点与三号位一起负责解除机械车灭火系统的环形锁，并随时观察火情和负责消防灭火任务。
- 在一、二号位放车完毕后，检查打磨头、打磨小车和打磨小车导向轮是否处于正确状态。如有问题迅速通知一、二号位并协助置于正确位置。
- 作业过程中每5~10 min对作业车右侧的液压系统、气动系统、柴油机、工作装置、动力传动及走行制动系统等巡视检查一次确认是否正常情况。发现异常情况及时通知一号位、二号位、车长，若遇到非常情况，应立即采取停车措施。
- 作业过程中每5~10 min对作业车右侧的磨头、小车、导向轮巡视检查一次，确认是否有异响、磨头联结部是否松脱等情况，发现异常情况及时通知一、二号位、车长，若遇非常情况，应立即采取停车措施。
- 作业过程中每5~10 min对作业车发动机右侧巡视检查一次，确认是否有异响，各发电机连接部是否松动，各传动皮带是否断裂，是否有降功现象，是否有漏油等情况。发现异常情况及时通知一号位、二号位和车长，若遇非常情况，应立即采取停车措施。
- 作业过程中发现导向轮脱轨及时通知一、二号位，并协助一、二号位将其放置到位。
- 注意观察线路左侧附近各种设备和障碍物是否影响机械的作业。若影响应及时通知一、二号位，且与一、二号位协助采取相应措施进行作业，并监督执行情况。
- 作业时，与工务随车质量验收人员对作业后线路质量进行检查，并将质量检查情况通知一、二号位。

c. 返回驻地。

- 对操纵装置和电气、气动控制系统进行检查保养。
- 完成车长安排的其他任务。

⑤ 五号位作业程序。

a. 运行前的准备工作。

检查一号车的各油位（柴油油位、发动机机油油位、液压油油位、冷却液液位、各齿轮箱油位）是否正常，发现不足要及时补充并报告车长。

b. 作业。

- 到达作业地点后，与六号位一起负责在钢轨上放好打磨开始标记牌"△"，作业结束后放好打磨结束标记牌"倒△"。
- 确认前方线路有无影响作业的障碍物，若影响应及时通知一、二号位，且与一、二号位协助采取相应措施进行作业，并监督执行情况。如无法作业要先通知车长，并积极与配合人员联系采取适当措施，确保施工顺利进行。

- 与工务段施工配合人员核对现场道岔资料。
- 根据作业需要测量轨温（作业前、作业中、作业后各测一次），并通知一、二号位做好记录。
- 负责作业地段的施工防护，防止作业时冒进冒出，注意邻线来车并及时通知全队。

c. 返回驻地。
- 对动力系统及走行结构、制动系统进行检查保养。
- 完成车长安排的其他任务。

⑥ 六号位作业程序。

a. 运行前的准备工作。

检查二号车的各油位（柴油油位、发动机机油油位、液压油油位、冷却液液位、各齿轮箱油位）是否正常，发现不足要及时补充并报告车长。

b. 作业。
- 到达作业地点后，与五号位一起负责在钢轨上放好打磨开始标记牌"△"，作业结束后放好打磨结束标记牌"倒△"。
- 确认前方线路有无影响作业的障碍物，若影响应及时通知一、二号位，且与一、二号位协助采取相应措施进行作业，并监督执行情况。如无法作业要先通知车长，并积极与配合人员联系采取适当措施，确保施工顺利进行。
- 与工务段施工配合人员核对现场道岔资料。
- 根据作业需要测量轨温（作业前、作业中、作业后各测一次），并通知一、二号位做好记录。
- 负责作业地段的施工防护，防止作业时冒进冒出，注意邻线来车并及时通知所有作业人员。

c. 返回驻地。
- 对动力系统及走行结构、制动系统进行检查保养。
- 完成车长安排的其他任务。

（5）全过程控制。

① 严禁在对设备进行巡查和故障处理时站、走邻线。

② 遇机械不能作业地点，必须通知工务配合人员安排人工作业，确保行车安全和线路质量。

③ 打磨范围道岔及岔前不少于 25 m、岔后不少于 25 m；岔心部位辙岔跟端接头过一根枕木至辙岔始端接头过一根枕木禁止打磨；内直股尖轨尖端至尖轨尖端后六根枕木之间禁止打磨。

④ 遇设备故障不能继续作业时，车长应立即向施工负责人汇报，确保行车安全和线路质量。

⑤ 车长应保持与施工负责人联系，及时将本车作业情况汇报，保证线路按时开通。

⑥ 作业完毕后，机械车应移开打磨地段，车长会同工务质量验收人员一起对打磨地段进行检查，确认波磨、肥边、擦伤达到验收标准后才能收车。

⑦ 按《随车质量验收记录》要求做好施工中的各种记录，在高温季节记录好轨温。

6.4.2　普通单开道岔临时补修作业

1. 临时补修作业内容和注意事项

临时补修是指以小型养路机械为主要作业手段，对道岔轨道几何不平顺超过临时补修容许偏差管理值及其他不良处所进行的临时性整修，以保证行车安全和平稳。主要有以下作业内容：

① 通过起道、拨道、改道和捣固等作业，整修轨道几何不平顺超过临时补修容许偏差管理值的处所。

② 更换或处理折断、重伤钢轨及焊缝。

③ 更换达到更换标准的伤损夹板，更换折断的接头螺栓、道岔护轨螺栓、可动心轨凸缘与接头铁联结螺栓、可动心轨咽喉和叉后间隔铁螺栓、长心轨与短心轨联结螺栓、钢枕立柱螺栓等。

另外，针对道岔临时补修和维护作业，还要注意以下几个方面：

① 道岔铺设上道后的一周内，应加强捣固道床，尤其应加强转辙器部分、叉心部分的捣固，使道岔尽快处于稳定的状态。

② 滑床台板表面、转动机构、移动工件表面应定期涂抹润滑油。

③ 螺纹外露表面应涂防腐蚀油脂。

④ 钢轨出现飞边时，应及时进行打磨。

⑤ 应转换设备枕木间的异物，以使转换机构运转灵活。

⑥ 为防止心轨侧磨，应定期检查调整护轨的间隔。

⑦ 定期检查和拧紧各坚固螺栓。

⑧ 定期检查和维护道岔内的绝缘件，以保证信号系统正常工作。

⑨ 定期检查弹片是否出现折断或严重变形，并及时更换。

⑩ 定期检查轨距，若发现轨距出现超差时，可用调整轨距块大小面来调整轨距。

在上道过程中还应注意以下几点：

① 应将岔前、岔后的枕木按规定换成Ⅲ型混凝土枕。

② 对于道岔方向、平顺度须认真调整，否则无法控制尖轨、基本轨密贴，对今后维护、保养也极为不利。

③ 转辙器、叉心区必须重点捣固，检查尖轨是否落实到滑床板上。

④ 检查 Q 值和电转机安装岔枕是否发生变化。

⑤ 检查顶铁是否有顶死现象。

2. 道岔起道和捣固作业

（1）作业目标。

① 在对道岔进行养护维修时，对道岔范围内的水平、高低、三角坑进行调整。

② 整治坑洼、下沉，增加道床厚度，调整纵断面而进行的局部或全面起道捣固，恢复道岔平顺性，保证行车安全。

（2）作业条件。

① 按规定指定专人担任施工作业负责人，并按规定设置好防护条件。

② 无缝道岔起道作业允许轨温条件，按实际锁定轨温计算在 ±10 ℃ 之间进行。
③ 道岔转撤部（含可动心轨）作业时，必须通知电务人员配合。
（3）作业程序。
① 作业准备。
根据工作量调查情况准备以下机具材料：
- 工具：道尺、L 形轨道卡尺、液压起道机 2 台、内燃冲击镐、捣镐、石碴筛、石碴耙、石碴叉子、弦线、小钢尺、石笔、轨温计。
- 量具、机具检查：起道作业前，由起道负责人对当日使用的各种量具进行检查核对（道尺必须定期由计量部门进行检定，保持量具准确）；由起道机手检查起道机状态是否完好；内燃冲击镐手检查内燃冲击镐是否良好，油箱油料是否充足，并带足油料。
- 首先测量轨温，确认是否符合作业轨温条件，做到超温不作业，严格执行作业前、作业中、作业后测量轨温制度。
- 驻站联络员与现场及两端防护员对讲机联络，现场两端设置移动停车信号防护，防护设好后方可作业。

② 划撬。
- 确认基准股：直股以直内股为基准股，曲股以取下股为基准股，高于基准股为"＋"号，低于标准股为"－"号。
- 找小坑起道：按不同速度等级线路的静态几何尺寸容许偏差管理值，对当日作业道岔，找出高低、水平、三角坑超限及空吊板处所，准确划好每撬的撬头、撬尾、坑底的位置，根据区段的通过流量及现场情况确定起道量。同时，将钢轨低头、拱腰、吊板等划上重捣标记，设有定位桩的道岔划撬，采用眼看、L 形轨道卡尺和弦绳精确查找。
- 全面起道：根据道岔所处的位置，如道岔与线路、道岔与道岔、本线与邻线的实际高度，混凝土枕道岔还应调查钢轨与橡胶垫之间及垫板与轨枕顶面之间的调高垫板数量，还要考虑特殊建筑物、管道、电缆、转辙机拉杆的水平位置等，确定起道量，并考虑起、终点。

③ 起道。
- 找小坑看道：起道负责人俯身在道岔标准股上，一般以岔头和辙叉的高程为基点高度，在距起道机不少于 20 m 处，看钢轨头部外侧轨头下颚水平延长线上的高低情况，指挥起道机手放置起道机并按其示意的起道高度进行起道。
- 全面起道看道：一般按转辙器、连接部分、辙叉及岔后的顺序进行。先确定一点为起道标准点，标准点确定后拆除调高垫板，即可按顺序起道。根据调查确定的起道量，以道岔直向外股为标准股，起道负责人在距起道机 20~30 m 处，看钢轨头部外侧轨头下颚水平延长线，确定起道位置和起道量。
- 起标准股：根据调查起道量对标准股进行起道，做好长平。

起道负责人目视大长平，看钢轨头部外侧下颚水平延长线目测指挥起道，并根据该区段的车流量，预留一定的下沉量。

放置起道机前，先扒好起道机窝，起道机操作人要按起道负责人的手势，将起道机放置在指定位置，密切注视起道负责人的手势。

- 起非基本股、辙叉：应在标准股起好后，立即用道尺确定另一股水平，根据水平情况进行起道。尖轨中部下股应以尖轨尖端和尖轨跟端的高程为基点高度，看下股钢轨头部外侧下颚水平延长线目测起平，尖轨跟端水平，一般取直股、曲股两线的水平偏差值之和的 1/2 作为该点的水平。

连接部分对内直股或导曲线下股水平时要同时看直、曲两股水平，导曲线两股为 0 mm 水平。

锰钢整铸辙叉部分对辙叉前后直股、曲股水平时，用道尺同时测量直股、曲股水平，使直股、曲股保持在同一水平面上；辙叉护轨部分校对水平时，应待辙叉处起道机回落后根据直股、曲股水平状态，确定护轨对水平位置。

可动心轨辙叉部分起直外股对辙叉直股、曲股水平时，用道尺同时测量直股、曲股水平；曲下股对辙叉曲股、直股水平时，使直股、曲股保持在同一水平面上；起可动心轨水平时，应待可动心轨两侧镐塞打好，起道机回落后，用道尺同时测量直股、曲股水平，使直股、曲股保持在同一水平面上。

④ 打撬塞。

转辙部分当钢轨起到要求高度后直接打塞，连接部分起道机放在导曲线上股时，应在直外股和导曲线上股钢轨下同打镐塞。

起导曲线下股时，应在导曲线下股和直内股钢轨下同打镐塞。

辙叉部分辙叉起好后，应待起到负责人测量直、曲两股水平，确定镐塞是打辙叉或同时打直股或曲股后，再进行打塞。对直股或曲股水平时，应待起道负责人测量直、曲两股水平，确定镐塞是打直股护轨头部或同时打直、曲两股后，再进行打塞。

打塞者在钢轨起到要求高度后，即在起道机两侧轨枕下将枕底道砟串好打实，禁打顶门塞，保证撤出起道机后，轨道回落在预计范围内。并对打塞处不方正的轨枕应同时方正。

⑤ 复查。

起道负责人在标准股打完镐塞起道机回落后，应复查起道高度是否符合要求，对水平打完镐塞起道机回落后，应进行复查水平，不符合要求应进行反撬。

⑥ 捣固。

捣固时要加强对坑底及重点处所（尖轨尖端、辙叉部）的捣固，适当增加捣固力度和镐数。

⑦ 整理。

恢复防爬设备，回填、整理道床，夯拍密实。

⑧ 回检找细。

检查水平、高低和空吊板情况，进行整修。

⑨ 撤除防护，开通线路。

确认线路达到放行列车条件，人员、机具撤出限界以外后，施工负责人通知现场防护员撤除防护，现场防护员撤除防护用对讲机通知驻站联络员作业完毕，开通线路；驻站联络员接到现场开通线路的通知复诵确认后，进行消记。

（4）作业要求。

① 进行全组道岔起道，以岔首和辙叉的高程为基点高程，整治道岔各部位的坑洼不平顺，达到转辙部、连接部和辙叉间的前后高低平顺。

② 放置起道器前，先推扒好起道器窝，起标准股时，尖轨部分，导曲线前部，护轮轨部分，起道器放在钢轨外口。起其他股时，比照起标准股的做法，起道器放在最外一股钢轨的外口。混凝土岔枕道岔，起道器放在接头以外的轨枕孔内。

③ 尖轨跟端起道应以下股为准，一般取其直股、曲股两线的水平偏差值的和的 1/2 作为该点的起道量。

④ 导曲线起道，起下股时，导曲线长平要与尖轨跟平顺。起道器抬起道后，三股钢轨要同时打镐塞，以减少起道次数。起道时 4 股钢轨应保持在同一水平面上，导曲线上股较下股稍抬高 2~3 mm；导曲线后端直、曲股接头中间处，抬到养护标准，做好顺坡。如遇 4 股钢轨无法做到同一水平面，翻转个别导曲线岔枕，然后再进行起道捣固。

⑤ 辙叉部分起道，把起道器放在下股钢轨外侧，同时用轨距尺量上股，抬起后迅速捣固辙叉，从辙叉趾端起，或者从辙叉跟端起，按前进方向，依顺序打四面交叉镐，对辙叉心及前后接头，增加镐数。大号辙叉起道可用两台起道器同时起道。

⑥ 捣固时，每根岔枕打八面镐，捣固轨底两侧各不少于 400 mm。单开道岔的尖轨尖端转辙器拉杆处的 3 个木枕孔，交分道岔钝角辙叉可动心轨处的 3 个木枕孔，均受转辙器拉杆的影响，此处捣固采用斜向捣固或斜向柞的方法慢捣、细捣。尖轨跟部和辙叉，以及菱形钝角辙叉部位，均为列车震动冲击严重部位，捣固要细致，采用四面交叉捣固。辙叉受单侧行车影响形成偏载，应增加镐数。

⑦ 一般小坑在坑底放置起道器，漫坑除坑底外适当增加放置起道器处数。打塞时，用捣固镐在钢轨外侧枕下适当捣头。在铺设木岔枕的道岔上，起道器放在钢轨接头时，在接缝前后枕盒内向接缝两侧轨下捣实。

⑧ 起道时应考虑岔群长平的一致性，以及建筑物、管道、电缆等不受干扰，使线路与道岔，道岔与道岔之间衔接平顺，以及转辙机拉杆的水平位置。

⑨ 无缝道岔铝热焊缝处起道，起道机应放在焊缝以外不少于一个轨枕盒内，轨道电路地段起道机不得放在绝缘接头上，并不得在绝缘头轨面上滑行。

（5）技术要求。

① 水平、高低容许偏差，符合作业验收标准。

② 道床石碴饱满，捣固密实。

③ 由于起道捣固引起的有关项目，应符合各项标准。

（6）作业安全。

① 作业时气温过高，作业前应先调查轨缝，串好轨缝，捣固作业时，一根岔枕两头同时捣固，同时捣固两根以上岔枕时，至少相隔三根岔枕。

② 扒开道床，石碴堆起不得侵入限界。在列车通过前，必须将起道地段顺坡，捣固完，达到放行列车条件。

③ 与电务有关时，应通知电务部门配合作业，防止短路或断路。

3. 道岔拨道作业

（1）作业目标。

整正道岔方向不良和发生的显著变化，拨正道岔方向；调整道岔横向位移需拨道；道岔轨向超限处所，进行临时补修时重点拨道。

（2）作业条件。

① 按规定指定专人担任施工作业负责人，根据拨道量大小及列车通过容许速度确定和设置防护条件。

② 无缝道岔拨道作业允许轨温条件，按实际锁定轨温计算：在 ± 10 ℃ 之间进行。

③ 电气化区段拨道量超出线路中心位移规定值时，必须先通知接触网工区配合；影响道岔正常使用，必须先通知电务、车站人员配合。

（3）作业程序。

① 作业准备。

a. 根据工作量调查情况准备以下机具材料：道尺、L 形轨道卡尺、液压起道机或拨道器、捣镐、叉子、活口扳手、弦线、小钢尺、石笔、轨温计。

b. 量具、机具检查：拨道作业前，由拨道负责人对当日使用的各种量具进行检查核对（道尺必须定期由计量部门进行检定，保持量具准确）；由起道机手检查起道机或拨道器状态是否完好。

c. 首先测量轨温，确认是否符合作业轨温条件，做到超温不作业。并严格执行作业前、作业中、作业后测量轨温制度。

d. 驻站联络员与现场及两端防护员对讲机联络，现场两端设置移动停车信号防护，防护设好后方可作业。

② 划撬。

按照线路与道岔、道岔与道岔连接顺畅的原则，对照不同线路速度等级轨向偏差管理值标准，以直外股为标准股，确定拨道方向和拨道量。道岔拨道不得影响邻线间距、线路、道岔与信号机、站台等建筑物的距离。

③ 扒松道床。

拨道量大或道床板结时，应在拨道前将轨枕头的道砟挖开一些；拨道量不大，可用镐尖将轨枕头的道砟刨松；对难以拨动的道岔可准备几块铁垫板，垫在起拨道机下。

可动心轨道岔拨道时，要将拨动方向前的道砟扒开。

④ 松动或拆卸地锚拉杆。

设有地锚拉杆，根据道岔拨动的量，拨道前松动或拆卸有碍拨道的地锚拉杆，拆除影响拨道的其他设施，同时打压道钉或拧紧扣件。

⑤ 拨正道岔。

拨道量较大时，拨道负责人以道岔直向外股钢轨为基本股，跨站在距拨道地点 30 m 或更远的位置，背对阳光，目视两端线路及道岔；如果拨道量不大，拨道负责人站在适当位置，以外直股钢轨为基准股，目视两端和道岔，判定拨动量，进行拨移。

起道机手要注意拨道负责人的动作，根据手势拨道。在基本股最前面的人，要负责在钢轨上点撬，往回倒撬时，也要点撬。大弯需一撬倒一撬地向前拨，每拨到中间可隔 3~4 个轨枕，遇到接头时，必须插撬。遇到钢轨有硬弯时，可用起拨道机加顶调直的方法配合拨道；局部小方向可将起拨道机集中在一孔内拨正，防止撬位过长拨成反弯。拨道时应预留回弹量。

起拨道机不得安放在绝缘接头下。

⑥ 整理道床。

拨动量较大时，拨道结束后要进行捣固，将扒出的道砟和拨道机窝整平，将拨后离缝的一侧枕头石砟埋实、整平夯实，以保证质量。由于拨道引起的其他作业，应恢复到作业标准。

⑦ 作业后回检。

拨道作业完毕后进行回检，不符合标准的及时进行整修，对有关作业按技术标准要求进行验收。

⑧ 撤除防护，开通线路。

确认线路达到放行列车条件，人员、机具撤出限界以外后，施工负责人通知现场防护员撤除防护，现场防护员撤除防护用对讲机通知驻站联络员作业完毕，开通线路；驻站联络员接到现场开通线路的通知复诵确认后，进行消记。

（4）作业要求。

① 调查工作量时，发现拨道影响其他设备，或其他设备影响拨道时，与有关部门协商解决。

② 拨道人员可分两组，分别在两股钢轨相对位置上作业。

③ 拨道量较大时，拨道负责人，以道岔直向外股钢轨为基本股，跨站在距拨道地点 30 m 位置，背向阳光，目视两端线路及道岔。拨动量较大时，根据预先埋设好的测桩，指挥拨道。如果拨道量不大，拨道负责人站在适当位置，以直股钢轨为基准，目视两端和道岔，判定拨动量，进行拨移。

④ 拨道人要注意拨道负责人的动作，根据手势拨道，在基本股最前面，持撬棍的人要负责在钢轨上点撬，往回倒撬时，也要点撬。大弯需一撬倒一撬地向前拨，每拨到中间叫隔 3～4 个轨枕孔，遇到接头时，必须插撬。遇到钢轨有硬弯时，可用起道器加顶调直的方法配合拨道；局部小方向可用撬棍集中插入轨底拨正，防止拨偏，或撬位过长拨成反弯。在混凝土岔枕道岔上，用液压拨道器拨道，先扒好窝，或在起道器下垫上铁板。起道器与地面夹角在 20°左右，拨道应预留回弹量。

⑤ 拨道时要注意邻线间距，线路、道岔与信号机、站台等建筑物的距离。

（5）技术要求。

① 方向直顺，道岔及其连接曲线方向符合《修规》规定。

② 由于拨道引起的有关项目，应符合各项标准。

（6）作业安全。

有轨道电路的道岔上拨道，防止短路或断路。

4. 道岔改道作业

（1）作业目标。

改正超限轨距和轨距顺坡率不良处所、整修道岔支距、护轮轨及查照间隔和护背距离，调整各部轮缘槽尺寸。

（2）作业条件。

① 按规定指定专人担任施工作业负责人，并根据改道量大小及列车通过容许速度确定和设置防护条件。

② 无缝道岔改道作业允许轨温条件，按实际锁定轨温计算：在 ±20 ℃ 之间进行。

③ 影响电务设备时，通知电务人员配合。

（3）作业程序。

① 作业准备。

a. 根据工作量调查情况准备以下机具材料：道尺、L 形轨道卡尺、支距尺、弦绳、直尺、轨距块、起道机或改道器、撬棍、道锤、锛子、内燃扳手（T型扳手）、发电机、砂轮机、活口扳手、扣件、尼龙座、木楔、长效油脂、刷子（根据所改道岔型号及岔枕类型选用以上工具）。

b. 量具、机具检查：改道作业前，由改道负责人对当日使用的各种量具进行检查核对（道尺必须定期由计量部门进行检定，保持量具准确）；由起道机手检查起道机状态是否完好；内燃扳手操作手检查内燃扳手性能是否良好，油箱油料是否充足，并带足油料。

c. 到达作业地点后首先测量轨温，确认是否符合作业轨温条件，做到超温不作业。并严格执行作业前、作业中、作业后测量轨温制度。

d. 驻站联络员与现场及两端防护员对讲机联络，现场两端设置移动停车信号防护，防护设好后方可作业。

② 划撬。

道岔改道按直外股轨向、直内股轨距和轨距顺坡率、导曲线支距、锰钢整铸辙叉直、曲股查照间隔（1 391 mm）和护背距离（1 348 mm）或可动心轨直曲股轨距和轨距顺坡率的顺序进行。

a. 调查轨向：改道负责人站在岔前 20~50 m 左右处的钢轨上，目视直外股钢轨轨向，对目测出的轨向凸凹长度和方向进行粗略定位，用估测或 10 m 弦测（设有定位桩的线路，可用轨道卡尺测量）的方法，确定改道量，然后用道尺逐根检查直内股轨距和轨距顺坡率，对照不同线路速度等级对轨距和轨距顺坡率的偏差规定，确定超限处所，做好长度和方向标记。

b. 量支距：用支距尺测量各点支距，对照不同线路速度等级对支距的偏差规定，找出超限处所，做好长度和方向标记；然后用道尺逐根检查曲下股轨距和轨距顺坡率，对照不同线路速度等级对轨距和轨距顺坡率的偏差规定，确定超限处所，做好长度和方向标记。

c. 检查间隔及护背距离：锰钢整铸辙叉用道尺检查直、曲股查照间隔和护背距离，按1 391 mm 不能小、护背1 348 mm 不能大的规定，确定改动长度、方向和改道量并做出标记。可动心轨辙叉用弦线在辙叉趾端与跟端，拉线检查长心轨、短心轨平直度，对臌曲部位做出标记，用道尺检查直股距轨和轨距顺坡率，对照不同线路速度等级对轨距和轨距顺坡率的偏差规定，确定超限处所，做好长度和方向标记。

③ 改道。

木枕道岔，在改道范围内，将铁垫板压陷或四周毛刺的岔枕削平清理干净，松开拉杆，并将影响起钉的接头螺栓卸掉。

混凝土枕道岔松开改道范围内的绝缘拉杆和地锚梁拉杆，并将影响松卸轨枕螺栓的接头螺栓卸掉（有缝道岔）。

a. 木枕道岔。

- 改正直外股轨向：将改道范围内的里外侧扣件或道钉起出，钉孔内插入防腐木楔后，由改道负责人在改道前方目测或 10 m 弦测轨向，改道人员用起拨道器或改道器将钢轨移动至轨向顺直，然后钉好道钉。
- 改正导曲线上股圆顺度：将改道范围内的里外侧道钉起出，钉孔内插入防腐木楔后，由改道负责人用支距尺控制支距尺寸，改道人员用起拨道器或改道器将钢轨移动至要求尺寸，然后钉好道钉。
- 改正内直股和曲下股轨距和轨距顺坡率：将改道范围内的里外侧道钉起出，钉孔内插入防腐木楔后，由改道负责人在改道范围内用道尺按 1435 mm（尖轨尖端有递减时按不大于

6‰递减至基本轨接头。导曲线有轨距加宽时,"前三后四"范围内按小于等于 3‰做好两端轨距递减)及轨距顺坡率要求控制轨距,改道人员用起拨道器或调整拉杆以及改道器将钢轨移动至轨距符合要求,然后钉好道钉。

- 改正辙叉:将直外股或曲下股范围内的里外侧道钉起出,钉孔内插入防腐木楔后,由改道负责人在心轨顶面宽 50 mm 至实际尖端范围内,60 kg/m 12 号在心轨顶面宽 20～30 mm 范围内,用道尺按 1 391 mm 或 1 348 mm 要求控制尺寸,改道人员用起拨道器或改道器将钢轨移动,直至 1 391 mm 或 1 348 mm 符合要求,然后钉好道钉。

b. 混凝土枕道岔。

混凝土枕 60 kg/m 12 号 AT 改进型、12 号 TS、12 号可动心轨道岔,均采用调整不同号码轨距块的方法改动钢轨。

- 改正直外股轨向:将改道范围内的里外侧扣件松开取下弹条,调整不同号码的轨距块后,由改道负责人在改道前方目测轨向,或用 10 m 弦测(设有定位桩的线路,可用轨道卡尺测量)轨向,改道人员用起拨道器或改道器将钢轨移动至轨向顺直,然后拧紧扣件。

- 改正导曲线上股圆顺度:将改道范围内的里外侧扣件松开取下弹条,调整不同号码的轨距块后,由改道负责人用支距尺控制支距尺寸,改道人员用起拨道器或改道器将钢轨移动至要求尺寸,然后上好扣件。

- 改正内直股和曲下股轨距和轨距顺坡率:将改道范围内的里外侧扣件松开取下弹条,调整不同号码的轨距块后,由改道负责人在改道范围内用道尺按 1 435 mm 及轨距顺坡率要求控制轨距,改道人员用起拨道器或改道器将钢轨移动至轨距符合要求,然后上好扣件。

- 改正辙叉:高锰钢整铸辙叉。将直外股、曲下股改道范围内的里外侧扣件松开取下弹条,调整不同号码的轨距块后,由改道负责人在心轨顶面宽 20～30 mm 范围内用道尺按 1 391 mm 或 1 348 mm 要求控制尺寸,改道人员用起拨道器或改道器将钢轨移动,直至 1 391 mm 或 1 348 mm 符合要求,然后钉好道钉。

可动心轨辙叉。将影响长心轨、短心轨顺直的顶铁取出(在电务人员配合下进行),对过长、过短的顶铁采用打磨或更换、加垫使长心轨、短心轨顺直。

将直外股、曲下股改道范围内的里外侧扣件松开取下弹条,调整不同号码的轨距块后,曲下股由改道负责人在辙叉全长范围内用道尺按 1 435 mm 要求控制轨距尺寸,改道人员用起拨道器或改道器将钢轨移动,直至轨距符合要求,然后上好扣件。

轨距块调整方法:扣件松开取下弹条,调整不同号码的轨距块,原有轨距块不能满足轨距改动量的可更换加厚轨距块调整尺寸。向内改时,相应减小内侧轨距块,加大外侧轨距块;向外改时,相应减小外侧轨距块,加大内侧轨距块。

④ 调整轮缘槽。

辙叉、护轨、尖轨跟端处改道时,对叉心轮缘槽尺寸不符合 45～49 mm、护轨轮缘槽尺寸不符合 41～45 mm、尖轨非工作边与基本轨工作边的最小距离不符合 63～65 mm 的标准,尖轨、可动心轨动程不符合标准的(电务配合)进行调整修理、加垫等方法,使飞边应进行打磨。

⑤ 尖轨、可动心轨靠贴。

尖轨尖端与基本轨、可动心轨尖端与翼轨不靠贴,两者之间缝隙大于 1 mm 时,采用调整修理、加垫等方法,使尖轨尖端与基本轨、可动心轨尖端与翼轨靠贴良好。

尖趾距不符合要求，采用松开翼轨与长心轨之间间隔铁螺栓调整，使其距离符合要求。若因区间温度力影响无法调整时，可上报工务段技术科。

⑥ 补充道钉、扣件，更换垫板。

在改好整组道岔后，木枕道岔要补齐道钉（或螺纹钉），更换损坏和规格不符的垫板，消灭歪、仰、爬、斜、浮、离、磨、弯道钉。打钉时防止飞钉、锤头脱出伤人，严禁打甩锤；混凝土枕道岔要补齐扣件、竖螺栓，更换损坏扣件和垫板。

⑦ 上紧轨距杆等道岔加强部件。

改道作业中卸松的轨距杆和地锚拉杆，改道后重新上紧。

⑧ 回检找细。

全面检查，对不良处所进行整修，作业结束后，恢复线路外观，清理现场回收旧料。

⑨ 撤除防护开通线路。

确认线路达到放行列车条件，人员、机具撤出限界以外后，施工负责人通知工地防护员撤除防护，工地防护员撤除防护用对讲机通知驻站联络员。作业完毕，开通线路；驻站联络员接到现场开通线路的通知复诵确认后，进行消记。

（4）作业要求。

① 改道作业可以按转辙部分、连接部分、辙叉部分分段进行，向外侧改道时一般先钉里口道钉或紧里口扣件，向里口改道时一般先钉外口道钉或紧外口扣件。

转辙部分：先改好直股基本轨，使道岔至前后线路或道岔连接良好，尖轨跟端至护轨前端，可在两端与钢轨等距离的岔枕上钉钉拉线，改好方向。

连接部分：用长钢尺在直股钢轨上标上支距点，用支距尺改好导曲线上股，用轨距尺改好导曲线下股。然后，用轨距尺改好直股，尖轨跟端后做好轨距递减。

辙叉部分：辙叉趾端、跟端轨距，限制在 2 mm 内，改好查照间隔。

② 影响电务设备时，应通知电务部门配合作业。

（5）技术要求。

① 道岔各部尺寸符合《修规》规定。

② 与改道有关的项目，符合各项标准。

（6）作业安全。

① 使用撬棍必须插牢，防止脱撬伤人，不准骑、仰靠撬棍上。

② 在有轨道电路道岔上作业，防止断路或短路。

③ 打道钉，防止锤头脱出伤人。

5. 更换尖轨作业

（1）作业目标。

① 对道岔上发生的折断和重伤尖轨进行更换，防止行车事故的发生。

② 有计划地对磨耗超限的尖轨进行更换。

（2）作业条件。

① 按规定指定专人担任施工作业负责人；根据影响范围确定防护条件。

② 必须通知电务人员配合。

(3)作业程序。

① 作业准备。

a. 根据工作量调查情况准备以下机具材料：活口扳手、道尺、道锤、抬杠、轨卡、活接头螺栓、木楔、石笔、长效油（以上工具选用）。

b. 量具、机具检查：换轨作业前，由换轨负责人对当日使用的各种量具进行检查核对。道尺必须定期由计量部门进行检定，保持量具准确。

c. 驻站联络员与现场及两端防护员对讲机联络，现场两端设置移动停车信号防护，防护设好后方可作业。

② 检查。

检查准备换入的尖轨状态、型式尺寸、各螺栓孔位置、孔径，同时检查原有基本轨状态、尖轨跟端位置、滑床板变形情况，调查尖轨跟端基本轨前后轨缝，必要时先进行调整。

③ 运放尖轨。

将准备换入的尖轨，稳固放置在外侧轨枕头外的道床上。尖轨放在砟肩时距线路上钢轨轨头外侧不少于150 mm，新尖轨面超出线路上钢轨不大于25 mm。

运放尖轨时，应统一指挥，相互保持一定的安全距离，防止工具碰撞伤人。翻动尖轨时，翻动前方不得站人。

④ 换前准备。

联动内锁闭尖轨：将尖轨跟端接头螺栓逐根松动或卸掉螺母加垫圈涂油后再上紧，跟端接头带有轨撑和防爬卡铁可先行卸掉，卸掉连接杆螺母，穿入开口销。

分动外锁闭尖轨：将尖轨跟端接头螺栓逐根松动或卸掉螺母加垫圈涂油后再上紧。限位器T形铁的螺母，应松动后涂油拧紧。

⑤ 拆开尖轨跟端接头和连接杆。

联动内锁闭尖轨：卸掉跟端接头螺栓、夹板、联结零件，卸掉连接杆螺栓，取下连接杆。

分动外锁闭尖轨：卸掉跟端接头螺栓、夹板、限位器T形铁。

⑥ 拨出旧尖轨，拨入新尖轨。

联动内锁闭尖轨：确认电务人员卸掉尖端杆、拉杆后，抬出旧尖轨，清除滑床板上的污垢，换入新尖轨摆正位置。

分动外锁闭尖轨：确认电务人员卸掉尖端杆、拉杆及外锁闭装置后，抬出旧尖轨，清除滑床板上的污垢，换入新尖轨摆正位置。

⑦ 上紧尖轨跟端接头和连接杆。

联动内锁闭尖轨：安装尖轨跟端接头夹板上接头螺栓和连接杆螺栓，穿好开口销。

分动外锁闭尖轨：安装尖轨跟端接头夹板上接头螺栓和限位器T形铁，调整好间隙。

⑧ 配合电务调整。

由电务调整尖轨搬动压力和动程，尖轨与基本轨竖切部分靠贴达不到要求时应进行调整。

⑨ 回检找细。

更换完毕，检查轨向、轨距、接头错牙、螺栓扭矩、尖轨与滑床板间隙、顶铁缝隙等，对不符合作业验收标准的处所进行整修。作业结束后，恢复线路外观，清理现场回收旧料。

⑩ 撤除防护开通线路。

确认线路达到放行列车条件，人员、机具撤出限界以外后，施工负责人通知工地防护员撤除防护，工地防护员撤除防护用对讲机通知驻站联络员作业完毕，开通线路；驻站联络员接到现场开通线路的通知复诵确认后，进行消记。

（4）作业要求。

① 安装防爬卡铁、夹板，用螺丝把尖端将螺栓孔对齐串正，螺栓涂锈涂油，双头螺栓，插上开口销子。

② 如基本轨和配件需要更换时应同时更换或整修。

③ 不准用锤直接锤打螺纹端。

（5）技术要求。

① 尖轨无拱腰、无旁弯，竖切部分与基本轨全部密贴，有间隙不得大于 1 mm。

② 尖轨轨底与滑床板密贴，有间隙不得大于 1 mm；顶铁密靠轨腰，有间隙不得大于 1 mm。

③ 尖轨跟端错牙，正线、到发线道岔不超过 1 mm；其他线道岔不超过 2 mm。尖轨动程、各部分轨距及递减符合《修规》规定。

④ 滑床板与尖轨轨底间隔超过 2 mm 者，每侧不超过一块。

⑤ 接头螺栓的扭力矩应达到 700～900 N·m，扣件螺栓的扭力矩应达到 80～150 N·m。

⑥ 限位器 T 形铁和兀形铁之间的间隙应符合前后各 7 mm 的要求。

（6）作业安全。

① 作业人员注意瞭望列车，来车时按《安规》规定下道。

② 移出、移入尖轨，防止碰坏信号、标志、碰伤人员。有轨道电路道岔，防止短路或断路。

6. 整治尖轨与基本轨不密贴作业

（1）作业目标。

对道岔上尖轨与基本轨不密贴进行整治，保证道岔各部尺寸良好。

（2）作业条件。

① 按规定指定专人担任施工作业负责人；根据影响范围确定防护条件。

② 必须通知电务人员配合。

（3）作业程序。

① 作业准备。

a. 根据工作量调查情况准备以下机具材料：内燃扳手、T 形扳手（可卸螺纹钉）、直尺、轨距块、起道机或改道器、发电机、砂轮机、弯轨器、撬棍、活口扳手、道尺、道锤、木楔、石笔、长效油（根据道岔型号及岔枕类型选用以上工具）。

b. 量具、机具检查：作业前，由负责人对当日使用的各种量具进行检查核对（道尺必须定期由计量部门进行检定，保持量具准确）；由起道机手检查起道机或改道器状态是否完好；机械手检查发电机油箱油料是否充足，并带足油料。

c. 驻站联络员与现场及两端防护员对讲机联络，现场两端设置移动停车信号防护，防护设好后方可作业。

② 调查尖轨与基本轨不密帖的原因，确定整治方案。

③ 整治。

根据调查分析产生病害的原因，可选用以下方法的一种或几种进行整治：

a. 调直基本轨或尖轨本身的硬弯、拨正道岔方向，改好轨距；

b. 打磨基本轨工作边及尖轨非工作边肥边；

c. 打磨或更换尖轨顶铁过长或补强板螺栓凸出的螺栓；

d. 调整连接杆（拉杆）的长度，或改变尖轨耳铁的孔位或加入绝缘垫板，误差较大时，可更换耳铁或方钢；

e. 焊补或更换磨损挠曲不平的滑床台；

f. 整修零配件，使其"紧、密、靠"，消灭基本轨、轨撑、滑床板挡肩之间的"三道缝"；

g. 使用弯轨器矫正基本轨弯折点位置和矢度；

h. 对刨切不足的尖轨再进行刨切；

i. 调整转辙机及尖轨拉杆位置，使其在同一水平线上。

④ 配合电务进行调试。由电务调整尖轨搬动压力和动程，进行转换试验，检查尖轨密贴状态，使其符合规定。

⑤ 回检找细。

更换完毕，检查轨向、轨距、接头错牙、螺栓扭矩、尖轨与滑床板间隙、顶铁缝隙等，对不符合作业验收标准的处所进行整修。作业结束后，恢复线路外观，清理现场回收旧料。

⑥ 撤除防护开通线路。

确认线路达到放行列车条件，人员、机具撤出限界以外后，施工负责人通知工地防护员撤除防护，工地防护员撤除防护用对讲机通知驻站联络员作业完毕，开通线路；驻站联络员接到现场开通线路的通知复诵确认后，进行消记。

（4）作业要求。

必须在电务部门配合下进行作业。

（5）技术要求。

① 尖轨顺直，竖切部分与基本轨全部密贴。

② 转辙部分各点轨距符合技术要求。

③ 尖轨位置正确，无爬行，不跳动。

④ 轨撑密靠，滑床板平直密贴。联结零件齐全，作用良好。

（6）作业安全。

① 在有轨道电路道岔上作业，防止短路或断路。

② 使用电砂轮前，应检查砂轮片是否完好，有无裂痕，砂轮片固定螺栓是否松动、失效，机壳是否漏电。作业人员必须戴护目眼镜，雨天禁止作业。

7. 调整尖轨动程作业

（1）作业目标。

① 动程不符合规定要求。

② 因接头铁或拉杆尺寸不符合技术要求或其他原因所造成尖轨动程变化，需进行调整。

（2）作业条件。

① 按规定指定专人担任施工作业负责人；根据影响范围确定防护条件。

② 必须通知电务人员配合。

（3）作业程序。

① 作业准备。

a. 根据工作量调查情况准备以下机具材料：起道机或改道、撬棍、活口扳手、道尺、石笔。

b. 量具、机具检查：作业前，由负责人对当日使用的各种量具进行检查核对（道尺必须定期由计量部门进行检定，保持量具准确）；由起道机手检查起道机状态是否完好。

c. 调查确定整修方案。针对尖轨动程不足的问题，与电务部门联合检查，确定整修方案。如调整量不大，可用调换垫片方法整修；如调整量较大，不能用调整垫片方法解决时，则要更换接头铁或拉杆，并按计划准备好材料，确定整修日期。

d. 驻站联络员与现场及两端防护员对讲机联络，现场两端设置响墩和移动停车信号防护，防护设好后方可作业。

② 按照预先计划可选择更换拉杆接头铁或调换垫片的方法进行调整：

a. 调整量较小时，可采用调换接头铁（耳铁）垫片的方法进行调整，即卸下接头铁与尖轨连接螺栓增或减调整片进行调整。

b. 调整接头铁调整片不能满足调整量的需要时，需更换接头铁或采用更换接头铁和增减调整片相结合的方法进行调整，即连同接头铁与拉杆的连接螺栓（包括销子）一同卸下，进行更换接头铁、配合增减调整片。

c. 调整量较大时，需更换拉杆进行调整，即先由电务人员将尖端杆卸下，然后再卸下拉杆两端与接头铁连接螺栓进行更换拉杆。更换后，检查尖轨动程是否达到标准要求，如仍不足，用调换垫片方法使其达到标准，最后将螺栓上齐拧紧，并把开口销子上好。

③ 调整第二、三、四连接杆。拉杆处整修完后，由电务人员进行电务部分设备调整，使尖轨尖端部分与基本轨达到密贴，然后工务部门再根据情况调整第二、三、四各连接杆。如尖轨与基本轨离缝较大，A型接头铁可改换与连接杆连接的孔眼。如离缝不大，则仅调换接头铁垫片即可，使尖轨方向顺直，竖切部分与基本轨全部密贴，螺栓紧固。

④ 配合电务进行调试。由电务人员进行密贴及转换调试，确认技术状态良好，记入行车设备检查登记簿内。

⑤ 回检找细。整修工作全部完成后，工电联合再全面检查一遍尖轨动程、密贴情况和连接螺栓等，发现问题及时进行处理。

⑥ 撤出防护开通线路。确认线路达到放行列车条件，人员、机具撤出限界以外后，施工负责人通知工地防护员撤除防护，工地防护员撤除防护用对讲机通知驻站联络员作业完毕，开通线路；驻站联络员接到现场开通线路的通知复诵确认后，进行消记。

（4）作业要求。

① 从调查到结束，必须在电务部门配合下进行。

② 调整第二、三联结杆时，如尖轨与基本轨的间隙较大，A型接头铁可改换与联结杆联结的螺栓孔；如间隙不大，调换接头调整片，使尖轨方向直顺，竖切部分与基本轨全部密贴。加垫调整片，应注意绝缘要求。

（5）技术要求。

① 尖轨第一连杆处最小动程达到《修规》规定要求。

② 接头铁及连接杆螺栓齐全，作用良好、尖轨竖切部分与基本轨全部密贴。

（6）作业安全。

在有轨道电路道岔上作业，防止短路或断路。

8．更换修理滑床板作业

（1）作业目标。

① 滑床板弯曲，造成滑床台与尖轨、可动心轨离缝大于 2 mm。

② 焊制的滑床台开焊，以及滑床板损坏、变形或滑床台磨耗大于 3 mm。

③ 滑床板承轨槽上沿与基本轨轨底离缝大于 2 mm。

（2）作业条件。

① 按规定指定专人担任施工作业负责人；根据影响范围确定防护条件。

② 更换滑床板，必须有电务人员参加。

（3）作业程序。

① 设置防护。

根据作业条件，设置作业防护。

② 作业准备。

根据工作量调查情况，准备电焊机、角磨机、T形扳手（可卸螺纹钉）、内燃冲击镐或捣镐、起道机、撬棍、活口扳手、道尺、道锤、搬子、木楔、石笔、长效油等。

③ 卸螺栓轨撑。

将计划整修或更换的滑床板上的轨撑及螺栓卸下。

④ 卸下连接螺栓。

卸下滑床板外口的扣件，卸下滑床板与轨枕连接螺栓。

⑤ 撤下滑床板。

用压机或撬棍抬起钢轨，将滑床板撤下。

⑥ 整直或焊修滑床板。

对弯曲的滑床板，使凸面朝上，用大锤整平。焊制的滑床台开焊时，撤下滑床板，用电焊焊好。伤损变形严重的将其更换。

⑦ 安设滑床板。

撬起钢轨把整修好或新换的滑床板安设到正确位置上，使滑床台边棱与基本轨靠紧。

⑧ 安设轨撑。

轨撑与基本轨顶紧，后端与滑床板有缝或基本轨轨底与滑床台间有缝时，可用锤向里打肩板，将缝归严，上好连接螺栓并拧紧。

⑨ 上连接零件。

上好扣件并拧紧螺栓。

⑩ 回检找细整理。

会同电务人员共同检查试验，对不符合作业验收标准的处所进行整修。

⑪ 清理现场。

现场负责人组织回收材料，清点工具。

（4）作业要求。

① 工具、机具状态良好，不得带病上道。

② 零配件定位摆放。
③ 更换或修理滑床板一次只能拆卸一块。
④ 两端垫上垫板，使滑床台不被损伤。需要焊复的执行电焊作业标准。
⑤ 滑床板平直，与尖轨轨底密贴；滑床板承台完好，基本轨落槽。
⑥ 如果更换或修理时间较长，应把松动的轨撑螺栓拧紧。
⑦ 各部零件齐全，作用良好。
⑧ 对验收不合格处所责令返工。
⑨ 做到工完料净，禁止工具、材料遗留在现场。

（5）技术要求。
① 修理或换上的滑床板保证平直无弯曲。确保滑床台面与尖轨或可动心轨轨底密贴。
② 确保基本轨完全落槽，各部分连接零件扭力矩达标。
③ 滑床板平直，与尖轨、可动心轨轨底密贴。确保接轨及可动心轨放置在具有相同高度的基础上。
④ 滑床台完好，基本轨落槽。
⑤ 轨撑、螺栓等联接零件达到验收标准。

（6）作业安全。
① 防护设好后方可作业，作业中，现场防护员与驻站防护员保持联络。
② 下道避车应执行规定要求，人员、材料、工具不得侵入限界。
③ 整修滑床板作业应在天窗内进行。
④ 由职务不得低于工长的人员担任作业负责人。
⑤ 保证作业时间，严禁在天窗即将结束前修理或更换。
⑥ 电气化集中道岔，必须有电务人员配合。电务人员未到场禁止作业。
⑦ 使用电焊机前，要认真检查电焊机和导线，防止漏电伤人。电焊作业时必须戴护具和绝缘手套，并遵守电焊安全操作规程。

9. 整治导曲反超高作业

（1）作业目标。
导曲线水平下股高而上股低造成水平反超高。

（2）作业条件。
按规定指定专人担任施工作业负责人；根据作业影响范围及列车通过容许速度，确定防护条件。

（3）作业程序。
① 作业准备。
根据工作量调查情况，准备道尺、L形轨道卡尺、液压起道机、内燃冲击镐或手镐、杠杆叉、齿耙、石笔等。
② 设置防护。
根据作业条件，设置作业防护。

③ 现场调查。

现场调查导曲线反超高情况：调查导曲线反超高地段上下股垫板（木枕道岔铁垫板）情况及高低状态。

④ 整治反超高。

a. 扒开岔枕中间两股轨底石碴。

b. 拔出道钉或松开扣件，撤掉垫板。

c. 抬起岔枕中部，使其与轨底密贴，对岔枕中部进行捣固。

d. 稍起上股钢轨两侧各 2~3 根岔枕道钉或螺栓，支起钢轨，垫入垫板，钉好道钉或拧紧螺栓，埋好镐窝。

⑤ 拧紧螺栓或钉好道钉。

整修后拧紧螺栓或钉好道钉。

⑥ 上螺栓、钉道钉。

将轨撑与钢轨、垫板连接螺栓按照标准上好。如轨撑垫板用道钉连接，要纠正钉孔木片，钉上道钉。

⑦ 反超量较小时还可以采取调换枕下大胶垫的方式进行调整。

⑧ 回检找细整理。

作业后检查确认，对不符合作业验收标准的处所进行整修并做好回检记录。

⑨ 清理现场。

现场负责人组织回收材料，清点人员、工具。做到工完料净，禁止工具、材料遗留在现场。

⑩ 撤除防护、结束作业。

（4）作业要求。

① 检查工具、机具状态是否良好，防止带病上道。

② 工作量调查要求：每隔 3~5 m 为一点，确定整修位置。

（5）技术要求。

① 作业后区段岔枕中间无下凹，导曲线无反超高，水平不超限。

② 作业后道钉或扣件齐全，作用良好。

（6）作业安全。

① 防护设好后方可作业，作业中，现场防护员与驻站防护员保持联络。

② 手工捣固时，人员距离不得小于 3 根枕空。

下道避车应执行相关规定要求，人员、材料、工具不得侵入限界。

10. 更换辙叉作业

（1）作业目标。

将带有病害的辙叉撤出，并将新辙叉插入道岔。

（2）作业条件。

① 按规定指定专人担任施工作业负责人；根据作业影响范围及列车通过容许速度，确定防护条件。

② 准备与线上相同类型的辙叉及相关的零配件。

③ 与电务有关时，必须通知电务人员配合。

（3）作业程序。

① 根据工作量调查情况，准备单口扳手、起拨道器、撬棍、钢卷尺 30～50 m、短路线（电气化线路）、活口扳手、道尺、道钉锤、扣件、接头螺栓、石笔、长效油、红油漆。

② 设置防护。根据作业条件，设置作业防护。

③ 将准备换入的辙叉放置在对应的路肩或两线间不侵限的位置。检查鉴定作业工具、机具状态良好，不得带病上道。

④ 拆卸连接零件。卸下接头螺栓和夹板，拔出道钉或拆卸扣件，道钉孔插入经防腐处理的木片。卸下的扣件放在适当位置，不能影响作业。

⑤ 拨出旧辙叉。使用撬棍或翻轨器将旧辙叉拨出。旧辙叉摆放在不能影响作业位置，并不能侵入临线限界。

⑥ 枕木削平。对影响新辙叉落位的枕木面进行削平。削平深度应与轨底或铁垫板切入枕面深度相同；削平面应平整，无毛刺。

⑦ 拨入新辙叉。拨入新辙叉，摆正位置。辙叉前后轨缝要均匀。

⑧ 上夹板、拧螺栓。安装接头夹板，拧紧螺栓。达到规定扭矩要求，并应保持受力均匀。

⑨ 打道钉或上扣件。量好轨距，钉好道钉或上好扣件，拧紧螺纹道钉。轨距、查照间隔及护背距离达标，道钉紧靠轨底、扣件扣压力达标。

⑩ 回检。收工前，作业负责人对作业地段进行全面检查验收，并做好回检记录。对验收不合格地段责令返工。

⑪ 清理现场。现场负责人组织回收材料，清点工具。将旧辙叉放在合适的位置，并在端部用红油漆打上"×"、写上"报废"以免重新换上线路。做到工完料净，禁止工具、材料遗留在现场。

⑫ 撤除防护。撤出作业防护，按作业条件开通线路。

（4）作业要求。

① 确认换入的辙叉同类型、无伤损。

② 拨出和拨入辙叉时，要防止碰坏标志和信号设备。

③ 需要更换的零配件，应同时更换。

④ 严禁用锤敲击螺栓。

（5）技术要求。

① 辙叉两端轨缝合适，接头内侧错牙不超过 1 mm。

② 轨距、查照间隔及护背距离符合标准。

③ 各配件齐全，作用良好。

（6）作业安全。

① 防护设好后方可作业，作业中，现场防护员与驻站防护员保持联络。

② 下道避车应执行规定要求，人员、材料、工具不得侵入限界。

③ 拨轨要使用翻轨器不可用其他工具代替，拨轨时要统一听从指挥避免磕手碰脚。

11. 更换护轨作业

（1）作业目标。

① 整治护轨磨耗严重轨头变窄。

② 整治护轨弯曲变形，制约轮对力量不足，使列车通过时另一侧车轮冲击辙叉心。

（2）作业条件。

按规定指定专人担任施工作业负责人；根据影响范围确定防护条件。

（3）作业程序。

① 准备作业。

按标准图或设计图，选择合适的护轨，安排作业计划。根据工作量调查情况，准备单口扳手、撬棍、钢卷尺150 mm、专用扳手（槽型护轨）、道尺、道钉锤、护轨调整片、石笔、常效油。

② 设置防护。

根据作业条件，设置作业防护。

③ 拆卸连接零件。

拆卸轨撑，木枕要拔出护轨一侧道钉及卸下护轨水平螺栓，混凝土枕要卸下护轨水平螺栓。

④ 拨出旧护轨。

拨出旧护轨，清扫岔枕顶面及垫板、轨撑上的污垢。

⑤ 拨入新护轨。

拨入新护轨摆止位置。

⑥ 上螺栓。

有间隔铁的串好间隔铁位置，穿入螺栓，拧紧螺母，无间隔铁应对应轨撑，上好螺栓。

⑦ 调整护轨尺寸。

检查轨距、查照间隔、护背距离，安装轨撑，钉号道钉，拧紧螺栓。

⑧ 回检。

作业负责人对作业地段进行全面检查验收，并做好回检记录。

⑨ 清理现场。

将旧护轨放在合适的位置，恢复线路外观，清理现场回收旧料，清点工具。

⑩ 撤除防护。

撤出作业防护，按作业条件开通线路。

（4）作业要求。

① 检查鉴定作业工具状态良好，不得带病上道。

② 卸下的护轨螺栓和拔下的道钉放在适当位置，不能影响作业。

③ 旧护轨摆放在不能影响作业位置。

④ 护轨摆放位置准确。

⑤ 螺栓不准使用道钉锤锤击串入。

⑥ 轨撑与护轨密靠，螺栓扭力矩达标，道钉紧靠轨底，无"八害"道钉，禁止锤击轨撑，使之强行镶入轨腰，造成轨撑损坏。

⑦ 对验收不合格地段责令返工。

⑧ 做到工完料净，禁止工具、机具、材料遗留在现场。

（5）技术要求。

轨道几何尺寸达标，护轨轮缘槽宽度满足平直部分轮缘槽标准宽度为42 mm，侧向轨距为1 441 mm时，侧向轮缘槽标准宽度为48 mm，容许误差为"+3、-1"mm。

（6）作业安全。

① 防护设好后方可作业，作业中，现场防护员与驻站防护员保持联络。

② 下道避车应执行规定要求，人员、材料、工具不得侵入限界。

③ 更换护轨作业应在天窗内进行。

④ 由职务不低于工长的人员担任作业负责人。下趟列车通过确报前禁止进行更换作业。防止作业时间不足，影响行车。

⑤ 拨出、拨入护轨时，组织人员集中作业。精力集中听指挥。

⑥ 换下的旧轨，及时回收料场。严禁摆放在两线间和路肩上。

12. 调整连接曲线作业

（1）作业目标。

调整连接曲线实际状态，使道岔后侧向连接曲线及两端直线方向良好。

（2）作业条件。

① 按规定指定专人担任施工作业负责人；根据作业影响范围及列车通过容许速度，确定防护条件。

② 确认是否符合作业轨温条件。

（3）作业程序。

① 按设计图，调查连接曲线实际状态，安排作业计划。根据工作量调查情况，准备活口扳手、夯拍机、单口扳手、弦绳、卷尺 30～50 m、方尺、起拨道器 2 台、撬棍、内燃捣固镐或手镐、耙子、石笔、轨温计。

② 设置防护。根据作业条件，按规定设置作业防护。

③ 调整直线方向。拨正道岔后直股直线方向和连接曲线两端直线方向。

④ 计算拨道量。检查连接曲线及其前后轨缝，必要时，进行调整，并根据需要调整钢轨长度；测量两线路实际线间距，平均正矢；根据平均正矢试算连接曲线半径；计算连接曲线始终点横距；标记各支距点位置，标记连接曲线始、终点横距，先从叉尖或叉跟量出始终点横距，由始点起，每 5 m 量一点，直到终点，用方尺及钢尺将各点引到连接曲线外股钢轨上，划好标记；计算出拨道量。

⑤ 扒松道床。拨道量大或道床特别密实时，应在拨道前将轨枕动程方向的枕头道砟挖槽；拨道量不大可用镐尖将轨枕头大道砟刨松；拆除影响拨道的其他设施，同时打压道钉或拧紧扣件。

⑥ 粗拨道与细拨道。拨道量大于 20 mm 时应先粗拨，拨道负责人跨立在标准股上看道目测穿直；曲线两端直线方向不直、曲线头尾有反弯或鹅头应先拨正，目视曲线方向明显不良时，应进行粗拨道，由曲线头尾往圆曲线挑压，达到目视基本圆顺。细拨道时与粗拨道程序相同，并根据需要预留钢轨回弹量，根据标记拨道量，控制拨道量。

⑦ 整平夯实。拨道后根据需要进行重点捣固，将扒出的道砟和镐窝整平，将拨道后离缝的一侧枕头石砟埋填、夯实，可使用夯拍机将拨后离缝的一侧枕头石砟夯实。

⑧ 作业回检。用弦线回检轨向、高低。
⑨ 清理现场。现场负责人组织回收材料,清点工具。
⑩ 撤除防护。撤出作业防护,按作业条件开通线路。
(4)作业要求。
① 检查鉴定作业工具、机具状态良好,不得带病上道。
② 破头宽度满足拨道量,及时拆除地锚拉杆等影响拨道设施。
③ 镐窝回填平整、夯实,不得有散乱石砟。
(5)技术要求。
① 直线方向良好。
② 始、终点横距及标记位置准确。
③ 作业后容许偏差控制在作业验收标准范围内。
④ 直线方向目视直顺,曲线达到圆顺。
(6)作业安全。
① 防护设好后方可作业,作业中,现场防护员与驻站防护员保持联络。
② 下道避车应执行规定要求,人员、材料、工具不得侵入限界。
③ 作业前、作业中、作业后测量轨温,做到作业轨温超过锁定轨温 20 ℃ 或气温超过 30 ℃ 时不作业。
④ 轨道电路区段,金属器具不得放在绝缘接头处,或在绝缘接头轨面上滑行。
⑤ 做到工完料净,防止工具、机具、材料遗留在现场。

任务 6.5　可动心轨辙叉道岔及钢轨伸缩调节器作业

6.5.1　可动心轨辙叉道岔养护维修

可动心轨辙叉道岔,是为提高列车过岔速度而采用的一种新型单开道岔。用可动心轨辙叉代替传统的固定辙叉,其作用是从根本上消灭辙叉翼轨至心轨间一段轨线中断的有害空间,从而有效地提高列车的直向和侧向过岔速度。而且,为确保行车安全,道岔尖轨和可动心轨辙叉的转换必须联动。因此,可动心轨辙叉道岔在工务现场主要应用在提速道岔和高速道岔中。

1. 可动心轨辙叉构造

可动心轨辙叉主要由翼轨、长心轨、短心轨拼装成的可动心轨和叉跟基本轨、帮轨及辙叉大垫板等组合而成(图 6.18)。以 12#提速道岔(直向速度 160～200 km/h)的主要结构为例,具体构造要求如下:

(1)长、短心轨均用 60AT 轨制造,长心轨与短心轨之间用间隔铁连接。长心轨为弹性可弯式,在理论弹性可弯部分轨底作刨切。长心轨跟端用模压成形工艺制成 60 kg/m 钢轨断面，与岔后连接轨可采用普通接头夹板连接或焊接，短心轨跟端为滑动端，与叉跟尖轨连接。

（2）采用 60 kg/m 钢轨制造的加长翼轨，在长心轨跟部设三个双孔间隔铁，用 6 个 M27 高强螺栓与长翼轨连接，增强辙叉整体稳定性，通过间隔铁的摩阻力传递区间钢轨温度力，能有效阻止长心轨位移，以适应跨区间无缝线路的铺设。

（3）心轨转换采用二点牵引及外锁闭装置。在长心轨第一牵引点处，用热锻方式在轨底下部锻造出转换凸缘。转换杆件从翼轨下通过，与心轨连接，达到转换目的。

（4）长、短心轨的顶面均刨切成 1∶40 的轨顶坡，在长心轨跟端成形的起点按 1∶40 扭转，以便与区间钢轨相连接。

（5）翼轨采用 60 kg/m 钢轨制造，在对应长心轨转换凸缘部位，翼轨内侧轨底设有宽度为 55 mm 的切口，该切口削弱了翼轨截面。因此，在翼轨处侧轨腰处加装了厚度为 25 mm 的补强板，在下部设置了厚度为 20 mm 的桥板。

（6）翼轨与心轨密贴段之前设 1∶40 轨底坡，密贴段之后通过长度为 400 mm 的过渡段将翼轨扭成平坡。

（7）叉跟尖轨用 60 kg/m 钢轨制造，设 1∶40 轨底坡。短心轨跟部与叉跟尖轨非工作边相互贴合，在心轨转换过程中，短心轨跟部可前后滑动，滑动量约为 6 mm。

图 6.18 可动心轨辙叉

2. 可动心轨辙叉道岔的养护维修满足条件

可动心轨辙叉道岔相对普通单开道岔养护维修来说，需重点满足以下条件：

（1）可动心轨辙叉道岔起道作业时，直、曲股应同时起平，保证可动心轨辙叉在一个平面上，并做好道岔前后及道岔曲股顺坡。道岔维修应使用机械捣固，加强接头、辙叉、尖轨弹性可弯段等部位和钢枕及其前后岔枕的道床捣固。

（2）可动心轨辙叉道岔不宜采用垫板作业。

（3）可动心轨辙叉道岔的改道作业，应采用调整不同号码轨距挡块的方法进行。严禁在木岔枕上用改螺纹道钉孔的方法改道。

在辙叉部分改道时，应处理好查照间隔、护背距离和翼轨、护轨轮缘槽宽度之间的关系，应用打磨边和间隔铁加垫片等方法，调整好轮缘槽宽度，如图 6.19 所示。

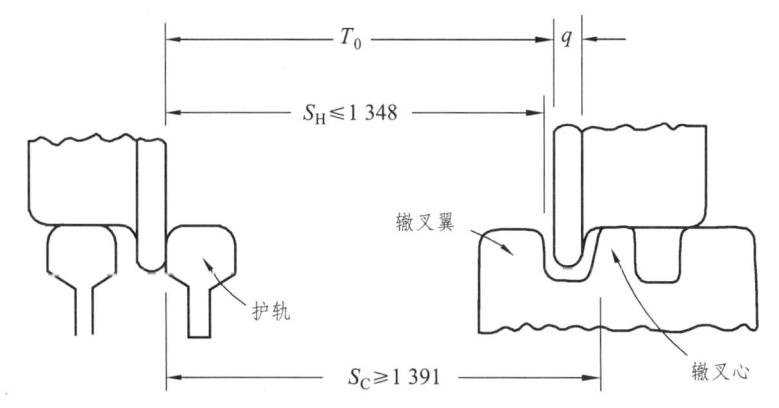

图 6.19　可动心轨辙叉查照间隔、护背距离示意图（尺寸单位：mm）

对辙叉部分的轨距，需要加强养护维修，处理好各尺寸之间的关系，在改道时不仅要符合标准，还要注意尺寸的误差情况，尽可能地留有一定的余地，以利日常养护维修管理。

① 护轨轮缘槽宽度 = 轨距 – 查照间隔
② 翼轮缘槽宽度 = 查照间隔 – 护背距离

计算最大的"91"和最小的"48"。

$$S_{Cmax} = 1\,438 - 41 = 1\,397 \text{ mm}$$
$$S_{Hmin} = 1\,391 - 49 = 1\,342 \text{ mm}$$

【例 10】　某 P60AT12 号道岔直股护背距离为 1 350 mm，查照间隔为 1 392 mm，轨距为 1 434 mm，试问哪个尺寸超限？如何消灭？

【解】　① 护轨轮缘槽宽度 = 轨距 – 查照间隔
$$= 1\,434 - 1\,392 = 42 \text{ mm}（41～45 \text{ mm 为合格}）$$
② 翼轮缘槽宽度 = 查照间隔 – 护背距离
$$= 1\,392 - 1\,350 = 42 \text{ mm}（45～49 \text{ mm 为不合格}）$$

从已知条件和上述计算中可知，由于护背距离和翼轨轮缘槽宽均不合格。因此，可采用打磨翼轨作用边 3～4 mm，使护背距离变为 1 347～1 346 mm、翼轨轮缘槽宽变为 45～46 mm，其他尺寸不变，均为合格。

（4）可动心轨辙叉道岔应保持弹条扣件和接头螺栓的扭矩，加强尖轨跟端及可动心轨辙叉前后钢轨接头的锁定，加强尖轨限位器间隔尺寸、可动心轨辙叉尖趾距离的检查、维修，确保尖轨和可动心轨辙叉的正常使用。

（5）日常应加强可动心轨辙叉道岔下列各部件的检查、维修：
① 防松螺母的位置、扭矩和上下螺母间隙。
② 滑床板及护轨垫板的弹片、弹片销钉、短心轨转向轴线顶铁的位置、方向和间隙。
③ 钢枕的位置、钢枕塑料垫板及胶垫的位置、钢枕立柱螺栓的扭矩、钢枕上垫板的位置。
④ 长心轨与短心轨联结螺栓的扭矩。

3. 可动心轨辙叉道岔养护维修基本内容

可动心轨辙叉道岔养护维修，在技术上要求做到全面改善轨道弹性，全面调整轨道几何尺寸，全面整修和部分更换零部件；在作业过程上必须遵循焊补打磨、道床轮筛、全面起道捣固三大程序。

基本内容包括：

（1）清筛不洁道床和碴肩边坡，处理道床翻浆冒泥，补充、整理道床。

清筛不洁道床的作业程序是先筛轨枕盒的石碴，然后再筛轨枕头外的石碴。清筛深度，轨枕盒内一般清筛至枕底 100 mm，外股钢轨下清筛至枕底 200 mm，枕端清筛至枕底 300 mm，轨枕头外石碴应清筛至路基面。对轨枕盒内的翻浆要彻底清出，并抠入枕底 50 mm。

（2）更换、方正和修理混凝土枕。

方正混凝土枕必须从道岔岔首开始，以免误差累积过大。混凝土岔枕套管失效的，应通过专门的钻孔机将失效套管顶出，再用环氧树脂将新套管装入。对于使用Ⅰ、Ⅱ型钢岔枕的，可结合维修更换成Ⅲ型钢岔枕。

（3）全面拨正道岔方向。

通过拨道使道岔的方向与前后线路方向一致。

（4）全面起道捣固，整平道床。

道岔起道应以岔首和辙叉的高程为基点，进行全组道岔起道，整治道岔各部位的不平顺。作业程序是：先以道岔（包括道岔前后 100 m 范围）的直股外轨为标准起道，做好大轨面，然后做水平，两股道要同时起平，不能起高，要注意一处起道会影响到这一段的高度，注意消除前后空吊板。起道后同时按岔枕位置方正岔枕。

在站场岔群区起道，要综合考虑各线的实际高度，避免一组道岔起高而影响其他道岔及线路。

在起平道岔、方好岔枕后，要进行全面捣固。捣固作业一定要使用机械捣固，每根岔枕要同时捣固，不能只捣一点，以免造成岔枕受力不均，要特别加强对钢轨接头、钢岔枕和辙叉部分的捣固。

（5）调整道岔各部尺寸。

改道作业中要尽量利用轨距块调整轨距。轨距尺寸除应符合标准外，还要注意轨距变化率不超过 1‰。

结合改道作业，要督促电务部门调整好尖轨动程。

（6）整治道岔爬行，锁定道岔。

对于已爬行的道岔，在道岔起道前要拉方道岔，调整轨缝。在起道捣固后，应及时锁定道岔，包括前后线路的锁定。

（7）矫正钢轨硬弯，焊补、打磨钢轨，综合整治接头病害。

利用直轨器矫正钢轨硬弯，防止钢轨出现不均匀磨耗；打磨钢轨肥边，防止钢轨掉块和假轨距；焊补钢轨掉块，改善钢轨的受力状态，综合整治接头病害。

（8）整修、更换和补充联结零件，并有计划地涂油。

重点是对外股零部件的防锈蚀工作。

（9）整修路肩，疏通排水设备。

要注意将清筛出的污土清除，以防污土重新回入道床或排水设备内。

（10）修复建立爬行观测桩。

（11）刷新标志。

刷新标志包括道岔编号、各部支距、爬行观测标志和不大于 1 348 mm 及不小于 1 391 mm 的标志。

6.5.2　钢轨伸缩调节器养护维修

钢轨伸缩调节器是由基本轨、尖轨、扣件、轨撑、钢垫板、弹性垫板、轨枕或轨道板等部件组成的，协调桥梁与无缝线路纵向位移、可自动释放无缝线路温度应力的轨道设备（见图 6.20 和图 6.21）。

图 6.20　秦沈线连续梁桥钢轨伸缩调节器（无护轨，有挡墙）

图 6.21　广深线石龙桥钢轨伸缩调节器（有护轨，无挡墙）

调节器的功能是：不仅允许列车轮对以安全、平顺地高速通过，而且用来协调长大桥梁因梁体温差引起的梁端伸缩位移和长钢轨的伸缩位移，以及使桥上无缝线路在运营过程中放散温度力，从而减小轨道及墩身所承受的无缝线路纵向力。

钢轨伸缩调节器按伸缩方向分成单向调节器和双向调节器 2 种类型（图 6.22），按轨下基础类型可分为无砟轨道用（包括整体道床、轨道板、木枕明桥面用）、有砟轨道用（包括混凝土枕、木枕用）。

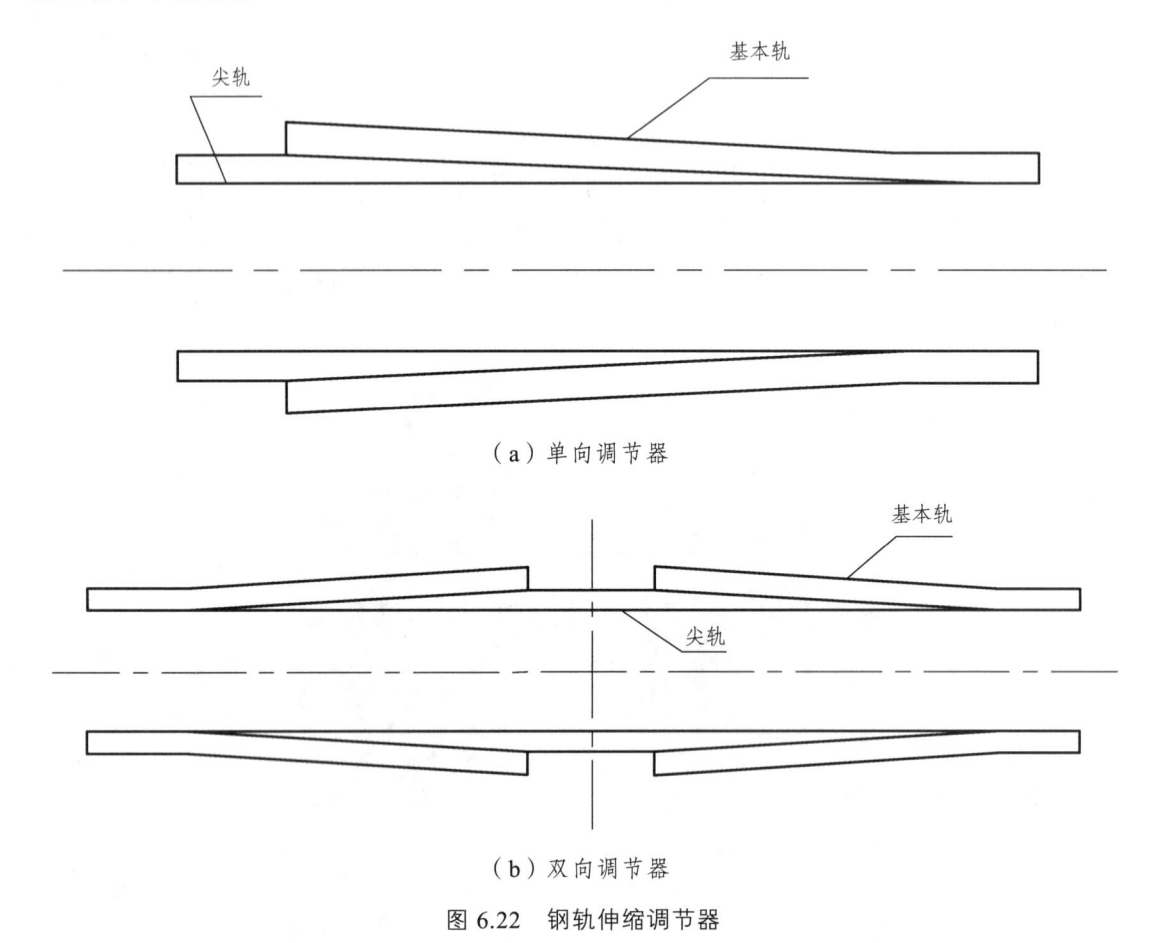

(a) 单向调节器

(b) 双向调节器

图 6.22 钢轨伸缩调节器

我国钢轨伸缩调节器均采用基本轨伸缩、尖轨锁定的结构，在尖轨和基本轨组装范围内，尖轨工作边提供轨距线，如果尖轨纵向产生伸缩，则尖轨工作边将偏离既定的轨距线位置，轨距将扩大或减小。因此，为使调节器轨距不变或变化不超过允许值，要求调节器尖轨可靠锁定，即要求尖轨纵向阻力较大。同时为使基本轨伸缩自如，要求基本轨伸缩组向不能过大。根据我国半个多世纪的调节器应用经验，确定客货共线铁路钢轨伸缩调节器基本轨伸缩阻力不应大于 50 kN、尖轨伸缩阻力不应小于 100 kN。

1. 调节器养护维修标准

针对钢轨伸缩调节器养护和维修，调节器轨道静态几何不平顺容许偏差管理值要满足表 6.18 的规定。

表 6.18　调节器轨道静态几何不平顺容许偏差管理值　　　　　单位：mm

项目	160 km/h< v_{max} 正线			120 km/h< v_{max} ≤ 160 km/h 正线			80 km/h< v_{max} ≤ 120 km/h 正线			v_{max} ≤ 80 km/h 正线		
	作业验收	计划维修	临时补修	作业验收	计划维修	临时补修	作业验收	计划维修	临时补修	作业验收	计划维修	临时补修
轨距	+2 −2	+4 −2	+5 −2	+3 −2	+4 −2	+6 −2	+3 −2	+5 −2	+6 −2	+3 −2	+5 −3	+6 −3
水平	3	5	7	4	5	8	4	6	8	4	6	9
高低	3	5	7	4	5	8	4	6	8	4	6	9
轨向	3	4	6	4	5	8	4	6	8	4	6	9
三角坑	3	4	6	4	6	8	4	6	8	4	6	9

注：① 轨距偏差不含构造轨距加宽值；
　　② 检查三角坑时基长，采用轨道检查仪时为 3 m，采用轨距尺时按规定位置检查，但在延长 18 m 的距离内无超过表列的三角坑。

2. 调节器养护维修作业

（1）应加强调节器养护维修，使其保持尖轨锁定、基本轨可伸缩状态，防止尖轨爬行或基本轨异常伸缩。

（2）调节器所有螺栓扭矩应达到设计要求；单向调节器应加强尖轨及其后 50~100 m 范围内钢轨的锁定，该范围内如有小阻力扣件，小阻力扣件按照设计扭矩拧紧。

（3）不得对基本轨、尖轨和其所焊联的钢轨进行张拉或顶推作业。

（4）定期观测并分析基本轨伸缩量、焊缝位置与气温关系，发现伸缩故障应及时消除。

（5）及时打磨尖轨或基本轨肥边。

（6）尖轨相对于基本轨降低值偏差超过 1 mm，无降低段的尖轨顶面低于基本轨顶面时，应及时进行处理。

（7）焊接接头质量应满足相关规定。

（8）每季对基本轨轨撑螺栓、尖轨轨撑扣件涂油一次；不得对尖轨轨撑贴合面和台板顶面进行涂油或使油污落入。

（9）调节器轨件伤损标准及处理同道岔。

（10）梁端伸缩装置按相关规定维护。

（11）有下列情况之一时，应及时修理或更换护轨：

① 护轨与尖轨（基本轨）间净距偏差超过 10 mm；

② 护轨高于尖轨（基本轨）5 mm 或低于尖轨（基本轨）25 mm。

3. 调节器维修评定

调节器计划维修验收评分标准如表 6.19 规定。满分为 100 分，100（不含）~85 分为优良，85（不含）~60 分为合格，60 分以下为失格。失格线路整修复验后，在 60 分及以上者为合格。调节器大型养路机械捣固维修应按表 6.19 规定进行验收评分，其他单项维修由铁路局集团公司规定。

表 6.19 调节器计划维修作业验收评分标准

项目	编号	扣分条件		抽查数量	单位	扣分/分	说明
轨道几何尺寸	1	轨距、水平、轨向、高低、三角坑超过作业验收标准容许偏差管理值，轨距变化率（不含构造轨距加宽顺坡）大于 2 mm/2 m		轨距、水平、三角坑全面检测，轨向、高低全面查看，重点检测	组	4	
	2	轨距、水平、轨向、高低、三角坑超过计划维修容许偏差管理值			组	41	
伸缩	3	基本轨伸缩量超过设计伸缩量		重点检测	处	41	
	4	焊缝边缘至扣件或轨撑铁垫板距离	5 mm<间距≤20 mm	重点检测	处	4	
	5		间距≤5 mm	重点检测	处	41	
	6	尖轨伸缩量	0<伸缩量≤30 mm	全面检测	处	4	
	7		伸缩量>30 mm	全面检测	处	41	
	8	位移观测桩缺少或位移观测无记录		全面检测	个	4	
密贴	9	尖轨尖端至 5 mm 断面与基本轨密贴段密贴	0.5 mm<间隙≤1.0 mm	全面检测	处	4	
	10		间隙>1.0 mm	全面检测	处	41	
	11	尖轨其余密贴段与基本轨密贴	间隙>1.0 mm	全面检测	处	16	
	12	尖轨轨撑与轨腰密贴	0.2 mm<间隙≤0.5 mm	全面检测	个	4	
	13		间隙>0.5 mm	全面检测	个	8	
	14	尖轨轨撑与轨底上表面密贴	0.5 mm<间隙≤1.0 mm	全面检测	个	4	
	15		间隙>1.0 mm	全面检测	个	8	
	16	尖轨轨底与台板密贴	0.5 mm<间隙≤1.5 mm	全面检测	块	4	
	17		间隙>1.5 mm	全面检测	块	8	
	18	基本轨轨撑与轨腰密贴	0.5 mm<间隙≤1.0 mm	全面检测	个	2	
	19		1.0 mm<间隙≤2.0 mm	全面检测	个	4	
	20		间隙>2.0 mm	全面检测	个	8	
	21	基本轨轨撑与轨底上表面密贴	间隙>1.0 mm	全面检测	个	2	
	22	在轨腰、轨底同时有间隙时	连续出现	全面检测	块	2	
钢轨	23	尖轨轨头切削范围内轨顶降低值	15 mm 断面~零降低值断面偏差>±1 mm	全面检测	处	16	
	24		其余范围>$^{+2}_{-1}$ mm	全面检测	处	4	
	25	尖轨、基本轨轻伤		全面检测、查看	处	16	
	26	钢轨肥边>1 mm		全面检测	处	4	
	27	钢轨折断未及时进行永久处理		全面查看	处	41	"未及时"指轨温具备焊接条件未进行永久处理
	28	焊接质量不符合要求，现场焊接头位置符合《普速铁路线路修理规则》第 3.10.10 条的规定		全面检测	处	8	

续表

项目	编号	扣分条件	抽查数量	单位	扣分/分	说明
联结零件	29	轨撑及铁垫板螺栓 缺少	全面查看	个	16	
	30	轨撑及铁垫板螺栓 松动	全面查看，重点检测	个	4	
	31	轨撑及铁垫板螺栓 扭矩不符合规定	全面检测	个	2	
	32	铁垫板缺少或折断	全面查看	块	41	
	33	橡胶垫板缺少/窜出或失效	全面查看	块	8/4	
	34	扣件（含轨撑）失效、缺少/连续失效、缺少	全面查看	个	8/41	
	35	预埋套管失效	全面查看	个	8	
	36	弹条中肢前端间隙不符合规定	全面查看，重点检测	个	2	
	37	道钉浮离超过8%	全面查看	个	2	
护轨	38	护轨与尖轨（基本轨）间净距偏差超过10 mm	全面查看，重点检测	处	2	
	39	护轨高于尖轨（基本轨）5 mm 或低于尖轨（基本轨）25 mm	全面查看，重点检测	处	4	
	40	轨底悬空大于5 mm 处所超过8%	全面查看	处	1	
	41	护轨垫板设置不符合规定，厚度大于30 mm 处所超过8%	全面查看	块	1	
	42	护轨道钉或扣件缺少、道钉浮离2 mm 或扭矩不符合规定者超过8%	全面查看	个	1	
轨枕	43	位置或间距偏差大于40 mm	全面查看，重点检测	处	2	
	44	失效	全面查看，重点检测	根	41	
	45	吊板（枕上或枕下离缝大于2 mm）	全面查看，重点检测	头	4	
道床	46	肩宽不足，不饱满，有杂物	全面查看，重点检测	处	2	
	47	翻浆冒泥/严重不洁、影响排水	全面查看，重点检测	组	16/4	
标记	48	缺少、错误、位置不对，字迹不清	全面查看	处	1	

项目 7　无缝线路养护与维修

任务 7.1　无缝线路与维修认知

无缝线路是现代铁路轨道结构的关键技术之一。钢轨焊接改善了轨道接头，强化了轨道结构，提高了轨面平顺性，是与高铁、重载铁路运输发展相适应的轨道结构形式。无缝线路设备标准和技术要求如下：

1. 无缝线路轨道结构应具备的条件

（1）路基。

路基稳定，无翻浆冒泥及下沉挤出等路基病害。

（2）道床。

一级碎石道砟，道床清洁、密实、均匀。跨区间无缝线路道岔范围内道床肩宽 450 mm。

（3）轨枕及扣件。

应使用混凝土枕、混凝土桥枕，混凝土宽枕可保留，弹条扣件。特殊情况可使用木枕及分开式扣件。

（4）钢轨。

普通无缝线路应采用 50 kg/m 及以上钢轨，跨区间及区间无缝线路应采用 60 kg/m 及以上钢轨。

2. 一般要求

（1）结构选型。

正线钢轨大修应采用 60 kg/m 及以上钢轨无缝线路。正线允许速度 160 km/h 及以上的线路应铺设跨区间无缝线路，正线允许速度 160 km/h 以下的线路宜铺设跨区间无缝线路；不满足铺设无缝线路条件的地段，可铺设标准长度钢轨。

（2）布置形式。

温度应力式无缝线路，一般由固定区、伸缩区、缓冲区三部分构成。固定区长度不得短于 50 m；伸缩区长度应根据年轨温差幅值、道床纵向阻力、钢轨接头阻力等参数计算确定，一般为 50～100 m；缓冲区一般由 2～4 节标准轨（含厂制缩短轨）组成，普通绝缘接头为 4 节，采用胶接绝缘接头时，可将胶接绝缘钢轨插在 2 节或 4 节标准轨中间。缓冲区钢轨接头必须使用不低于 10.9 级的螺栓，螺栓扭矩应保持在 700～1 100 N·m。绝缘接头轨缝不得小于 6 mm。

（3）锁定轨温。

无缝线路必须有足够的强度和稳定性。铺设无缝线路应采用标准轨道结构，根据各地轨温幅度、允许温升$[\Delta t_u]$和允许温降$[\Delta t_d]$计算设计锁定轨温。特殊情况需加强轨道结构时，应根据行车条件和线路平纵断面情况进行强度、稳定性及缓冲区轨缝检算。

有砟轨道设计锁定轨温按下式计算：

$$T_c = \frac{T_{max} + T_{min}}{2} + \frac{[\Delta t_d] - [\Delta t_u]}{2} \pm [\Delta t_k] \quad (7.1)$$

无砟轨道设计锁定轨温，按下式计算：

$$T_c = \frac{T_{max} + T_{min}}{2} \pm [\Delta t_k] \quad (7.2)$$

式中　T_c——设计锁定轨温（°C）；

　　　$[\Delta t_d]$——允许温降（°C）；

　　　$[\Delta t_u]$——允许温升（°C）；

　　　T_{max}——最高轨温（°C），取当地历年最高气温值加 20 °C；

　　　T_{min}——最低轨温（°C），取当地历年最低气温值；

　　　Δt_k——设计锁定轨温修正值（°C），一般为 0 ~ 5 °C。

当地最大轨温幅度超过允许铺设无缝线路最大轨温幅度时，应做特殊设计。长大坡道、制动地段及行驶重载列车区段铺设无缝线路时，可采取加强措施。

（4）桥上铺设无缝线路的基本要求。

位于无缝线路固定区，跨度等于或小于 32 m 的简支梁桥，如果其桥长、轨道结构及当地最大轨温幅度符合表 7.1 的规定，可不做单独设计，无缝线路在桥梁两端路基上每端锁定长度均不应小于 100 m。

表 7.1　不做单独设计、允许铺设无缝线路的最大轨温幅度和桥梁长度

钢轨轨型 /（kg/m）	最大轨温幅度 /°C	允许桥梁长度 /m	扣件类型与扭矩	
^^^	^^^	^^^	钢梁桥	混凝土梁有砟桥
50	60 ~ 70	≤300	钢梁桥：K 型扣件扭矩：0 ~ 80 N·m 桥头线路加强锁定	小阻力扣件扭矩按设计要求。弹条Ⅰ型、弹条Ⅱ型、扣件扭矩：与线路上相同桥头线路加强锁定
50	71 ~ 80	≤240	^^^	^^^
50	81 ~ 90	≤200	^^^	^^^
50	91 ~ 100	≤160	^^^	^^^
60	60 ~ 70	≤220	^^^	^^^
60	71 ~ 80	≤200	^^^	^^^
60	81 ~ 90	≤160	^^^	^^^
60	91 ~ 100	≤100	^^^	^^^

不在上述规定之列的桥梁，应对钢轨和墩台的受力状态、冬季钢轨折断时断缝的大小进行检算，若各项检算结果未超过允许值则可铺设。

基础不明的桥梁应勘测或检定，有病害的桥梁应整治和加固，达到《铁路桥梁检定规范》的规定后，方准铺设。

（5）轨条布置。

普通无缝线路轨条长度应考虑线路平纵断面条件及道岔、道口、桥梁、隧道所处的位置。总长度不足 1 km 的桥梁、隧道，轨条应连续布置。但在小半径曲线，列车制动、停车、起动，钢轨顶面擦伤严重等地段，应单独布置轨条。跨区间或区间无缝线路轨条长度应根据线路条件、工点情况、施工工艺及养护维修等因素综合研究。单元轨节长度宜为 1 000~2 000 m，不应短于 200 m。

（6）钢轨焊接。

① 钢轨焊接应符合《钢轨焊接》(TB/T 1632.1~TB/T 1632.4) 的要求。

② 工厂焊接采用固定式闪光焊接；现场焊接主要采用移动式闪光焊接或数控气压焊接；道岔内钢轨焊接、道岔与相邻两端钢轨的焊联、伤损钢轨的焊接修复、应力放散等可采用铝热焊接。

现场焊接不应设置在不同轨道结构过渡段、不同线下基础过渡段、道口、桥台、桥墩、钢桁梁桥的伸缩纵梁上及不做单独设计的桥上，且距桥台边墙和桥墩不应小于 2 m。位于中跨度桥上的现场焊接应布置在 1/4~1/2 桥跨处，并避开边跨。铝热焊缝距轨枕边缘，线路允许速度不大于 160 km/h 的线路不应小于 40 mm，线路允许速度大于 160 km/h 的线路不应小于 100 mm。单元轨节端头应方正，左右股轨端相错量，当单元轨节间采取焊接时不应大于 100 mm，不焊接时不应大于 40 mm。

（7）绝缘接头。

跨区间及区间无缝线路的维修管理，应以一次锁定的轨条为管理单元，无缝道岔应以单组或相邻多组一次锁定的道岔及其间线路为管理单元。

跨区间及区间无缝线路和无缝道岔上的绝缘接头必须采用胶接绝缘，其质量应符合钢轨胶接绝缘接头标准要求，钢轨端面与绝缘端板之间应密贴，间隙不应大于 1 mm，左右两股钢轨绝缘接头应相对铺设，且绝缘接头轨缝绝缘端板距轨枕边不宜小于 100 mm。不同轨型的钢轨应采用异型钢轨联结，所用异型钢轨应符合《异型钢轨技术条件》(TB/T 3066) 的要求。

（8）无缝道岔。

无缝道岔应做单独设计。无缝道岔应在设计锁定轨温范围内锁定，且与相邻单元轨节间的锁定轨温差不应大于 5 ℃。无缝道岔必须设在固定区。无缝道岔不应设在路桥过渡段上，不宜设在路隧、路涵过渡段上。

（9）位移观测桩布置。

跨区间无缝线路、区间无缝线路按单元轨节等距离设置位移观测桩，且桩间距离不宜大于 500 m。单元轨节位移观测桩可按图 7.1 设置，单元轨节长度不足 500 m 整倍数时，可适当调整桩间距离。

图 7.1 单元轨节位移观测桩布置

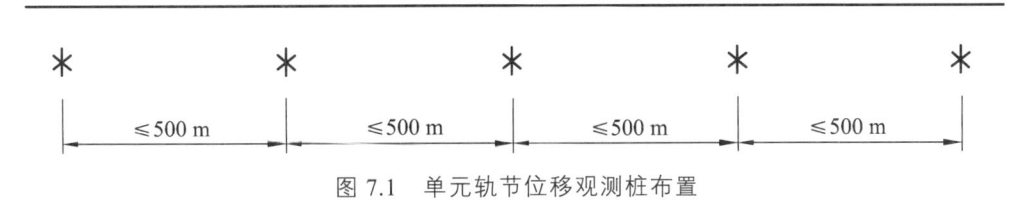

跨区间无缝线路、区间无缝线路在长轨条起、终点及距起、终点 100 m 处应分别设置一对位移观测桩。

普通无缝线路的长轨条长度不大于 1 200 m 时，可按图 7.2 设置 5 对位移观测桩；长轨条长度大于 1 200 m 时，应适当增设位移观测桩且桩间距离不宜大于 500 m。

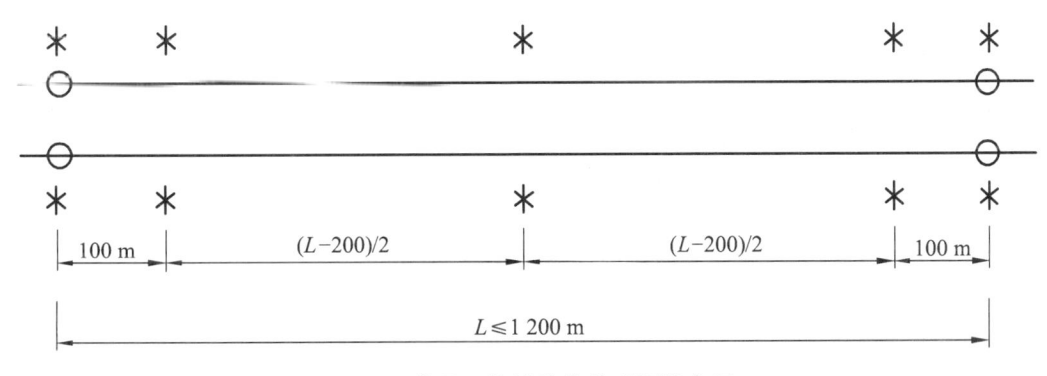

图 7.2 普通无缝线路位移观测桩布置

无缝道岔宜按图 7.3 分别在道岔始端和终端、尖轨跟端（或限位器处）分别设置一对钢轨位移观测桩，18 号及以上的道岔宜在心轨处加设一对位移观测桩。

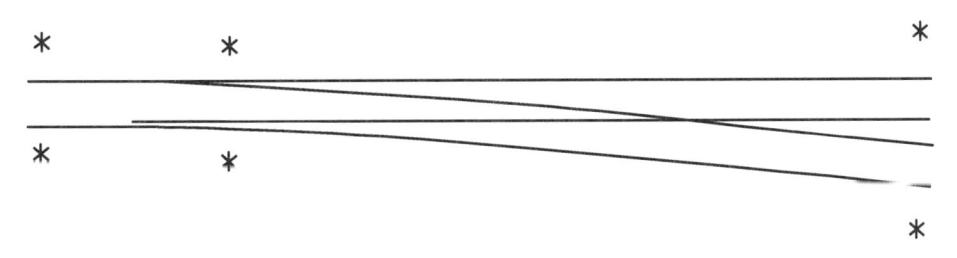

图 7.3 无缝道岔位移观测桩布置

调节器宜按图 7.4 在尖轨尖端、基本轨始端、基本轨根端设置 3 对位移观测桩，用于观测尖轨、基本轨位移。

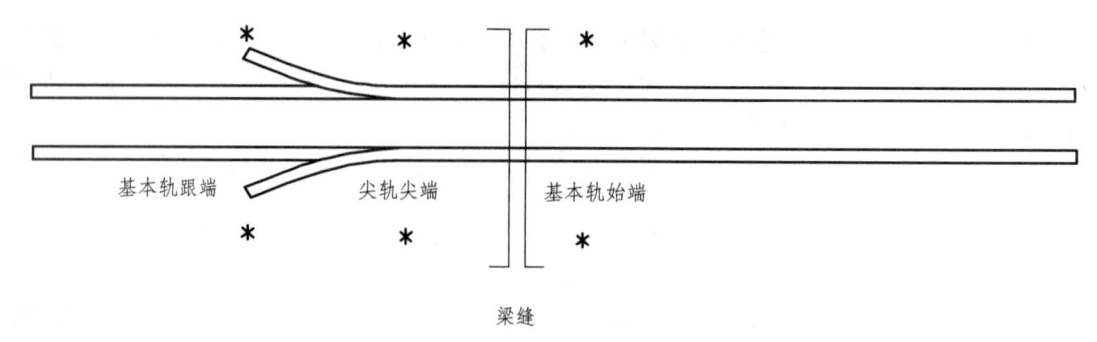

图 7.4 调节器位移观测桩布置

位移观测桩必须预先埋设牢固，桥上位移观测桩应设置在固定端（调节器设置位移观测桩除外），内侧应距线路中心不小于 3.1 m。在轨条就位或轨条拉伸到位后，应立即进行标记。标记应明显、耐久、可靠。

固定区位移量超过 10 mm 时，应及时上报工务段查明原因，及时处理。

（10）应力放散。

无缝线路的锁定轨温必须准确、均匀，有下列情况之一者，必须做好放散或调整工作：

① 实际锁定轨温不在设计锁定轨温范围以内。
② 锁定轨温不清楚或不准确。
③ 跨区间、区间无缝线路相邻单元轨节之间的锁定轨温之差大于 5 ℃，同一区间内单元轨节的最高与最低锁定轨温之差大于 10 ℃；左右股钢轨锁定轨温之差，允许速度 160 km/h 及以下线路大于 5 ℃，允许速度 160 km/h 以上线路大于 3 ℃。
④ 长轨节产生不正常的位移。
⑤ 无缝道岔限位器顶死或两股尖轨相错量超过 20 mm。
⑥ 夏季线路轨向严重不良，碎弯多。
⑦ 通过测试，发现温度力分布严重不匀。
⑧ 因处理线路故障或施工造成实际锁定轨温超出设计锁定轨温范围或位移超限。
⑨ 低温铺设轨条时，拉伸不到位或拉伸不均匀。
⑩ 某些线路因施工需要需提高或降低无缝线路的锁定轨温时。

任务 7.2　铺设无缝线路施工作业

铺设无缝线路按流程包括焊接、装卸、运输、换轨、整修等主要作业。

1. 轨条装、运、卸

（1）轨条装、运、卸作业严禁摔、撞，防止扭曲、翻倒，以免造成损伤和硬弯。

（2）轨条装车时，应根据长轨列车运行途中线路的平面条件，严格控制轨条端头与长轨列车承轨横梁间的距离，防止运行途中轨条端头顶、撞横梁，并安装好间隔铁和分层紧固约束装置，防止轨条前后串动和左右摆动。

（3）长轨列车运行必须执行有关规定，防止紧急制动，并应由专人负责，做好运行监护、停车检查工作，确保运行安全。一旦使用紧急制动，应在前方车站停车，随车作业人员应对长轨列车状态和长轨装载状态进行全面检查。

（4）卸轨前应整平砟肩、清除障碍物，轨条应卸在轨枕端头外，并采取措施防止侵入限界。

2．现场焊接

（1）焊接宜采用具有拉伸、保压功能的焊接设备。

（2）焊接作业轨温应不低于 0 ℃，且应避免大风和雨雪等不良天气，否则应采取相应措施。放行列车时，焊缝温度应低于 300 ℃。

（3）现场焊接应对焊缝进行焊后热处理，并及时进行探伤检查，不符合质量要求的焊头，必须锯切重焊。

3．铺轨前的准备

（1）撤除调高垫板，严重锈蚀螺旋道钉改锚，整修线路。

（2）铺设无缝线路前，必须埋设位移观测桩，并使其牢固、可靠。

（3）施工前应拨顺并串动轨条，放散初始应力。

（4）散布并连接缓冲区钢轨，备齐换轨终端龙口轨和钢轨切割工具。

（5）散布扣件。

4．轨条铺设

（1）应使用换轨车铺设轨条，从轨条的一端向另一端依次拨入。

（2）铺设无缝线路必须将轨条置于滚筒上，并配合撞轨确保锁定轨温均匀，低温铺设时应用拉伸器张拉轨条。

（3）准确确定无缝线路施工锁定轨温：在设计锁定轨温范围内铺设时，施工锁定轨温取轨条始端入槽和终端入槽时轨温的平均值；如果施工锁定轨温不在设计锁定轨温范围内（含轨条始端入槽或终端入槽时的轨温不在设计锁定轨温范围内），无缝线路铺设后必须进行应力放散或调整，并重新锁定。低温铺设采用拉伸器张拉轨条时，取作业轨温和拉伸量换算轨温之和。

（4）严禁采用氧炔焰切割钢轨进行合龙。

（5）左右两股轨条锁定轨温差应满足规定要求。

（6）无缝线路锁定后，应立即做好位移观测标记，并观测位移。同时在钢轨外侧腹部，注明锁定日期和锁定轨温，并做好记录。

（7）调整轨距，复紧接头及扣件螺栓，接头螺栓扭矩达到 900～1 100 N·m，扣件安装齐全、正确、符合要求；复紧轨距杆；加固防爬设备；特殊设计的桥上，应检查扣件螺栓扭矩是否符合设计要求。

（8）使用撞轨器不得造成钢轨机械损伤。

5．铺设跨区间和区间无缝线路

跨区间和区间无缝线路应按单元轨节长度依次分段铺设：轨温在设计锁定轨温范围及以下时采用连入法铺设，轨温高于设计锁定轨温范围时采用插入法铺设。

(1) 连入法铺设。

① 换轨作业中，将新铺单元轨节的始端与已铺相邻单元轨节的终端直接焊联。

② 低温换轨作业中，轨条入槽后应先拉伸，使锁定轨温达到设计要求再进行焊接。

③ 电气化区段如采用不停电换轨作业方法，使用待铺单元轨节作为接触网的临时回流通道时，钢轨胶接绝缘接头处必须设置临时连接线。

(2) 插入法铺设。

① 换轨作业中，在新铺单元轨节与已铺相邻单元轨节之间，铺设临时缓冲轨。

② 相邻单元轨节的锁定轨温不符合设计要求时，应先放散应力，然后与插入轨焊接，使锁定轨温符合设计要求。

③ 焊接后，应视具体情况调整插入段前后各 100 m 范围的钢轨温度应力。

任务 7.3　无缝线路维修作业

为保持无缝线路有足够的强度、稳定性，防止胀轨跑道和钢轨折断，确保列车安全运行，其养护维修工作除必须遵守有关的特殊规定外，无缝线路地段应根据季节特点、锁定轨温和线路状态，合理安排全年维修计划。在气温较低的季节，应安排锁定轨温较低或薄弱地段进行维修；在气温较高的季节，应安排锁定轨温较高地段进行维修。

高温时段不应安排影响线路稳定的作业。如必须进行维修作业时，应有计划地先放散后作业，并适时重新做好放散和锁定线路工作。临时补修，可采取调整作业时段的办法进行。高温季节可安排矫直钢轨硬弯、钢轨打磨、焊补等作业。在较低温度下，如需更换钢轨或夹板，可采用钢轨拉伸器进行。

1. 无缝线路养护维修的基本原则和要求

(1) 无缝线路养护维修的基本原则。

无缝线路养护维修工作的实质，除保持轨道几何尺寸经常处于良好状态外，还要最大限度地提高和保持线路的各种阻力，防止轨道跑道和钢轨折断，确保列车安全运行。因此，在安排养护工作时，必须掌握以下原则：

① 无缝线路应在设计锁定轨温范围内锁定。线路锁定后，则养护维修作业不应当改变其锁定轨温。

② 实际锁定轨温如与设计锁定轨温范围不符，或实际锁定轨温变动后若超过设计锁定轨温范围，应调整或放散应力，使实际锁定轨温在设计锁定轨温范围内。

③ 安排养护维修工作时，必须按实际锁定轨温确定各种作业的轨温条件。

④ 无缝线路的伸缩区与固定区交界处、道口两端、钢桥桥台两端、机车制动地段、小半径曲线地段、变坡点附近等为容易出现温度力峰值的薄弱地段，应加强线路结构，对有关作业规定应从严要求。

⑤ 在进行综合维修、成段更换混凝土轨枕、破底清筛、应力放散与调整、更换缓冲轨、螺栓涂油、全面拨正曲线、拆开接头或其他冬季作业时，要注意钢轨长度的变化。

⑥ 要特别注意伸缩区和缓冲区的养护工作。

（2）无缝线路质量状态的基本要求。

为了保证无缝线路有足够的强度和稳定性，使设备经常处于良好状态，无缝线路的养护维修工作，应在保持普通线路质量标准的基础上，满足如下要求：

① 要经常保持无缝线路的锁定轨温准确可靠，符合设计规定。

② 必须切实锁定无缝线路（包括伸缩区和缓冲区）。避免长轨条出现不正常伸缩而局部改变锁定轨温，固定区每百米爬行量不得超过 10 mm。

③ 经常保持线路方向良好，对钢轨硬弯要矫直。焊缝要保持平顺，用 1 m 直尺测量，矢度不得超过 0.5 mm。

④ 接头螺栓要经常保持紧固状态，在无缝线路地段不得使用普通螺栓，缓冲区的钢轨接头必须使用 6 孔夹板和 10.9 级高强螺栓，扭矩应达 900 N·m，最小不得低于 700 N·m。轨缝应符合设计要求，绝缘接头轨缝不得小于 6 mm，并应广泛采用胶接绝缘接头。

⑤ 混凝土枕地段，应采用弹条扣件和厚度为 10 mm 的大胶垫；木枕地段应采用分开式扣件；混凝土宽枕地段，可根据需要采用大调高量弹条扣件。扣件扭矩不良率应符合标准。

⑥ 防爬设备应齐全，作用良好。

固定区：混凝土枕弹条扣件地段可不安设防爬器，其他扣件地段根据需要安装，木枕地段比照普通线路办理。

伸缩区和缓冲区：混凝土枕弹条扣件地段可不安设防爬器，其他扣件或木枕地段，每 12.5 m 安装 4 组（正反向各 4 对）防爬器，支撑 24 个。

⑦ 道床经常保持饱满、密实、排水良好。道床顶面宽度不少于 3.4 m。道床肩可以堆高 150 mm，以提高道床横向阻力。

⑧ 路基翻浆下沉以及其他影响线路稳定的病害及时整治。

2. 无缝线路实际锁定轨温的测定

由于列车的冲击振动和养护维修作业的影响，线路的原锁定轨温会发生不同程度的变化。我们把实际存在的锁定轨温称为实际轨温。在养护维修作业中，如果不掌握实际锁定轨温，仍按铺设时的锁定轨温进行作业，虽然表面上作业不超过规定的轨温条件，而实际上已经超过轨温条件，造成胀轨跑道或钢轨折断的隐患。所以，养护维修必须按实际锁定轨温掌握作业。

进行无缝线路作业时，必须掌握轨温，观测钢轨位移，分析锁定轨温变化，按实际锁定轨温，根据作业轨温条件进行作业，严格执行"作业前、作业中、作业后测量轨温"制度，并注意做好以下各项工作：

（1）在作业地段按需要备足道砟；

（2）起道前应先拨正线路方向；

（3）起、拨道器不得安放在铝热焊缝及胶接绝缘接头处；

（4）扒开的道床应及时回填、夯实。

为了及时掌握锁定轨温的变化，摸清实际锁定轨温的大小，必须对钢轨位移情况进行定期的检查和分析。

当前测定实际锁定轨温尚无很精确的办法，普遍采用的方法是观测钢轨的纵向位移。如果各观测桩处钢轨的位移方向和位移数值是一致的，说明钢轨内的温度内力是均匀的，如果观测点（固定区）的爬行量不一致，则说明固定区内的钢轨温度力已经重新分布，各处的实际锁定轨温也是不均匀的。

实际锁定轨温与铺设时锁定轨温的变化值，可用下式计算：

$$\Delta t = \frac{\Delta l}{\alpha \cdot l} \tag{7.3}$$

式中　Δt——实际锁定轨温与铺设时锁定轨温的差数（℃）；

　　　Δl——两观测桩爬行量之差（mm）；

　　　α——钢轨线膨胀系数，取 0.011 8[mm/（m·℃）]；

　　　l——两观测桩距离（m）。

3. 无缝线路养护维修作业规定

无缝线路在进行维修作业过程中，线路要受到一定程度的破坏，线路阻力、轨道框架刚度会相应降低。即使作业后恢复了线路，线路阻力也不能达到作业前的数值。所以，为了保证线路在作业过程中不至于发生胀轨跑道或折断钢轨的事故，要对作业内容和作业范围进行控制。为确保作业的绝对安全，要严格控制作业时的轨温，使其与实际锁定轨温相差度数不超过允许限度（温度力不至影响线路的稳定性）。

为此，无缝线路作业必须遵守下列作业轨温条件：

（1）混凝土枕（含混凝土宽枕）地段无缝线路维修作业轨温条件见表 7.2 和表 7.3。

（2）混凝土枕（含混凝土宽枕）地段无缝线路，当轨温在实际锁定轨温减 30 ℃ 以下时，伸缩区和缓冲区禁止进行维修作业。

（3）木枕地段无缝线路作业轨温按表 7.2 和表 7.3 规定减 5 ℃，当轨温在实际锁定轨温减 20 ℃ 以下时，禁止在伸缩区和缓冲区进行维修作业。

（4）在跨区间无缝线路上的无缝道岔尖轨及其前方 25 m 范围内进行影响线路稳定的作业时，作业轨温范围为实际锁定轨温 ±10 ℃。

（5）采用大型养路机械作业，有关起道量、拨道量及相应作业轨温条件按照表 7.2 规定执行。

表 7.2　混凝土枕地段无缝线路作业轨温条件

线路条件	作业轨温范围		
	作业项目及作业量		
	连续扒开道床不超过 25 m，起道高度不超过 30 mm，拨道量不超过 10 mm	连续扒开道床不超过 50 m，起道高度不超过 40 mm，拨道量不超过 20 mm	扒道床、起道、拨道与普通线路相同
直线及 $R \geq 2\,000$ m	+20 ℃	+15 ℃ −20 ℃	±10 ℃
800 m $\leq R <$ 2 000 m	+15 ℃ −20 ℃	+10 ℃ −15 ℃	±5 ℃
300 m $\leq R <$ 800 m	+10 ℃ −15 ℃	+5 ℃ −10 ℃	—

表 7.3 混凝土枕地段无缝线路作业轨温条件

序号	作业项目	按实际锁定轨温计算				
		－20 ℃以下	－20 ℃～－10 ℃	－10 ℃～＋10 ℃以内	＋10 ℃～＋20 ℃	＋20 ℃以上
1	改道	与普通线路同	与普通线路同	与普通线路同	与普通线路同	禁止
2	松动防爬设备	同时松动不超过 25 m	同时松动不超过 25 m	与普通线路同	同时松动不超过 12.5 m	禁止
3	更换扣件或涂油	隔二松一，流水作业	隔二松一，流水作业	隔二松一，流水作业	隔二松一，流水作业	禁止
4	方正轨枕	当日连续方正不超过 2 根	隔二方一，方正后捣固，恢复道床，逐根进行（配合起道除外）	与普通线路同	隔二方一，方正后捣固，恢复道床，逐根进行（配合起道除外）	禁止
5	更换轨枕	当日不连续更换	当日连续更换不超过 2 根（配合起道除外）	与普通线路同	当日连续更换不超过 2 根（配合起道除外）	禁止
6	更换接头螺栓或涂油	禁止	逐一进行	逐一进行	逐一进行	禁止
7	更换钢轨或夹板	禁止	禁止	与普通线路同	禁止	禁止
8	不破底清筛道床	逐孔倒筛夯实	逐孔倒筛夯实	逐孔倒筛夯实	逐孔倒筛夯实	禁止
9	处理翻浆冒泥（不超过 5 孔）	与普通线路同	与普通线路同	与普通线路同	与普通线路同	禁止
10	矫直硬弯钢轨	禁止	禁止	禁止	与普通线路同	与普通线路同
11	更换胶接绝缘接头	禁止	禁止	拧紧两端各 50 m 范围扣件后，再进行更换	禁止	禁止

4. 无缝线路维修计划和季节性工作

（1）无缝线路维修计划安排。

① 无缝线路综合维修计划，以单元轨条为单位安排作业。遇有跨工区的单元轨条时应由两工区协调安排。

大桥上、隧道内、曲线、大坡地段等薄弱地段的无缝线路综合维修，应尽量安排在一个工作日或短期内连续完成。

② 无缝线路的保养工作应根据其特点适时安排作业项目，确保无缝线路设备质量经常处于均衡良好和受控状态。

③ 对于锁定轨温不明、不准、不匀、过低、过高等地段应有计划地进行应力放散或调整。

④ 每年春、秋季应在允许作业轨温范围内逐段整修扣件及接头螺栓，整修不良绝缘接头，对接头螺栓及扣件进行除垢涂油，并复紧至规定标准。使用长效油脂时，按油脂实际有效期安排除垢涂油工作。

（2）无缝线路季节性养护工作。

① 春季：应力放散和调整；均匀调整缓冲区轨缝；焊缝处理插入短轨；综合整治接头病

害；全面复紧扣件；撤出超厚垫板；整治几何尺寸超限；打磨轨端飞边。

② 夏季：扣件点油；补充均匀石砟；矫直钢轨硬弯；疏通路基排水设施；整治翻浆冒泥；打磨焊补钢轨，保持轨面平顺。

③ 秋季：放散调整锁定轨温较高地段；加固处理伤损钢轨；加强防爬锁定，调整均匀轨缝；复紧接头螺栓和扣件。

④ 冬季：加强钢轨检查，及时处理伤损钢轨；整治接头病害，适时消除大轨缝。

5. 无缝线路主要单项作业要领

单项作业是无缝线路维修的重要组成部分，作业方法是否正确，将直接影响线路的强度和稳定。因此，必须严格掌握作业轨温，采取扒、起、捣、填、夯紧密衔接的流水作业方法，最大限度地保持线路的稳定。

（1）起道作业。

起道时钢轨和轨枕被抬起，不仅道床阻力减小，而且还会因长轨条局部长度的改变而承受附加力，起道越高影响范围越长。所以，无缝线路严禁一次起道量过高，超过 30 mm 的起道量，应分次进行。同时，起道机应垂直放置以免引起线路方向的变化。在曲线地段起道，起道机应放在上股钢轨外侧或下股钢轨内侧，复线地段要迎着列车运行方向作业，以减少线路的爬行。

任何情况下，起道机都不可放在铝热焊缝处（距铝热焊缝不少于 1 孔）。

（2）拨道作业。

拨道时，轨枕位置横移，并会抬高线路，会严重降低道床横向阻力。因此，拨道作业宜在轨温接近锁定轨温时进行。

拨道前，要拧紧扣件螺栓，补足石砟。维修综合作业时，应先回填道床再进行拨道。拨道器或撬棍不得放在焊缝处，拨道后应及时整理和拍道床（尤其砟肩更要夯实），临时补修作业拨道后，也要坚持夯实轨枕断头的道床，以提高道床的横向阻力。曲线拨道时，尽量使上挑下压两相等，以免改变锁定轨温。拨道量较大时，如有改变锁定轨温的可能，应进行应力放散或调整。

（3）整理道床作业。

直线上道床肩宽不得少于 300 mm，曲线地段按规定加宽。连续作业未回填的道床长度，不应大于允许扒开道床的长度，作业后应及时回填夯实，清筛道床应逐孔倒筛，筛一根捣好一根，或轨枕盒和枕底分开清筛（分层回填夯实），尤其对轨枕头的道床，更应夯拍密实。

（4）打紧防爬器。

防爬器是锁定无缝线路的重要设备，固定区防爬器要做到见松就打紧。防爬器成段失效时，应在实际锁定轨温 ± 5 ℃ 范围内进行全面整修（混凝土轨枕可放宽到 ± 10 ℃ 范围内）。

（5）拧紧接头螺栓。

随着列车的冲击和振动，已经拧紧的接头螺栓会渐渐松动。尤其是在大轨缝、低接头处，拧紧衰减得更为严重，因此要经常保持接头螺栓的拧紧状态。利用轨温调整个别轨缝时，要先松开扣件螺栓，轨缝恢复正常后，再全面拧紧。更换绝缘接头的绝缘材料时，应及时会同电务部门，在轨温适当时进行更换。

（6）扣件作业。

扣件作业的基本要求是，经常保持扣件处紧、密、靠、正、润的状态。为此，弹条扣件的扭力矩必须达到 80~140 N·m。然而，拧紧扣件并非一劳永逸。据观测，按 100 N·m 拧紧的扣件，当通过 13 Mt 总重后，扭力矩将损失 10%；在进行垫板作业的第二天，扭力矩减少 50%。可见，复紧扣件是十分重要的。

一般在垫板作业后的次日要复拧一次，在进行维修作业的前后，都要全面拧紧扣件。

局部扣件松弛，将使钢轨沿着轨枕产生局部位移，以致局部锁定轨温发生变化。因此，在扣件涂油时，除按规定轨温作业外，应按隔二松一的方式作业，当日作业完毕后，复紧一遍，1~4 日后再复紧一遍。

在扣件作业中，应结合作业整正轨距，整正和更换胶垫。整正扣件时，必须清除承轨台及各部件的污物，方正或串正轨枕，调换合适的轨距挡板，必要时垫入铁垫片，对硬弯钢轨要矫直。在有防爬设备的地段，打紧防爬器时，要注意"热打防胀，冷打防缩"的原则，使防爬设备适应气候特征，充分发挥作用。

（7）更换轨枕。

抽出轨枕相当于降低了这部分轨道的框架刚度和道床阻力。因此，不得当日连续更换两根以上的轨枕，轨温过高时，不能连续更换轨枕。新轨枕串入后要加强捣固，及时安设防爬设备。

6. 无缝线路缓冲区的养护

无缝线路的缓冲区，一方面存在着普通线路的特点，另一方面还受无缝线路钢轨伸缩的影响。因此，它是无缝线路的薄弱环节之一。

温度应力式无缝线路，每当温度变化时，伸缩区两端发生位移，缓冲区的钢轨也随之移动。夏天，接头易出现瞎缝，挤压绝缘接头；冬季，易出现大轨缝，接头螺栓可能被拉弯，并有被剪断的危险。由于缓冲区钢轨接头养护不当和出现大轨缝，其钢轨和轨枕的使用寿命大大缩短，而养护维修的工作量却大大增加。为了确保行车安全和延长设备使用寿命，必须加强无缝线路缓冲区的养护工作。

（1）定期拧紧接头盒轨枕扣件螺栓。

为加强线路放爬锁定，控制无缝线路钢轨的不正常伸缩，除每年春秋季两次全面拧紧外凡进行松动接头盒轨枕扣件的作业，不仅作业时要拧紧螺栓，并须在作业后复拧紧工作。

春秋两季全面检查缓冲区轨缝，春季防止轨缝总值小于规定值，秋季防止轨缝总值大于规定值，其轨缝总值的规定数值要按轨温计算求得。必要时须调整轨缝。

（2）采用胶接绝缘接头。

胶接绝缘接头具有足够的机械强度和可靠的绝缘性能，可以增强线路的稳定性和整体性，降低维修成本，延长使用寿命。

（3）综合整治钢轨接头病害。

① 打磨或焊补钢轨马鞍形磨耗和淬火层金属剥落擦伤等。

② 用上弯或桥式夹板整治低接头。

③ 轨下铺设高弹性垫层。接头处轨下采用加厚胶垫可有效地降低振动能量向下传递，这对增强钢轨接头处轨道结构的承载力、改善其工作条件十分有利。

④ 加强接头捣固，保持道床清洁、丰满并加以夯实，要防止道床板结和坍塌。
⑤ 及时更换接头失效轨枕，接头的木枕应成对更换。
⑥ 调整轨缝，锁定线路，整平钢轨上下错牙。左右错牙过 1 mm 时，应及时整治或打磨。

7. 桥上无缝线路维修

桥上无缝线路养护维修应注意做好以下工作：

（1）按照设计文件规定，保持扣件布置方式和拧紧程度。

（2）单根抽换桥枕应在实际锁定轨温 − 20 ℃ ~ 10 ℃ 范围内进行，起道量不应超过 60 mm。

（3）成段更换、方正桥枕等需要起道作业时，应在实际锁定轨温 − 15 ℃ ~ 5 ℃ 范围内进行。

（4）对桥上钢轨焊缝应加强检查，发现伤损应及时处理。

（5）桥上无缝线路应定期测量轨条的位移量，并做好记录。固定区位移量超过 10 mm 时，应及时上报工务段查明原因，及时处理。

8. 跨区间和全区间无缝线路的养护维修

跨区间和全区间无缝线路，其基本原理与普通无缝线路是一致的。因此，普通无缝线路一切养护维修办法都适用于跨区间和全区间无缝线路。但因其轨条特长，也就有一些需特别注意的问题。

（1）跨区间和全区间无缝线路的维修管理，以一次铺设锁定的轨条长度为管理单元。跨区间无缝线路、区间无缝线路按单元轨节等距离设置位移观测桩，且桩间距离不宜大于 500 m。单元轨节位移观测桩可按图 7.1 设置，单元轨节长度不足 500 m 整倍数时，可适当调整桩间距离。跨区间无缝线路、区间无缝线路在长轨条起、终点及距起、终点 100 m 处应分别设置一对位移观测桩。同时，应积极采用钢轨测标测量无缝线路锁定轨温技术，以便于位移观测桩校核。钢轨测标每 50 m 或 100 m 设一处。

（2）跨区间和全区间无缝线路一经锁定，因其超长而不易改变其锁定状况。例如，锁定轨温不准、轴向分布不均时，只能进行局部调整，几乎无法进行整体放散。因此，锁定轨温准确，对跨区间和全区间无缝线路来说格外重要。为此，必须做好以下工作：

① 跟踪监控。大修换轨时，工务段要派分管无缝线路的技术人员，对施工中锁定轨温的设置的全过程实行跟踪监控。施工单位确定的锁定轨温的依据是否可靠，新轨的入槽轨温和落槽轨温的测定是否准确适时，低温拉伸时其拉伸温差和拉伸量的核定是否无误，拉伸是否均匀等，都要认真监视、检查和记录。

② 严格验收。工程验交时，有关记录锁定轨温的资料必须齐全，同时要一一查对核实，如有疑问必须核查清楚。

③ 最终复核。工程验交之后，工务段要对验交区段的测标进行一次取标测量，去掉可疑点，算出各分段的锁定轨温值。而后将跟踪监控、交验、取标测算三方面的资料进行一次最终核查，将查定的锁定轨温作为日后管理的依据。

④ 日常监测。在日常管理中，要对爬行观测和测标的设标点进行定期观测，并互相核对。如发现两观测桩之间有位移，则进一步对两观测桩之间的设标点进行取标测量，详查发生位移的实际段落所在。核定后进行局部应力调整，使之均匀。

（3）跨区间和全区间无缝线路断轨修复。为了不影响锁定轨温，超长无缝线路钢轨折断时，最好原位焊复。铁道科学研究院专门研制了用于原位焊接的拉伸器。这种拉伸器适用于铝热焊，经郑州局试用效果良好。如配合适用宽焊筋、定时预热、自动浇注技术，焊接质量将会提高。采用小气压焊法修复时，应考虑整修端面的清除长度和焊接时的顶锻量对锁定轨温的影响，并根据影响程度确定局部应力的调整范围，适时进行应力调整并修订锁定轨温。

（4）跨区间和全区间无缝线路和无缝道岔上的绝缘接头必须采用胶接绝缘接头。因此，必须注意并加强胶接绝缘接头的养护，做好轨端飞边打磨和捣固工作。当胶接绝缘接头拉开时，应立即拧紧两端各 50 m 线路的扣件，并加强观测。当绝缘失效时，应立即更换，进行永久处理。暂时不能进行永久处理的，可将失效部分清除，更换为普通绝缘或插入等长的普通绝缘接头钢轨或胶接绝缘钢轨，用夹板连接进行临时处理，并尽快用较长的胶接绝缘钢轨进行永久处理。进行永久处理时，应严格掌握轨温、胶接绝缘钢轨长度，确定修复后无缝线路锁定轨温不变。

9. 无缝线路钢轨病害的整治

钢轨病害是无缝线路的主要病害之一，如果不及时进行整治，在列车荷载的反复作用下，病害就会进一步发展，给养护工作带来很大困难，从而限制了无缝线路优越性的发挥。

（1）矫直钢轨硬弯。

当轨温升高时，钢轨硬度对线路的稳定性影响极大，所以，钢轨硬弯是胀轨跑道的最大隐患。对线路上的钢轨硬弯必须有计划地进行矫直，但对有硬弯的伤损焊缝不可以进行矫直，应平行进行焊接。

（2）低塌焊缝的整治。

焊缝处形成低塌，是无缝线路轨面不平顺的主要形式之一。列车经过低塌焊缝时，会加大列车的冲击震动，这不仅给养护工作带来困难，而且容易引起焊缝的折断。

① 焊缝打磨。对于低塌在 0.3~1.0 mm 的焊缝用电砂轮打磨顺坡，打磨越平缓，附加动压力就越小。最不利的临界低塌长度为 30~40 cm。

② 清筛低塌焊缝处道床，使轨底有足够的清渣，能保证捣固和夯实时质量。

③ 现场焊补，可采用新工艺手工电弧焊对低塌焊缝处焊补。

（3）钢轨擦伤病害的整治。

钢轨擦伤病害一般发生在进站信号机前及其他制动地段。由于无缝线路的擦伤钢轨不能随意更换，经过多年积累，有的轨面伤痕密布，形成轨面不平顺，加剧了列车对钢轨的冲击震动。因此，焊补擦伤钢轨应及时进行。焊补之前应先用砂轮机打磨需焊补的轨面，并检查钢轨是否有细微裂纹，然后采用气焊或电弧焊进行焊补。

10. 无缝线路应力放散和调整

无缝线路的锁定轨温，应为长轨条处于无温度应力状态的轨温，通常将长轨条两端按正常就位的轨温平均值作为锁定轨温。无缝线路的锁定轨温必须正确、均匀，当无缝线路的实际锁定轨温与设计锁定轨温不符或原锁定轨温不明时，应进行应力放散或调整。

无缝线路应力放散和调整施工前，应制订施工计划及安全措施，组织人力，备齐料具，充分做好施工准备。

无缝线路应力放散可采用滚筒配合撞轨法和滚筒与拉伸器相结合放散两种方法。

① 滚筒配合撞轨放散方法。在接近设计锁定轨温的条件下，松开扣件和防爬器，长轨条下垫滚筒，配合以适当撞轨，使长轨条正常伸缩。

② 滚筒与拉伸器相结合放散方法。在轨温比较低的条件下，在采用滚筒放散的同时，用拉伸器拉伸。但原锁定轨温不清楚或不准确时，必须在滚筒放散的基础上，通过计算后用拉伸器拉伸。

无缝线路应力调整（不改变长轨条长度），可在比较接近实际锁定轨温的条件下，采用滚筒调整和列车碾压调整两种方法。

① 滚筒调整法。在调整地段松开扣件和防爬器，长轨条下垫滚筒。

② 列车碾压调整方法。在调整地段，适当松动扣件和防爬器，利用列车碾压。

应力放散前，应在单元轨拉伸端及每隔100 m左右设一位移观测点以观测钢轨纵向位移量，及时排除影响放散的障碍，单元轨两端、中部各设置1处轨温观测点。总放散量应达到计算数值，钢轨全长放散均匀，各轨温观测点的观测值平均结果作为作业轨温，根据锁定轨温准确计算各位移观测点的钢轨位移量并做标记。应力放散时，各位移观测点的钢轨位移应达到标记处，容许偏差为±1 mm。锁定轨温应准确。

无缝线路应力放散或调整后，应按实际锁定轨温及时修改有关技术资料和位移观测标记。

11. 胀轨跑道的防治及处理

（1）胀轨跑道的原因。

① 锁定轨温偏低。

铺设无缝线路时，由于某种原因未按设计锁定轨温铺设，会造成低温锁定；或在合龙口时，因计划不周，钢轨长出一定值，采用撞轨办法合龙口，使钢轨在未锁定前就承受了预压应力，同样也相当于降低了锁定轨温。锁定轨温偏低，在高温时钢轨承受的温度压应力就会增大，线路易丧失稳定，造成胀轨跑道。

在冬季，若发现固定区钢轨折断，断缝处温度力就会降为零，断缝两端钢轨收缩，形成断口。此时焊接修复，高温时会在断缝复紧处出现较大的温度压应力，易使线路丧失稳定、发生胀轨跑道。由于爬行不均匀，某段钢轨产生相对压缩变形而增加附加力，也相当于降低了锁定轨温，高温时该段钢轨温度压力增大，就容易引起胀轨跑道。

② 道床横向阻力降低。

在维修时违章作业，如扒开道床过长、起道过高、连续松开扣件过多等，都会较大地降低道床的横向阻力，加大胀轨、跑道的危险性。

线路设备状态不良，如道床断面尺寸不足，轨枕盒内石渣不饱满、不密实、不清洁，尤其是轨枕头外漏，都将严重削弱道床横向阻力，造成胀轨跑道。

③ 轨道原始弯曲变形增大。

长钢轨在运输和铺设中，因作业不当而引起的原始弯曲变形，其弯曲矢度越大，线路稳定性越低，轨道框架刚度也越低。实践证明，胀轨、跑道多发生在轨道原始弯曲处。

（2）胀轨跑道的防治和处理。

① 当线路出现连续碎弯并有胀轨迹象时，必须加强巡查或派专人监视，观测轨温和线路

方向的变化。若碎弯继续扩大，应采取限速或封锁措施，进行紧急处理。线路稳定后，恢复正常行车。

② 作业中如出现轨向、高低不良，起道、拨道省力，枕端道砟离缝等胀轨迹象时，必须停止作业，并及时采取防胀措施。

无论作业中或作业后，发现线路轨向不良，用 10 m 弦测量两股钢轨的轨向偏差，当平均值达到 10 mm 时，必须设置移动减速信号，并采取夯拍道床、填满枕盒道砟和堆高砟肩等措施，来不及设置移动减速信号的，现场防护员应显示黄色信号旗（灯），指示列车限速运行，并及时报告车站值班员限速地点和限速值，并安排人员在车站登记；当两股钢轨的轨向偏差平均值达到 12 mm，必须立即设置停车信号防护，及时通知车站，并采取钢轨降温、切割等紧急措施，消除故障后放行列车。

③ 发现胀轨跑道时必须立即拦停列车，尽快采取措施，恢复线路，首列放行列车速度不超过 15 km/h，并派专人看守、整修线路，逐步提高行车速度。

12. 断轨的防治与处理

长钢轨的断裂，大部分发生在焊缝处或焊缝附近。在低温季节，断缝处钢轨向两端收缩，严重时可形成 100～200 mm 的断缝，对行车安全存在极大威胁，必须予以重视。

（1）钢轨断裂的原因与规律。

① 在锁定轨温偏高、列车轴重大、行车速度较高的线路上，断轨发生率较高，且断轨次数与累计通过总重成正比，这主要是由钢轨疲劳伤损所引起的。

② 木枕线路钢轨焊缝断裂次数较多，主要是由爬行锁定不良，长轨内拉应力不均匀造成的。

③ 寒冷季节长轨焊缝断裂次数多，主要是因为大部分有缺陷的焊缝其强度已不能承受温度拉应力的作用，特别是铝热焊缝断裂次数更多。

④ 曲线地段较直线地段钢轨断裂次数多，前者约为后者的 4 倍。

⑤ 线路维修质量不良，造成线路坑洼、爬行、轨枕不方正等线路不平顺，引起钢轨动弯应力加大，导致钢轨断裂。

（2）防止钢轨断裂的主要措施。

① 加强焊接工艺的管理，加强技术培训，提高操作人员的技术水平，未经考试合格的人员不得参加焊接工作。

② 对有缺陷的焊缝要综合整治。对铝热焊缝要加强检查监视，发现有伤，在未切掉重焊之前，应用臌包夹板加强。

③ 对焊缝及附近的线路质量要加强观察，并严格执行有关焊缝处的作业规定。

④ 在做好钢轨探伤工作的同时，还要按规定对焊缝进行全断面探伤。

⑤ 在严寒季节，必要时应增加巡道班次，加强钢轨特别是伤轨的检查巡视。

（3）钢轨断裂后处理。

① 紧急处理。当钢轨断缝不大于 50 mm 时，应立即进行紧急处理。在断缝处上好夹板或臌包夹板，用急救器固定，在断缝前后各 50 m 拧紧扣件，并派人看守，放行列车速度不超过 15 km/h。如断缝小于 30 mm 时，放行列车速度不超过 25 km/h。有条件时应在原位焊复，否则应在轨端钻孔，上好夹板或臌包夹板，拧紧接头螺栓，然后可适当提高行车速度。

② 临时处理。钢轨折损严重或断缝大于 50 mm，以及紧急处理后，不能立即焊接修复时，应封锁线路，切除伤损部分，两锯口间插入长度不短于 6 m 的同型钢轨，轨端钻孔，上接头夹板，用 10.9 级螺栓拧紧。在短轨前后各 50 m 范围内，拧紧扣件后，按正常速度放行列车，但不得大于 160 km/h。

临时处理或紧急处理时，应先在断缝两侧轨头非工作边做出标记，标记间距离约为 8 m，并准确丈量两标记间的距离和轨头非工作边一侧的断缝值，做好记录。

③ 永久处理。对紧急处理或临时处理的处所，应及时插入短轨进行焊复，恢复无缝线路轨道结构。

在线路上焊接时气温不应低于 0 ℃。放行列车时，焊缝温度应低于 300 ℃。

13．无缝线路养护维修的工作制度

（1）检查制度。

① 经常检查。

无缝线路的经常检查监视工作，应掌握每段无缝线路的锁定轨温、每个位移观测桩的钢轨位移情况。夏季，注意观察线路方向的变化，线路薄弱地段及综合维修后的作业地段更应该注意观察；冬季，注意检查铝热焊缝合缓冲区轨缝情况。同时，定时观测轨温，积累资料，发现问题及时报工区进行处理。

② 定期检查。

每年夏、冬两季，工务段应组织专人对管内无缝线路进行全面检查。按规定周期对无缝线路钢轨进行仪器探伤，发现伤轨及时通知工区处理。

③ 特别检查。

每年高温季节应加强对线路的巡查，必要时增加巡查人员。夏季气温急剧变化时，维修作业地段应派人留守检查。冬季对钢轨和焊缝还要进行一次手工检查。线路变化季节和高温季节，应增加添乘列车检查线路次数。

（2）爬行观测制度。

① 工长每月、车间主任每季应全面观测、分析一次钢轨位移情况，做好记录研究制订整治办法。车间每季将主要问题汇总后报工务段。

② 伸缩区维修作业前后，应观测轨缝变化、长钢轨位移情况。

（3）故障报告分析制度。

① 胀轨跑道或钢轨折断后，养路工区应及时报告车间及工务段。

② 胀轨跑道或钢轨折断后，工务段应及时派人赶赴现场处理故障，分析原因和提出妥善处理方案（临时处理由工区及时进行）。并将故障情况和有关报表上报分局、铁路局。

（4）其他制度。

① 工区和领工区应建立管内无缝线路技术卡片，及时记载胀轨、断轨、焊接、应力放散和调整情况。

② 工区应每天收听天气预报，根据当天气温等情况安排维修工作。

③ 施工领导人必须按实际锁定轨温计当日轨温安排和控制作业。当钢轨出现不均匀爬行时，应重新分析计算实际锁定轨温。

④ 进行线路作业时，应观测和记录轨温变化情况（作业前、作业中、作业后都要观测）。在伸缩区进行作业，在作业前、作业后都要并测并记录轨缝变化情况和钢轨位移情况。

⑤ 应在无缝线路两端的轨腰处，注明该段无缝线路的铺设日期、锁定轨温、长度等情况，每处铝热焊缝应有特殊标记。

⑥ 除普通线路必需的急救工具和必备材料外，还应备有一定数量的急救器、臌包接头夹板、轨温计、测力扳手及其他料具。

项目 8　高速铁路线路养护与维修

任务 8.1　高速铁路线路养护维修认知

高速铁路线路维修的基本任务是按照"预防为主、防治结合、严检慎修"的原则，根据线路状态的变化规律，合理安排养护与维修，做到精确检测、全面分析、精细修理，以有效预防和整治病害，保持线路设备状态完好，保证列车以规定速度安全、平稳、舒适和不间断地运行，并实现线路设备生命周期成本最优的目标。

1. 维护管理要求

高速铁路线路设备维护管理要求高可靠性、高稳定性、高平顺性。

高可靠性：指工务设备适应高速度、高密度的行车需要，能够保证高速列车行车安全和秩序，具有更高的抵御自然灾害和突发事件的能力。

高稳定性：指强化线路设备结构，降低设备故障率，延长维修周期，减少维修工作量。

高平顺性：指轨道几何尺寸精度高，轨道结构经常处于良好状态，以保证高速列车运行的安全、平稳、舒适。

2. 养护理念

高速铁路线路养护应树立"严检慎修"的理念，主要体现在以下几个方面：

（1）突出设备检查，做到精确检测。严格设备检查，线路设备检查应以动态检查为主，动、静态检查相结合，结构检查与几何尺寸检查并重。

（2）强调科学评定，做到全面分析。在做好线路检查的基础上，由专业技术人员对检测资料进行全面分析，建立和完善高铁线路动静态评价系统科学合理评定线路状态，确保基础质量均衡。

（3）严格审批制度，做到精细修理。合理制订维修作业方案和计划，经过逐级审批后实施，并对作业效果进行追踪考核，杜绝盲目动道、随意作业，提高作业针对性和有效率。

3. 维修工作分类及内容

（1）维修工作分类。

线路维修工作分为周期检修、经常保养和临时补修。

① 周期检修指根据线路及其各部件的变化规律和特点，对钢轨、道岔、扣件、无砟道床、

无缝线路及轨道几何形位等按相应周期进行的全面检查和修理，以恢复线路完好技术状态。铁路局可根据线路设备状态、线路条件、运输条件和自然条件等具体情况调整维修周期，并报铁道部核备。

② 经常保养指根据动、静态检测结果及线路状态变化情况，对线路设备进行的经常性修理，以保持线路质量经常处于均衡状态。

③ 临时补修指对轨道几何尺寸超过临时补修容许偏差管理值或轨道设备伤损状态影响其正常使用的处所进行临时性修理，以保证行车安全和舒适。

（2）维修工作内容。

维修工作主要内容见表8.1。

表8.1 维修工作内容

类型	维修工作内容		
	周期检修	经常保养	临时补修
无砟轨道	（1）线路设备质量动态检查； （2）轨道几何尺寸和扣件螺栓扭矩静态检查； （3）钢轨探伤； （4）采用打磨列车对钢轨进行预打磨、预防性打磨和修理性打磨； （5）联结零件成段涂油复拧； （6）根据刚度变化情况，成段更换弹性垫板； （7）有计划地对无砟道床进行检查及修补； （8）无缝线路钢轨位移、钢轨伸缩调节器伸缩量的周期观测和分析； （9）对沉降量较大地段的轨道状态进行周期观测和分析； （10）精测网检查、复测	（1）对轨道质量指数（TQI）超过管理值的区段或轨道几何尺寸超过经常保养容许偏差管理值的处所进行整修； （2）根据钢轨表面伤损、光带及线路动态检测情况，对钢轨进行处理； （3）整修焊缝； （4）整修伤损扣件道岔及调节器等轨道部件； （5）无缝线路应力调整或放散； （6）修补达到Ⅰ级及以上伤损的无砟道床； （7）疏通排水； （8）精测网维护； （9）沉降地段轨道状态观测和分析； （10）修理、补充和刷新标志、标识； （11）根据季节特点对线路进行重点检查； （12）其他需要经常保养的工作	（1）及时整修轨道几何尺寸超过临时补修容许偏差管理值的处所； （2）处理伤损钢轨（含焊缝）和失效胶接绝缘接头； （3）更换伤损的道岔护轨螺栓、可动心轨咽喉和叉后间隔铁螺栓、长心轨与短心轨联结螺栓等； （4）更换伤损失效的扣件、道岔及调节器等轨道部件； （5）更好或整治失效无砟道床； （6）处理线路故障； （7）其他需要临时补修的工作
有砟轨道	（1）线路设备质量动态检查； （2）轨道几何尺寸静态检查； （3）扣件、轨枕、道床状态检查； （4）钢轨探伤； （5）无缝线路钢轨位移、钢轨伸缩调节器（以下简称调节器）伸缩量的周期观测和分析； （6）沉降地段轨道状态观测和分析； （7）精测网检查、复测；	（1）对轨道质量指数（TQI）超过管理值或成段轨道几何尺寸超过经常保养容许偏差管理值的区段进行修理； （2）无缝线路应力调整或放散； （3）根据钢轨表面伤损、光带及线路动态检测情况，对钢轨进行修理； （4）整修焊缝；	（1）及时整修轨道几何尺寸超过临时补修容许偏差管理值的处所； （2）处理伤损钢轨（含焊缝）和失效胶接绝缘接头； （3）更换伤损失效的扣件、道岔及调节器等轨道部件；

续表

类型	维修工作内容		
	周期检修	经常保养	临时补修
有砟轨道	（8）根据线路、道岔、调节器状态，对线路平面、纵断面进行测设和优化，全面起道、拨道、改道、捣固、稳定，调整几何形位，清筛枕盒不洁道床和边坡，改善轨道弹性； （9）采用打磨列车对钢轨进行预打磨、预防性打磨和修理性打磨； （10）联结零件成段涂油、复拧； （11）其他周期性检修的工作	（5）整修伤损的扣件、道岔及调节器等轨道部件； （6）更换、方正和修理轨枕； （7）整治道床翻浆冒泥，补充道砟，整理道床； （8）疏通排水，清除道床杂草； （9）整治冻害； （10）精测网维护； （11）修理、补充和刷新线路标志、标识； （12）根据季节特点对线路进行重点检查； （13）其他需要经常保养的工作	（4）更换伤损的道岔护轨螺栓、可动心轨咽喉和叉后间隔铁螺栓、长心轨与短心轨联结螺栓等； （5）处理线路故障； （6）其他需要临时补修的工作

4. 管理组织

我国高速铁路工务设备维护实行检、修分开的管理制度，实行专业化和属地化管理，本着"资源综合专业强化、集中管理"和"精干、高效"的原则，建立高速铁路线路维修管理机构。

（1）铁路公司作为铁路工务资产的所有者，负责工务设备资产的管理，负责工务设备安全、管理检查修理等费用的及时投入，以保证高速铁路工务设备状态良好，满足运输安全的需要。

（2）中国铁路总公司铁路基础设施检测中心（以下简称基础设施检测中心）、铁路局工务检测所和大型养路机械运用检修段（工务机械段）受委托承担利用综合检测列车、钢轨探伤车对线路进行周期性检测和钢轨周期性探伤。

（3）铁路局应依据委托运输管理协议和相关规定做好高速铁路工务设备的安全生产管理，保持工务设备状态良好，使之符合相关安全规定和技术标准。

工务段主要负责全段线路技术、设备维护管理，组织制订和落实年度分月设备周期检修计划，定期分析评价设备质量，跟踪评价、考核养护维修质量，组织应急处置。

车间作为组织维修生产的基本单位，主要负责维护所辖线路设备，组织落实设备检查、巡视验收制度，定期分析评价设备质量，组织制订月生产计划和周、日维修计划，以及组织计划的实施，跟踪考核养护维修质量，做好应急处置工作。

（4）大型养路机械运用检修段或工务机械段等受委托承担利用大型养路机械对线路的修理。

任务8.2 无砟轨道扣件维修及轨道几何尺寸调整作业

8.2.1 扣件组成及主要技术要求

高速铁路无砟轨道扣件主要采用WJ-7型、WJ-8型、300-1型和SFC型扣件，按无砟道床形式分为有挡肩和无挡肩扣件，见表8.2。

表 8.2　无砟轨道扣件类型

扣件类型	无砟道床形式
WJ-7 型扣件	无挡肩
WJ-8 型扣件	有挡肩
300-1 型扣件	有挡肩
SFC 型扣件	无挡肩

1. WJ-7 型扣件组成及主要技术要求

（1）扣件组成。

① WJ-7 型扣件由 T 形螺栓、螺母、平垫圈、弹条、绝缘块、铁垫板、轨下垫板、绝缘缓冲垫板、重型弹簧垫圈、平垫块、锚固螺栓和预埋套管等组成。为满足高低调整需要，还包括轨下调高垫板（或充填式垫板）、铁垫板下调高垫板，如图 8.1 所示。

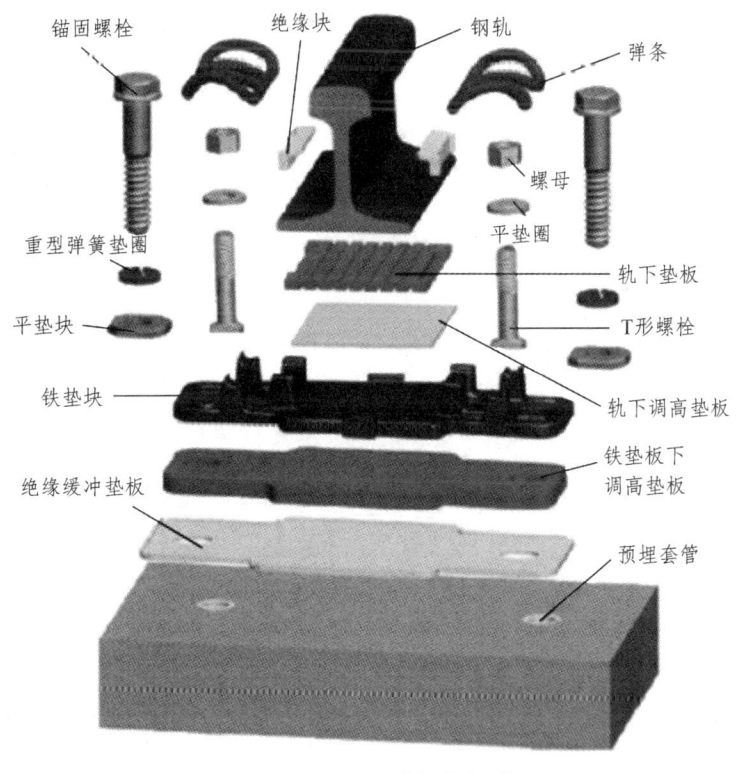

图 8.1　WJ-7 型扣件组成

② 弹条分为两种，即 W1 型弹条（直径为 14 mm）和 X2 型弹条（直径为 13 mm），其中桥上采用小阻力扣件时使用 X2 型弹条，如图 8.2、图 8.3 所示。

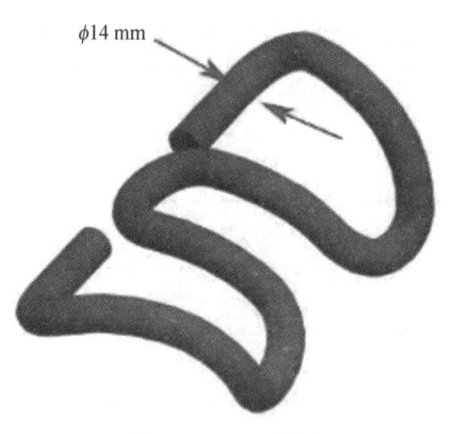

图 8.2　W1 型弹条 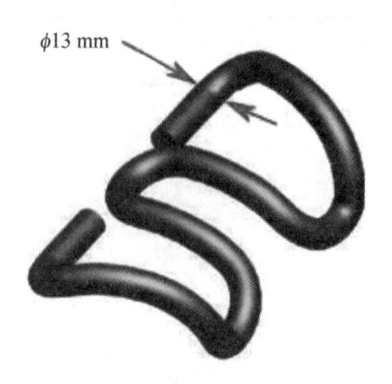　　　　　　　　图 8.3　X2 型弹条

③ 轨下垫板分为 A、B 两类，A 类用于兼顾货运的高速铁路（厚度为 12 mm），B 类用于仅运行客车的高速铁路（厚度为 14 mm），每类又分为橡胶垫板和桥上采用小阻力扣件时配套使用的复合垫板，如图 8.4、图 8.5 所示。

图 8.4　橡胶垫板 　　　　　　　　图 8.5　复合垫板

④ 预埋套管：该部件预先埋设于轨枕、轨道板中，埋设精度应满足要求，且预埋套管顶面应与轨枕轨道板承轨面齐平。预埋套管埋设后，应加盖塑料（或其他材料）盖以防雨水和泥污进入，如图 8.6 所示。

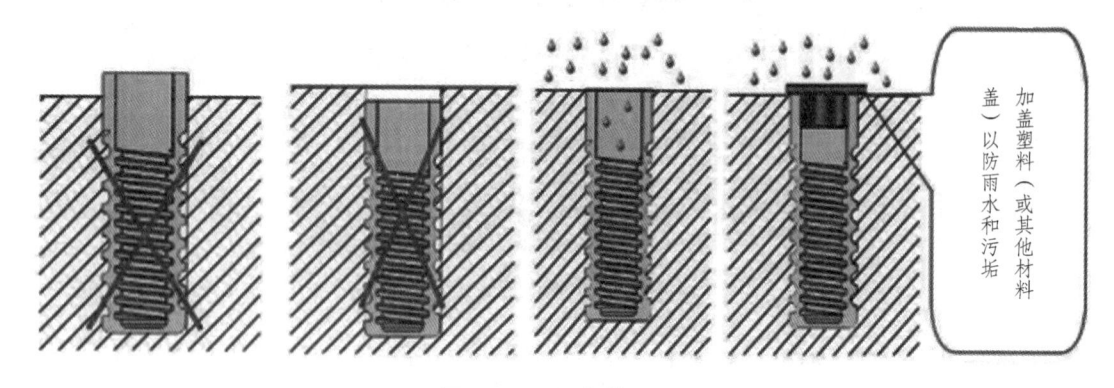

图 8.6　预埋套管埋设

⑤ 调高垫板：调高垫板分轨下调高垫板和铁垫板下调高垫板两种。轨下调高垫板根据厚度 d 不同，分为 1 mm、2 mm、5 mm、8 mm 四种规格（图 8.7）。铁垫板下调高垫板根据厚度 d 不同，分为 5 mm、10 mm 两种规格（图 8.8）。

图 8.7　轨下调高垫板

图 8.8　铁垫板下调高垫板

（2）主要技术要求。

① 对 T 形螺栓应进行定期涂油，防止螺栓锈蚀，油脂性能应符合相关规定。

② 预埋套管中应保证有一定的防护油脂，油脂性能应符合相关规定。

③ 安装铁垫板时，轨底坡方向应朝向轨道内侧。

④ 弹条安装标准：弹条中部前端下颚与绝缘块不宜接触，两者间隙不得大于 0.5 mm，如图 8.9 所示；或使用扭矩扳手检测 T 形螺栓扭矩时，W1 型弹条为 100~140 N·m，X2 型弹条为 70~90 N·m。

弹条中部前端下颚

图 8.9　弹条安装标准

⑤ 弹条养护标准：弹条中部前端下颚与绝缘块不宜接触，两者间隙不得大于 1 mm；或使用扭矩扳手检测 T 形螺栓扭矩时，W1 型弹条为 100~140 N·m，X2 型弹条为 70~90 N·m。

⑥ 锚固螺栓扭矩为 300~350 N·m。

⑦ 钢轨与绝缘块、绝缘块与铁垫板挡肩间缝隙之和不得大于 1 mm。

⑧ 钢轨左右位置调整量：±6 mm。

⑨ 高低调整量：+26 mm，-4 mm。

2. WJ-8 型扣件组成及主要技术要求

（1）扣件组成。

① WJ-8 型扣件由螺旋道钉、平垫圈、弹条、绝缘轨距块、轨距挡板、轨下垫板、铁垫板、铁垫板下弹性垫板和预埋套管等组成。为满足高低调整需要，还包括轨下微调垫板和铁垫板下调高垫板，如图 8.10 所示。

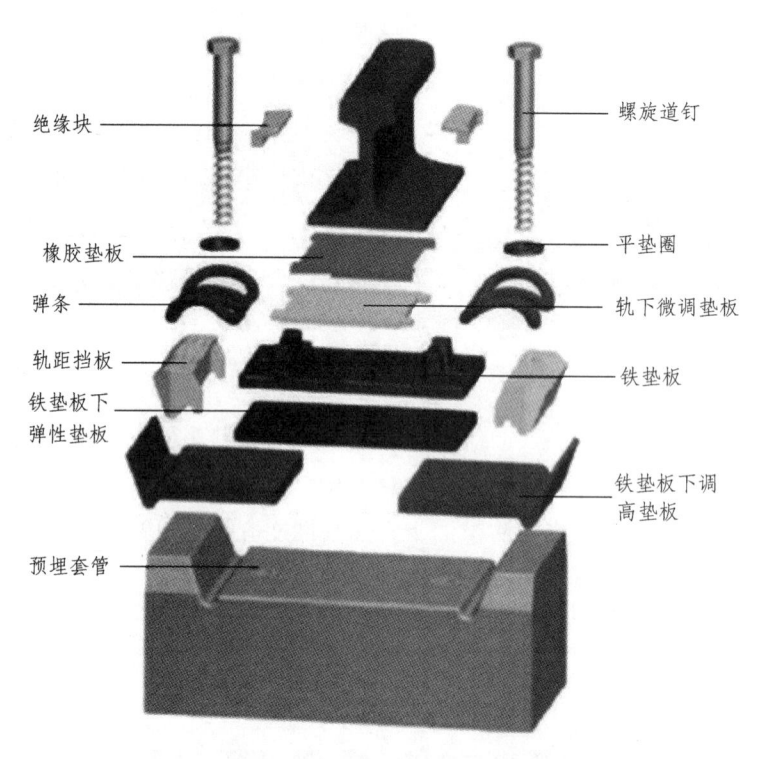

图 8.10　WJ-8 型扣件组成

② 弹条分两种，即 W1 型弹条（直径为 14 mm）和 X2 型弹条（直径为 13 mm），其中桥上采用小阻力扣件时使用 X2 型弹条，如图 8.11、图 8.12 所示。

③ 轨距挡板分为两种，即一般地段用轨距挡板和夹板处用接头轨距挡板。一般地段用 W8 轨距挡板又分为 2 号、3 号、4 号、5 号、6 号、7 号、8 号、9 号、10 号、11 号和 12 号十一种规格，标准轨距时使用 7 号轨距挡板，其中 10、11、12 号三种规格可用于钢轨接头处，如图 8.13 所示。WJ8 接头轨距挡板分 2 号、3 号、4 号、5 号、6 号、7 号、8 号、9 号八种。

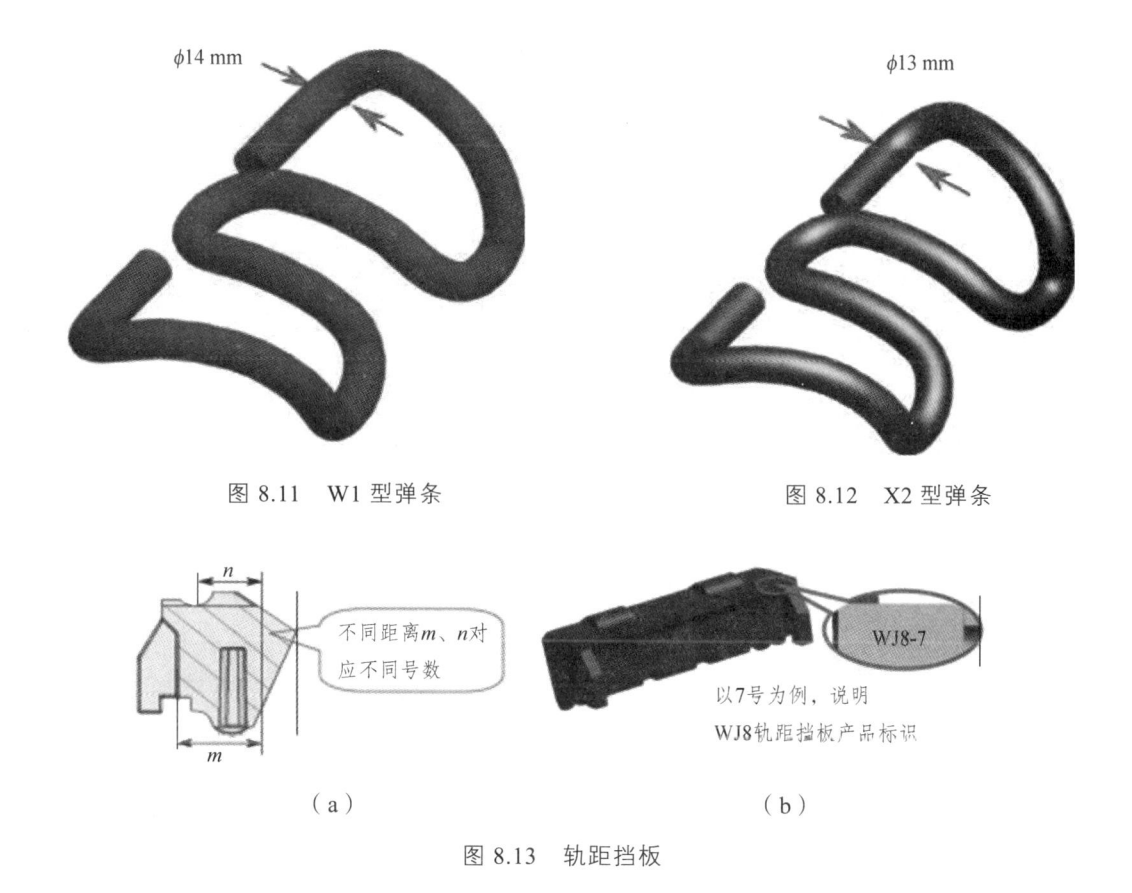

图 8.11　W1 型弹条　　　　　　　　　图 8.12　X2 型弹条

（a）　　　　　　　　　　　　　（b）

图 8.13　轨距挡板

④ 铁垫板下弹性垫板分为 A、B 两类（厚度均为 12 mm）。A 类弹性垫板用于兼顾货运的高速铁路，B 类弹性垫板用于仅运行客车的高速铁路，如图 8.14、图 8.15 所示。

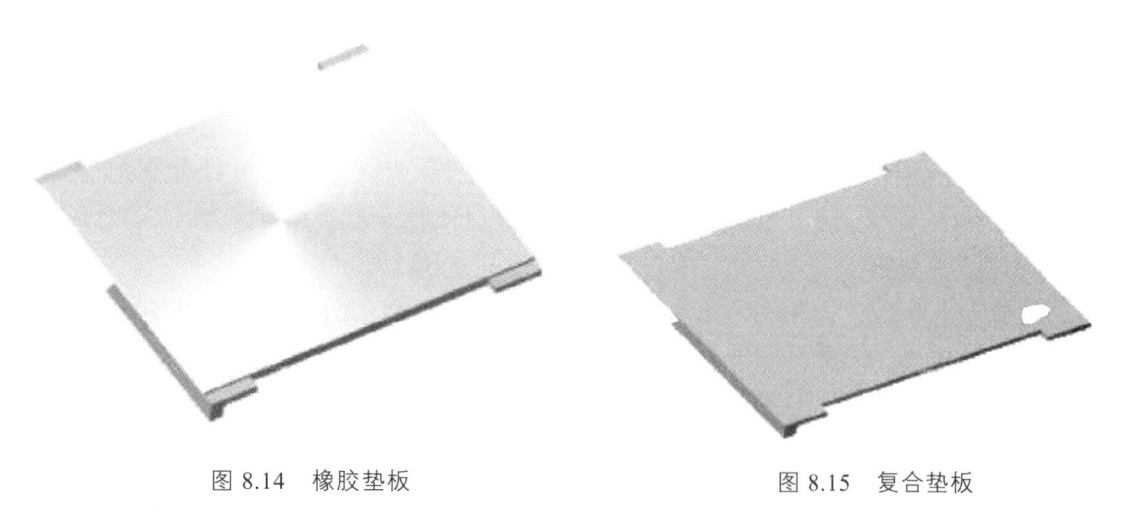

图 8.14　橡胶垫板　　　　　　　　　图 8.15　复合垫板

⑤ 螺旋道钉分为 S2 型和 S3 型两种，在扣件正常安装状态或钢轨调高量不大于 15 mm 时用 S2 型螺旋道钉，调高量大于 15 mm 时用 S3 型螺旋道钉，如图 8.16 所示。

251

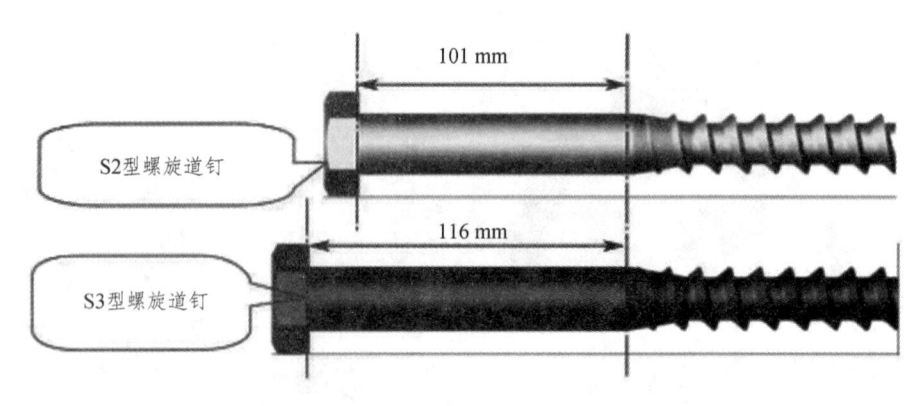

图 8.16　螺旋道钉

（2）主要技术要求。

① 预埋套管中应保证有一定的防护油脂，油脂性能应符合相关规定。

② 夹板处应采用接头轨距挡板和绝缘轨距块。

③ 弹条安装标准：弹条中部前端下颚与绝缘轨距块不宜接触，两者间隙不得大于 0.5 mm；或使用扭矩扳手检测螺旋道钉扭矩时，W1 型弹条为 130～170 N·m，X2 型弹条为 90～120 N·m。

④ 弹条养护标准：弹条中部前端下颚与绝缘轨距块不宜接触，两者间隙不得大于 1 mm；或使用扭矩扳手检测螺旋道钉扭矩时，W1 型弹条为 130～170 N·m，X2 型弹条为 90～120 N·m。

⑤ 轨距挡板应与承轨槽挡肩密贴，间隙不得大于 1 mm；钢轨与绝缘轨距块、绝缘轨距块与铁垫板挡肩间缝隙之和不得大于 1 mm。

⑥ 钢轨左右位置调整量：±5 mm。

⑦ 高低调整量：+26 mm，-4 mm。

3. 300-1 型扣件组成及主要技术要求

（1）扣件组成。

① W300-1 型扣件分为 W300-1a 型和 W300-1u 型（图 8.17）两种。扣件由弹条、绝缘垫片、轨距挡板、螺栓、轨下垫板、铁垫板、弹性垫板和预埋套管等组成。为满足高低调整需要，还包括调高垫板。

② 弹条分为两种，即 SKL15 型弹条（直径为 15 mm）和 SKLB15 型弹条（直径为 13 mm），其中桥上采用小阻力扣件时使用 SKLB15 型弹条。

③ 标准规格螺栓（Ss36-230）长度为 230 mm。为满足高低调整需要，配有长度为 240 mm 和 250 mm 的螺栓。

④ 标准规格轨下垫板（Zw692-6）厚度为 6 mm。为满足高低调整需要，配有厚度为 2 mm、3 mm、4 mm、5 mm、7 mm 和 8 mm 的轨下垫板。

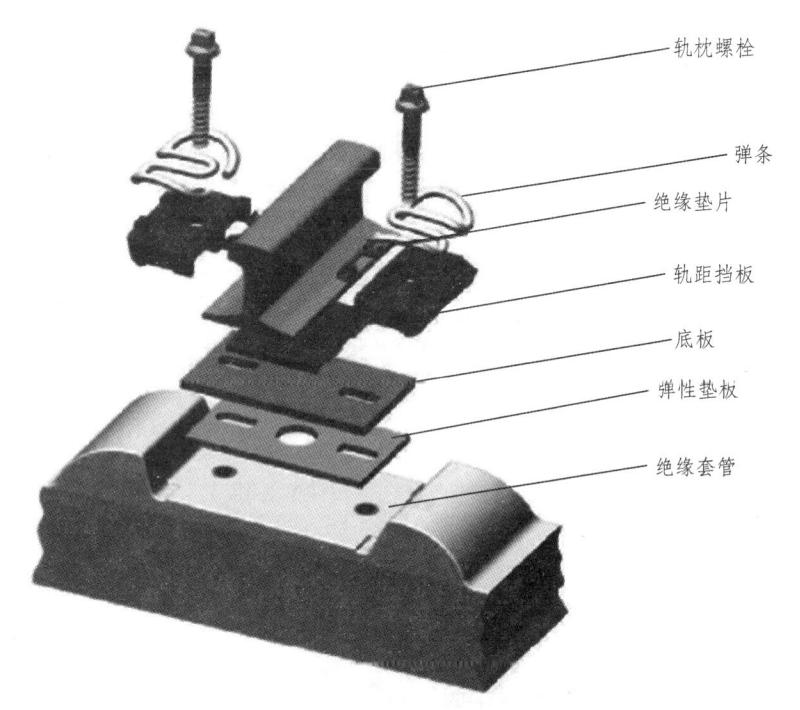

图8.17 W300-1u型扣件组装图

⑤ 标准规格轨距挡板分为Wfp15a型挡板（适用于W300-1a型扣件）和Wfp15u型挡板（适用于W300-1u型扣件）两种。为满足钢轨左右位置调整需要，配有Wfp15a±1（Wfp15u±1）～Wfp15a±8（Wfp15u±8）各16种规格。

（2）主要技术要求。

① 预埋套管中应保证有一定的防护油脂，油脂性能应符合相关规定。

② 弹条安装标准：弹条中部前端与轨距挡板前端突起部分不宜接触，两者间隙不得大于0.5 mm；或使用扭矩扳手检测螺旋道钉扭矩时，SKL15型弹条为210～250 N·m，SKLB15型弹条为150～180 N·m。

③ 弹条养护标准：弹条中部前端与轨距挡板前端突起部分不宜接触，两者间隙不得大于1 mm；或使用扭矩扳手检测螺旋道钉扭矩时，SKL15型弹条为210～250 N·m，SKLB15型弹条为150～180 N·m。

④ 轨距挡板应与承轨槽挡肩密贴，钢轨与轨距挡板间隙不得大于1 mm。

⑤ 钢轨左右位置调整量：±8 mm。

⑥ 高低调整量：+26 mm，-4 mm。

4. SFC型扣件组成及主要技术要求

（1）扣件组成。

① SFC型扣件分为直列式（图8.18）和错列式（图8.19）两种。扣件由弹条、绝缘帽、铸铁底板、绝缘轨距挡块、橡胶垫板、锚固螺栓、贝式垫片、锯齿垫片、耦合垫板和预埋套管等组成。为满足高低调整需要，还包括位于铸铁底板和耦合垫板之间的调高垫板。

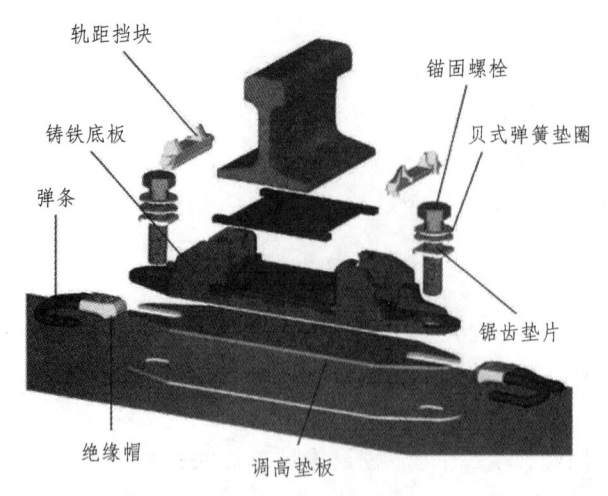

图 8.18 直列式 SFC 型扣件部件组成

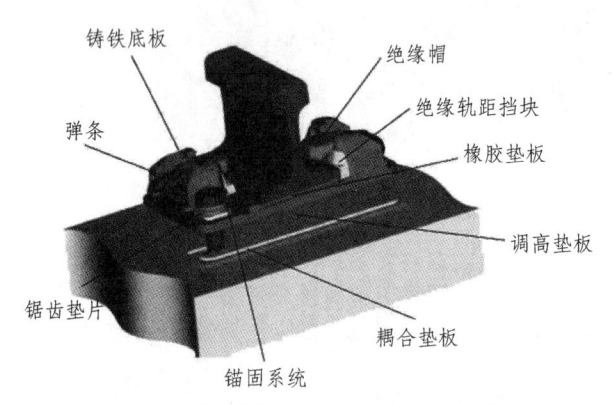

图 8.19 错列式 SFC 型扣件部件组成

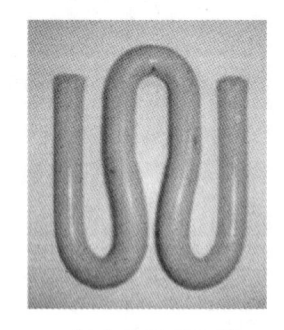

② 弹条分为 FC1504 型、FC1502 型和 FC1306 型三种（图 8.20）。一般地段安装 FC1504 型弹条（直径为 15 mm、配用 8494 型绝缘帽）；夹板处安装 FC1502 型弹条（直径为 15 mm、不安装绝缘帽）；小阻力扣件安装 FC1306 型弹条（直径为 13 mm、配用 12133 型绝缘帽）。

（a）FC1504 型　　（b）FC1502 型　　（c）FC1306 型

图 8.20 弹条与绝缘帽

（2）主要技术要求。
① 预埋套管中应保证有一定的防护油脂，油脂性能应符合相关规定。

② 安装铁垫板时，轨底坡方向应朝向轨道内侧。
③ 弹条初装扣压力不得小于 9 kN；养护过程中弹条扣压力不得小于 8 kN。
④ 锚固螺栓扭矩为 150~200 N·m。
⑤ 钢轨与绝缘轨距块、绝缘轨距块与铁垫板挡肩间缝隙之和不得大于 1 mm。
⑥ 钢轨左右位置调整量：±6 mm。
⑦ 高低调整量：30 mm。

8.2.2 扣件修理或更换的条件

扣件出现以下不良状态或伤损，应进行修理或更换：
（1）零部件损坏；
（2）预埋套管损坏；
（3）锚固螺栓扭矩（WJ-7 型、SFC 型）不满足要求；
（4）有螺栓弹条（WJ-7 型、WJ-8 型、W300-1 型扣件）紧固状态弹条中肢前端离缝超过 1 mm；
（5）无螺栓弹条（SFC 型扣件）不能保持应有的扣压力；
（6）弹性垫板静刚度超过设计上限的 25%。

8.2.3 扣件的维修

1. WJ-7 型扣件维修

（1）零部件损坏应及时更换，更换时应采用相同规格零部件。
（2）对 T 形螺栓进行定期涂油，防止螺栓锈蚀。预埋套管中缺油或无油时，应在预埋套管中注入或在锚固螺栓螺纹部分涂专用防护油脂。
（3）安装铁垫板时应使轨底坡方向朝向轨道内侧。
（4）紧固 T 形螺栓和锚固螺栓应采用扭矩扳手检查，确保扭矩满足要求。
（5）绝缘块与钢轨或铁垫板挡肩间缝隙较大时，应通过更换不同号码绝缘块的方式进行调整。

2. WJ-8 型扣件维修作业

（1）零部件损坏应及时更换，更换时应采用相同规格的零部件。夹板处应采用接头轨距挡板和绝缘轨距块。
（2）预埋套管中缺油或无油时，应在预埋套管中注入或在螺旋道钉螺纹部分涂专用防护油脂。
（3）紧固弹条时应采用扭矩扳手检查，确保扭矩满足要求。
（4）绝缘轨距块与钢轨或铁垫板挡肩间缝隙较大时，应通过更换不同号码绝缘轨距块的方式进行调整。轨距挡板与承轨槽挡肩不密贴时，应更换轨距挡板。

3. 300-1 型扣件维修作业

（1）零部件损坏应及时更换，更换时应采用相同规格的零部件。

（2）预埋套管中缺油或无油时，应在预埋套管中注入或在螺旋道钉螺纹部分涂专用防护油脂。

（3）紧固弹条应采用扭矩扳手检查，确保扭矩满足要求。

（4）钢轨与轨距挡板间缝隙较大时，应通过更换不同号码轨距挡板进行调整。轨距挡板与承轨槽挡肩不密贴时，应更换轨距挡板。

4. SFC 型扣件维修作业

（1）零部件损坏应及时更换，更换时应采用相同规格的零部件。

（2）预埋套管中缺油或无油时，应在预埋套管中注入或在锚固螺栓螺纹部分涂专用防护油脂。

（3）安装铁垫板时，应使轨底坡方向朝向轨道内侧。锯齿垫片应与铸铁底板牙型啮合紧密，两片 M22 贝氏垫片应背靠背安装。紧固锚固螺栓应采用扭矩扳手检查，确保扭矩满足要求。

（4）弹条应采用专用工具安装。

（5）绝缘块与钢轨或铁垫板挡肩间缝隙较大时，应通过更换不同号码绝缘块进行调整。

8.2.4　扣件预埋套管失效修理作业

扣件预埋套管失效时，应及时采用相同型号套管进行修复，修复时应满足以下要求：

（1）取出失效套管时，不得伤及套管周围钢筋，且油渍或油脂不得污染孔壁。

（2）失效套管取出后，应清除混凝土枕或轨道板孔内残渣，并用高压风吹净。

（3）应在孔内注入或在新套管外壁涂敷适量的锚固胶。

（4）植入的新套管定位应准确。

（5）新套管锚固强度应达到抗拔力要求后方可安装扣件。

（6）采用的修复方案及锚固胶应提前进行试验，确定修复工艺参数。

8.2.5　轨道几何尺寸调整作业方法

1. WJ-7 型扣件轨道几何尺寸调整作业方法

（1）轨距和轨向调整：松开锚固螺栓；用改道器横向挪动铁垫板，直至轨距和轨向合适；以 300～350 N·m 扭矩拧紧锚固螺栓。

（2）高低调整：更换绝缘缓冲垫板实现高低负调整；调高量小于 10 mm 时，在轨下垫板下放入调高垫板，调高量超过 10 mm 时，在铁垫板下放入调高垫板，垫入铁垫板下的调高垫板应放在铁垫板与绝缘缓冲垫板之间，总厚度不得超过 20 mm。高低调整量为 −4～+26 mm 扣件调高垫板应按表 8.3 进行设置。

表 8.3　WJ-7 型扣件高低调整调高垫板设置　　　　　　　　　　单位：mm

高低调整量	绝缘缓冲垫板厚度	轨下微调垫板总厚度	铁垫板下调高垫板厚度
-4	2	0	0
-3	2	1	0
-2	2	2	0
-1	2	3	0
0	6	0	0
+1~+7	6	1~7	0
+8	6	0	8
+9~+15	6	1~7	8
+16	6	0	2×8
+17~+26	6	1~10	2×8

2. WJ8 型扣件轨道几何尺寸调整作业方法

（1）轨距和轨向调整：按表 8.4 更换不同号码绝缘轨距块或轨距挡板，调整钢轨左右位置。

表 8.4　WJ-8 型扣件钢轨左右位置调整配置

单股钢轨左右位置调整量/mm	钢轨外侧		钢轨内侧	
	轨距挡板号码	绝缘轨距块号码	绝缘轨距块号码	轨距挡板号码
-5	10	11	7	4
-4	10	10	8	4
-3	10	9	9	4
-2	7	11	7	7
-1	7	10	8	7
0	7	9	9	7
+1	7	8	10	7
+2	7	7	11	7
+3	4	9	9	10
+4	4	8	10	10
+5	4	7	11	10

（2）高低调整：铁垫板下调高垫板只能单副使用，不得重叠使用。钢轨调高量大于 15 mm 时，应采用 S3 型螺旋道钉。调整量为 0~30 mm 扣件调整：当调高量小于 10 mm 时，在轨下垫板下放入调高垫板，且放入的总厚度不得大于 10 mm。调整量超过 10 mm 时，可在铁垫板下放入调高垫板，铁垫板下调高垫板应放在铁垫板下弹性垫板下方，总厚度不得超过 20 mm。

（3）高低调整量为 -4~+26 mm 扣件调高垫板应按表 8.5 进行设置。

表8.5 WJ-8型扣件高低调整调高垫板设置　　　　　　　　　　单位：mm

高低调整量	轨下垫板厚度	轨下微调垫板总厚度	铁垫板下调高垫板厚度
-4～-1	2～5	0	0
0	6	0	0
+1～+6	6	1～6	0
+7～+10	3～6	0	10
+11～+16	6	1～6	10
+17～+20	3～6	0	20
+21～+26	6	1～6	20

3. 300-1型扣件轨道几何尺寸调整作业方法

（1）轨距和轨向调整：按表8.6更换不同规格轨距挡板，调整钢轨左右位置。

（2）高低调整：通过嵌入调高垫板Ap20-6、Ap20-10、Zw692轨垫或Ap20S钢制调高垫板进行调整，并根据高低调整量选择相应长度螺栓。

（3）高低调整量为-4～+26mm扣件调高垫板应按表8.7进行设置。

表8.6 300-1型扣件钢轨左右位置调整配置

单股钢轨左右位置调整量/mm	钢轨外侧轨距挡板	钢轨内侧轨距挡板
-8	Wfp15+8	Wfp15-8
-7	Wfp15+7	Wfp15-7
-6	Wfp15+6	Wfp15-6
-5	Wfp15+5	Wfp15-5
-4	Wfp15+4	Wfp15-4
-3	Wfp15+3	Wfp15-3
-2	Wfp15+2	Wfp15-2
-1	Wfp15+1	Wfp15-1
0	Wfp15	Wfp15
+1	Wfp15-1	Wfp15+1
+2	Wfp15-2	Wfp15+2
+3	Wfp15-3	Wfp15+3
+4	Wfp15-4	Wfp15+4
+5	Wfp15-5	Wfp15+5
+6	Wfp15-6	Wfp15+6
+7	Wfp15-7	Wfp15+7
+8	Wfp15-8	Wfp15+8

表 8.7 300-1 型扣件高低调整调高垫板设置　　　　　　　　单位：mm

高低调整量	轨垫厚度 （Zw 692 - x）	塑料调高垫板厚度 （Ap20 - x）	钢制调高垫板厚度 （Ap20S）	螺旋道钉长度 （Ss36）
-4 ~ -1	1×2~5			
0	1×6			
+1 ~ +2	1×7~8			
+3 ~ +8	1×3~8	1×6		230
+9 ~ +12	1×5~8	1×10		
+13 ~ +14	1×7~8	2×6		
+15 ~ +18	1×5~8	1×10 + 1×6		240
+19 ~ +22	1×5~8	2×10		250
+23 ~ +26	1×3~6	1×6	1×20	

4. SFC 扣件轨道几何尺寸调整作业方法

（1）轨距和轨向调整：松开锚固螺栓，用改道器横向挪动铸铁底板调整轨距和轨向。在不旋转锯齿垫片时，横向调整步长为 3 mm，锯齿垫片旋转 180°后，每格可横向移动 1.5 mm。调整量小于 1.5 mm 时，铸铁底板应采用无级方式进行微调；以 150 ~ 200 N·m 扭矩拧紧锚固螺栓。

（2）高低调整：在铸铁底板和耦合垫板之间放入不同厚度搭配的调高垫板进行高低调整。

① 高低调整量为 -2 ~ 6 mm 时，扣件调高垫板（标准搭配形式和可替代的搭配形式）应按表 8.8 进行设置。

表 8.8 SFC 扣件高低调整时调高垫板设置　　　　　　　　单位：mm

调高量	标准搭配形式		可替代的搭配形式		
	耦合垫板	HDPE 调高垫板	耦合垫板	HDPE 调高垫板	镀锌钢板
-2 ~ 0	2 ~ 4				
0	4				
0.5	2 + 2.5				
1	2	3	4		1
1.5	2.5	3	3.5		2
2	3	3	4		2
2.5	3.5	3	3.5		1 + 2
3	4	3	4		1 + 2
3.5			3.5	3	1
4			4	3	1
4.5			3.5	3	2
5			4	3	2
5.5			3.5	2×3	
6			4.0	2×3	

② 高低调整量为 6.5～30 mm 时，扣件调高垫板应按表 8.9 进行设置。

③ 铸铁底板下插入垫板（含耦合垫板在内）不得超过 3 块，且耦合垫板总厚度不得大于 4.5 mm。

④ 当垫板（含调高垫板和耦合垫板）叠加总厚度超过 15 mm 时，应采用相应长度螺栓。

表 8.9　SFC 扣件高低调整时调高垫板设置　　　　　　　　单位：mm

调高量	垫板搭配方式 LDPE 耦合垫板	垫板搭配方式 HDPE 调高垫板	钢板	备注
6.5～8	2.5～4	3+5		
8.5～9.5	2.5～3.5	10		
10	4	5+5		
10.5	3.5	10	1	
11～13	2～4	3+10		安装和维护过程中，可根据实际情况进行搭配，并应遵循以下原则： （1）钢板和 HDPE 调高垫板均应安放在 LDPE 耦合垫板之上。 （2）铸铁底板下所有垫板总数量不得超过 3 块。 （3）LDPE 耦合垫板采用 1 块（调高 0.5 mm 时，采用 2 块）
13.5～15	2.5～4	10+5		
15.5	3.5	15	1	
16～18	2～4	3+15		
18.5～20	2.5～4	20		
20.5	3.5	20	1	
21～23	2～4	3+20		
23.5～24.5	2.5～4	25		
25	4	25		
25.5	3.5	25	1	
26～28	2～4	3+25		
28.5～30	2.5～4	30		

任务 8.3　无砟道床维修作业

8.3.1　无砟道床结构及主要技术要求

根据结构形式，无砟道床分为 CRTS Ⅰ 型板式、CRTS Ⅱ 型板式、双块式以及道岔区轨枕埋入式和板式无砟道床等。

1. CRTS Ⅰ 型板式无砟道床结构及主要技术要求

（1）道床结构由轨道板、水泥乳化沥青砂浆充填层、混凝土底座、凸形挡台及其周围填充树脂等部分组成，如图 8.21 所示。曲线超高在底座上设置。

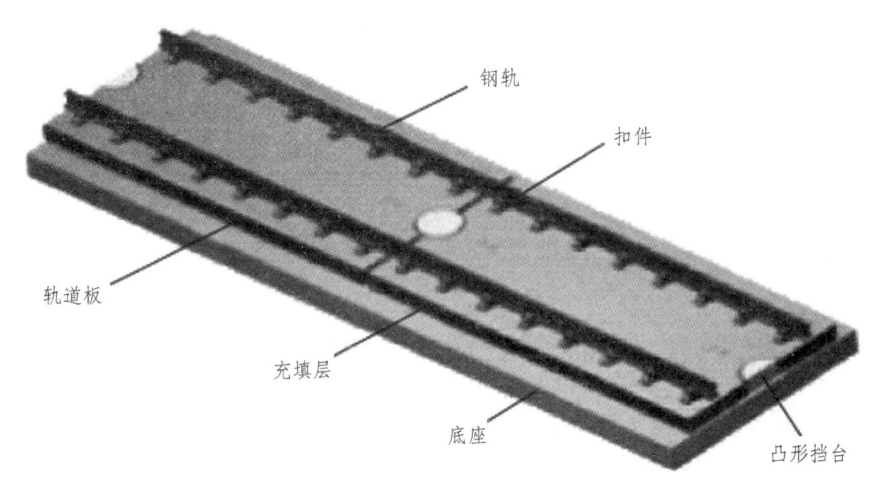

图 8.21 CRTS I 型板式无砟轨道示意图

（2）水泥乳化沥青砂浆充填层厚度为 50 mm，不应小于 40 mm。减振型板式轨道水泥乳化沥青砂浆厚度为 40 mm，不应小于 35 mm。

（3）水泥沥青砂浆应灌注饱满，与轨道板底部密贴，轨道板边角悬空深度应小于 30 mm。

（4）凸形挡台分为圆形和半圆形，半径为 260 mm，其周围填充树脂厚度为 40 mm，不应小于 30 mm。

（5）预应力混凝土轨道板不允许开裂，普通混凝土框架板混凝土裂缝宽度不得大于 0.2 mm。

（6）底座混凝土裂缝宽度不得大于 0.2 mm，路基和隧道地段混凝土底座间伸缩缝宽度为 20 mm，状态应良好。

（7）排水通道，特别是框架式轨道板内排水、底座内预埋横向排水管道，应保持通畅。

2. CRTS II 型板式无砟道床结构及主要技术要求

（1）路基地段道床结构由轨道板、水泥乳化沥青砂浆充填层、支承层等部分组成，如图 8.22 所示。曲线超高在路基基床表层上设置。

图 8.22 CRTS II 型板式无砟轨道示意图

（2）桥梁地段道床结构由轨道板、水泥乳化沥青砂浆充填层、底座板、滑动层、高强度挤塑板、侧向挡块及弹性限位板等部分组成。桥台后路基设置锚固结构（包括摩擦板、土工布、端刺）及过渡板。曲线超高在底座板上设置。长大桥区段底座板设有钢板连接器后浇带。

（3）隧道地段道床结构由轨道板、水泥乳化沥青砂浆充填层、支承层等部分组成。曲线超高一般在仰拱回填层（有仰拱隧道）或底板（无仰拱隧道）上设置。

（4）水泥乳化沥青砂浆充填层应与轨道板底部和支承层或底座板密贴，厚度为30 mm，不应小于20 mm，不宜大于40 mm。

（5）轨道板除预裂缝处以外，其他部位不得有裂缝。

（6）轨道板间接缝处混凝土裂缝不得大于0.2 mm，接缝现浇混凝土与轨道板间离缝不得大于0.3 mm。

（7）桥梁地段连续底座板（含后浇带部位）混凝土裂缝不得大于0.3 mm，侧向挡块与底座板、轨道板不得粘连。

（8）路基和隧道地段支承层不得有竖向贯通裂缝。

（9）排水通道应保持通畅。

3. 双块式无砟道床结构及主要技术要求

（1）路基地段道床结构由双块式轨枕、道床板、支承层等部分组成，如图8.23所示。道床板一般为纵向连续结构。曲线超高在路基基床表层上设置。

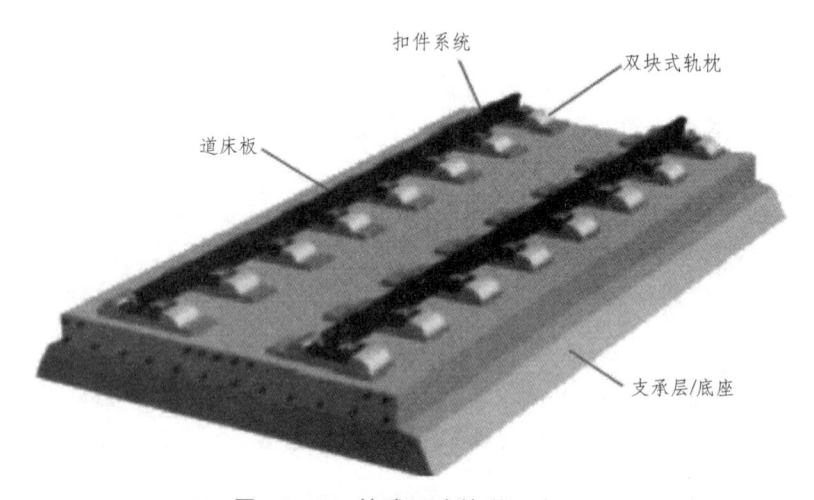

图8.23 双块式无砟轨道示意图

（2）桥梁地段道床结构由双块式轨枕、道床板、隔离层、底座（或钢筋混凝土保护层）、凹槽（或凸台）周围弹性垫层等部分组成。道床板或底座沿线路纵向分块设置，间隔缝为100 mm。道床板与底座（或保护层）间设置隔离层，底座凹槽（或凸台）侧立面粘贴弹性垫层。曲线超高在底座或道床板上设置。

（3）隧道地段道床结构由双块式轨枕、道床板等部分组成，道床板为纵向连续结构。曲线超高在道床板上设置。

（4）双块式轨枕不得有裂缝，道床板混凝土不得有横向或竖向贯通裂缝。

（5）路基地段支承层不得有竖向贯通裂缝，支承层与道床板、路基基床表层间应密贴，不得有离缝。

（6）排水通道应保持通畅，道床板表面不得积水。

4. 道岔区轨枕埋入式无砟道床结构及主要技术要求

（1）路基和隧道地段道床结构由桁架式预应力岔枕、道床板、底座或支承层等部分组成，如图 8.24 所示。

图 8.24 轨枕埋入式无砟轨道

（2）桥梁地段道床结构由桁架式预应力岔枕道床板、隔高层、底座及凹槽周围弹性垫层等部分组成。

（3）岔枕不应出现裂缝，道床板混凝土裂缝不得有横向或竖向贯通裂缝。

（4）底座混凝土裂缝不得大于 0.2 mm，底座或支承层不得有竖向贯通裂缝。

（5）排水通道应保持通畅，道床板表面不得积水。

5. 道岔区板式无砟道床结构及主要技术要求

（1）路基地段道床结构由道岔板、底座（自密实混凝土层）及找平层等部分组成，如图 8.25 所示。

（2）桥梁地段道床结构由道岔板、水泥乳化沥青砂浆充填层、底座板、滑动层高强度挤塑板、侧向挡块及弹性限位板等部分组成。

（3）道岔板（或预设裂缝处）混凝土裂缝宽度应小于 0.2 mm，扣件周围不得有裂缝。

（4）路基地段混凝土底座、桥梁地段水泥乳化沥青砂浆层应与道岔板底部密贴。水泥乳化沥青砂浆充填层厚度为 30 mm，不应小于 20 mm，不宜大于 40 mm。

图 8.25 道岔区板式无砟轨道

（5）桥梁地段连续底座板混凝土裂缝不得大于 0.3 mm，侧向挡块不得裂缝。

（6）排水通道应保持通畅，道岔板表面不得积水。

8.3.2 无砟道床伤损形式及伤损等级判定标准

无砟道床伤损等级分为Ⅰ、Ⅱ、Ⅲ级。对Ⅰ级伤损应做好记录，对Ⅱ级伤损应列入维修计划，对Ⅲ级伤损应及时修补。

（1）CRTSⅠ型板式无砟道床伤损形式及伤损等级判定标准见表8.10。

表8.10 CRTSⅠ型板式无砟道床伤损形式及伤损等级判定标准

伤损部位	伤损形式	判定项目	评定等级 Ⅰ	评定等级 Ⅱ	评定等级 Ⅲ	备注
预应力轨道板	裂缝	宽度/mm	0.1	0.2	0.3	掉块、缺损或封端脱落应适时修补
预应力轨道板	锚穴封端离缝	宽度/mm	0.2	0.5	1.0	掉块、缺损或封端脱落应适时修补
普通轨道板	裂缝	宽度/mm	0.2	0.3	0.5	掉块、缺损或封端脱落应适时修补
凸形挡台	裂缝	宽度/mm	0.2	0.3	0.5	掉块、缺损或封端脱落应适时修补
底座	裂缝	宽度/mm	0.2	0.3	0.5	掉块、缺损或封端脱落应适时修补
底座伸缩缝	离缝	宽度/mm	1.0	2.0	3.0	路基、隧道地段
水泥乳化沥青砂浆	离缝	宽度/mm	1.0	1.5	2.0	掉块、缺损或剥落应适时修补
水泥乳化沥青砂浆	离缝	横向深度/mm	20~50	50~100	≥100	掉块、缺损或剥落应适时修补
水泥乳化沥青砂浆	离缝	对角长度/mm	20~30	30~50	≥50	掉块、缺损或剥落应适时修补
水泥乳化沥青砂浆	裂缝	宽度/mm	0.2	0.5	1.0	掉块、缺损或剥落应适时修补
凸形挡台周围填充树脂	离缝	宽度/mm	1.0	2.0	3.0	缺损应适时修补
凸形挡台周围填充树脂	裂缝	宽度/mm	0.2	0.5	1.0	缺损应适时修补

（2）CRTSⅡ型板式无砟道床伤损形式及伤损等级判定标准见表8.11。

表8.11 CRTSⅡ型板式无砟道床伤损形式及伤损等级判定标准

伤损部位	伤损形式	判定项目	评定等级 Ⅰ	评定等级 Ⅱ	评定等级 Ⅲ	备注
轨道板	裂缝	宽度/mm	0.1	0.2	0.3	预裂缝处的裂缝除外，掉块或缺损应适时修补
板间接缝	裂缝	宽度/mm	0.2	0.3	0.5	掉块或缺损应适时修补
板间接缝	离缝	宽度/mm	0.2	0.3	0.5	掉块或缺损应适时修补
支承层	裂缝	宽度/mm	0.2	0.5	1.0	掉块或缺损应适时修补
底座板	裂缝	宽度/mm	0.2	0.3	0.5	掉块或缺损应适时修补
侧向挡块	裂缝	宽度/mm	0.2	0.3	0.5	掉块或缺损应适时修补
挤塑板	离缝	宽度/mm	0.2	0.5	1.0	掉块或缺损应适时修补
水泥乳化沥青砂浆充填层	离缝	宽度/mm	0.5	1.0	1.5	掉块、缺损或剥落应适时修补
水泥乳化沥青砂浆充填层	离缝	宽度/mm	20~50	50~100	≥100	掉块、缺损或剥落应适时修补
水泥乳化沥青砂浆充填层	离缝	对角长度/mm	20~30	30~50	≥50	掉块、缺损或剥落应适时修补
水泥乳化沥青砂浆充填层	裂缝	宽度/mm	0.2	0.5	1.0	掉块、缺损或剥落应适时修补

（3）双块式无砟道床伤损形式及伤损等级判定标准见表8.12。

表8.12 双块式无砟轨道道床伤损形式及伤损等级判定标准

伤损部位	伤损形式	判定项目	评定等级 Ⅰ	评定等级 Ⅱ	评定等级 Ⅲ	备 注
双块式轨枕	裂缝	宽度/mm	0.1	0.2	0.3	掉块、缺损应适时修补，挡肩失效应及时修补
道床板	裂缝	宽度/mm	0.2	0.3	0.5	
道床板	轨枕界面裂缝	宽度/mm	0.2	0.3	0.5	
支承层	裂缝	宽度/mm	0.2	0.5	1.0	
底座	裂缝	宽度/mm	0.2	0.3	0.5	

（4）道岔区轨枕埋入式无砟道床伤损形式及伤损等级判定标准见表8.13。

表8.13 道岔区轨枕埋入式无砟道床伤损形式及伤损等级判定标准

伤损部位	伤损形式	判定项目	评定等级 Ⅰ	评定等级 Ⅱ	评定等级 Ⅲ	备 注
岔枕	裂缝	宽度/mm	0.1	0.2	0.3	掉块或缺损应适时修补
道床板	裂缝	宽度/mm	0.2	0.3	0.5	
道床板	岔枕界面裂缝	宽度/mm	0.2	0.3	0.5	
底座	裂缝	宽度/mm	0.2	0.3	0.5	
支承层	裂缝	宽度/mm	0.2	0.5	1.0	
底座伸缩缝	离缝	宽度/mm	1.0	2.0	3.0	

（5）道岔区板式无砟道床伤损形式及伤损等级判定标准见表8.14。

表8.14 道岔区板式无砟道床伤损形式及伤损等级判定标准

伤损部位	伤损形式	判定项目	评定等级 Ⅰ	评定等级 Ⅱ	评定等级 Ⅲ	备 注
道岔板	裂缝	宽度/mm	0.2	0.3	0.5	掉块或缺损应适时修补
底座	裂缝	宽度/mm	0.2	0.3	0.5	路基地段。掉块或缺损应适时修补
底座	离缝	宽度/mm	0.2	0.3	0.5	
找平层	裂缝	宽度/mm	0.2	0.3	0.5	
底座板	裂缝	宽度/mm	0.2	0.3	0.5	
侧向挡块	裂缝	宽度/mm	0.2	0.3	0.5	
水泥乳化沥青砂浆	离缝	宽度/mm	0.5	1.0	1.5	桥梁地段。掉块、缺损或剥落应适时修补
水泥乳化沥青砂浆	离缝	深度/mm	20～50	50～100	≥100	
水泥乳化沥青砂浆	离缝	对角长度/mm	20～30	30～50	≥50	
水泥乳化沥青砂浆	裂缝	宽度/mm	0.2	0.5	1.0	
挤塑板	离缝	宽度/mm	0.2	0.5	1.0	

8.3.3 无砟道床结构损坏修复性作业

无砟道床维修作业包括无砟道床伤损修补作业和道床结构损坏修复作业。本节主要介绍无砟道床结构损坏修复性作业方法。

1. CRTS Ⅰ型板式无砟道床

（1）轨道板损坏更换作业。

轨道板损坏严重，采取其他措施无法保证无砟轨道稳定性和平顺性时，必须更换轨道板。轨道板更换可按以下工艺进行施作：

① 松开受损轨道部位附近一定范围的扣件，切断钢轨。

② 清除凸形挡台周围树脂。

③ 在轨道板侧面吊装孔（8个）位置安装起吊装置，利用起吊设备将失效轨道板清除。

④ 清除水泥乳化沥青砂浆，清理凸形挡台侧面，保证底座表面及凸形挡台侧面清洁。

⑤ 运输、铺设新轨道板，按无砟轨道施工相关技术要求，精调轨道板状态，并固定。

⑥ 采用模筑法灌注固化速度较快、力学性能与充填层材料性能相当的砂浆材料。

⑦ 安装树脂灌注袋，灌注凸形挡台周围树脂。

⑧ 根据设计锁定轨温要求，锁定线路。

⑨ 轨道状态精调，恢复线路。

（2）水泥乳化沥青砂浆层失效更换作业。

水泥乳化沥青砂浆层损坏严重，采取修补措施无法保证轨道板稳定性和行车平稳性时，必须重新灌注充填层。水泥乳化沥青砂浆层更换可按以下工艺进行施作：

① 清除受损部位凸形挡台周围树脂。

② 松开受损部位一定范围的扣件。

③ 利用轨道板侧面吊装孔（8个），安装起吊装置，将钢轨和轨道板抬升至适当高度，分离轨道板与水泥乳化沥青砂浆层。

④ 清除水泥乳化沥青砂浆及凸形挡台侧面，并保证底座表面及凸形挡台侧面清洁。

⑤ 精调轨道板状态，并固定。

⑥ 采用模筑法灌注固化速度较快、力学性能与充填层材料性能相当的砂浆材料。

⑦ 安装树脂灌注袋，灌注凸形挡台周围树脂。

⑧ 钢轨就位，安装扣件，轨道状态精调，恢复线路。

2. CRTS Ⅱ型板式无砟道床

（1）无砟道床损坏修复作业。

轨道板或砂浆充填层损坏严重，采取其他措施无法保证无砟轨道稳定性和平顺性时，经论证后，可实施道床修理作业。道床修理作业应选择在接近轨道板施工铺设时温度条件下进行。道床修理可按以下工艺进行施作：

① 利用锚固筋将受损轨道结构两端一定数量的轨道板与支承层或底座板进行锚固，锚固筋的数量和布置根据轨道板施工时的纵连锁定温度、维修作业期间的温度计算确定。

② 松开受损部位一定范围的扣件，切断钢轨。

③ 使用混凝土切割机，在轨道板宽接缝的接缝处进行切割，采用凿子、风镐等工机具清除板间接缝混凝土，拆除张拉锁件。

④ 采用专用索锯，沿线路纵向，水平切割轨道板与砂浆结合面，分离轨道板与砂浆层。

⑤ 将受损轨道板、砂浆层清运出现场，并将支承层或底座板表面清理干净。

⑥ 运输、铺设新轨道板，精调并固定。

⑦ 采用模筑法灌注固化速度较快、力学性能与充填层材料相当的修补材料。

⑧ 用快凝混凝土浇筑窄接缝。

⑨ 安装张拉锁件，按规定扭矩纵向连接轨道板。

⑩ 接缝两侧支立模板，并用夹具固定，防止漏浆。

⑪ 采用 C55 微膨胀早强混凝土封闭宽接缝，洒水覆盖养护或喷洒养护剂。

⑫ 按设计锁定轨温要求锁定线路。

⑬ 轨道状态精调，恢复线路。

（2）梁端高强度挤塑板损坏更换作业。

采取其他处理措施无法保证高强度挤塑板正常工作状态时，应进行更换。挤塑板更换可按以下工艺进行施作：

① 材料准备：新挤塑板、薄膜、黏结剂、树脂等。

② 机具准备：除尘器、注浆机等。

③ 采取措施从轨道两侧将挤塑板取出，并用高压风将内部清理干净。

④ 梁面滚刷黏结剂，将新挤塑板表面覆盖一层薄膜，并放入。

⑤ 密闭底座板与挤塑板周边，压注树脂材料，充填空隙。

⑥ 作业环境要求：5 ~ 30 ℃。

3. 双块式无砟道床

（1）对于双块式轨枕松动，应及时维修，视严重程度，可采用裂缝注浆、更换轨枕或在轨枕间安装特殊扣件等方法进行处理。

（2）如双块式轨枕两螺栓孔间纵裂引起的纵向裂缝、承轨面和挡肩交界处横向裂缝宽度大于 1.0 mm，或挡肩面破损长度超过挡肩长度的 1/2，则判定为挡肩失效，应及时维修，可采用更换轨枕或在轨枕间安装特殊扣件等方法进行处理。

（3）双块式轨枕损坏更换作业。

双块式轨枕松动、挡肩失效或扣件调整量用到极限，采取其他措施不能保证无砟轨道稳定性和行车平稳性时，应更换双块式轨枕。双块式轨枕更换可按以下工艺施作：

① 松开扣件，提升钢轨至一定高度。

② 采用混凝土切割锯或其他措施，将损坏的轨枕从混凝土道床板中取出，轨枕底部应凿出不小于 25 mm 深的空间。

③ 对于纵向钢筋穿过双块式轨枕钢筋桁架的无砟轨道结构，切断钢筋并使伸至相邻轨枕盒的连接钢筋裸露出来。

④ 对裸露混凝土表面进行凿毛，对连接钢筋表面除锈处理后，清理轨枕盒内松散颗粒及灰尘。

⑤ 放入新双块式轨枕，选择合适长度、直径的钢筋，将其焊接到裸露道床板纵向连接钢筋上。

⑥ 用螺杆调节器支撑双块式轨枕，钢轨就位，安装扣件。

⑦ 精细调整轨排标高和左右位置，并固定。

⑧ 对裸露混凝土面进行润湿处理，注入低收缩性、早强、黏结性能和流动性较好的砂浆材料。砂浆从轨枕一侧注入，直至填满整个开凿面。

⑨ 将砂浆面刮平，与相邻道床板表面平齐，并打扫干净。

⑩ 灌注砂浆养护，强度达到 30 MPa 及以上后，恢复线路。

（4）路基和隧道地段道床板损坏修理作业。

道床板结构损坏严重或连续 3 个及以上双块式轨枕伤损失效，采取其他措施无法保证轨道稳定性和行车安全时，应成段更换道床板。道床板更换作业应选择在接近道床板施工时温度条件下进行，可按以下工艺施作：

① 利用锚固筋，将受损道床板两端的相邻道床板与支承层进行锚固。锚固筋的数量和布置根据伤损情况、维修作业期间温度等确定，锚固筋直径一般为 25 mm（道床板上钻孔直径 40 mm），长度为 400~500 mm，保证伸入支承层的锚固深度不得小于 250 mm。

② 松开受损道床板部位扣件，切割钢轨。

③ 利用混凝土切割锯对受损道床板进行切割，从更换部分最后一根轨枕旁切割开，切割深度为道床板厚度。

④ 分离道床板与支承层，将受损道床板起吊运走。

⑤ 凿开相邻道床板混凝土，露出纵向钢筋长度不得小于 700 mm，并进行除锈处理。

⑥ 对裸露支承层表面和道床板混凝土进行凿毛，清理松散颗粒及灰尘。

⑦ 根据设计要求布设钢筋，纵向钢筋与两端露出的钢筋焊连，搭接长度不得小于 700 mm，焊接长度不得小于 200 mm，并做好钢筋绝缘处理。

⑧ 利用螺杆调节器支撑双块式轨枕，铺设钢轨，安装扣件，精细调整轨排几何状态后固定。

⑨ 支立模板，对支承层及四周混凝土表面进行润湿处理，在新旧混凝土接触面涂刷一层界面剂。

⑩ 根据施工时间要求，浇筑低收缩性、早强和抗裂性好的 C40 混凝土。

⑪ 将混凝土振捣密实后，刮平新浇筑的道床板表面，与相邻道床板表面平齐，并清理干净施工现场。

⑫ 混凝土养护，初凝后拆除支承螺杆。

⑬ 混凝土强度达到 30 MPa 以上后，根据设计锁定轨温，与相邻钢轨焊连。

⑭ 精调轨道状态，拆除模板，恢复线路。

8.3.4 无砟道床伤损修补作业

1. 无砟道床混凝土裂缝修补方法

根据无砟轨道结构特点、无砟道床混凝土裂缝性质和裂缝伤损等级，混凝土裂缝修补方法可分为表面封闭法、无压注浆法和低压注浆法，三种修补方法可按以下要求进行施作。

（1）表面封闭法。

① 修补材料。

用于表面封闭的涂层材料宜采用聚合物水泥基材料，其主要性能应满足《高速铁路无砟轨道修理规则》的有关要求。底涂材料可采用高聚合物乳液含量的聚合物水泥基材料。

② 主要修补工机具。

钢丝刷、真空吸尘器、计量工具、搅拌工具、盛料容器、涂刷工具等。

③ 修补工艺。

a. 使用钢丝刷将裂缝表面两侧刷毛，用真空吸尘器清除灰尘等杂物。当裂缝内有明水时，应采用热风机等将裂缝处吹干。

b. 称量并配制表面封闭用修补材料，采用手持式搅拌机或专用搅拌器将修补材料搅拌均匀。

c. 沿裂缝表面涂刷一层底涂材料。

d. 待底涂材料表干后，涂刷表面封闭用涂层材料，涂刷3遍以上，以涂层厚度达到300 μm以上为宜。每遍涂刷都要等到上遍涂层材料表干后再涂，且两次涂刷方向相互垂直。

e. 在大风干燥等条件下适当采取薄膜覆盖等方法养护，防止涂层材料失水过快导致涂层开裂。

（2）无压注浆法。

① 修补材料。

无压注浆法修补混凝土裂缝宜采用低黏度树脂材料。低黏度树脂材料性能应满足《高速铁路无砟轨道修理规则》的有关要求。

② 主要修补机具。

手动双组份注浆器、电热吹风机、真空吸尘器、角磨机等。

③ 修补工艺。

a. 用真空吸尘器清除裂缝内杂物。

b. 采用电热吹风机去除裂缝内水分。

c. 沿裂缝两侧制作注浆围挡，防止浆体污染混凝土表面。

d. 采用手动双组份注浆器向裂缝内注入低黏度树脂材料。灌注过程中应随时观察树脂渗透情况，并及时补注修补材料直至注满。

e. 修补材料固化后，去除裂缝围挡，将裂缝表面多余树脂材料打磨平整。

f. 在裂缝表面涂刷裂缝封闭材料，其修补材料及工艺与上述的"表面封闭法"相同。

（3）低压注浆法。

① 修补材料。

低压注浆法修补混凝土裂缝宜采用性能满足《高速铁路无砟轨道修理规则》要求的树脂材料。封缝材料可采用聚合物快硬水泥浆、专用封缝材料或专用封缝带等。

② 主要修补机具。

注浆器、注浆嘴、钢丝刷、真空吸尘器、打磨器等。

③ 修补工艺。

a. 使用钢丝刷清洁裂缝区域表面，用真空吸尘器清除周围杂物。

b. 采用封缝材料封闭裂缝，封闭过程中留出注浆孔和排气孔。

c. 通过注浆器向裂缝内注入修补材料，直至注满为止。

d. 当修补材料固化后，去除封缝材料，并将裂缝表面打磨平整。

e. 在裂缝表面涂刷裂缝封闭材料，其修补材料及工艺与上述"表面封闭法"相同。

2. 无砟道床混凝土缺损修补方法

（1）修补材料。

混凝土缺损修补可采用树脂砂浆或聚合物水泥砂浆，其性能应满足《高速铁路无砟轨道修理规则》中的有关要求。底涂材料可选用黏度较低的树脂或聚合物水泥净浆。

（2）主要修补工机具。

切割机、真空吸尘器、计量工具、搅拌工具、盛料容器、抹子、铲刀、打磨器等。

（3）修补工艺。

① 将结构受损处松散混凝土和骨料颗粒凿除，并采用真空吸尘器清理缺损区域碎屑、灰尘等杂物。

② 如有钢筋露出，对钢筋进行除锈、防锈处理，分次涂刷防锈剂。

③ 根据需要，在混凝土破损部位支立模板。

④ 在修补混凝土暴露面涂刷底涂材料。

⑤ 计量并配制树脂砂浆或聚合物水泥砂浆。

⑥ 向混凝土缺损部位灌注树脂砂浆或聚合物水泥砂浆。

⑦ 待砂浆硬化后，拆除模板，将砂浆修正磨平。

3. 轨道板锚穴封端脱落修补方法

预应力混凝土轨道板纵、横向锚穴在预应力施加完成后采用封锚砂浆封填，新老混凝土接合面成为其薄弱环节，易形成封锚砂浆和板体剥离，在长期列车荷载作用下可导致封锚砂浆脱落，从而影响轨道板的预应力体系，影响结构的使用寿命。

（1）修补材料。

CRTS I 型板式无砟轨道预应力混凝土轨道板锚穴封锚脱落修补材料包括：修补砂浆、界面剂和养护剂，其中修补砂浆性能应满足《高速铁路无砟轨道修理规则》中的有关要求，界面剂性能应符合《混凝土界面处理剂》（JC/T 907—2002）的要求，养护剂性能应符合《水泥混凝土养护剂》（JC 901—2002）的要求。

（2）主要修补工机具。

真空吸尘器、搅拌机、多功能空气锤、盛料容器、称量工具等。

（3）修补工艺。

① 清除锚穴内原有砂浆残渣，对锚穴内壁进行凿毛，并采用真空吸尘器清除孔内杂物。

② 按比例称取修补砂浆，采用搅拌机搅拌均匀。

③ 对锚穴内壁喷涂界面剂。

④ 将修补砂浆放入锚穴内，采用多功能空气锤进行封堵成型。

⑤ 封堵成型完毕后，在封锚砂浆表面喷涂养护剂。

4. 无砟轨道砂浆层伤损修补方法

无砟轨道水泥乳化沥青砂浆层起承力传力和支撑调整的作用。在施工过程中，因灌注不饱满、灌注温度等原因易引起砂浆与轨道板离缝，改变轨道结构受力状态。同时，砂浆充填层厚度过薄易造成砂浆充填层的开裂和破坏。针对板式无砟轨道中砂浆层与轨道板间离缝、砂浆层缺损掉块及砂浆层裂缝等伤损形式，CRTS I 型和 CRTS II 型板式无砟轨道可分别采用如下修补方法进行施作。

（1）CRTS I 型板式无砟轨道水泥乳化沥青砂浆层离缝伤损修补方法。

① 修补材料。

CRTS I 型板式无砟轨道水泥乳化沥青砂浆层离缝伤损修补宜采用树脂材料，其主要性能应满足《高速铁路无砟轨道修理规则》中的有关要求。

② 主要修补工机具。

手持搅拌器（2 300 r/min，540 W）、压力灌浆机、泡沫密封条等。

③ 修补工艺。

a. 清理砂浆离缝处杂物，保证分离面清洁。

b. 使用泡沫密封条将离缝部位进行封堵，防止修补材料渗漏。

c. 准备修补材料，按规定的配合比，配制并采用手持搅拌器搅拌树脂材料，使用压力灌浆机进行树脂材料灌注（压力保持在 0.2 MPa），同时观察树脂渗漏情况，以灌注最高密封端出现溢流即灌注饱满。

d. 灌注完成后约 1 h，拆除泡沫密封条，检查灌注饱满和固化程度，如不饱满，应重新灌注。

e. 砂浆侧面修正，清理施工现场。

（2）CRTS I 型板式无砟轨道水泥乳化沥青砂浆层缺损掉块修补方法。

① 修补材料。

砂浆层缺损掉块修补宜采用树脂砂浆材料，其性能应满足《高速铁路无砟轨道修理规则》中的有关要求。

② 主要修补工机具。

电镐、模板、振捣器、搅拌机、钢丝刷、盛料容器、涂刷工具、燃烧器等。

③ 修补工艺。

a. 清理缺损、掉块处砂浆碎块和杂物，凿到新砂浆表面，清理后，烘烤干燥。

b. 根据缺损面积大小，选择模板法或无模板法进行修补。

采用模板法时，首先支立模板，配制并搅拌树脂砂浆，灌注树脂砂浆至缺损位置，待树脂砂浆硬化后拆除模板。

采用无模板法时，配制并搅拌树脂砂浆，将树脂砂浆填入缺损位置，采用振捣器将其振捣密实。

c. 砂浆侧面修正，清理施工现场。

（3）CRTS I 型板式无砟轨道水泥乳化沥青砂浆层裂缝伤损修补方法。

① 修补材料。

砂浆层裂缝伤损修补宜采用树脂材料，其性能应满足《高速铁路无砟轨道修理规则》中的有关要求。

② 主要修补机具。

搅拌机、灌浆机等。

③ 修补工艺。

a. 对砂浆裂缝处进行清理，并保持裂缝干燥。

b. 从侧面浸润或压注树脂修补材料，直到砂浆裂缝完全充填，进行封闭处理。

c. 砂浆侧面修正，清理施工现场。

（4）CRTSⅡ型板式无砟轨道水泥乳化沥青砂浆层离缝伤损修补方法。

① 修补材料。

水泥乳化沥青砂浆层离缝伤损修补宜采用低黏度树脂材料，其性能应满足《高速铁路无砟轨道修理规则》中的有关要求，离缝封边处理宜采用离缝封边材料或封边带，其中离缝封边材料性能应满足《高速铁路无砟轨道修理规则》中的有关要求。

② 主要修补工机具。

钢丝刷、真空除尘器、注浆器（泵）等。

③ 修补工艺。

a. 使用钢丝刷、真空除尘器或压缩空气等清洁离缝区域表面。

b. 用砂浆离缝封边材料或封边带封边，封边时留出注浆口和排气孔。

c. 按规定的配合比制备修补树脂材料。采用注浆器（泵）将修补材料从注浆口注入离缝区域，直至注满。

d. 修补材料固化以后，拆除封边材料或封边带，检查灌注饱满程度，如不饱满，应重新灌注。

e. 砂浆侧面修正，清理施工现场。

（5）CRTSⅡ型板式无砟轨道水泥乳化沥青砂浆层缺损掉块修补方法。

① 修补材料。

水泥乳化沥青砂浆层缺损掉块修补宜采用树脂砂浆材料，其性能指标应满足《高速铁路无砟轨道修理规则》中的有关要求。

② 主要修补工机具。

电镐、加热器、搅拌机、振捣器、垫块、铲子、桶、刷子等。

③ 修补工艺。

a. 采用电镐修凿、清除劣化伤损的砂浆充填层，并向内修凿约 100mm。

b. 清理修凿产生的碎片、残渣等。

c. 如修凿部位残留水分，采用加热器干燥修凿部位。

d. 为保证修补材料与基体可靠黏结，可在修凿部涂敷底漆。

e. 根据缺损尺寸，选择是否支立模板。

f. 按配比准确称量树脂材料、石英砂等，采用手持式搅拌机使修补材料混合均匀。

g. 根据缺损面积大小，选择模板法或无模板法进行修补。

对于无模板法，用铲子将混合均匀的树脂砂浆放入修补处，并用振捣器将修补砂浆振捣密实。

对于模板法，首先支立模板，将修补材料灌入缺损部位，直至灌注饱满。待修补材料固化后，拆除模板。

h. 砂浆侧面修正，清理施工现场。

（6）CRTSⅡ型板式无砟轨道水泥乳化沥青砂浆层裂缝修补方法。

修补材料、工机具及工艺参照本节"无砟道床混凝土裂缝修补方法"中的"表面封闭法"。

5. CRTSⅠ型板式无砟轨道凸形挡台周围树脂伤损修补方法

CRTSⅠ型板式无砟轨道结构中，凸形挡台和轨道板半圆缺口之间灌注的树脂与凸形挡台一起限制轨道板的纵横向位移，抵抗纵横向作用力，并传递荷载。同时，凸形挡台周围树脂可以提供合适的弹性，有效地缓冲列车纵横向的冲击。无缝线路纵向力、列车制动力以及桥梁地段温度荷载作用引起的梁轨相互作用等易导致树脂填充层与凸形挡台之间出现离缝；较大的压力亦可造成凸形挡台周围树脂开裂。伤损可以采用以下方法进行修补。

（1）修补材料。

凸形挡台周围树脂伤损修补宜采用聚氨酯类材料，其性能应满足《高速铁路无砟轨道修理规则》中的有关要求。

（2）主要修补工机具。

钢凿、钢丝刷、无油空气喷嘴、树脂灌注设备等。

（3）修补工艺。

① 清理树脂伤损处，保证伤损凿开面清洁。

② 充填树脂材料，直到离缝、裂缝或缺损处完全充填。

③ 表面修整，清理现场。

6. CRTSⅡ型板式轨道板间连接处离缝伤损修补方法

在CRTSⅡ型板式轨道施工过程中，将轨道板张拉锁定后，对轨道板板缝进行填充，由于温度变化及填充材料本身的收缩性能可能导致裂缝产生，特别是在冬季或降温幅度明显的阶段更加容易出现离缝伤损。修补方法可按以下要求施作。

（1）修补材料。

CRTSⅡ型板式无砟轨道板间宽接缝混凝土与轨道板离缝伤损修补宜采用有机硅树脂材料，其性能应满足《高速铁路无砟轨道修理规则》中的有关要求。

（2）主要修补工机具。

手动注浆器、钢丝刷、真空除尘器等。

（3）修补工艺。

① 使用钢丝刷、真空吸尘器等清洁离缝内杂物，并保持裂缝内部干燥。

② 采用铲刀等工具将有机硅树脂修补材料压入离缝内部 20 mm 以上。

③ 待修补材料固化后，表面修整，清理现场。

任务8.4　无缝线路作业

1. 无缝线路特点

高速铁路采用跨区间无缝线路，最大限度地减少了钢轨接头，并取消了缓冲区，线路平顺性好，整体强度高，防爬能力强，钢轨纵向力分布均匀，可保证轨道结构的高平顺性及高稳定性，实现高速列车的平稳安全运行。跨区间无缝线路是在完善了长大桥上无缝线路、高强度胶接绝缘接头、无缝道岔等多项技术以后，把闭塞区间的绝缘接头乃至整个区间甚至几个区间（包括道岔、桥梁、隧道等）都焊接（或胶接、冻结）在一起，取消缓冲区的无缝线路，如图 8.26 所示。

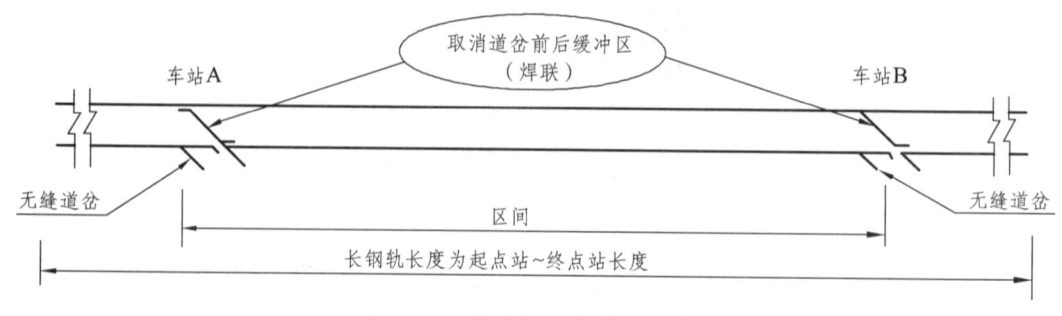

图 8.26 跨区间无缝线路结构

2. 无缝线路地段养护维修基本要求

（1）设备管理维修单位必须全面掌握管内无缝线路技术资料，绘制无缝线路铺设及日常大维修、无缝线路应力调整等技术图表，编制并填写无缝线路铺设情况表，并及时将上述资料下发至各有关车间、工区，存档备查。

（2）图表按单元轨节绘制，标明每个单元轨节的缓冲区长度、起讫里程、铺设时状况、锁定轨温、位移观测桩位置、线路平面资料、换轨大修、应力调整、插短轨等。

（3）无缝线路应力放散资料必须齐全，应包括放散的时间、起讫里程、放散原因、原锁定温度、计划放散量、计划锁定温度、当日钢轨温度、实际放散量、实际锁定轨温等。

（4）设备管理维护单位的无缝线路断轨资料记录必须齐全，包括断轨时间、断轨里程、断轨位置、锁定温度、断缝大小、插入短轨时间、短轨长度、插入短轨时轨温、现场标尺长度、何时进行再焊、再焊后的锁定温度等。

（5）对无缝线路、道岔及调节器钢轨纵向位移每季度全面观测一次，按表 8.15～表 8.17 记录观测结果。对需进行应力放散和调整的区段应分析原因及时处理。

表 8.15 无缝线路钢轨位置观测记录

____线____行____至____区间，K___+____至 K___+___，铺设日期_____，锁定轨温___°C

观测日期	观测人	观测时间	观测轨温/°C	位移量/mm													原因分析
				2		3				5		6		7		
				左	右	左	右	左	右	左	右	左	右	左	右	

注：① 左右股以顺行车方向划分。
② 顺行车方向纵向位移为"＋"，逆行车方向纵向位移为"－"。
③ 当纵向位移超过 10 mm 时，应进行实际锁定轨温计算分析。

表 8.16　钢轨伸缩调节器钢轨位移观测记录

线别：　　　行别：　　　调节器里程：　　　调节器编号：　　　调节器类型：

观测日期	观测人	观测轨温/°C	基本轨及其前部/mm			尖轨及其后部/mm			基本轨与尖轨相对位移/mm	尖轨伸缩量/mm
			基本轨前200 m	基本轨前50 m	基本轨前端	尖轨跟端	尖轨后50 m	尖轨后200 m		

注：本记录适用于单向调节器，双向调节器位移观测记录可参照本记录编制。

表 8.17　无缝道岔钢轨位移观测记录

线名：　　　　　站名：

观测日期	观测人	行别	道岔编号	锁定轨温/°C	观测轨温/°C	岔前/mm				岔头/mm		限位器（间隔铁）/mm		岔尾/mm				岔后/mm								两尖轨尖相错量/mm
														直股		曲股		直股				曲股				
						左股1	右股1	左股2	右股2	左股	右股	左股	右股	左股	右股	左股	右股	左股1	右股1	左股2	右股2	左股1	右股1	左股2	右股2	

注：一般情况下，表中带 1 的表格填写岔前后 50 m 处位移，表中带 2 的表格填写岔前后 200 m 处位移。

（6）做好无缝线路钢轨位移观测，位移观测可采用仪器观测或弦线测量。累计位移量出现异常时（锁定轨温变化超过 5 °C），工务段应及时查明原因，采取相应措施。无缝线路钢轨位移观测桩设置要求：

① 钢轨位移观测桩必须预先埋设牢固，均匀布置，内侧应距线路中心不小于 3.1 m，桥梁地段应在固定支座上方设置。

② 区间钢轨位移观测桩间距不应大于 500 m。

③ 道岔及其前后设置 7 对钢轨位移观测桩：岔头、限位器（或间隔铁）、岔尾（含直、曲股）、道岔前后 50 m 和 200 m 处。岔区道岔间距大于 50 m 时设一对钢轨位移观测桩。

④ 调节器及其前后设置 6 对钢轨位移观测桩：调节器两端及前后 50 m 和 200 m 处。双向调节器在中间增设 1 对。

（7）无缝线路铺设锁定后，应及时观测位移初值、并测量两桩之间无缝线路长度。宜按下述方法设置位移观测桩，并采用准直仪观测法进行位移观测。

① 路基上在同一断面的两侧路肩设置埋设混凝土观测桩，观测桩顶部设置不锈钢照准点，线间设置永久对中点，同时在钢轨轨腰上设置观测标尺。

② 隧道内在同一断面的两侧电缆槽边墙上设置不锈钢照准点，线间设置永久对中点，同时在钢轨轨腰上设置观测标尺。

③ 桥上在固定支座上方、同一断面的两侧防撞墙上设置不锈钢照准点，线间桥面设置永久对中点，同时在钢轨轨腰上设置观测标尺。

④ 标尺中间设零点，标尺总长度不小于 10 cm，如图 8.27 所示。观测桩编号标注在标尺前方轨腰上，采用红底白字，如图 8.28 所示。

图 8.27 观测标尺示意图　　　　图 8.28 观测桩编号标注示意图

（8）对位移观测结果进行锁定轨温变化计算。如图 8.29 所示，规定大里程方向为钢轨纵向位移正值、小里程方向则为钢轨纵向位移负值，则某次测得的 i 号桩钢轨纵向位移为：

$$\Delta i = x_i - x_{0(i)} \tag{8.1}$$

式中　Δi ——第 i 号桩钢轨纵向位移（mm）；

　　　x_i ——第 i 号桩某次的位移观测值（mm）；

　　　$x_{0(i)}$ ——第 i 号桩位移初值（mm）。

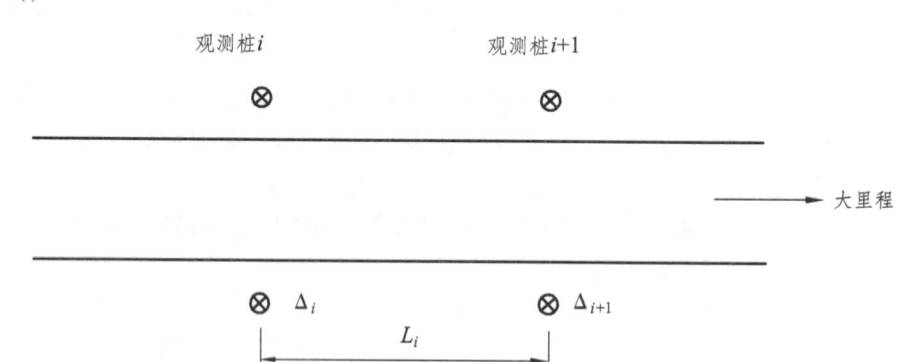

图 8.29 无缝线路位移观测桩位移观测

第 i 号桩与第 i+1 号桩之间，无缝线路锁定轨温变化量为：

$$\Delta T_{S(i)} = \frac{\Delta_{i+1} - \Delta_i}{L_i \cdot \alpha} \tag{8.2}$$

式中　$\Delta T_{S(i)}$ ——两位移桩之间无缝线路锁定轨温变化量（°C）；

Δ_{i+1}——第 $i+1$ 号桩钢轨纵向位移值（mm）;

L——第 i 桩和第 $i+1$ 号桩之间无缝线路长度（mm）;

α——钢轨材料线胀系数，取 0.0118×10^{-3} mm/(m·°C)。

3. 无缝线路维修作业

（1）无缝线路维修管理应以一次锁定的轨条为管理单元，无缝道岔应以单组或相邻多组一次锁定的道岔及其前后 200 m 线路为管理单元。线路维修应遵循"严检慎修"的原则，尽量少动道，加强轨检车、动检车、车载仪、轨检小车检测设备综合检测分析，制订病害维修方案。

（2）无缝线路地段应根据季节特点、锁定轨温和线路状态，合理安排年维修计划。一般在气温较低的季节，安排成区段综合维修，高温季节不应安排线路综合维修和影响线路稳定的作业，如需进行时，应有计划地先放散后作业，并适时重新做好放散和锁定线路工作。夏季气温超过 35 °C 时，设备管理维护单位安排有关人员进行添乘检查。

（3）无缝线路的维修作业，要准确掌握实际锁定轨温，严格执行作业前、作业中、作业后测量轨温。高速铁路无缝线路作业轨温条件见表 8.18 ~ 表 8.20。

表 8.18 高速铁路无砟轨道无缝线路作业轨温条件

作业项目	线路平面条件	最多连续松开扣件个数（按实际锁定轨温计算）				
		-10 °C 及以下	-10 °C ~ 0 °C	0 °C ~ +10 °C	+10 °C ~ +20 °C	+20 °C 以上
改道、垫板作业	$R<2\,000$	9	40	15	9	禁止
	$R \geq 2\,000$ 或直线	15	40	20	9	禁止
更换扣件或涂油	—	隔一松一、流水作业				禁止

表 8.19 高速铁路有砟轨道无缝线路作业轨温条件

线路平面	作业轨温范围（按实际锁定轨温计算）		
	连续扒开道床不超过 25 m，起道高度不超过 30 mm，拨道量不超过 10 mm	连续扒开道床不超过 50 m，起道高度不超过 40 mm，拨道量不超过 20 mm	扒道床、起道、拨道与普通线路相同
直线及 $R \geq 2\,000$ m 曲线	+20 °C 实际锁定轨温以下不限制	+15 °C －20 °C	±10 °C
800 m $\leq$ $R<2\,000$ m 曲线	+15 °C －20 °C	+10 °C －15 °C	±5 °C

表 8.20　高速铁路有砟轨道无缝线路作业轨温条件

序号	作业项目	按实际锁定轨温计算				
		-20 ℃以下	-20 ℃~-10 ℃	±10 ℃以内	+10 ℃~+20 ℃	+20 ℃以上
1	改道	与普通线路同	与普通线路同	与普通线路同	与普通线路同	禁止
2	更换扣件或涂油	隔二松一，流水作业	同左	同左	同左	禁止
3	方正轨枕	当日连续方动不超过2根	隔二方一，方后捣固，恢复道床逐根进行（配合起道除外）	与普通线路同	隔二方一，方后捣固，恢复道床逐根进行（配合起道除外）	禁止
4	更换轨枕	当日不连续更换	当日连续更换不超过2根（配合起道除外）	与普通线路同	当日连续更换不超过2根（配合起道除外）	禁止
5	更换钢轨	禁止	禁止	与普通线路同	禁止	禁止
6	更换道岔联结件	禁止	禁止	与普通线路同	禁止	禁止
7	不破底清筛道床	逐孔倒筛夯实	同左	同左	禁止	禁止
8	处理翻浆冒泥（不超过5孔）	与普通线路同	同左	同在	禁止	禁止

有砟轨道还应注意做好以下各项工作：
① 在维修地段按需要备足道砟。
② 起道前应先拨正线路方向。
③ 起、拨道器不得安放在铝热焊缝处。
④ 扒开的道床应及时回填、夯实。
（4）无缝线路养护维修技术要求。
① 桥上无缝线路养护维修技术要求：应按设计要求，保持扣件布置方式和扣件紧固程度，尤其应加强温度跨度大的桥上无缝线路小阻力扣件养护。在高温和低温季节，应加强温度跨度大的桥上无缝线路结构和状态检查，加强连续梁活动端或桥台附近的线路状态检查，发现问题应及时处理。温度跨度等于或大于 48 m 时，应加强梁端附近线路状态的检查。

单根抽换桥枕应在实际锁定轨温 -20~10 ℃ 范围内进行，作业时抬起钢轨高度不应超过 60 mm。成段更换、方正桥枕等需要起道作业时，应在实际锁定轨温 -15~5 ℃ 范围内进行。
② 对大坡道地段、列车制动地段无缝线路应加强检查和锁定，防止钢轨爬行和轨向变化。
③ 应加强隧道口前后 100 m 线路的检查力度，采取措施防止线路出现碎弯。

4. 无缝道岔作业

（1）无缝道岔技术要求。
① 道岔应铺设在无缝线路固定区，正线道岔除胶接绝缘接头外，其他接头应全部焊接。
② 无缝道岔的设计锁定轨温应与两端区间无缝线路设计锁定轨温一致，且应满足跨区间无缝线路允许温降和允许温升要求，道岔各联结件应牢固可靠。
③ 无缝道岔尖轨尖端伸缩位移、可动心轨尖端伸缩位移应满足表 8.21 要求，超过允许值应分析原因，并及时调整。

表 8.21　尖轨相对于基本轨、可动心轨相对于翼轨允许伸缩位移

道岔类型	尖轨允许伸缩位移/mm	心轨允许伸缩位移/mm	备注	
			锁闭机构	尖轨跟端结构
客专线系列	±40	±20	多机多点钩型外锁	限位器、间隔铁或无传力部件
CZ 系列	+45	±30	第一牵引点拐肘外锁	无传力部件
CN 系列	±40	±20	多机多点自调式外锁	限位器

④ 应加强桥上及隧道口附近无缝道岔检查和锁定，防止碎弯和爬行。

⑤ 应按规定利用钢轨位移观测桩进行位移观测，及时分析锁定轨温变化及钢轨位移情况。应加强尖轨和心轨位移观测，防止转换卡阻。

⑥ 无缝道岔应在设计锁定轨温范围内铺设和锁定，不宜进行应力放散。

（2）养护维修要求。

① 日常保养工作中，应使调节器保持尖轨锁定、基本轨可伸缩状态，防止尖轨爬行或基本轨异常伸缩。

② 每月检查调节器状态不少于 1 次，在高温、低温及昼夜温差大的季节加强检查。

③ 调节器联结零件螺栓扭矩应经常保持规定的数值。

④ 单向调节器应加强尖轨及其后 50～100 m 范围内钢轨的锁定；双向调节器应加强尖轨范围的锁定。基本轨后及其后 50～100 m 范围内扣件扭矩应符合规定，扣件扭矩不应超出限值。

⑤ 轨下垫板位置正确。

⑥ 定期观测基本轨伸缩量、焊缝位移并分析与气温的关系，确保基本轨伸缩正常、焊缝位置正确。

⑦ 调节器在铺设状态下，对基本轨、尖轨所焊联的钢轨进行张拉或顶推作业时，不得使基本轨和尖轨产生纵向移动。

⑧ 焊接接头应满足相关技术条件的规定。

⑨ 发现尖轨和基本轨肥边应及时打磨。

⑩ 尖轨或基本轨轨头出现擦伤应及时修复或更换。

⑪ 尖轨轨顶零降低值及以上断面处，尖轨顶面低于基本轨顶面时，应及时修理或更换。

⑫ 每半年对基本轨轨撑螺栓、尖轨轨撑螺栓涂油一次；不得对尖轨轨撑贴合面和台板顶面进行涂油或使油污落入。

5. 施工作业管理

（1）无缝线路锁定轨温必须准确、均匀，有下列情况之一者，应进行应力放散或调整：

① 实际锁定轨温不在设计锁定轨温范围以内。

② 锁定轨温不明、不准确。

③ 两相邻单元轨节锁定轨温差超过 5 ℃，或左右股钢轨实际锁定轨温相差超过 3 ℃，或同一区间单元轨节最高、最低锁定轨温相差超过 10 ℃。

④ 铺设或维修作业方法不当,使轨条产生不正常伸缩。
⑤ 出现严重不均匀位移。
⑥ 夏季线路轨向严重不良,碎弯多。
⑦ 通过位移观测或测试分析,发现温度力分布严重不均。

(2) 无缝线路应力放散和调整施工前,应制订施工计划及安全措施,组织人力,备齐料具,充分做好施工准备。钢轨张拉量、放散量和锯切量宜按规定进行计算。

① 设计锁定轨温。

设计锁定轨温即长钢轨中和轨温,其根据线路的具体条件,通过轨道稳定性和强度计算确定。

a. 有砟轨道。

有砟轨道设计锁定轨温按下式计算:

$$T_c = \frac{T_{max} + T_{min}}{2} + \frac{[\Delta t_d] - [\Delta t_u]}{2} \pm [\Delta t_k] \tag{8.3}$$

式中 T_c——设计锁定轨温(°C);
$[\Delta t_d]$——允许温降(°C);
$[\Delta t_u]$——允许温升(°C);
T_{max}——最高轨温(°C),取当地历年最高气温值加 20 °C;
T_{min}——最低轨温(°C),取当地历年最低气温值;
Δt_k——设计锁定轨温修正值(°C),一般为 0 °C ~ 5 °C。

b. 无砟轨道。

无砟轨道设计锁定轨温,按下式计算:

$$T_c = \frac{T_{max} + T_{min}}{2} \pm [\Delta t_k] \tag{8.4}$$

式中 T_{max}——最高轨温(°C),取当地历年最高气温值加 20 °C;
T_{min}——最低轨温(°C),取当地历年最低气温值;
Δt_k——设计锁定轨温修正值(°C),一般为 0 °C ~ 5 °C。

② 计算放散量。

长钢轨的放散量按下列自由伸缩公式计算:

$$\Delta l = \alpha \cdot L \cdot (T_{sh} - T_{sy}) \tag{8.5}$$

式中 Δl——长钢轨放散量(mm);
α——钢轨线膨胀系数,取 0.011 8 mm/(m·°C);
L——需要放散应力的长钢轨长度(m);
T_{sh}——放散后的锁定温度(°C);
T_{sy}——原锁定轨温(°C)。

③ 计算锯轨量。

$$K = \Delta l + \sum a - \sum b \tag{8.6}$$

式中　K——锯轨量（mm）；

　　　Δl——放散量（mm）；

　　　$\sum a$——缓冲区预留轨缝总和（mm）；

　　　$\sum b$——缓冲区原有轨缝总和（mm）。

④ 设置临时位移观测点。

设置临时位移观测点的目的是随时掌握长钢轨的应力放散情况。通常 50～100 m 设置一个观测点，其观测点伸缩量为：

$$\Delta l_n = \frac{\Delta l}{N} \cdot n \tag{8.7}$$

式中　Δl_n——某观测点钢轨计算伸缩量（mm）；

　　　Δl——计划放散量（mm）；

　　　N——设立观测点数；

　　　n——某观测点号数（$n=1,2,3,\cdots,n$）。

（3）应力放散的方法。

无缝线路应力放散可采用滚筒配合撞轨法或滚筒结合拉伸配合撞轨法。放散时要求做到：总放散量要够，沿钢轨全长放散要匀，最后锁定轨温要准。同时要求结合放散应力，整治线路爬行。

① 滚筒配合撞轨法。

滚筒配合撞轨放散方法是指在接近设计锁定轨温的条件下，松开扣件和防爬器，长钢轨下每隔 10～15 m 垫入滚筒，配合以适当撞轨，使长钢轨正常伸缩。当达到预定锁定轨温，立即取下滚筒，重新锁定线路。这种放散法的优点是放散彻底，均匀性好，可以较准确地确定锁定轨温。

② 滚筒结合拉伸配合撞轨法。

滚筒结合拉伸配合撞轨法是指在轨温条件下，在利用滚筒放散的同时，用拉伸器拉伸并配合以适当撞轨，但原锁定轨温不清楚或不准确，必须在滚筒放散的基础上，通过计算后再用拉伸器拉伸。

应力放散前，应先调整缓冲区轨缝，并根据计算更换配轨，上紧全部扣件后，方能固定拉伸器进行拉伸。

无缝道岔应在设计锁定轨温范围内铺设和锁定，不宜进行应力放散。

当施工作业时的轨温低于设计锁定轨温时，采用拉伸器滚筒法施工；当施工作业时的轨温在设计锁定轨温范围内时，采用滚筒法施工。无缝线路应力放散及锁定施工主要设备包括钢轨拉伸器、撞轨器、锯轨机、滚筒、轨温计、扭力扳手、工地钢轨焊接设备等。无缝线路应力放散及锁定施工基本工艺流程如图 8.30 和图 8.31 所示。

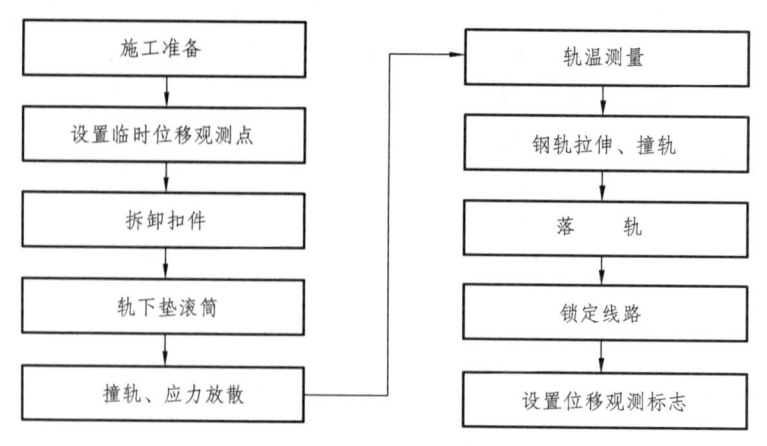

```
施工准备 ──────────────→ 轨温测量
    ↓                        ↓
设置临时位移观测点          钢轨拉伸、撞轨
    ↓                        ↓
拆卸扣件                    落 轨
    ↓                        ↓
轨下垫滚筒                  锁定线路
    ↓                        ↓
撞轨、应力放散 ────→      设置位移观测标志
```

图 8.30 拉伸器滚筒法施工工艺流程图

线路锁定前需掌握当地轨温变化规律，并根据作业区段的时间间隔，选定锁定线路的最佳施工时间。测量轨温时要对钢轨的不同位置进行多点测量，取其平均值。

拆除待放散单元轨节的全部扣件，每隔一定距离垫入一个滚筒，每隔一定距离设置一台撞轨器。放散应力时，每隔 100 m 左右设一临时位移观测点观测钢轨的位移量，及时排除影响放散的障碍，达到应力放散均匀、彻底。

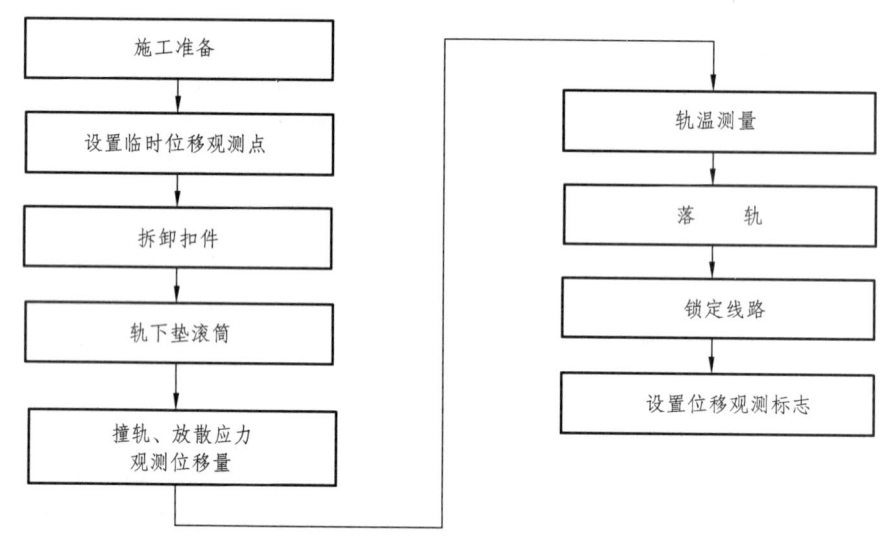

```
施工准备 ──────────────→ 轨温测量
    ↓                        ↓
设置临时位移观测点          落 轨
    ↓                        ↓
拆卸扣件                    锁定线路
    ↓                        ↓
轨下垫滚筒                  设置位移观测标志
    ↓
撞轨、放散应力
观测位移量 ─────────→
```

图 8.31 滚筒法施工工艺流程图

在单元轨节的终端每股钢轨设置一台拉伸器拉伸钢轨，必要时撞轨，使拉伸量传递均匀。钢轨拉伸器拉伸钢轨前，滚筒按要求垫放到位，钢轨拉伸量达到计算值后，钢轨拉伸器保压，撤出滚筒，安装扣件，锁定线路，此时的锁定作业轨温加上钢轨拉伸换算轨温后为实际锁定轨温。

线路锁定后，立即在钢轨上设置纵同位移观测的"零点"标记，按规定开始观测并记录钢轨位移情况。无缝线路锁定时需准确确定并记录锁定轨温。两股钢轨宜同步锁定，线路锁定后才能撤出钢轨拉伸器。锁定日期及实际锁定轨温列入竣工资料。

（4）胀轨跑道防治和处理。

① 当线路连续出现碎弯并有胀轨迹象时，应限制列车运行速度或封锁线路，并尽快组织处理。

② 作业中如出现轨向、高低不良时，必须停止作业，并及时采取防胀措施。

③ 发现胀轨跑道时应立即封锁线路进行处理。

④ 胀轨跑道应急处理办法：

方法一（首选）：立即利用氧割工具切割钢轨，释放应力，插入短轨，拨正线路方向，限速放行列车，线路稳定后，恢复正常速度运行（200 km/h及以上区段按不大于160 km/h速度放行列车），并派人看守。

方法二：可采取浇水或喷洒液态二氧化碳等办法进行降温处理，钢轨温度降低后，拨正线路方向，限速放行列车，线路稳定后，恢复正常速度运行，并派人看守。

经以上方法进行紧急处理后，应尽快按照无缝线路锁定轨温不明安排应力放散处理，彻底消除胀轨隐患。

⑤ 无缝线路发生胀轨跑道时，应将胀轨跑道情况按表8.22做好记录。

表8.22 无缝线路涨轨跑道情况登记表

车间：

线，□上□下行，区间： 至				胀轨跑道情况及原因：（包括胀轨跑道当天或前几天是否作业、作业量、作业轨温；锁定轨温变化情况；线路方向及设备情况，行车情况等）
里程		铺设日期	年 月 日	
轨条长度	m	施工锁定轨温	°C	
线路特征	钢轨类型			处理经过：
	轨枕类型及配置根数			
	扣件类型及拧紧程度			
	道床肩宽			
	线路平纵断面	□直线 □曲线，R____m □坡度，____‰		
	线路状态			胀轨跑道示意图：（注明胀轨跑道后线路弯曲波长、欠度；胀轨跑道地点是否在曲线、桥梁、道口、道岔附近，且应注明相对距离）
发生胀轨跑道里程：距长轨条始端距离： m，或距终端距离 m				
发生胀轨跑道日期： 年 月 日，时间： 时 分气温： °C， 轨温： °C				
有无造成行车事故：中断行车： 时 分				

任务 8.5　钢轨修理

8.5.1　高速铁路钢轨维修管理

1. 高速铁路钢轨维修工作分类及主要内容

高速铁路钢轨维修分为周期性修理、日常保养和临时修理。

周期性修理是指按管理办法规定周期进行的钢轨计划修理。

日常保养指根据检查车动态检查、巡检系统检查、人工静态检查结果及钢轨外观和伤损状况，对钢轨分区段进行有计划、有重点的经常性修理。

临时修理是指对轻伤、重伤及折断钢轨进行的临时性修理或处理。

（1）周期性修理的主要内容是对新铺设钢轨进行预打磨，按周期对运营中的钢轨进行预防性打磨。

（2）日常保养的主要内容是根据钢轨廓形和表面伤损检测结果，结合线路动态检测情况，以使用大型打磨车为主要手段对钢轨进行综合性修理，对超过整治限度病害的钢轨进行综合修理，以及需要进行日常保养的其他工作。

（3）临时修理的主要内容是对轻伤钢轨进行加固和修理，对重伤及折断钢轨进行处理及更换，以及需要进行临时修理的其他工作。

2. 高速铁路钢轨检查

对钢轨应有计划地进行定期检查，及时掌握钢轨变化情况。钢轨检查分为外观及表面伤损检查和钢轨探伤。

（1）钢轨外观及表面伤损检查。

① 应采用巡检与目测结合的方式对钢轨外观进行检查。巡检每季度检查不少于 1 次，目测每年查看 1 遍，并做好记录。

a. 对检查中发现的钢轨磨耗、锈蚀地段，人工复核每千米测量不少于 5 处。

b. 对检查发现的剥离掉块、擦伤，逐处人工复核。

c. 对表面鱼鳞纹及其他伤损处所做好记录工作。

② 对磨耗达到轻伤的钢轨和道岔使用磨耗检查仪每季度至少检查 1 遍。

③ 对达到轻伤的锈蚀钢轨，应使用专用卡尺每季度至少查 1 遍。

④ 对剥离裂纹及掉块、表面裂纹和擦伤每季度检查 1 遍,必要时可采用涡流和磁粉探伤。

⑤ 应每年使用钢轨直度测量仪对钢轨焊缝平直度至少检查 1 遍,对达到轻伤的焊接每季度至少检查 1 遍。

⑥ 应每季度使用钢轨廓形定点检查 1 遍,并记录光带情况,选择的测量点宜具有代表性。

（2）钢轨探伤。

① 以使用探伤车为主、探伤仪为轴的方式对正线钢轨进行周期性探伤,探伤车检查发现的伤损应采用探伤仪进行复核。

② 使用探伤仪对焊接接头、站线、道岔（包括尖轨和心轨变截面部分）、调节器（含尖轨变截面部分）及其前后 60 m 钢轨进行周期性探伤。

③ 探伤周期。

a. 每年使用探伤车对正线钢轨检查不少于 7 遍，冬季应适当缩短检查周期；每年使用钢轨探伤仪对正线钢轨检查 1 遍；每年使用钢轨探伤仪对到发线钢轨检查 4 遍，其他站线每年检查 1 遍。冬季可适当缩短探伤周期。

b. 每月使用钢轨探伤仪对正线道岔及调节器的钢轨检查 1 遍，每年对到发线道岔检查 4 遍，其他站线道岔每年检查 1 遍。

c. 对正线无缝线路和道岔、调节器钢轨的焊缝还应使用焊缝探伤仪进行全断面探伤，厂焊焊缝每 5 年检查 1 遍；现场闪光焊焊缝每年检查 1 遍，铝热焊焊缝每半年检查 1 遍。

3. 钢轨伤损分类及评判标准

钢轨的伤损主要有轨头磨耗、轨头剥离裂纹及掉块、轨顶面擦伤、波浪形磨耗、表面裂纹、内部裂纹和锈蚀。

钢轨伤损按程度分为轻伤、重伤和折断。

（1）钢轨轻伤、重伤评判标准。

钢轨（含焊接接头、道岔、调节器和胶接绝缘接头用轨）轻伤、重伤评判准则见表 8.23～表 8.25 所示。

表 8.23　钢轨轻伤和重伤评判标准

伤损项目		伤损程度		备 注
		轻 伤	重 伤	
钢轨头部磨耗		磨耗量超过表 8.29 所列限度之一者	磨耗量超过表 8.30 所列限度之一者	
轨顶面擦伤		长度 15～25 mm，且深度大于 0.35 mm	长度超过 25 mm，且深度大于 0.5 mm	
剥离掉块		—	有	
波形磨耗		—	谷深≥0.2 mm	
焊接接头低塌		0.2 mm<低塌<0.4 mm	低塌≥0.4 mm	1 m 直尺测量
钢轨表面裂纹		—	出现轨头下颚水平裂纹（透锈）、轨腰水平裂纹、轨头纵向裂纹、轨底裂纹等	不含轮轨接触疲劳引起轨顶面表面或近表面的鱼鳞裂纹
超声波探伤缺陷	焊接及材质缺陷	未达到焊缝或钢轨报废程度的焊接缺陷或钢轨内部材质缺陷	达到或超过焊缝或钢轨报废程度的焊接缺陷或钢轨内部材质缺陷	
	内部裂纹	—	横向、纵向、斜向及其他裂纹和内部裂纹造成的踏面凹陷（隐伤）	
钢轨锈蚀			经除锈后，轨底厚度不足 8 mm 或轨腰厚度不足 12 mm	

表8.24　钢轨头部磨耗轻伤标准　　　　　　　　　　单位：mm

名称	总磨耗	垂直磨耗	侧面磨耗
区间钢轨、导轨	9	8	10
基本轨、翼轨	7	6	8
尖轨、心轨、叉跟尖轨	6	4	6

注：① 总磨耗＝垂直磨耗＋1/2侧面磨耗。
　　② 对于导轨、翼轨及尖轨、心轨、叉跟尖轨全断面区段，垂直磨耗在钢轨顶面宽1/3处（距标准工作边）测量；对于尖轨、心轨、叉跟尖轨机加工区段，垂直磨耗自轨头最高点测量。
　　③ 侧面磨耗在钢轨踏面（按标准断面）下16 mm处测量。
　　④ 磨耗影响转换设备安装时，按重伤处理。
　　⑤ 谷深为相邻波峰与波谷间的垂直距离。

表8.25　钢轨头部磨耗重伤标准　　　　　　　　　　单位：mm

名称	垂直磨耗	侧面磨耗
区间钢轨、导轨	10	12
基本轨、翼轨	8	10
尖轨、心轨、叉跟尖轨	6	8

注：① 对于导轨、翼轨及尖轨、心轨、叉跟尖轨全断面区段，垂直磨耗在钢轨顶面宽1/3处（距标准工作边）测量；对于尖轨、心轨、叉跟尖轨机加工区段，垂直磨耗自轨头最高点测量。
　　② 侧面磨耗在钢轨踏面（按标准断面）下16 mm处测量。
　　③ 基本轨、翼轨、尖轨、心轨磨耗会影响密贴及轨件高差，磨耗的轻重伤标准应较区间钢轨严格。
　　④ 磨耗影响转换设备安装时，按重伤处理。

（2）钢轨折断标准。

钢轨折断是指发生下列情况之一者：

① 钢轨全截面断裂；

② 裂纹贯通整个轨头截面；

③ 裂纹贯通整个轨底截面；

④ 钢轨顶面上有长度大于30 mm且深度大于5 mm的掉块。

（3）钢轨轻伤维修作业要求。

① 内部伤损：超声波探伤发现的轻伤钢轨应定期跟踪观测。当发现轻伤有发展时（回波幅度升高3 dB以上），应采用无损夹板进行加固处理；当发展达到重伤程度时，应按重伤钢轨的要求进行处理。

② 表面伤损：轻伤钢轨应及时修理或采用无损夹板进行加固处理，并定期跟踪观测。

③ 伤损加固后，应每月对伤损变化，夹板牢固等情况进行跟踪观测。

（4）钢轨重伤处理要求。

① 发现钢轨重伤时，应立即进行处理。对核伤、垂直裂纹等处所可采用无损夹板处理；对其他处所应比照钢轨折断处理作业要求，立即进行临时处理或永久处理。

② 进行焊缝处理时，应保持无缝线路锁定轨温不变，并如实记录两标记间钢轨长度在焊复前后的变化量。

③ 实施原位焊复的作业轨温比实际锁定轨温低0～20 ℃，利用钢轨拉伸器拉伸钢轨，恢复无缝线路原有锁定轨温。

④ 采用插入短轨焊复进行永久处理时，短轨长度不得小于 20 m，且宜与相邻钢轨同钢种。
⑤ 焊复完毕后应在天窗点内安排人工探伤检查，并及时修改相关台账。

线路上临时插入的短轨，不得短于 6 m，不得连续插入，且必须尽快焊复。临时插入短轨的线路允许速度不得大于 160 km/h。

8.5.2 钢轨伤损处理

1. 钢轨综合修理

（1）为预防和整治钢轨病害，改善轮轨匹配关系，延长钢轨使用寿命，应做好钢轨的修理工作。

（2）当钢轨出现表 8.26 所列表面轻伤及其他表面伤损时，应及时进行整修，或采用无损加固处理。

表 8.26 钢轨病害整治限度

钢轨病害	限度 200~250 km/h	限度 250（不含）~300 km/h	测量方法
钢轨肥边	>1 mm	>0.8 mm	直尺，深度尺测量
轨顶面擦伤	深度大于 0.5 mm	深度大于 0.35 mm	直尺，深度尺测量
硬弯	>0.3 mm	>0.2 mm	1 m 直尺测量矢度
焊缝（接头）轨顶面低塌或马鞍形磨耗	>0.3 mm	>0.2 mm	
波形磨耗	钢轨表面有周期性波磨且平均谷深超过 0.04 mm（车载检测）或最大谷深达到 0.08 mm（手工检测），波长不大于 300 mm	钢轨表面有周期性波磨且平均谷深超过 0.04 mm（车载检测）或最大谷深达到 0.08 mm（手工检测），波长不大于 300 mm	测试精度 0.01 mm 及以上，且测试长度不小于采样窗长度
表面局部微细疲劳裂纹（鱼鳞纹）	肉眼可见	肉眼可见	目视
尖轨扭转、硬弯、尖轨磨耗、心轨磨耗造成光带异常并影响行车稳定性时	尖轨相对于基本轨降低值偏差超过 1 mm 且车体横向、垂向加速度三级偏差	尖轨相对于基本轨降低值偏差超过 1 mm 且车体横向、垂向加速度三级偏差	人工及综合检测列车

（3）当发现钢轨内部轻伤有发展时，应采用无损加固处理。

（4）伤损加固时，应尽量使伤损部位处于夹板中部，严禁夹板与焊筋接触。

（5）钢轨钻孔位置应在螺栓孔中心线上，且必须倒棱。两螺栓孔净距不得小于大孔径的两倍。其他专业需在钢轨上钻孔或加装设备时，必须经铁路局同意并委托工务部门施工。

（6）严禁焊补钢轨，严禁使用火焰切割钢轨或烧孔，严禁使用剁子和其他工具强行截断钢轨及冲孔，严禁锤击轨底。

2. 钢轨重伤处理

发现钢轨重伤时，应立即进行如下处理：

（1）对钢轨核伤和焊缝重伤可加固处理，并在适宜温度及时进行永久处理；在实施永久处理前应加强检查，发现伤损发展时，应按照钢轨折断的处理措施及时进行紧急处理、临时处理或永久处理。

（2）对裂纹和可能引起轨头揭盖的重伤，应按照钢轨折断进行紧急处理、临时处理或永久处理。

（3）对其他重伤可采取修理或焊复的方法处理，处理前可根据现场实际情况采取限速措施。

3. 钢轨折断处理

发现钢轨折断时应立即封锁线路，并根据现场情况采取紧急处理、临时处理或永久处理。

（1）紧急处理。

当断缝不大于 30 mm 时，可在断缝处上夹板或臌包夹板，用急救器加固，拧紧断缝前后各 50 m 范围内的扣件，并派专人看守，按不超过 45 km/h 速度放行列车，且邻线限速不超过 160 km/h。

紧急处理后，应在断缝两侧轨头非工作边做出标记（标记间距一般为 26 m），并准确丈量两标记间距离和轨头非工作边一侧的断缝值，做好记录。

（2）临时处理。

当钢轨折损严重、断缝超过 30 mm 或紧急处理后不能及时进行永久处理时，应切除伤损部分，在两锯口间插入长度不短于 6 m 的同型钢轨，轨端钻孔，安装接头夹板，用 10.9 级螺栓拧紧，拧紧短轨前后各 50 m 范围内的扣件，按不大于 160 km/h 速度放行列车。

临时处理前，应在断缝两侧轨头非工作边做出标记（标记间距一般为 26 m），并准确丈量两标记间距离和轨头非工作边一侧的断缝值，做好记录。

（3）永久处理。

对紧急处理或临时处理处所，宜于当日天窗内采用原位焊复或插入短轨焊复处理。进行焊复处理时，应保持无缝线路锁定轨温不变。作业轨温宜低于实际锁定轨温 0～20 °C。当采用插入短轨焊复时，短轨长度不得小于 20 m。

① 钢轨焊接应按照《钢轨焊接》（TB/T 1632）执行，并满足下列要求：

焊接宜采用具有拉伸、保压功能的焊接设备。

② 焊接作业轨温应不低于 5 °C，且应避免大风和雨雪等不良天气。必须在不良天气进行焊轨作业时，应采取相应措施，并使环境温度高于 5 °C；推凸后应采用石棉或其他材料覆盖直至轨温降至 300 °C 以下。

③ 钢轨焊接后应对焊缝进行探伤检查。

④ 焊接作业结束后，应测量原标记间距离，计算焊接作业范围内锁定轨温。

8.5.3 钢轨打磨作业

随着我国高速铁路的快速发展和铁路运输能力的不断提高，钢轨接触疲劳损伤问题日益突出，主要表现为轨头磨耗、轨头剥离裂纹及掉块、轨顶面擦伤、波浪形磨耗、表面裂纹、内部裂纹和锈蚀等，严重影响铁路运输的安全性和经济性。钢轨打磨技术作为铁路工务部门在线路养护维修中的一种重要方法，能消除和抑制轨面伤损，延长钢轨全寿命，因此在国外已得到广泛的应用，产生了巨大的经济效益，已成为世界范围内铁路线路的常规养护维修技术。

1. 钢轨打磨分类

钢轨打磨分为预打磨、预防性打磨，保养性（轮廓性）打磨和校正性（修理性）打磨四大类。

（1）预打磨。

预打磨是在高速铁路开通前将钢轨表面的锈蚀、脱碳层和工程列车碾压的不良痕迹消除，为高速动车提供更加平顺的踏面，防止列车踏面产生不良的磨损。预打磨的益处有消除表面磨损、轨道倾斜和位置误差，保持最佳接触面条件，使运行动载最小化，尽可能延长钢轨的破损过程。

（2）预防性打磨。

预防性打磨是在钢轨轨头裂纹开始扩展前将裂纹萌生区打磨掉，防止接触疲劳型波磨的产生和发展。这种打磨策略的目的是消除或控制钢轨表面缺陷、保证钢轨表面状态和良好的外形。通常需要移除少量金属（0.2~0.3 mm），且打磨周期更为频繁或可控。预防性打磨非常经济，特别是只需要除去少量金属，减少了打磨工具的使用量，最大化地延长了钢轨的使用寿命。预防性打磨的益处在于将横断面的矫正量最小化，减少内圆角疲劳破损，保持最佳轮轨接触状态，防止接触疲劳波形磨耗的产生和发展。

（3）保养性打磨。

保养性打磨是将钢轨断面打磨成最佳轮轨接触的几何形状，以延缓波磨和其他疲劳伤损的产生，减少侧磨。该打磨策略的目的是将矫正性打磨制度转变成预防性或者周期性的打磨制度。这种策略需要经历数次打磨周期，特别是钢轨不是很规范地得到养护的时候。然而，从预防性打磨或者周期性打磨策略的成本效益来看，保养性打磨是一个较好的选择，可以保证有限资源的合理利用。保养性打磨策略具有减少某种钢轨伤损严重性的作用，如钢轨波磨和滚动接触疲劳，实现预期的钢轨断面形状。保养性打磨移除的钢轨金属量要少于矫正性打磨。例如，打磨量在 0.3~1.0 mm，且每个打磨周期的钢轨打磨量均逐步减少。

（4）校正性打磨。

校正性打磨主要打磨已产生的钢轨表面缺陷。该打磨策略的主要目的是消除或减少在线钢轨的缺陷，一般采用积极打磨工序，预先设计好打磨量（0.5~6 mm）。并且，作业间隔相对较长，通常由缺陷的严重程度来决定。校正性打磨并不是非常经济，主要是因为需要除去钢轨表面大量金属，还要求有大量的打磨过程，减少了钢轨潜在使用的寿命，特别是在更换钢轨的预算较为紧张的时期。不过这种条件的钢轨可能会导致列车限速。校正性（修理性）打磨的益处为可消除波磨和车轮打滑造成的擦伤，消除横断面塑性变形，创造适宜运行的线路条件。

2. 大机打磨作业前的准备工作

大机打磨是提高轨面平顺性的有效手段，但轨道结构的稳定性是保证钢轨打磨质量优良的前提。在大机打磨作业前需要做两方面的准备工作，一是确保轨道状态绝对稳定可靠；二是进行钢轨平顺性调查。

大机打磨前，对轨道进行精调精整，主要内容如下：轨道静态检测指标调查；轨道动态检测指标调查（动检车检测，车载晃车仪检测，便携添乘仪检测，人工感觉晃车）；安博格小车精准测量；利用试算软件进行试算调整，个别突变点现场再次复核；动道整修方案审批；动道整修；再次进行轨道动、静态检测复核。如果数据对比结果良好，整治完成；如果没有改变，重新进行复核或者综合考虑其他原因。

钢轨平顺性调查是大机打磨前最为关键的一步，决定着打磨方案的制订并影响打磨质量，具体内容如下：钢轨基本参数调查，调查钢轨生产厂家及钢轨锁定轨温是否在设计锁定轨温范围之内；钢轨焊缝平顺度调查，在区分厂焊、现场焊、铝热焊前提下，严格按照钢轨焊缝平顺度指标进行检测；轨面廓形调查。测试重点：轨顶面 $R300$ 弧度是否饱满，$R30$、$R18$ 弧度是否为标准廓面；轨底坡测量；利用轨底坡测量仪器对轨底坡进行现场抽测，看和设计是否相符；轨面粗糙度测量；轨面光带人工简易调查，重点调查轨面光带位置、宽度、均匀性和突变点（焊接接头处），轨距角是否合适。

3. 钢轨打磨作业

（1）钢轨（包括正线、道岔和调节器）打磨分预打磨、预防性打磨和修理性打磨。钢轨预打磨应在轨道精调完成后进行；预防性打磨周期通过总质量和钢轨运用状态确定，原则上每通过 30~50 Mt 总质量打磨一次，最长时间不宜超过 2 年。道岔钢轨打磨周期应与正线钢轨打磨周期相同。当钢轨出现波磨、鱼鳞裂纹等伤损时，应及时进行修理性打磨。

（2）可采用钢轨打磨列车、道岔打磨车或钢轨铣磨车打磨或铣磨钢轨。钢轨焊接接头可采用小型钢轨打磨机进行打磨，严禁使用手砂轮打磨。

（3）钢轨预防性打磨廓形宜根据钢轨表面状态、轮轨接触情况综合设计。未进行打磨廓形设计时，可根据线路运行动车组类型，参考钢轨预打磨廓形对钢轨进行打磨。

（4）钢轨修理性打磨方案应根据波磨、鱼鳞裂纹等表面伤损程度，比照规定（3）确定，打磨后应保证伤损得到消除。

4. 钢轨打磨质量技术要求

（1）打磨廓形应符合设计要求，并采用模板或钢轨轮廓（磨耗）测量仪进行打磨廓形检查和验收。钢轨打磨作业后应满足表 8.27 和表 8.28 的要求。

表 8.27 钢轨打磨作业验收标准

项 目	验收标准/mm	测量方法	说 明
钢轨母材轨头内侧工作面	+0.2 0	1 m 直尺测量矢度	"+"表示凹进
钢轨母材轨顶面或马鞍形磨耗	+0.2 0		"+"表示凸出
焊缝顶面	+0.2 0		"+"表示凸出
焊缝内侧工作面	+0.2 0		"+"表示凹进

表 8.28　钢轨波磨打磨作业验收标准

项　目	验收标准				测量方法	说明
波长/mm	10~30	30~100	100~300	300~1000		
采样窗长度/mm	600	600	1000	5000		
谷深平均值/mm	0.02	0.02	0.03	0.15	测试精度 0.01 mm 及以上，且测试长度不小于采样窗长度	打磨作业完成后 8 天内或在打磨后通过总重 30 万 t 之前测量
允许超限百分率/%	5%	5%	5%	5%	连续测量打磨波磨钢轨长度 100 m（车载检测）或 30 m（手工检测）	

（2）应使用便携式粗糙度检测仪检测粗糙度，在 10 mm 范围内同一个钢轨打磨面上，沿与钢轨打磨痕迹垂直方向进行表面粗糙度测量，至少连续测量 6 个点，打磨面粗糙度不大于 10 μm。

（3）打磨面最大宽度（图 8.32）：$R13$ 区域 5 mm；$R80$ 区域 7 mm；$R300$ 区域 10 mm。

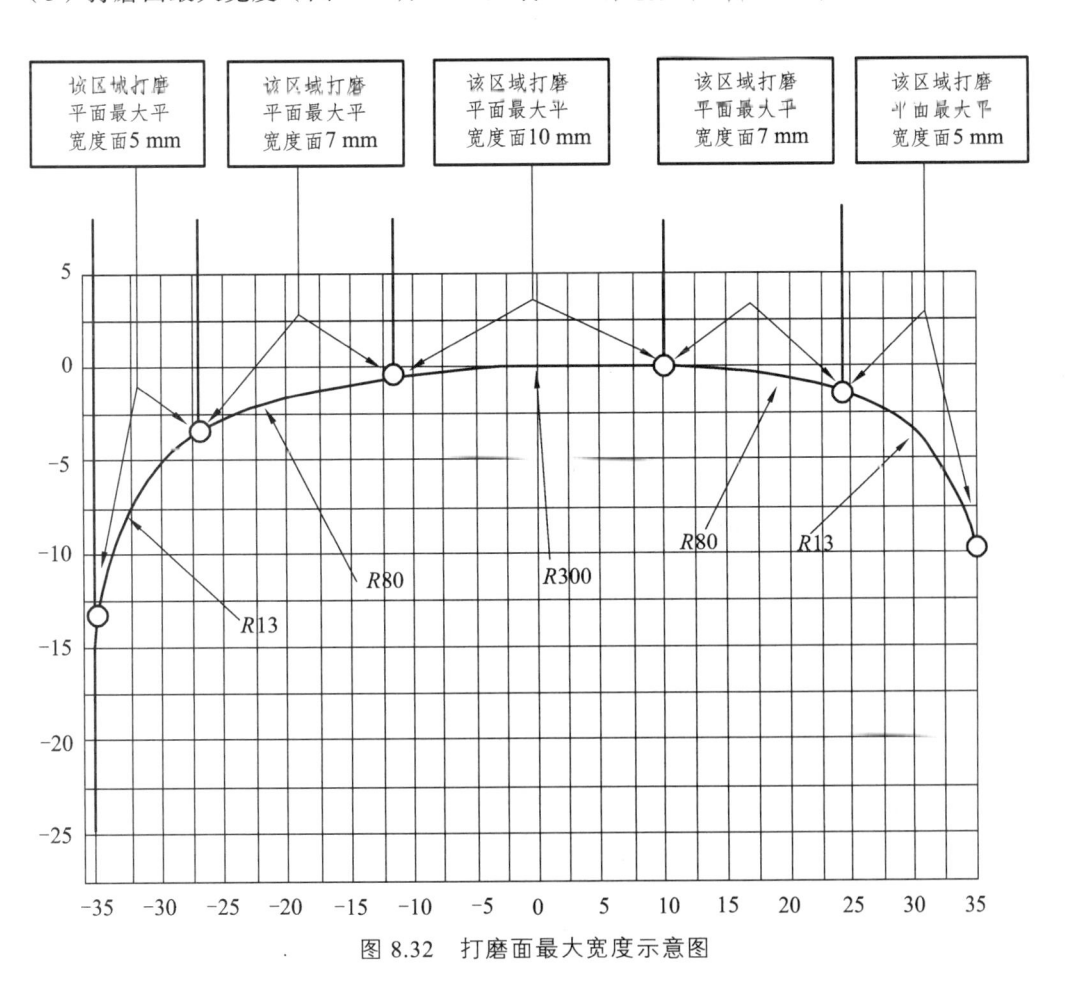

图 8.32　打磨面最大宽度示意图

（4）沿钢轨 100 mm 长度范围内，打磨面宽度最大变化量不应大于打磨面最大宽度的 25%。

（5）打磨后接触光带应居中，且宽度为 20~30 mm。钢轨打磨面应无连续发蓝带。

  5. 钢轨打磨作业技术要求

（1）打磨前应调查待打磨地段钢轨状况，每 100 m 采用钢轨轮廓（磨耗）测量仪测试钢轨廓形，根据钢轨表面状态、钢轨伤损和轮轨接触情况，由线路维修和打磨技术人员共同研究确定打磨方案。

（2）打磨前应对影响正常打磨操作地段，尤其是影响轨距角打磨的因素进行调查，并预先采取措施，以保证钢轨打磨可以正常进行。

（3）打磨前应对焊接接头轨面平直度进行检查。当超过标准时，应采用小型钢轨打磨机对焊接接头进行局部打磨。

（4）打磨前应在站线进行打磨参数调整试验，确认打磨廓形达到要求后，方可进行正式打磨。

（5）打磨车作业速度应根据打磨列车特性和打磨目的确定。

（6）最后一遍打磨应降低打磨功率或提高打磨速度，以保证钢轨打磨后表面的粗糙度达标。

项目 9　城市轨道交通线路养护与维修

任务 9.1　城市轨道交通线路养护与维修认知

9.1.1　城市轨道交通维修经营组织体制

1. 维修组织体制

目前，我国城市轨道交通企业主要为国有企业，也存在部分民营企业。总休而言，其维修模式可以分为完全自营型、完全委外型及半自营半委外型。

（1）完全自营型。

完全自营型是指一个企业的所有经营行为和生产行为，包括其一切专业的人力、物力资源均自行组织，该模式又被称做完全封闭模式。

该模式中轨道维修工作需要由企业所建立的专业维修队伍负责，优点在于队伍便于业主自行进行管理，缺点在于需要投入大量的人力物力等。我国早期修建的大部分轨道交通线路均采用此种模式，如广州地铁 1 号线等。

（2）完全委外型。

完全委外型是企业运营模式中的新思路，在该模式中，绝大部分的生产运作都通过招投标的办法委外实现，企业仅仅从事整体管理及协调工作，该模式也被称作开放式管理模式。对于轨道交通维修工作而言，业主完全可以将工务维修承包给甲，将车辆维修承包给乙，将信号设备维修承包给丙。

该种模式实际操作时，可以将城轨交通轨道维修工作全部委托当地的铁路工务部门，业主只配备管理人员，负责管理工作，因此可大幅度降低维修成本。目前采用此种模式的线路有天津滨海轻轨等。

完全委外型的优点在于意识更新，效益提高。但是，完全委外型成败的关键在于公司的管理素质和管理水平，如果管理失控，随时可能带来不可设想的后果。

（3）半自营半委外型。

半自营半委外型介于上述两种模式之间，是一种折中的方案，该模式具有半封闭半开放的特点，又被称作修养分离模式。以轨道维修为例，临时补修、经常维修由该线工务部门负责进行，可配备少量的维修人员和机具。大、中修等综合维修可委托当地的铁路工务部门完成。

半自营半委外型模式的优点在于风险相对较小，但也可能存在任务区分不清、管理混乱的可能。

一个轨道交通的运营企业，当接管第一条运营线路时，可以采取完全自营的体制。其组织形式如下：在运营总公司之下设立专业公司，每个专业公司下设子公司，相当于车间层次的维修管理组织；当运营线逐年增多时，专业公司不增设，而增设专业公司的下属子公司；在子公司之下，根据设备数量的情况，设置若干个专业工区。

根据这样的组织体制，在总公司与专业公司之间，实行矩阵式的专业管理；在专业公司与其子公司之间，管理模式为矩阵型管理制 + 直线型管理制；在子公司内部，各工区的职责范围按运营线路的地域来进行划分。这实际上是一种地域制的管理。

当接管第二条运营线路时，就完全可以实行委外型的管理，但必须具有如下的条件：

① 已健全了质量管理和质量控制的体系；

② 已健全了安全控制体系；

③ 在设施维修的技术管理、计划管理、定额管理、合同管理等各项专业管理方面已初步积累了经验；

④ 已建立了一小支具有一定能力的监管队伍；

⑤ 已拥有一批定购技术装备，具有一定的检测能力和突发故障的抢修能力。

在市场经济的条件下，轨道交通设施维修的委外是完全值得探索的重要内容。当然，委外是在自身的管理能力和管理水平具备条件下进行的。这就是说，发包方要具备监督、控制和考测承包方的水准和能力，并不是一包了事，要定期对承包方所管辖的设备进行检测，并考评承包方对设备质量的保证程度。

在轨道交通网络化运营的发展过程中，所有专业公司，他们自身将不再需要或很少需要增加直接生产人员，而是根据接管线路扩容的进度，不断引进质量管理、检测人员和具有现场实践经验的监管人员。

随着运营线路的不断增加，抢修队伍的组织也要相应扩编，并在完善科学、合理的抢修预案的前提下，组织演练，努力提高对设备故障的应变程度，随时应付突发故障抢修的需要。

2. 维修运作模式

（1）维修计划。

不论采用何种经营及组织模式，维修工作均需按照一定的计划来执行。因此，公司需要制定统一的规程及运作模式。

维修计划按种类可以分为施工进度计划、费用计划、物资申购计划、劳力计划及施工封锁计划等。按照时间来分，又可以区分为年计划、月计划和日计划三种。

① 施工进度计划。施工进度计划以一条运营线路为单元进行编制，编制依据主要根据设备维修的周期，并结合设备年检资料，首先编制年度总进度计划，然后分解为月计划，年度计划通常在上一年度的12月份制定，月度计划在上月下旬制定。

② 费用计划。在编制年度生产计划的基础上，结合物料消耗定额和费用定额标准，可以编制年度费用计划。同样，费用计划也以一条运营线路为单元进行编制。

③ 物资申购计划。物料消耗与申购是费用计划运行的一部分。通常可以采取大件按年申购，小件按月申购的办法。如果实行定额储备的方法，当月的消耗量便是次月的申购量。

④ 劳力计划。劳动力计划应在月度生产计划中反映，当岗位定员确定后，在正常情况下，劳力计划不是主要问题，可以在组织之间互相调剂；在非正常情况下，应另行采取措施。

⑤ 施工封锁计划。施工封锁计划是通过协调所确定的各专业施工单位在运营线停运后占用地段和时段的计划。施工封锁计划每半月申请一次，首先由车间层次提出，专业公司汇总后参加由总调所组织的施工协调会，通过各专业协调确定后颁布执行。

各生产班组凭总调所批准发放的书面计划，在施工区域所在车站办理施工前的登记手续和施工后的注销手续。

（2）维修运作流程。

具体维修操作的流程可以按图9.1所示执行。

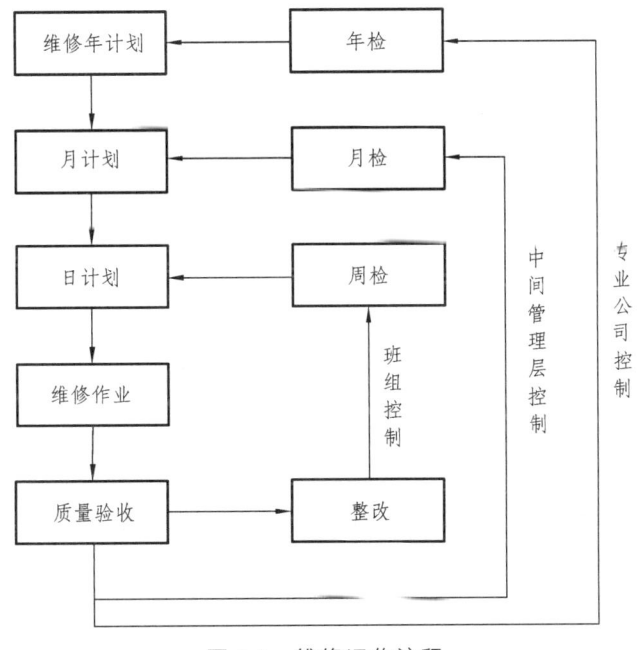

图 9.1　维修运作流程

9.1.2　城市轨道交通养护维修标准

本节内容主要是参照国铁和北京市地铁运营有限公司企业标准。

1. 轨道静态几何尺寸容许偏差管理值

（1）轨道静态几何尺寸容许偏差管理值，按线路类别与作业类别确定。

轨道几何尺寸管理值中，综合维修管理值为综合维修的质量检查标准。经常保养管理值为轨道应经常保持的质量管理标准。

（2）整体道床线路轨道静态几何尺寸容许偏差管理值如表 9.1 的规定。碎石道床线路轨道静态几何尺寸容许偏差管理值如表 9.2 的规定。

表 9.1　整体道床线路轨道静态几何尺寸容许偏差管理值　　　　　单位：mm

项目		综合维修		经常保养		临时补修	
		正线	其他线	正线	其他线	正线	其他线
轨距		+4、-2	+5、-2	+6、-3	+7、-3	+8、-4	+9、-4
水平		4	5	6	8	8	10
高低		4	5	6	8	8	10
轨向（直线）		4	5	6	8	8	10
三角坑（扭曲）	缓和曲线	4	5	6	8	7	8
	直线和圆曲线	4	5	6	8	8	10

注：① 轨距偏差不含按规定设置的轨距加宽值，但最大轨距（含加宽值和偏差）不得超过 1 456 mm。
　　② 轨向偏差和高低偏差为 10 m 弦测量的最大矢度值。
　　③ 三角坑偏差不含曲线超高顺坡造成的扭曲量，检查三角坑时基长为 5 m，但在延长 18 m 的距离内无超过表列的三角坑。

表 9.2　碎石道床线路轨道静态几何尺寸容许偏差管理值　　　　　单位：mm

项目		综合维修		经常保养		临时补修	
		正线	其他线	正线	其他线	正线	其他线
轨距		+5、-2	+6、-2	+7、-4	+8、-4	+9、-4	+10、-4
水平		4	5	7	9	10	11
高低		4	5	7	9	10	11
轨向（直线）		4	5	7	9	10	11
三角坑（扭曲）	缓和曲线	4	5	7	7	7	8
	直线和圆曲线	4	5	7	9	9	10

注：① 轨距偏差不含按规定设置的轨距加宽值，但最大轨距（含加宽值和偏差）不得超过 1 456 mm。
　　② 轨向偏差和高低偏差为 10 m 弦测量的最大矢度值。
　　③ 三角坑偏差不含曲线超高顺坡造成的扭曲量，检查三角坑时基长为 5 m，但在延长 18 m 的距离内无超过表列的三角坑。

（3）整体道床道岔轨道静态几何尺寸容许偏差管理值应符合表 9.3 的规定。碎石道床道岔轨道静态几何尺寸容许偏差管理值应符合表 9.4 的规定。

表 9.3　整体道床道岔轨道静态几何尺寸容许偏差管理值　　　　　单位：mm

项目		综合维修		经常保养		临时补修	
		正线	其他线	正线	其他线	正线	其他线
轨距	一般位置	+3、-2	+3、-2	+4、-2	+4、-2	+5、-3	+5、-3
	尖轨尖端	±1	±1	±2	±2	±2	±3

续表

项目		综合维修		经常保养		临时补修	
		正线	其他线	正线	其他线	正线	其他线
水平		3	4	5	7	8	10
高低		3	4	5	7	8	10
轨向	直线	3	4	5	7	8	10
	支距	2	2	3	3	4	4

注：① 支距偏差为现场支距与计算支距之差。
② 导曲线下股高于上股的限值：综合维修为 0，经常保养为 1 mm，临时补修为 2 mm。

表 9.4　碎石道床道岔轨道静态几何尺寸容许偏差管理值　　　单位：mm

项目		综合维修		经常保养		临时补修	
		正线	其他线	正线	其他线	正线	其他线
轨距	一般位置	+3、-2	+3、-2	+5、-3	+5、-3	+6、-3	+6、-3
	尖轨尖端	±1	±1	±2	±2	±2	±3
水平		4	5	6	8	9	10
高低		4	5	6	8	9	10
轨向	直线	4	5	6	8	9	10
	支距	2	2	3	3	4	4

注：① 支距偏差为现场支距与计算支距之差。
② 导曲线下股高于上股的限值：综合维修为 0 mm，经常保养为 2 mm，临时补修为 3 mm。

2. 轨道动态几何尺寸容许偏差管理值

轨道检查车的检查，是线路动态检查的主要手段。通过检查了解和掌握线路的动态质量，用以指导线路养护维修工作。轨道检查车检测系统应每年进行一次全面标定。轨检车每次上线前，在环境符合要求的条件下，在平直线路上（水平值不能大于 ±6 时），进行日常标定参数标定。

（1）使用轨检车检查轨距、水平、高低、轨向、三角坑、车体垂向（垂直）振动加速度、横向（水平）振动加速度、接触轨轨距和接触轨水平 9 项。

（2）轨检车的检测结果应分线、分段汇总，并按附录填报《轨检车检测数据统计分析表》。

（3）轨检车检查评定，按照偏差等级分为四级扣分标准，Ⅰ级偏差每处扣 1 分，Ⅱ级偏差每处扣 5 分，Ⅲ级偏差每处扣 100 分，Ⅳ级偏差每处扣 301 分。扣分值为 0~50 分为优良，51~300 分为合格，301 分以上、轨道几何尺寸有一处Ⅲ级扣分或车体振动加速度有两处以上的Ⅲ级扣分为失格。

（4）轨道检查车检查线路设备偏差管理值见表 9.5。

表 9.5 线路设备偏差管理值

项目	超标限界标准			
	Ⅰ级（保养）	Ⅱ级（舒适）	Ⅲ级（临时补修）	Ⅳ级（限速标准）
轨距/mm	+6 -3	+10 -6	+16 -10	+24 -12
高低（实际波形）/mm	6	10	16	24
轨向（实际波形）/mm	6	10	16	20
水平/mm	6	10	16	22
三角坑（基长5m）/mm	6	9	14	16
车体振动加速度 垂向（垂直）	0.08g	0.12g	0.16g	0.25g
车体振动加速度 横向（水平）	0.06g	0.09g	0.15g	0.20g
接触轨轨距/mm	±8	±14	±20	±28
接触轨水平/mm	±6	±12	±18	±26
扣分数/处	1	5	100	301

注：超过Ⅳ级标准应对该段线路进行限速处理。

（5）轨道检查车检查线路区段整体不平顺（均值管理）的动态质量用轨道质量指数（TQI）评定。

轨道质量指数管理值见表 9.6。

表 9.6 轨道质量指数（TQI）管理值

高低	轨向	轨距	水平	三角坑	TQI
2.41×2	2.26×2	1.65	1.91	1.61	14.51

3. 综合维修验收标准

（1）线路综合维修验收采取评分办法，评分标准见表 9.7 的规定。满分为 100 分，扣除缺点分后，85~100 分为优良，60~85 分以下为合格，60 分以下为失格。失格线路整修复验后，在 60 分及以上者，可评为合格。

（2）道岔综合维修验收采取评分办法，评分标准见表 9.8 的规定。满分为 100 分，扣除缺点分后，85~100 分为优良，60~85 分以下为合格，60 分以下为失格。失格道岔整修复验后，在 60 分及以上者，可评为合格。

表 9.7 碎石道床线路轨道静态几何尺寸容许偏差管理值

项目	内容	编号	扣分条件 正线	扣分条件 其他线	抽验数量	单位	扣分/分	说明
轨道几何尺寸	轨距、水平、三角坑	1	超过验收标准容许偏差	超过验收标准容许偏差	连续检测 100 m	处	4	选择质量较差地段，有曲线时检测一个曲线的正矢，曲线正矢超限每处扣4分
		2	超过经常保养容许偏差	超过经常保养容许偏差		处	2	
		3	轨距变化率大于1‰，困难地段大于2‰（不含规定的递减率）	轨距变化率大于3‰（不含规定的递减率）		处	2	
	轨向高低	4	超过验收标准容许偏差	超过验收标准容许偏差	全面查看重点检测	处	4	
		5	超过经常保养容许偏差	超过经常保养容许偏差		处	41	
钢轨	接头错牙	6	轨面及内侧错牙大于1 mm	轨面及内侧错牙大于2 mm	全面查看重点检测	处	4	错牙大于3 mm时扣41分
	接头相错	7	直线偏差大于40 mm，曲线偏差大于40 mm加缩短量半	直线偏差大于40 mm，曲线偏差大于40 mm，加缩短量一半		处	4	轨缝在调整轨缝轨温限制范围以内检查
	轨缝	8	连续瞎缝或大于构造轨缝	连续瞎缝或大于构造轨缝		处	8	
		9	轨端肥边大于2 mm	轨端肥边大于2 mm		处	8	含胶接绝缘
轨枕	位置	10	位置、间距偏差或偏斜大于50 mm	位置、间距偏差或偏斜大于60 mm	全面查看重点检测	处	1	枕上或枕下离缝大于2 mm者为吊板，枕下暗吊板不明显者，可冒起道钉或松开扣件检查
	失效	11	接头或焊接处失效，其他处连续失效	接头或焊接处失效，其他处连续3根以上失效		处	15	
	修理	12	混凝土枕应修未修，木枕应削平及劈裂者未修	混凝土枕应修未修，木枕应削平及劈裂者未修	全面查看	根	1	
	吊板率	13	大于8%	大于12%	连续检测50头	每增1%	2	
连接零件	接头螺栓	14	缺少、松动或扭矩不符合规定	缺少、松动或扭矩不符合规定	抽测4个接头扭矩	个	2	全面查看
	铁垫板、胶垫	15	铁垫板和胶垫板、胶垫片缺少	铁垫板和胶垫板、胶垫片缺少	连续查看100头	块	2	
		16	胶垫板或胶垫片失效超过8%	胶垫板或胶垫片失效超过16%	连续查看100头	每增1%	1	

续表

项目	内容	编号	扣分条件 正线	扣分条件 其他线	抽验数量	单位	扣分/分	说明
连接零件	道钉、扣件	17	道钉、扣件缺少	道钉、扣件缺少	连续查看100头	个	2	一组扣件的零件不全,按缺少一个计算
连接零件	道钉、扣件	18	道钉浮离或扣板(轨距挡板)前、后离缝大于2 mm者,超过8%	道钉浮离或扣板(轨距挡板)前、后离缝大于2 mm者,超过8%	连续检测50头	每增2%	1	一组扣件的零件不全,按缺少一个计算
连接零件	道钉、扣件	19	扣件扭矩超出规定范围或弹条扣件中部前端下颚离缝大于1 mm者,超过8%	扣件扭矩超出规定范围或弹条扣件中部前端下颚离缝大于1 mm者,超过12%	连续检测50头	每增1%	1	
轨道加强设备	轨距拉杆、轨撑	20	缺损或松动	缺损或松动	全面查看重点检测	根个	2	区间正线无观测桩或观测桩不起作用按爬行超限计算。站内线路爬行检查道岔及绝缘接头前后
轨道加强设备	防爬设备	21	防爬器缺损、松动或离缝大于2 mm	防爬器缺损、松动或离缝大于2 mm	连续查看检测50头	个	2	
轨道加强设备	防爬设备	22	支撑缺损、失效、尺寸不合标准	支撑缺损、失效、尺寸不合标准	连续查看检测50头	个	1	
轨道加强设备	线路爬行	23	普通线路爬行量大于20 mm,无缝线路位移观测无记录	普通线路爬行量大于20 mm,无缝线路位移观测无记录	全面检测	km	41	
道床	脏污	24	枕盒或边坡清筛深度不足,清筛部分不洁	枕盒或边坡清筛深度不足,清筛部分不洁	重点扒开道床检查	每10 m	2	按线路分公司下达的计划验收
道床	外观	25	不饱满、不均匀、不整齐、有杂草	不均匀、不整齐、有杂草	全面查看	每10 m	1	
路基	路肩	26	不平整、有反坡、有大草	不平整	全面查看	每20 m	1	单侧计算
路基	排水	27	侧沟未疏通或弃土不符合规定	侧沟未疏通或弃土不符合规定	全面查看	每10 m	2	单侧计算
道口	铺面	28	不平整、松动	不平整、松动	查看检测	块	4	
道口	轮缘槽	29	尺寸不符合规定	尺寸不符合规定	查看检测	处	16	
道口	护桩	30	缺损、歪斜	缺损、歪斜	全面查看	个	2	
标志标记	标志	31	缺损、歪斜、字迹不清	缺损、歪斜、字迹不清	全面查看	个	2	道口标志缺少扣41分
标志标记	标记	32	钢轨上各种标记不齐全,位置不对,字迹不清	钢轨上各种标记不齐全,位置不对,字迹不清	全面查看	处	1	

表 9.8 道岔综合维修验收评分标准

项目	内容	编号	扣分条件 正线	扣分条件 其他线	抽验数量	单位	扣分/分	说明
轨道几何尺寸	轨距水平	1	超过验收标准容许偏差	超过验收标准容许偏差	全面检测	处	4	同时检测连接曲线（单渡线）轨向，用10 m弦测量，连续正矢差不超过4 mm
		2	超过经常保养容许偏差	超过经常保养容许偏差		处	41	
	轨向高低	3	超过验收标准容许偏差	超过验收标准容许偏差	全面查看重点检测	处	4	
		4	超过经常保养容许偏差	超过经常保养容许偏差		处	41	
	查照间隔	5	超过容许限度	超过容许限度	全面检测	处	41	7 指可动心轨辙叉长心轨尖端至叉趾的距离
	护背距离	6	超过容许限度	超过容许限度		处	41	
	尖趾距离	7	超过容许限度	超过容许限度		处	41	
钢轨	尖轨、可动心轨靠贴	8	尖轨尖端与基本轨、可动心轨与翼轨不靠贴	尖轨尖端与基本轨、可动心轨与翼轨不靠贴	全面检测	组	41	
	接头错牙	9	轨面或内侧错牙大于1 mm	轨面或内侧错牙大于1 mm	全面查看重点检测	处	4	错牙大于3 mm时扣41
	轨缝	10	连续3个以上瞎缝或大于构造轨缝	连续3个以上瞎缝或大于构造轨缝		处	8	
		11	轨端肥边大于2 mm	轨端肥边大于2 mm		处	8	含胶接绝缘
岔枕	位置	12	位置或间距偏差大于40 mm	位置或间距偏差大于50 mm	全面查看重点检测	处	2	枕上或枕下离缝大于2 mm者为吊板，枕下暗吊板可根据道床与岔枕间状态判断。不明显者可扒开道木查看
	失效	13	接头处失效，其他处连续失效	接头处失效，其他处连续3根及以上失效		处	15	
	修理	14	混凝土岔枕应修未修，木岔枕应削平及劈裂者未修	混凝土岔枕应修未修，木岔枕应削平及劈裂者未修		根	2	
	吊板率	15	大于8%	大于12%	连续检测50头	每增1%	2	
连接零件	滑床板	16	尖轨、可动心轨与滑床板缝隙大于2 mm	尖轨、可动心轨与滑床板缝隙大于2 mm	连续检测50头	块	2	
		17	滑床板或护轨弹片上反或离缝大于2 mm销钉断缝大于5 mm	滑床板或护轨弹片上反或离缝大于2 mm销钉断缝大于5 mm	连续查看50头	块	2	

301

续表

项目	内容	编号	扣分条件 正线	扣分条件 其他线	抽验数量	单位	扣分/分	说明
连接零件	螺栓	18	连杆、顶铁、间隔铁及护轨螺栓缺少	连杆、顶铁、间隔铁及护轨螺栓缺少	全面查看	个块	16	
		19	连杆、顶铁、间隔铁及护轨螺栓松动，接头螺栓缺少、松动或扭矩不合规定	连杆、顶铁、间隔铁及护轨螺栓松动，接头螺栓缺少、松动或扭矩不合规定	查看检测	个块	1	
		20	心轨凸缘螺栓缺少、松动	心轨凸缘螺栓缺少、松动	查看检测	个	41	
		21	长、短心轨连接螺栓缺少、松动	长、短心轨连接螺栓缺少、松动	查看检测	个	16	
		22	其他各种螺栓缺少、松动	其他各种螺栓缺少、松动	查看检测	个	1	
	铁垫板	23	铁垫板或胶垫板、胶垫片缺少	铁垫板或胶垫板、胶垫片缺少	连续查看50块	块	2	
	胶垫	24	胶垫板或胶垫片失效超过8%	胶垫板或胶垫片失效超过12%	连续查看检测50块	每增1%	1	
	道钉扣件	25	道钉、扣件缺少	道钉、扣件缺少	连续查看50块	个	2	一组扣件的零件不全，按缺少一个计算。弹条扣件亦可检测扭矩
		26	道钉浮离或轨距挡板前后离缝大于2 mm者，弹条中部前端下颏离缝大于1 mm者，超过8%	道钉浮离或轨距挡板前后离缝大于2 mm者，弹条中部前端下颏离缝大于1 mm者，超过12%	连续查看检测50个	每增1%	1	
轨道加强设备	轨撑、轨距拉杆	27	在转辙或辙叉部分轨撑离缝大于2 mm，在其他部分轨撑或轨距拉杆缺损、松动	在转辙或辙叉部分轨撑离缝大于2 mm，在其他部分轨撑或轨距拉杆缺损、松动	查看检测	根个	2	轨撑离缝指轨撑与轨头下颏或轨撑与垫板挡肩之间的间隙。爬行指测量两尖轨尖端相错量
	防爬设备	28	防爬器缺损、松动或离缝大于2 mm，支撑缺损、失效、尺寸不符合标准	防爬器缺损、松动或离缝大于2 mm，支撑缺损、失效、尺寸不符合标准	查看检测	个	2	
	爬行	29	爬行量大于20 mm	爬行量大于20 mm	检测	组	41	
道床	脏污	30	枕盒内道床不洁或边坡有土垄	枕盒内道床不洁或边坡有土垄	重点扒开检查	组	6	全面查看
	外观	31	不饱满、不均匀、不整齐、有杂草	不饱满、不均匀、不整齐、有杂草	全面查看	组	4	
路基	路肩	32	不平整、有反坡、有大草	不平整、有反坡、有大草	全面查看	组	2	
	排水	33	侧沟未疏通或弃土不符合规定	侧沟未疏通或弃土不符合规定	全面查看	组	4	

续表

项目	内容	编号	扣分条件		抽验数量	单位	扣分/分	说明
标志标记	标志	34	警冲标损坏或显示不明	警冲标损坏或显示不明	查看检测	组	8	警冲标缺少或位置不对扣41分
	标记	35	钢轨上各种标记不齐全，位置不对，字迹不清	钢轨上各种标记不齐全，位置不对，字迹不清	全面查看	处	1	含钢轨编号、轨距、支距、钢轨伤损等

4. 综合维修验收办法

（1）线路、道岔综合维修验收单位。

① 正线应为 1 km（当月维修不足 1 km 的按 1 km 进行验收），无缝线路可为 1 个长轨条或 1 个单元轨条。

② 其他线为 1 股道。

③ 道岔为 1 组。

（2）综合维修项目部在综合维修完成后，应进行自验，确认各项质量达到标准后，报项目部。经项目部初验达到标准后，逐项填写验收记录报线路分公司，出线路分公司验收评定质量。

（3）使用大型养路机械进行线路维修的验收。

大型养路机械维修作业的项目采用静态和动态相结合的验收办法，以其中最差成绩作为该千米线路的验收结果。

① 静态验收：使用大型养路机械进行线路维修作业时，综合维修项目部与大型机械项目部维修部共同随机检查，发现失格处所，应立即组织返工。返工后仍有 4 处及以上达不到综合维修标准、2 处及以上达不到保养标准或无法返工的（每处长度不超过 5 m，超过 5 m 按 2 处计），判该千米线路为失格，并于当日填写验收记录（验收项目不含轨距）。

② 动态验收：使用大型养路机械进行线路维修作业后 15 日内，轨道检查车进行动态检查评定（不计轨距扣分）。

③ 静态与动态检查合格，大型养路机械作业项目、作业功能齐全、有效，线路维修质量评为优良；大型养路机械作业项目、作业功能不全或作业效果较差的线路，维修质量评定为合格；由于设备使用原因造成主要项目缺少或作业质量很差的线路，维修质量评为失格。

注：大型养路机械作业项目包括起道、拨道、捣固（如有条件还应进行动力稳定、道砟回填整形、夯拍）等；作业功能包括激光照准、自动抄平、自动拨道、捣固夹持时间、下插深度、稳定频率等。

（4）当月经常保养地段的作业项目由项目部下属单位自验，项目部验收，线路分公司抽验。具体验收办法由运营公司（或线路分公司）规定。

5. 线路设备维修周期

线路设备维修周期见表 9.9。

表 9.9 线路设备维修周期

区段	设备名称		维修周期
正线	线路	整体道床和碎石道床	12 个月
	道岔和伸缩调节器	整体道床和碎石道床	6 个月
	特殊减振道床	整体道床和碎石道床	12 个月
车场线及专用线	道岔	运营线道岔	6 个月
		非运营线道岔	12 个月
	线路	直线（碎石道床）	12 个月
		曲线（碎石道床）	6 个月
		专用线（碎石道床）	12 个月
其他	线路标志		12 个月
	道口（木制、混凝土、橡胶）		12 个月
	车挡（混凝土铁制、木枕沙堆钢轨）		6 个月
	车挡（一般缓冲滑动、液压缓冲滑动、长行程液压缓冲滑动、月牙式、框架固定式等）		12 个月
	防脱护轨		12 个月
	轨道附属设备（轨距拉杆、防爬器）		12 个月
	轨顶摩擦装置		3 个月
	道岔融雪装置		1 年 2 次

6. 隧道清洁标准

隧道清洁车作业周期为每年一次、隧道冲洗车作业周期为每年两次。隧道清洁的相关规定和要求按《隧道清洁管理办法》执行。

任务 9.2 城市轨道交通线路养护维修的内容

1. 起道捣固和垫板作业

（1）在线路综合维修中，如线路状态较好，质量基本稳定，可采取重点起道；如线路坑洼较多，累计下沉量较大，应有计划地全面起道。

全面起道时，应结合线路坡度和变坡点的情况，合理地确定起道地段的延长和起道量。

（2）木枕地段，在综合维修中，全面或重点起道，均应全面进行捣固。在经常保养中可采取重点起道和重点捣固。

捣固时，应在钢轨两侧各 400 mm 范围内捣实道床，轨下部分加强捣固。

（3）碎石道床混凝土枕地段，在综合维修中，使用机械对起道地段进行全面捣固，对非起道地段进行全面捣固和重点捣固。

（4）调高垫板的规格尺寸和使用要求（表 9.10）。

① 规格尺寸：调高垫板规格尺寸见表 9.10。

表 9.10 调高垫板规格尺寸

扣件类型	水平调量	铁垫板下调高垫板	
DTⅠ	+10	5 mm 以内	6~10 mm
DTⅡ改	+10	5 mm 以内	6~10 mm
DTⅣ	+30 −12	10 mm 以内	20 mm 以内
DTⅣ1（碎）	+10	10 mm 以内	—
DTV	+10	—	10 mm 以内
DJK5-1	+30	10 mm 以内	20 mm 以内
DJK5-2	+10	—	10 mm 以内
DJK43-2	+30	10 mm 以内	20 mm 以内
DTVⅠ	+10	—	10 mm 以内
DTⅥ2	+15	—	15 mm 以内
DTⅥ2-T	+15	—	15 mm 以内
DTⅥ2-2	+40	—	40 mm 以内
DTⅦ2	+40	10 mm 以内	30 mm 以内
Ⅰ轨道减振器	+10	10 mm 以内	—
Ⅲ型轨道减振扣件	+20	—	20 mm 以内
Ⅳ型轨道减振扣件	+40	10 mm 以内	30 mm 以内
Ⅰ型检查坑扣件	+10	—	10 mm 以内
ZX-3	+20	—	10 mm 以内
WJ-2	+40	10 mm 以内	30 mm 以内
地面洛德扣件	+40	10 mm 以内	30 mm 以内
地下洛德扣件	+20	—	20 mm 以内
先锋扣件	−2~+50	—	−2~+50
GJ-Ⅲ型	+30	—	30 mm 以内

② 使用要求：轨底调高垫片，每处不得超过 2 块，总厚度不得超过 10 mm。DI 弹条扣件轨底不得使用调高垫片。铁垫板下调高量可根据设计（表 9.10）使用，但要尽可能减少调高垫片数量。

2. 拨道和改道作业

（1）线路直线地段轨向不良，可用目测方法拨正。曲线地段轨向不良，可用绳正测量、计算与拨正。

如需改变曲线头尾位置、缓和曲线长度与曲线半径，应用仪器测量改动。

线路上其他设备影响轨道不能按应有位置拨正时，应用仪器测量校正。校正时，原则上应以线路中线为准，调整其他设备的位置和尺寸。在困难条件下，可通过测量调整线路中线位置。

（2）用绳正法拨正曲线的基本要求。

① 曲线两端直线轨向不良，一般应事先拨正，两曲线间直线段较短时，可与两曲线同时计算、拨正。

② 在外股钢轨上用钢尺丈量，每 10 m（或 5 m）设置 1 个测点（测点可设在曲线头或尾）。

③ 在风力较小条件下，拉绳测量每个测点正矢，测量三次取平均值。

④ 按绳正法计算拨道量，计算时不宜为减少拨道量而大量调整计划正矢。

⑤ 设置拨道桩，按桩拨道。

（3）改道时，木枕地段应使铁垫板外肩靠贴轨底边；混凝土枕地段应调整不同号码扣板、轨距挡板、挡板座或调整不同号码的轨距调整块，并可用厚度不超过 2 mm 的垫片调整尺寸，同时应修理和更换不良扣件。

螺纹道钉改道时，应用木塞填满钉孔，钻孔后旋入道钉，严禁锤击螺纹道钉。

改道的前后作业程序要紧密衔接，保证起下道钉和松开扣件的数量不超过规定。应按改道量将钢轨拨正，禁止利用道钉或扣件挤动钢轨。

（4）在道岔转辙部分改道时，应将曲股基本轨弯折尺寸和尖轨侧弯整修好。在辙叉部分改道时，应处理好查照间隔、护背距离和翼轨、护轨轮缘槽宽度之间的关系，应用打磨钢轨肥边和间隔铁加垫片等方法，调整好轮缘槽宽度。

（5）凡有硬弯的钢轨，均应于铺轨前矫直，常备轨亦应保持顺直。线路上的钢轨硬弯，应在轨温较高季节矫直，矫直时轨温应高于 25 ℃。

矫直钢轨前，应测量确认硬弯的位置、形状和尺寸，确定矫直点和矫直量，避免矫后硬弯复原或产生新弯。矫直钢轨时，防止钢轨扭曲。矫直钢轨后用 1 m 直尺测量，矢度不得大于 0.5 mm。

3. 无缝线路作业

（1）无缝线路应根据季节特点、锁定轨温和线路状态，合理安排全年维修计划。一般在气温较低的季节，安排锁定轨温较低或薄弱地段进行综合维修；气温较高的季节，安排锁定轨温较高地段进行综合维修。

（2）高温季节不应安排综合维修和影响线路稳定性的作业。如必须进行综合维修或成段保养时，应有计划地先放散后作业，以后要在设计锁定轨温范围内，重新做好放散和锁定线路工作。其他保养和临时补修，可采用调整作业时间的办法进行。

高温季节可安排矫直钢轨硬弯、钢轨打磨、焊补等作业。

在较低温度下，如需更换钢轨或夹板时，可采用钢轨拉伸器进行。

（3）无缝线路综合维修计划，以每段长轨条或单元轨条为单位安排作业。

（4）进行无缝线路维修作业，必须掌握实际锁定轨温，观察钢轨位移，分析锁定轨温变化，按实际锁定轨温，根据作业轨温条件进行作业，严格执行"维修作业每班一清，临时补修作业一撬一清"和"作业前、作业中、作业后测量轨温，作业不超温、扒砟不超长、起道不超高、拨道不超量"制度，并注意做好以下各项工作。

① 在维修地段按需要备足道砟。
② 起道前应先拨正线路方向。
③ 起、拨道机不得安放在铝热焊缝处。
④ 列车通过前，起道、拨道应做好顺坡、顺撬。
⑤ 扒开的道床应及时回填、夯实。

（5）在无缝线路地段进行基建、大修（线路、桥隧、路基）施工时，必须有保证线路稳定的技术措施，并经运营公司批准。

（6）胀轨、跑道的防治和处理。

① 当发现线路连续出现碎弯时，必须加强巡查或派专人监视，观测轨温和线路方向的变化。若碎弯继续扩大，应设慢行信号，并通知项目部紧急处理。线路稳定后，恢复正常行车速度。

② 养护维修作业中，发现轨向、高低不良，起道、拨道省力，枕端道砟离缝，必须停止作业，及时采取防止胀轨跑道措施。

③ 无论作业中或作业后，发现线路轨向不良，用长 10 m 线弦测量两股钢轨的轨向偏差。当平均值达到 10 mm 时，必须设置慢行信号，并采取夯拍道床、填满枕盒道砟和堆高砟肩等措施。当两股钢轨的轨向偏差平均值达到 12 mm 时，在轨温不变情况下，过车后线路弯曲变形突然扩大，必须立即设置停车信号，及时通知车站，并采取紧急措施，消除故障后放行列车。

④ 发生胀轨跑道后，必须封锁线路进行锯轨处理，待处理完毕后再恢复线路和正常行车速度。

无缝线路发生胀轨跑道时，应对胀轨跑道情况按规定内容做好登记。

（7）无缝线路作业，必须遵守下列作业轨温条件：

① 混凝土枕无缝线路维修作业轨温条件见表 9.11 和表 9.12。

表 9.11　混凝土枕无缝线路维修作业轨温条件

线路条件	作业项目		
	连续扒开道床不超过 25 m，起道高度不超过 30 mm，拨道量不超过 10 mm	连续扒开道床不超过 50 m，起道高度不超过 40 mm，拨道量不超过 20 mm	扒道床、起道、拨道与普通线路相同
直线及 $R \geq 2\ 000$ m	+ 20 ℃	+ 15 ℃　　－ 20 ℃	± 10 ℃
800 m ≤ R < 2 000 m	+ 15 ℃　　－ 20 ℃	+ 10 ℃　　－ 15 ℃	± 5 ℃
400 m ≤ R < 800 m	+ 10 ℃　　－ 15 ℃	+ 5 ℃　　－ 10 ℃	

② 混凝土枕无缝线路，当轨温在实际锁定轨温减 30 ℃ 以下时，伸缩区和缓冲区禁止进行维修作业。

③ 木枕地段无缝线路作业轨温按表 9.11 和表 9.12 的规定减 5 ℃，当轨温在实际锁定轨温减 20 ℃ 以下时，禁止在伸缩区和缓冲区进行维修作业。

表 9.12 混凝土枕无缝线路维修作业轨温条件

序号	作业项目	作业条件 按实际锁定轨温计算				
		－20 ℃ 以下	－20 ℃～－10 ℃	－10 ℃～＋10 ℃ 以内	＋10 ℃～＋20 ℃	＋20 ℃ 以上
1	改道	与普通线路相同	同左	同左	同左	禁止
2	松动防爬设备	同时松动不超过 25 m	同左	与普通线路相同	同时松动不超过 12.5 m	禁止
3	更换扣件或涂油	隔二松一，流水作业	同左	同左	同左	禁止
4	方正轨枕	当日连续方正不超过 2 根	隔二方一，方后捣固，恢复道床，逐根进行（配合起道除外）	与普通线路相同	隔二方一，方后捣固，恢复道床，逐根进行（配合起道除外）	禁止
5	更换轨枕	当日不连续更换	当日连续更换不超过 2 根（配合起道除外）	与普通线路相同	当日连续更换不超过 2 根（配合起道除外）	禁止
6	更换接头螺栓或涂油	禁止	逐根进行	同左	同左	禁止
7	更换钢轨或夹板	禁止	禁止	与普通线路相同	禁止	禁止
8	不破底清筛道床	逐孔倒筛夯实	同左	同左	同左	禁止
9	破底清筛道床	禁止	禁止	与普通线路相同	禁止	禁止
10	矫直钢轨硬弯	禁止	禁止	禁止	与普通线路相同	同左

注：① 伸缩地区的防爬器由于温度变化而成段失效时，必须在实际锁定轨温增减 5 ℃ 范围内进行整修。
② 地面无缝线路 5—8 月原则上不安排起、拨道作业。

（8）每年春、秋季应在容许作业轨温范围内逐段整修扣件及接头螺栓，整修不良绝缘接头，对接头螺栓及扣件进行除垢涂油，并复紧达到规定标准。使用长效油脂时，按油脂实际有效期安排除垢涂油工作。

（9）无缝线路应力放散可根据具体条件采用滚筒配合撞轨法，或滚筒结合拉伸配合撞轨法。总的放散量要达到计算数值，沿钢轨全长放散量要均匀，确定锁定轨温要准确。

（10）无缝线路应力放散和调整由线路分公司项目部负责安排，施工前要制订施工计划及安全措施，组织人力，备齐料具，充分做好施工准备。

（11）放散应力时，应每隔 50～100 m 设一位移观测点观测钢轨位移量，及时排除影响放散的障碍，达到放散均匀。

（12）无缝线路应力放散和调整后，应按实际锁定轨温及时修改有关技术资料和位移观测标记。

（13）无缝线路钢轨重伤和折断的处理。

① 探伤检查发现钢轨重伤时，应及时切除重伤部分，实施焊复。探伤检查发现钢轨焊缝重伤时，应及时组织加固处理或实施焊复。

a. 切除重伤部分如不能实施焊复，应提出其他措施。

b. 明确焊缝重伤是否可加固。

② 钢轨折断的处理要求如下：

a. 紧急处理：当钢轨断缝不大于 50 mm 时，应立即进行紧急处理。在断缝处上好夹板或腊包夹板，用急救器固定，在断缝前后各 50 m 拧紧扣件，并派人看守，限速 5 km/h 放行列车。如断缝小于 30 mm 时，放行列车速度为 15～20 km/h。当晚停运后，有条件时应进行原位焊复，否则应进行临时处理，取消限速。否则应在轨端钻孔，上好夹板或腊包夹板，拧紧接头螺栓，然后可适当提高行车速度。

b. 临时处理：钢轨折损严重或断缝大于 50 mm 时，以及紧急处理后不能立即焊接修复的，应封锁线路进行临时处理。

沿断缝两侧对称切除伤损部分，两锯口间插入不短于 6 m 的同型钢轨，轨端钻孔，上接头夹板，用 10.9 级螺栓拧紧。在短轨前后各 50 m 范围内，拧紧扣件后，按正常速度放行列车。

临时处理或紧急处理时，均应在断缝两侧约 3.8 m 处轨头非工作边上做出标记，并准确丈量两标记间的距离和轨头非工作边一侧的断缝值，做好记录。

c. 永久处理：钢轨断缝处紧急处理或临时处理后，应及时插入短轨进行焊复，恢复无缝线路轨道结构。

- 采用小型气压焊或移动式接触焊时，插入短轨长度应等于切除钢轨长度加上 2 倍顶锻量。先焊好一端，焊接另一端时，先张拉钢轨，使断缝两侧标记的距离等于原丈量距离减去断缝值加顶锻量后再焊接。

- 采用铝热焊时，插入短轨长度应等于切除钢轨长度减去 2 倍预留轨缝。先焊好一端，焊接另一端时，先张拉钢轨，使断缝两侧标记的距离等于原丈量距离减去断缝值后再焊接。

- 在线路上焊接时的轨温不应低于 0 ℃。放行列车时，焊缝处轨温应降至 300 ℃ 以下。

（14）无缝线路，因钢轨重伤、折断进行永久处理时，应确保修复后锁定轨温不变。

（15）加强胶接绝缘接头的养护，做好轨端肥边打磨和捣固工作。

胶接绝缘接头拉开时，应立即拧紧两端各 50 m 线路的扣件，并加强观测。当绝缘失效时，应立即更换，进行永久处理。暂不能永久处理的，可将失效部分清除，更换为普通绝缘，或插入等长的普通绝缘接头钢轨或胶接绝缘钢轨，用夹板联结进行临时处理，并尽快用较长的胶接绝缘钢轨进行永久处理。进行永久处理时，应严格掌握轨温、胶接绝缘钢轨长度和预留焊缝，确保修复后无缝线路的锁定轨温不变。

（16）桥上无缝线路养护维修工作应注意做好以下各项工作：
① 按照设计文件规定，保持扣件布置方式和拧紧程度。
② 对桥上钢轨焊缝应加强检查，发现伤损应及时处理。
③ 对桥上伸缩调节器的伸缩量应定期检查，发现异常爬行，应及时分析原因并整治。伸缩调节器的尖轨与基本轨出现肥边，应及时打磨。
④ 桥上无缝线路应定期测量长轨条的爬行量，并做好记录。固定区爬行量超过 10 mm 时，应分析原因，及时整治。
⑤ 长度超过 200 m 的无砟桥，两端桥头 50 m 范围内线路作业轨温条件应与桥上相同。
⑥ 为防止桥上钢轨承受额外的附加力或造成胀轨跑道，应严格控制作业轨温条件。桥上进行单根抽换桥枕、改正轨距垫木板等作业时，应在锁定轨温 –15~5 ℃ 范围内进行。如果进行起梁、移梁或整治桥梁支座时，应在实际锁定轨温 ±5 ℃ 范围内进行。

4. 综合维修车作业

（1）使用综合维修车进行线路维修作业时，应采用综合维修车与小型捣固机械联合作业。
（2）综合维修车在无缝线路地段作业时，应避开高温和低温时间。
（3）综合维修车一次起道量不宜超过 40 mm，起道量超过 40 mm 时，应分两次起道捣固。一次最大拨道量按表 9.13 规定执行，对拨道量大于一次最大拨道量的地段应分多次拨道。

表 9.13 一次最大拨道量

曲线半径/m	一次最大拨道量/mm
	三点式
≤250	43
251~350	36
351~450	30
451~650	24
≥651	18

（4）综合维修车作业前，所在区段项目部应补充道砟，更换伤损胶垫，撤除作业地段的调高垫板及相关附属设备。使用综合维修车作业之外的综合维修项目由综合维修项目部负责完成。
（5）为保证捣固作业质量，捣固频数每分钟不得超过 20 次。对桥头、钢轨接头 4 根轨枕等薄弱处所，应按照所在区段综合维修项目部标记增加捣固次数。
（6）使用综合维修车在无缝线路地段作业时，作业轨温条件为：
① 一次起道量小于 30 mm，一次拨道量小于 10 mm 时，作业轨温不得超过实际锁定轨温 ±20 ℃。
② 一次起道量在 31~40 mm，一次拨道量在 11~20 mm 时，作业轨温不得超过实际锁定轨温 –20 ℃ ~ +15 ℃。

5. 调整轨缝作业

（1）成段轨缝尺寸是否符合"轨缝应设置均匀，每千米轨缝总误差：25 m 钢轨地段不得大于 ±80 mm；12.5 m 钢轨地段不得大于 ±160 mm。绝缘接头轨缝不得小于 6 mm"的规定，一般应于更换钢轨或调整轨缝时进行检查。日常可根据更换钢轨或调整轨缝时的轨温、采取的 C 值和其后的轨温变化情况进行检算。

（2）轨缝应经常保持均匀。有下列情况之一者，应进行调整：

① 轨缝应设置均匀，每千米轨缝总误差：25 m 钢轨地段不得大于 ±80 mm；12.5 m 钢轨地段不得大于 ±160 mm；绝缘接头轨缝不得小于 6 mm。

② 轨缝严重不均匀。

③ 线路爬行量超过 20 mm。

④ 轨温在调整轨缝轨温限制范围以内时，出现连续 3 个及以上瞎缝或轨缝大于构造轨缝。

（3）最高、最低轨温差大于 85 ℃ 地区的 25 m 钢轨地段，一般应在夏前和冬前调整轨缝，通过放散钢轨温度力，将轨缝调整均匀，避免在炎热季节过早地出现瞎缝，在严寒季节过早地出现大轨缝。

（4）成段调整轨缝时，应事先调查与计算，确定每根钢轨的串动方向和串动量，编制分段作业计划。

线路两股钢轨接头，一般应采用相对式。曲线地段外股应使用标准长度钢轨，内股应使用厂制缩短轨调整钢轨接头位置。剩余少量相错量，应利用钢轨长度误差量在曲线内（有困难时可在直线上）调整。直线地段应按钢轨长度误差量配对使用。在每节轨上相差量一般应不大于 3 mm，并应前后、左右抵消，在两股钢轨上累计相差量最大不得大于 15 mm。

铺设非标准长度钢轨或再用轨，无厂制缩短轨时，钢轨接头可采用相错式，其相错量不得小于 3 m。采用相错式的两曲线之间直线长度短于 300 m 时，该直线段亦可采用相错式。采用相错式时个别插入的短轨，宜铺设在曲线两端的直线上，在困难条件下，可铺设在曲线内股。

如因配轨不当，接头相错量较大时，应按上述规定，在一股或两股之间按长度误差量调配钢轨，不得用增减轨缝尺寸的方法调整接头相错量。

6. 钢轨维修作业要求

（1）为预防和整治钢轨病害，改善轮轨匹配关系，延长钢轨使用寿命，应做好钢轨修理工作。

（2）当钢轨出现表面轻伤及其他表面伤损时，应及时进行修复，或采用无损加固处理。

（3）当发现钢轨内部轻伤有发展时，应采用加固处理。

（4）伤损加固时，应尽量使伤损部位处于夹板中部，严禁夹板与焊筋接触。

7. 钢轨打磨、焊修及道床清筛作业

（1）对线路上钢轨波型磨耗、侧面磨耗及肥边、鞍形磨耗、焊道凸凹及鱼鳞裂纹等病害，应使用打磨列车成段进行打磨。打磨后钢轨踏面用 1 m 直尺测量，不平度应小于 0.2 mm。对个别焊道凸凹、鞍形磨耗，应使用小型磨轨机打磨。打磨后用 1 m 直尺测量，不平度应小于 0.3 mm。

对接头、绝缘接头（含胶接接头）轨端肥边，应及时整修处理。固定型辙叉踏面、可动心轨顶面不平顺磨耗，尖轨、固定型辙叉、可动心轨、翼轨工作边及尖轨非工作边出现肥边，亦应打磨。

（2）钢轨（含尖轨和辙叉）低头、压溃、擦伤、掉块、磨耗和锰钢辙叉裂纹应进行焊修。

（3）道床脏污或翻浆，应结合综合维修或经常保养进行道床一般清筛或边坡清筛。枕盒清筛深度为枕底向下 50~100 mm，并做好排水坡。边坡清筛为轨枕头外全部道砟，道床一般清筛后应及时夯实。边坡清筛宜使用边坡清筛机。

8. 钢轨打磨车作业要求

（1）连续打磨作业时，当日打磨作业完毕后应做好标记，次日打磨作业起点应在标记点前，且不少于 3 m。

（2）钢轨打磨车作业前准备工作与作业结束车辆整备工作必须在平直线路上进行。

（3）钢轨打磨车作业时应在平直线路上放下打磨小车，严禁在曲线上放下打磨小车。一般情况下应在平直线路上提起打磨小车，遇有紧急情况或打磨区段有特殊情况时可在曲线提起打磨小车。

（4）钢轨打磨车往复作业时应提起打磨小车后再进行制动。

（5）钢轨打磨作业时，主要进行抛光作业，对于运行噪声较大的区段和新更换钢轨区段要进行精细打磨，应通过打磨达到所要求的钢轨轮廓外形，偏差值控制在 ±0.2 mm 以内。

附录：图幅病害分析

参考文献

[1] 中国铁路总公司. 普速铁路工务安全规则[M]. 北京：中国铁道出版社，2014.

[2] 中国铁路总公司. 普速铁路线路修理规则[M]. 北京：中国铁道出版社，2019.

[3] 中华人民共和国铁道部. 高速铁路无砟轨道线路维修规则（试行）[M]. 北京：中国铁道出版社，2012.

[4] 中国铁路总公司运输局工务部. 线路养护·高速铁路维修[M]. 北京：中国铁道出版社，2017.

[5] 铁路职工岗位培训教材编审委员会. 铁路线路工[M]. 北京：中国铁道出版社，2012.

[6] 北京市地铁运营有限公司. 北京地铁工务维修规则[M]. 北京：中国铁道出版社，2015.

[7] 荣佑范. 铁路线路维修与大修[M]. 北京：中国铁道出版社，2008.

[8] 刘永孝. 铁路线路养护维修[M]. 成都：西南交通大学出版社，2017.

[9] 刘永孝，李斌，韩峰. 高速铁路线路养护与维修[M]. 成都：西南交通大学出版社，2018.

[10] 工务系统普速铁路作业指导书编委会. 工务系统普速铁路作业指导书[M]. 北京：中国铁道出版社，2015.

[11] 张红梅. 钢轨探伤[M]. 北京：中国铁道出版社，2019.

[12] 杨荣山. 城市轨道交通运营管理与维护[M]. 北京：科学出版社，2013.

[13] 赵立冬. 铁路线路养护与维修[M]. 北京：中国铁道出版社，2016.

[14] 李简，王端峰. 铁路线路养护与维修[M]. 北京：中国铁道出版社，2012.

[15] 陈知辉，段铭钰. 高速铁路线路养护维修知识问答[M]. 北京：中国铁道出版社，2015.

[16] 李超雄，寇东华. 高速铁路无砟轨道线路养护维修[M]. 北京：中国铁道出版社，2011.

[17] 李明华. 铁道及城市轨道养护与维修[M]. 北京：中国铁道出版社，2014.

[18] 李超雄，常光辉，曲玉福. 高速铁路线路养护维修[M]. 北京：中国铁道出版社，2015.

[19] 车广侠，颜月霞. 轨道线路养护与维修技术[M]. 北京：人民交通出版社，2014.

[20] 张君，陈锦，王云江. 城市轨道养护与维修[M]. 北京：中国建材工业出版社，2019.

[21] 戴学臻，马书红. 轨道交通线路及轨道工程[M]. 北京：人民交通出版社，2017.

[22] 方筠，宋忙社，张团结. 铁路线路施工与维护[M]. 2版. 北京：人民交通出版社，2013.

[23] 李建平. 高速铁路轨道构造与维护[M]. 长沙：中南大学出版社，2014.

[24] 刘建利，温永磊，李静敏. 地铁轨道维护技术[M]. 北京：中国铁道出版社，2016.

[25] 梁晨. 城市轨道交通轨道维护[M]. 北京：北京交通大学出版社，2017.

[26] 刘俊峰. 铁道线路维护[M]. 重庆：重庆大学出版社，2020.